# 永恒的纪念

## ——天津大学张太雷宣传和研究三十年

天津大学张太雷研究中心
李义丹　刘玉珊 主编

张太雷是中国无产阶级革命家，中国共产党早期重要领导人之一，中国共产主义青年团的创始人之一和青年运动的卓越领导人，广州起义的主要领导人。1927年12月12日，他在指挥广州起义的战斗中壮烈牺牲。

张太雷1920年6月毕业于天津大学的前身北洋大学法科，是我校杰出校友。

1981年中共中央总书记胡耀邦在纪念中国共产党成立60周年大会上的讲话，将张太雷列入中国共产党创建时期12位重要领导人的行列。1981年《张太雷文集》出版时，邓小平亲笔题写书名。1985年，张太雷塑像在天津大学落成，胡耀邦等中央领导为塑像题词。1987年，中共中央宣传部批准江苏省常州市张太雷故居修复开放，邓小平亲笔题写“张太雷故居”匾额。同年，广州起义纪念碑正式落成，邓小平为纪念碑题词。1998年党中央在北京人民大会堂召开纪念张太雷诞辰100周年座谈会，中共中央政治局常委、国家副主席胡锦涛出席，中共中央政治局候补委员、中央书记处书记曾庆红出席并讲话，对张太雷在中国共产党、中国共产主义青年团和人民军队的建设和发展中作出的重要贡献给予了高度评价。2009年，在新中国成立60周年之际，张太雷入选“100位为新中国成立作出突出贡献的英雄模范人物”。

怀革命先烈传
天津

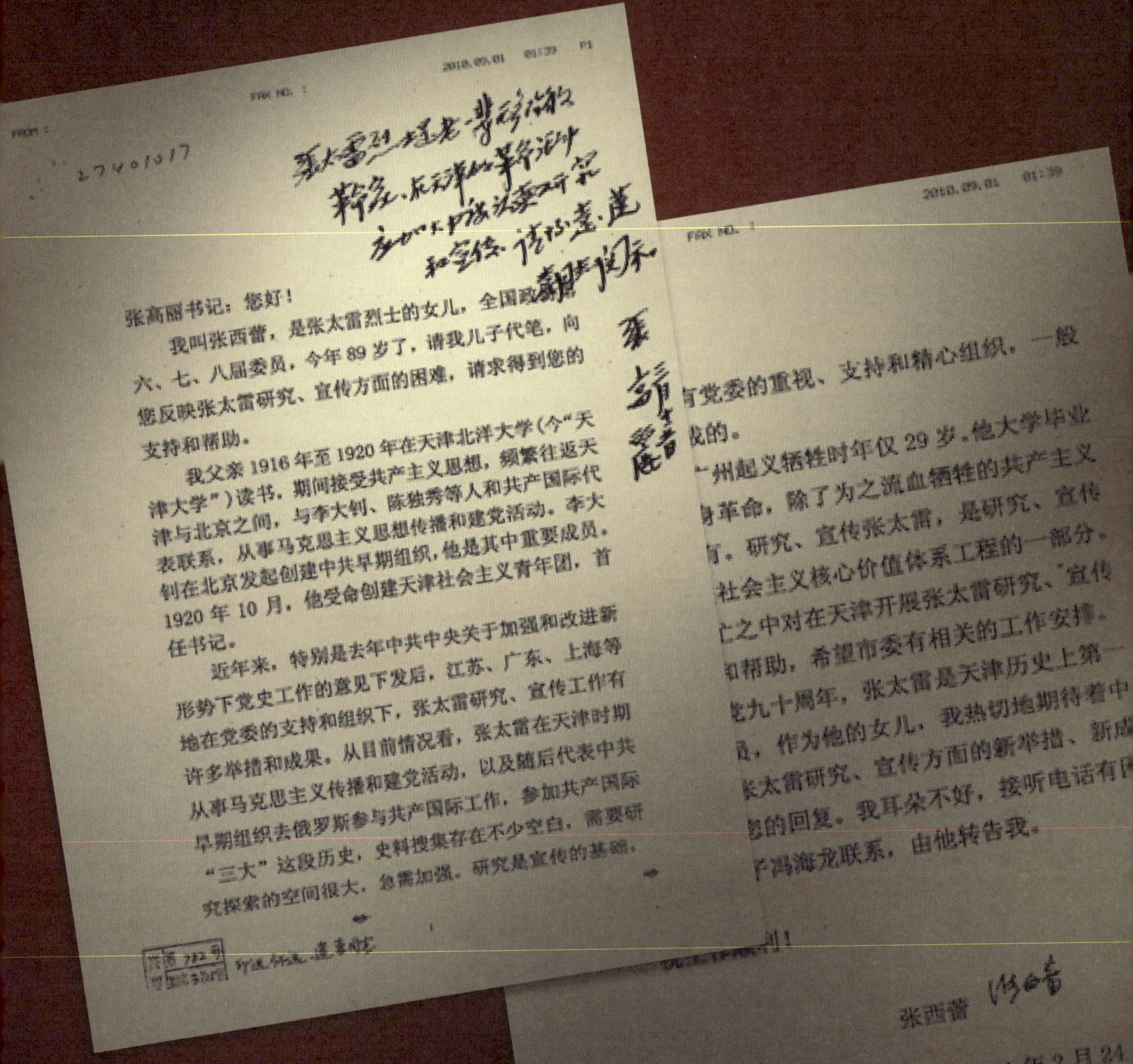

2010.09.01 01:39 P1

FAX NO. :

FROM :

张高丽书记：您好！

我叫张西蕾，是张太雷烈士的女儿，全国政协第六、七、八届委员，今年89岁了，请我儿子代笔，向您反映张太雷研究、宣传方面的困难，请求得到您的支持和帮助。

我父亲1916年至1920年在天津北洋大学（今"天津大学"）读书，期间接受共产主义思想，频繁往返天津与北京之间，与李大钊、陈独秀等人和共产国际代表联系，从事马克思主义思想传播和建党活动。李大钊在北京发起创建中共早期组织，他是其中重要成员。1920年10月，他受命创建天津社会主义青年团，首任书记。

近年来，特别是去年中共中央关于加强和改进新形势下党史工作的意见下发后，江苏、广东、上海等地在党委的支持和组织下，张太雷研究、宣传工作有许多举措和成果。从目前情况看，张太雷在天津时期从事马克思主义传播和建党活动，以及随后代表中共早期组织去俄罗斯参与共产国际工作，参加共产国际"三大"这段历史，史料搜集存在不少空白，需要研究探索的空间很大，急需加强。研究是宣传的基础，

2010.09.01 01:39

FAX NO. :

有党委的重视、支持和精心组织，一般

成的。

州起义牺牲时年仅29岁。他大学毕业

身革命，除了为之流血牺牲的共产主义

育。研究、宣传张太雷，是研究、宣传

社会主义核心价值体系工程的一部分。

之中对在天津开展张太雷研究、宣传

和帮助，希望市委有相关的工作安排。

党九十周年，张太雷是天津历史上第一

，作为他的女儿，我热切地期待着中

张太雷研究、宣传方面的新举措、新成

您的回复。我耳朵不好，接听电话有困

子冯海龙联系，由他转告我。

礼！

张西蕾

2011年2月24

2011年3月12日，中共中央政治局委员、天津市委书记张高丽在张西蕾给他的信中对张太雷研究和宣传作出重要批示：

张太雷烈士是老一辈无产阶级革命家，在天津的革命活动，应加大力度认真研究和宣传，请怀远、莲喜同志阅示。

张高丽

3月12日

注：怀远即肖怀远，市委常委、市委宣传部部长；莲喜即史莲喜，市委常委、市委组织部长。

# 序

一般来讲，历史人物、历史事件常常会随着时光的推移而慢慢被人们淡忘。但一个“永远的青年”，在他牺牲 80 多年后，却在党中央和学界的高度重视、大力宣传和广泛研究中，其音容笑貌和历史功绩，越来越清晰地展现在人民尤其是天津大学师生面前。他就是革命先驱、天津大学（北洋大学）的杰出校友张太雷。

张太雷是从天津大学的前身北洋大学走上革命道路的。他 1916 年 1 月至 1920 年 6 月在北洋大学读书。在校期间，他就开始研究和宣传马克思主义和十月革命的实践，积极参加五四运动和中国共产党的创建工作。从北洋大学毕业后，他义无反顾地走上了职业革命家的道路。1920 年 10 月，他参加了北京的中国共产党早期组织，成为中国共产党最早的党员之一。同月，张太雷受命在天津建团，年底在天津建党，他都亲任书记。其后，他为中国共产党和共青团的创建，为中国革命道路的探索，为国共合作革命统一战线的建立，为国际共产主义运动的开展作出了杰出的贡献，直至 1927 年在指挥广州起义时，献出了年仅 29 岁的生命。

天津大学作为张太雷的母校，始终坚持两个“责无旁贷”。一是责无旁贷地加入全国张太雷研究的行列，与各地张太雷研究专家携手开展张太雷研究，为党史研究作出学校应有的贡献；二是责无旁贷地将张太雷思想和精神熔铸到学校文化之中化作育人的生动教材，营造宣传、学习和传承太雷精神的校园文化氛围，将太雷精神内化为广大师生的力量源泉，极大推动了天津大学的教书育人工作。

天津大学师生对张太雷具有天然的亲近感，研究者更具内动力，学习者更具自觉性，这种情感优势加之强烈的政治责任感，使天津大学在张太雷宣传和研究方面取得了丰硕的成果。在纪念张太雷诞辰 115 周年时，学校着手总结梳理 30 多年来宣传和研究张太雷的情况，并以《永恒的纪念——天津大学张太雷宣传和研究三十年》一书奉献给读者。

该书共分天津大学纪念和宣传张太雷的重大活动、天津大学张太雷研究成果选编、张太雷在北洋大学的重要史料选编、天津大学张太雷宣传和研究工作述评等四个部分。全书图文并茂，生动形象地记录和展示了天津大学 30 多年来张太雷宣传和研究工作的全过程。

天津大学纪念和宣传张太雷的工作，可以归纳为宣传载体建设和活动组织两个方面。在载体建设方面，落成了张太雷塑像，命名了太雷路，建立了“张太雷纪念室”，该纪念室与张太雷铜像、太雷路一起，被天津市委、市政府命名为市级爱国主义教育基地，成为师生学习张太雷的课堂；命名了 1995 级经济法班为“张太雷班”，设立了由张太雷亲属捐助的“张太雷奖学金”，成立了实施“天津大学领导力培养计划”的“太雷班”，设立了奖励贡献突出的党员和党务工作者的“张太雷奖”，成为激励师生的精神象征；改编、排练和公演了歌颂张太雷的话剧《醒世惊雷》，成为激励师生的文化力量。在活动组织方面，学校抓住历史节点开展教育纪

念活动，围绕张太雷的诞辰日、建党建团纪念日、广州起义纪念日等召开座谈会、研讨会；隆重举办宣传载体建成仪式以实现教育目的，如张太雷铜像落成典礼、张太雷纪念室建成和重建开馆揭幕仪式、“张太雷奖学金”捐赠仪式、“张太雷班”命名仪式、“太雷班”开班和结业仪式等；广泛开展校史教育，组织学生参观校史博物馆，使学生了解红色校史和张太雷事迹以及太雷精神；积极开展形式多样的教育活动，组织师生在张太雷铜像前举行清明祭扫、入党宣誓等活动，以及举办以学习太雷精神为主题的社会实践活动、演讲比赛等。

天津大学张太雷研究工作和研究成果，可以概括为建立了一个机构、形成了两支队伍，取得了两方面成果。2012年，学校出资成立了由学校管理、面向社会的“天津大学张太雷研究中心”，在研究内容规划、研究力量组织、研究经费保障等方面发挥了极其重要的作用。在改革春风微煦的1979年，学校马列主义教研室的教师就开始进行张太雷研究，1980年后陆续发表研究文章，一支以党史学科教师为主的研究队伍逐渐形成并不断发展壮大；同时，一支研究天津大学（北洋大学）校史的队伍也组建起来，他们努力挖掘张太雷在北洋大学的史实史料，从不同的角度研究张太雷。在

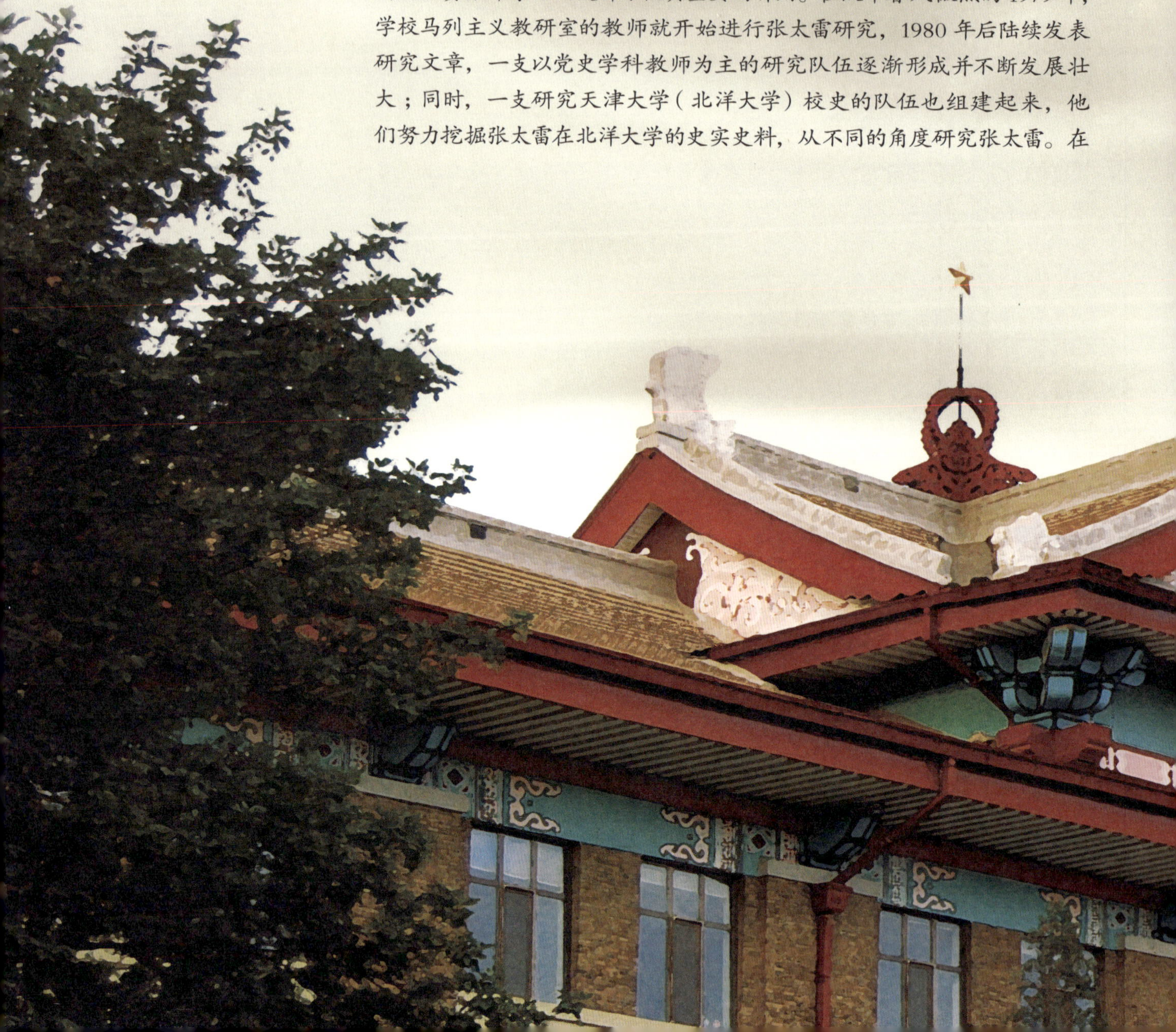

多年的研究中，天津大学的学者取得了丰硕的研究成果。一方面是围绕张太雷在天津、张太雷生平及革命活动和革命思想、张太雷对中国革命理论的贡献、张太雷精神研究等方面，发表了20余篇学术论文，特别是研究总结了张太雷精神，概括为“爱国主义精神、善于探索和实践精神、勇于牺牲精神”三个精髓，为宣传学习张太雷确定了着力点；同时出版了《张太雷年谱》和《张太雷文集》两部著作，其中《张太雷年谱》是第一部系统梳理张太雷生平和事迹的著作，《张太雷文集》则列入由人民出版社出版的国家出版基金项目“中国共产党先驱领袖文库”的指定书目。另一项研究成果是关于张太雷的史实史料挖掘取得了很大收获，张太雷在北洋大学的毕业证书、学籍登记册和学习成绩册相继面世，为党史界的研究和校史的研究发挥了积极作用。

《永恒的纪念——天津大学张太雷宣传和研究三十年》一书，不仅比较全面系统地总结了我校在宣传和研究张太雷方面的工作和成果，而且更为重要的是比较全面地描绘了张太雷的人生轨迹，生动地勾画了张太雷的思想和精神风貌，一个相对清晰的“永远的青年”也浮现在我们眼前。这也正是天津大学张太雷研究中心主持编写这部书的初衷。

天津大学党委书记 刘建平

2013年12月1日

# 目录

张太雷烈
胡耀邦
一九

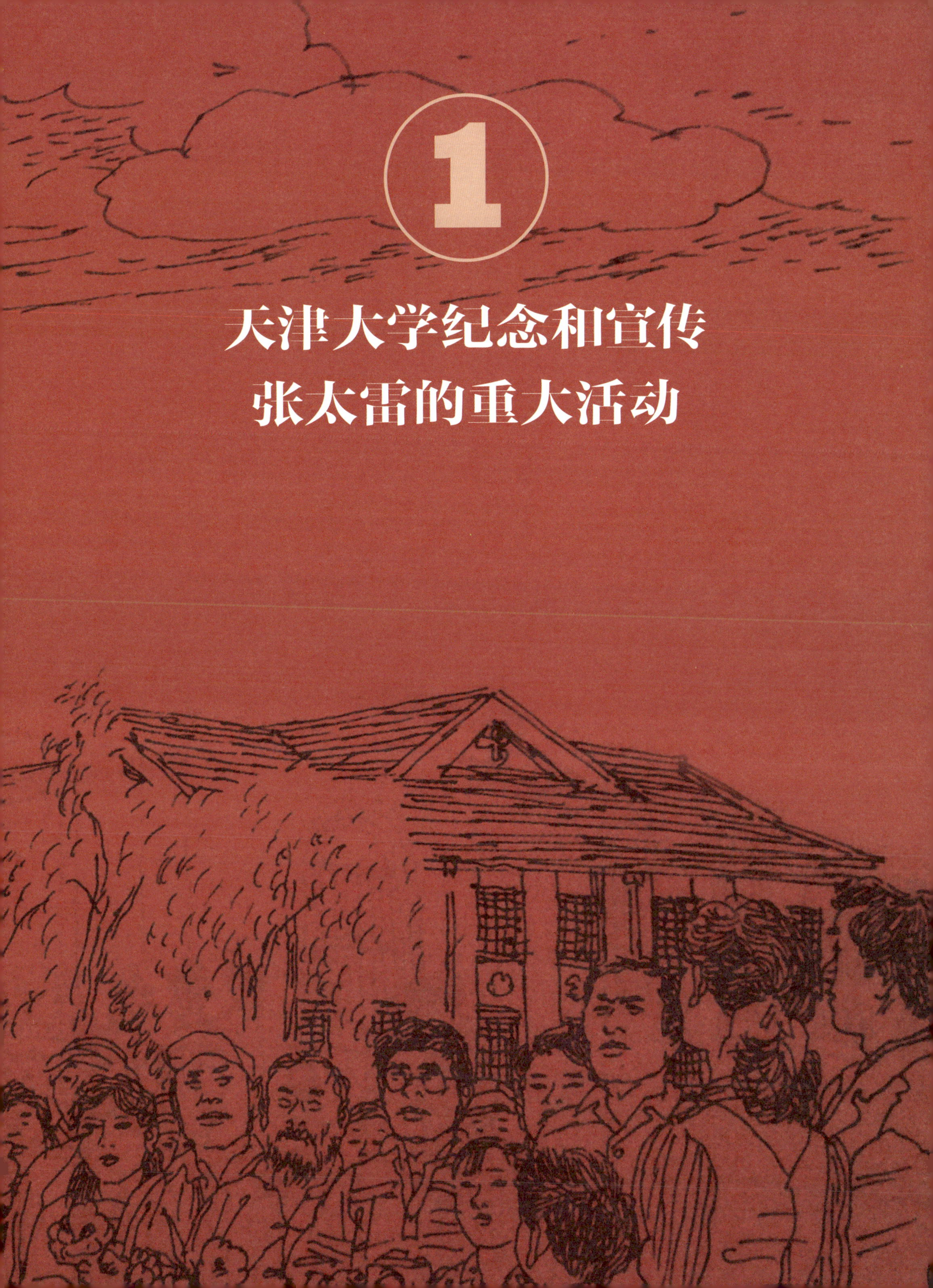

# 1

# 天津大学纪念和宣传张太雷的重大活动

一直以来，天津大学的历任校领导和广大师生员工以我校有张太雷烈士这样的杰出校友感到骄傲和自豪。从 20 世纪 80 年代开始，每逢重大节日或张太雷诞辰和牺牲纪念日，全校都会有组织或自发地开展纪念和宣传张太雷的活动。例如，每到清明节，张太雷塑像总会有鲜花陪伴，师生们自发地悼念他们心中的英雄。师生们有什么愿望或奋斗目标，也会来到张太雷塑像前宣誓，表达他们的决心和信心。以下所列都是天津大学有组织的纪念和宣传活动。

## 1985 年 8 月 1 日张太雷烈士塑像在天津大学北洋广场落成

### 胡耀邦、聂荣臻、徐向前为塑像题词，聂荣臻、李锐、帅孟奇、林铁、共青团中央发来贺信、贺电

1985 年 8 月 1 日张太雷烈士塑像在天津大学北洋广场落成，中共中央总书记胡耀邦，中央军委副主席聂荣臻、徐向前为张太雷烈士塑像题词。胡耀邦的题词是“张太雷烈士”，聂荣臻的题词是“北洋之光”，徐向前的题词是“革命先驱”。

**中央军委副主席聂荣臻发来的贺信**

天津大学党委：

来函悉。你校定于 8 月 1 日举行张太雷烈士塑像落成典礼，谨此祝贺，以表对张太雷同志的崇敬与怀念！

纪念张太雷同志，我想最主要的就是向太雷同志学习，学习他爱祖国，爱人民，为共产主义而献身的崇高精神。要用先烈的革命精神教育后代，教育所有的同志，抓好两个文明建设，做到有理想、有道德、有文化、有纪律，保证我国沿着社会主义大道胜利前进！

谨贺

敬礼！

聂荣臻

1985.7.24

张太雷烈士塑像落成典礼
革命先驱
张太雷

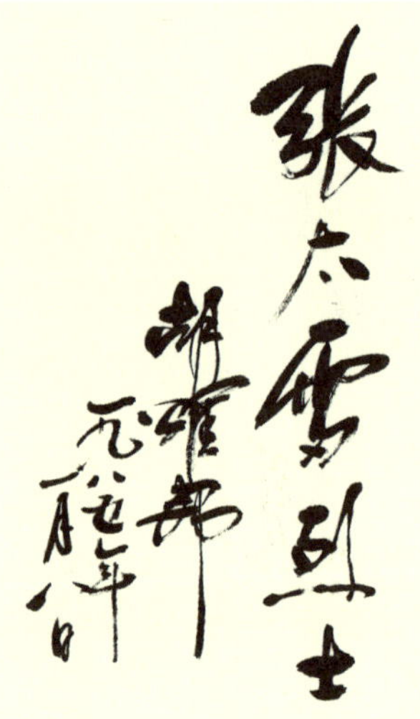


北洋之光

革命先驅
徐向前
一九八四年十月

### 中共中央组织部副部长李锐的贺信

天津大学党委会：

收到张太雷烈士塑像落成典礼请柬。谢谢你们的好意。

张太雷烈士是中国革命的先驱，一代青年的楷模。我当然很想参加这个典礼，表示自己的敬意。无奈现在因小病住在医院，几天内还出不了院。不能前来参加，特请原谅。

李锐

### 中央顾问委员会委员帅孟奇的贺电

天津大学党委：

热烈祝贺你校为张太雷烈士塑像揭幕。

张太雷烈士是我党的革命先驱者，是我党早期领导人之一，曾经为建立中国共产党作出过重要贡献。要教育你校师生以有张太雷烈士这样的校友作为“北洋之光”而自豪。要以张太雷烈士为榜样，树立伟大的共产主义光辉理想，加强革命纪律性，努力掌握现代化科学技术知识，锐意改革，开拓前进，为振兴中华，为加速祖国的社会主义“四化”建设作出更大贡献，继续为母校北洋争光，为天津市争光，为中华民族争光。

帅孟奇

### 中央顾问委员会委员林铁的贺电

天津大学党委会：

热烈祝贺张太雷烈士塑像的揭幕典礼！

张太雷同志是伟大的革命先驱者，是我党的创建人之一，他为开创我党的革命事业献出了最宝贵的生命。他不愧是天津市和北洋大学—天津大学的骄傲和光荣。通过张太雷烈士塑像的落成，要教育你校全体师生学习他的榜样，牢固地树立起共产主义的伟大理想，继承他的未竟事业。当前要刻苦学习和扎实掌握现代科学技术，坚持“实事求是”精神，培养出更多更加优秀的社会主义“四化”建设工程人才。

林铁

### 共青团中央的贺电

天津大学党委、团委：

欣闻张太雷烈士塑像在天津大学落成，谨向你们表示热烈祝贺！让我们继承革命先烈的遗志，积极地投身改革和社会主义现代化建设事业，为实现国家富强、人民富裕而奋发进取，建功立业！

共青团中央

1985 年 7 月 31 日

## 张太雷传略（碑文）

张太雷同志 1898 年生。江苏武进（今属常州市）人。1916 年至 1920 年在北洋大学法科学习。在校时名张曾让。又名泰来、椿年。

张太雷同志在学生时代就进行民主革命活动，1919 年 2 月在天津组织“社会改造社”，同年参加了伟大的“五四运动”。1920 年参加李大钊同志在北京建立的共产主义小组，是中国共产党最早的党员之一。

张太雷同志接受马克思主义之后，从事工人运动和青年运动。在天津创办《劳报》（后改名《来报》）日刊，和邓中夏同志到长辛店筹备“劳动补习学校”。在天津、上海与其他同志筹建社会主义青年团，被选为天津市团的书记。负责起草中国第一部社会主义青年团章程。

1921 年 1 月，张太雷同志去苏俄，3 月担任共产国际东方局中国科书记。6 月，出席共产国际第三次代表大会。

1922 年，张太雷归国后，5 月在广州主持召开中国社会主义青年团第一次代表大会，当选团中央的执行委员会委员。1925 年参加团中央第三次代表大会，会上决定改称“中国共产主义青年团”。张太雷同志当选为团中央局总书记。

1922 年 7 月，张太雷同志列席党的第二次代表大会，1923 年、1925 年、1927 年参加了党的第三、第四、第五次代表大会。在第四次党代表大会上当选为中央候补执委，第五次党代表大会上当选为中央委员，八七会议上当选为中央临时政治局候补委员。

张太雷同志历任广东区委委员、宣传部部长，中共湖北省委书记，中共广东省委书记，中共中央南方局军委委员。

1927 年 12 月 11 日，张太雷同志领导了广州起义。他担任革命军事委员会书记和起义总指挥，任广州苏维埃政府（广州公社）代理主席兼人民海陆军委员。12 日在指挥战斗途中不幸牺牲。他的名字和我党的光辉历史密切联系，他是北洋大学的骄傲和光荣，他的英名永垂不朽。

## 天津大学张太雷塑像落成仪式简介

1985 年 8 月 1 日，张太雷塑像落成仪式在天津大学北洋广场隆重举行。这一天，天津大学校园装扮一新，100 多面彩旗随风飘动，北洋广场内外摆放的鲜花争奇斗艳。上午 10 时许，校党委书记杨辉宣布张太雷烈士塑像揭幕典礼开始。中共中央政治局委员、天津市委书记倪志福由杨辉书记、史绍熙校长陪同，来到塑像前，在《解放军进行曲》的乐曲声中，为张太雷烈士塑像揭幕，顿时，北洋广场上鞭炮齐鸣、掌声雷动。

张太雷塑像坐落在北洋广场西侧，面对学校东大门，周围被青松翠柏所环抱，显得庄严而肃穆。塑像高 1.7 米，下为 2 米高的花岗岩基座。基座正面，中共中央总书记胡耀邦的题词“张太雷烈士”5 个大字熠熠生辉。基座两侧分别镶嵌着中共中央军委副主席聂荣臻的题词“北洋之光”和中共中央军委副主席徐向前的题词“革命先驱”。基座的背面镌刻着“张太雷传略”（碑文）。塑像神态深沉、严峻、刚毅，显示了无产阶级革命家的意志和胸怀。

国家教育委员会党组副书记、副主任朱开轩，天津市委副书记谭绍文，市委常委何国模，副市长聂璧初，常州市政协副主席史绍熙，张太雷烈士的亲属参加了揭幕仪式。

中共中央军委副主席聂荣臻，中共中央组织部副部长李锐，中央顾问委员会委员帅孟奇、林铁，共青团中央分别发来贺信、贺电。

天津大学校长史绍熙、张太雷的女儿张西蕾分别在典礼仪式上发表了讲话，来自张太雷家乡的常州市委、市政府代表，常州市政协副主席史绍熙发表了书面讲话。

史绍熙校长在讲话中号召全校师生员工，学习张太雷同志热爱祖国、热爱人民，为共产主义事业献身的崇高精神，要把张太雷烈士的事迹作为我校进行革命传统教育的重要内容，为国家培养出更多、更优秀的合格人才，张太雷烈士的精神永远鼓舞我们前进。全国政协委员、张太雷烈士的女儿张西蕾在讲话中说，作为张太雷烈士子女中的幸存者，我能在他牺牲 58 年后的今天，看到他的塑像庄严地竖立在他生前无限热爱并为之捐躯的祖国大地上，我的心情是非常激动的。她说，我们今天纪念他，首先要学习他和他的同辈的第一代革命知识分子追求真理、勇于开拓的精神；其次，要学习先烈们为创立党的事业英勇奋斗、前赴后继的革命气概。

参加张太雷塑像揭幕典礼的还有化工部副部长冯伯华，国家教委高教二司司长龙正中，市教卫部副部长何成华，市高教局副局长金永清、于愫，以及专程来津的部分省市的校友代表。

揭幕仪式结束后，与会者怀着无比崇敬的心情瞻仰了张太雷烈士的塑像。

## 天津大学校长史绍熙、张太雷的女儿张西蕾等在张太雷塑像落成仪式上的讲话

1. 史绍熙校长的讲话

天津大学校长史绍熙讲话

各位领导、各位校友、各位来宾、同志们、同学们：

今天，是中国人民解放军建军 58 周年纪念日。在这个具有伟大意义的光荣日子里，我们在天津大学北洋广场举行伟大的革命先驱者、中国共产党的创始人之一、广州起义的总指挥——张太雷烈士塑像的落成典礼。首先，请让我代表天津大学全体师生员工，向前来参加今天典礼活动的各位领导、各位校友和各位来宾表示热烈的欢迎，并致以衷心的感谢！

张太雷同志 1916 年至 1920 年期间，在我校的前身——北洋大学法科学习。当时，正值五四运动前后。在那黑暗和暴力的统治下，张太雷同志为了追求真理，他英勇无畏，积极投身到民主革命活动中去。1919 年 2 月，他在天津组织了“社会改造社”，并于同年参加了伟大的五四爱国运动。1920 年 6 月，他在北洋大学毕业，同年 10 月加入了李大钊同志在北京建立的共产主义小组，成为中国共产党最早的党员之一。之后，他又在天津、上海与其他同志一起创建了社会主义青年团。1921 年 1 月，张太雷同志去苏俄任共产国际东方局中国科书记。6 月，出席了共产国际第三次代表大会。

张太雷同志是中国第一部社会主义青年团章程的起草人，1922 年 5 月

在广州召开了中国社会主义青年团第一次代表大会，他当选为团中央的执行委员会委员。1925 年参加中国社会主义青年团的第三次代表大会，会议决定中国社会主义青年团改称为“中国共产主义青年团”，张太雷同志当选为团中央局总书记。

1922 年 7 月，张太雷同志列席了党的第二次代表大会，1923 年、1925 年和 1927 年参加了党的第三、第四、第五次代表大会。在党的八七会议上当选为中央临时政治局候补委员。

1927 年 12 月 11 日，著名的广州起义爆发，张太雷同志任革命军事委员会书记和起义总指挥，12 日在指挥战斗途中不幸壮烈牺牲。当时年仅 29 岁。张太雷同志为了中国人民的革命事业，献出了年轻的生命。他不愧是我们中华民族的优秀儿子，一代青年的楷模。

张太雷烈士虽然已经牺牲近 60 年了，但是党和人民没有忘记他，始终怀念他。为了使我们的子孙后代永远不忘中国革命的斗争史，中共中央决定，首先在全国建立 10 位革命领导人的塑像，张太雷就是其中的一位，这是我们天津市和北洋大学—天津大学的骄傲和光荣。

在天津大学建立张太雷塑像，不仅是我校全体师生员工的要求，不仅是北洋大学—天津大学广大校友的要求，而且是全国人民的愿望。我们的要求与愿望得到了党中央的关怀与支持。中共中央总书记胡耀邦同志和聂荣臻同志、徐向前同志分别为张太雷烈士塑像题了词，使我们全校师生员工和广大校友受到了极大的鼓舞。

建立张太雷塑像，是为了更好地纪念他，宣传他的事迹，学习他热爱祖国、热爱人民，为共产主义事业而献身的崇高精神。我们将把张太雷烈士作为我校进行革命传统教育的一个重要内容，用先烈的革命精神教育我们的学生，教育所有的同志，做到有理想、有道德、有文化、有纪律，保证我国沿着社会主义道路胜利前进。

北洋大学有着悠久的历史和光荣的革命传统，几十年来为国家培养了大批优秀的科学技术人才，也培养了像张太雷这样的革命家。建立张太雷烈士塑像，可以使我们更好地继承和发扬北洋大学“实事求是”的优良传统，继续贯彻“严谨治学”的办学精神，按照“三个面向”的要求，加强思想政治工作，进行共产主义远大理想的教育，坚持又红又专、德智体全面发展的方向，为国家培养出更多更优秀的人才。

张太雷烈士永远活在我们的心中！

张太雷烈士的精神永远鼓舞我们前进！

张太雷的女儿张西蕾讲话

## 2. 张太雷烈士的女儿张西蕾的讲话

各位领导和同志们：

感谢中共天津大学委员会和天津大学邀请我们来参加张太雷烈士塑像落成典礼，作为张太雷烈士子女中的幸存者，我能在他牺牲 58 年后的今天，看到他的塑像庄严地竖立在他生前无限热爱，并为之捐躯的祖国的大地上，我的心情是非常激动的。

我们的祖国今天正面临着一个新的伟大的历史时期，我们的目标是要把我国建设成为高度文明、高度民主的社会主义现代化强国，这是无数革命先烈，包括张太雷烈士生前梦寐以求，为之流血牺牲的理想。前些时候，邓小平同志指出：在社会主义建设中，一定要教育人民有理想、有道德、有文化、有纪律。我们今天通过张太雷烈士塑像的落成，纪念张太雷烈士，宣传他的事迹，这是当前进行共产主义远大理想教育的一种好方式。

今天是八一建军节，是我们伟大的人民解放军诞生 58 周年纪念日。大革命失败后，经过南昌起义、秋收起义、广州起义诞生了伟大的人民军队。我们今天来纪念广州起义的主要领导者张太雷同志，这亦是有意义的。

张太雷烈士的塑像竖立在他母校的北洋广场上，他在这里度过了他的青年时代。在这里，他从一个民主主义者成长为一个马克思主义战士，在这里他参加了五四运动、青年革命运动，走上了和工人阶级结合的道路，亦从这里出发，去向第一个社会主义国家——苏联探索和寻求真理。这里是他一生值得深刻怀念的地方。总之，在这样的时代，在这样的日子，在这样的地方，我们来举行张太雷塑像的落成典礼，我认为是非常有意义的。

我的父亲张太雷同志，他生长在中华民族灾难深重的时代，他和他同辈的青年知识分子，经过了探索和追求，找到了一条马列主义的道路。1920 年 10 月，他，一个年仅 22 岁的知识青年，参加了北京共产主义小组，走上了革命的道路，到 1927 年他 29 岁的时候，就在广州起义中英勇牺牲了！他的革命生涯是短暂的。在这短短的 7 年时间里，他曾受党的派遣，先后 2 次去苏联代表我党参加共产国际和少共国际的活动，他是早期马列主义的传播者之一。他又是把列宁、斯大林领导的第一个社会主义国家的情况和经验传播到中国来的具体执行者之一。他为国际共产主义运动，为我党的建立，为青年团的建设，作出了贡献。

今天我们来纪念他，首先要学习他和他同辈的我党第一代革命知识分子，为寻求革命探索真理、勇于开拓的精神。我们祖国今天又面临着一个新的伟大的历史时期，根据马列主义的原则，实事求是地探索中国式社会主义建设的道路。实践证明，我国社会主义制度是好制度，但我国还没有从根本上改变经济文化落后的状况，工人阶级的历史使命还没有完成，必须继续前进，消灭贫穷，走向富裕，消灭落后，走向现代化，把我国建设成为高度文明、高度民主的社会主义强国。当前我国农村改革已取得了巨大的成就，以城市为重点的整个经济体制改革正在展开，在改革中必然出现许多过去没有遇到过的新情况、新问题，要进行许多探索和试验，为此，我们要学习张太雷烈士和其他革命先行者们勇于探索、勇于开拓的精神。

其次，我们要学习先烈们为创立党的事业英勇奋斗、前赴后继的革命气概。他们为创立党的事业，走过了许多艰难曲折、成功和失败的道路。在第一次大革命失败后，在国民党反动派的白色恐怖笼罩下，张太雷同志和许多革命先烈，没有被敌人的淫威吓倒，相反的，他们英勇地组织起广大工农群众，和敌人进行英勇斗争，直到牺牲自己的生命。今天我们面临的改革，是关系我国前途和命运的又一次革命，对于今后几十年我国的大发展具有决定性意义。面对改革中出现的问题，我们同样要学习先烈们，迎着困难，坚定不移，以英勇顽强的大无畏精神，把建设中国式社会主义这一伟大事业进行到底。

第三，我们要学习先烈们，努力学习，提高本领，积极吸取外国的先进经验。太雷同志自幼勤奋学习。在北洋大学时，由于家境贫寒，他一面读书，一面在《华北明星报》工作，学习外文，能说流利的英语、俄语，所以他 1920 年就担任共产国际代表的助手。我们今天要实现理想，必须努力学习，提高本领，积极吸取和消化世界各国的先进科学技术和先进管理经验。第一次国内革命战争时期，革命的知识青年曾起了显著的作用。今天同样要依靠革命的知识分子和广大工农群众一起，来建设我们的祖国。一个国家，一个民族，不尊重知识，不尊重人才，肯定是没希望的。我相信，有着悠久历史和光荣传统的北洋大学—天津大学的师生们，一定会在建设祖国的伟大使命中，作出突出的贡献。

最后，我介绍一下张太雷烈士遗下的亲人们。我们共有姐弟 4 人，父亲牺牲时，我姐姐张西屏，年仅 7 岁，我当时叫张西嫩，年仅 5 岁，弟弟张一阳，年仅 4 岁，小弟弟张芝明，只生下 2 个月。我的祖母因父亲牺牲受刺激而瘫痪，我母亲陆静华粗有文化，但具有劳动妇女的朴素美德。我们家境贫寒，下无寸土，上无片瓦，就靠我母亲劳动养活我们，母亲虽不懂父亲的全部事业，但她相信父亲从事的事业是正义的，她孜孜不倦地以此教育我们。我在抗战开始后，1938 年我 16 岁时参加了革命，参加了党。我弟弟张一阳于 1939 年他 16 岁时参加了革命，参加了党，不幸于 1941 年在皖南事变中英勇牺牲，时年 18 岁，成为我家第二代烈士。我母亲和姐姐留在家乡，侍奉年迈的祖母，直到 1943 年，祖母以 70 岁高龄寿终。解放后她们亦参加了工作，参加了党，但在十年动乱中被迫害致死。小弟张芝明，11 岁被送去苏联，在那里长大，以后是莫斯科大学的研究生，回国后在十年动乱中，被诬为“苏修特务”，被迫害成精神病患者，常住精神病院，这次不能和我同来。我是唯一健康的幸存者。作为太雷同志的后代，我们继承了父亲的遗志，力求无愧于先烈，在各个革命阶段中作出了我们微薄的贡献。现在我已年过 60，退出第一线，但仍要教育我的子女和儿孙和同志们一起，为祖国的建设贡献余热。

张太雷烈士永垂不朽！谢谢同志们！

常州市委、市政府代表，
常州市政协副主席史绍熙

3. 常州市委、市政府代表，常州市政协副主席史绍熙的讲话（书面发言）

各位领导、各位同志：

我受中共常州市委、市人民政府的委托，前来出席张太雷烈士塑像落成典礼，带来了烈士故乡对先烈的怀念和崇敬之情，带来了常州市人民对天津市人民的友好情谊，对天津大学为太雷烈士塑像，并举行如此隆重的落成庆典，表示热烈的祝贺和衷心的感谢。

无产阶级革命家张太雷烈士，是江苏常州市人，他出身贫寒，自幼爱听英雄人物故事和动人的民间传说。1911 年的辛亥革命，激发了他的爱国民主思想。他当时在常州府中学堂（即今省立常州中学）读书，与同窗好友瞿秋白一起，带头剪掉辫子，上街游行庆祝，高呼革命口号。1915 年，他在同学中又带头反对袁世凯承认的卖国条约“二十一条”，组织同学街头演讲，宣传抵制日货。他离开常州中学后，先入北京大学读书，因经济困难，不久考入天津北洋大学预备班就读，后就读北洋大学法科本科，直至毕业。在此期间，苏俄爆发十月革命，马列主义传到中国。革命的真理使他看到了“新世纪的曙光”，他从李大钊的《法俄革命之比较观》《庶民的胜利》《布尔什维主义的胜利》等宣传马列主义的著作中，吸取了力量，找到了救国救民的真理，并开始秘密翻译社会主义革命文献。他作为天津市赴京学生代表之一，积极投入了五四爱国运动，并在战斗中与周恩来同志结下了革命情谊。1920 年 3 月，共产国际派人到北京找李大钊商量筹建中国共产党，张太雷做翻译参与了商谈。接着，参加了李大钊发起建立的共产主义小组。同年，中国社会主义青年团成立，作为主要组织者之一的张太雷，担任了天津社会主义青年团第一任书记，在天津等地开展活动。

1920 年，太雷同志参加中国共产党早期组织——北京共产主义小组，是中国共产党最早的党员之一。他出席过党的三大、四大、五大，并每次都被选为中央委员会委员（应为在五大上当选为中央委员会委员——编者注）。在党的八七会议上，他坚决支持瞿秋白同志关于武装工农建立部队的建议，并当选为中央临时政治局候补委员。他还先后担任过中国社会主义青年团中央书记，中共湖北省委书记，做过党的统一战线工作，主编过广东区委机关刊物《人民周刊》。

1927 年，太雷任广东省委书记，根据党中央指示，组织了广州起义，担任起义总指挥。起义队伍攻占了敌人的巢穴，在广州上空升起第一面绣着镰刀铁锤的大红旗，在炮火中宣告成立了我国城市的第一个工农民主政权——广州苏维埃。在欢庆广州苏维埃成立大会结束后的归途中，张太雷同志遭敌伏击，壮烈牺牲。时年 29 岁。临终前，他谆谆嘱咐战友：“希望同志们再接再厉，英勇斗争，完成党交给的任务。”“革命的道路是曲折的，但共产主义一定能够实现。”

张太雷同志为振兴中华，为实现共产主义伟大理想奋斗了一生，献出了宝贵的生命。他的英名和伟大的革命精神，永远活在人民的心中。为缅怀太雷烈士，坐落在常州子和里 3 号的太雷故居，已列为文物保护单位，在市烈士陵园树立了张太雷烈士纪念碑，为他塑了像，并把他的塑像与瞿秋白、恽代英的塑像列在一起，称三杰像。天津大学今天为太雷烈士塑像纪念，供世世代代瞻仰。所有这些，不仅充分表达了人们对革命先烈的崇敬和怀念，而且将极大地激励人们学习革命先烈为人民利益贡献一切，奋斗终身的崇高的革命品德，继承先烈遗志，把革命先辈开创的共产主义伟大事业继续推向前进。我们要在党的领导下，在先烈的革命精神鼓舞下，团结一致，为祖国的统一大业和中华民族的第三次腾飞，同心同德，群策群力，奋发工作，努力前进，以“四化”建设的更大成就，慰藉革命先烈，造福子孙万代。

张太雷烈士永垂不朽！

## 新闻媒体报道

1. 1985 年 8 月 4 日《人民日报》报道

### 张太雷烈士塑像在天津大学落成

【本报讯】记者肖荻报道：无产阶级革命家张太雷烈士的大型铜质胸像 8 月 1 日在天津大学北洋广场落成。

1916 年至 1920 年间，张太雷同志曾就读于北洋大学（现天津大学）法科。他是中国共产党最早的党员之一，是中国共产主义青年团的创建人之一。他在北洋大学曾组织了“社会改造社”，创办《劳报》。1927 年 12 月 11 日，张太雷同志领导了广州起义，在指挥战斗中壮烈牺牲。

中共中央政治局委员、天津市委书记倪志福为张太雷烈士塑像揭幕。张太雷烈士半身青铜塑像，安放在花岗岩基座上。基座的正面镌刻着胡耀邦题写的“张太雷烈士”。左面是徐向前的题词：“革命先驱”。右面是聂荣臻的题词：“北洋之光”。

2. 1985 年 8 月 2 日《天津日报》报道

### 张太雷烈士铜像在天大落成　胡耀邦 聂荣臻 徐向前题词　倪志福揭幕

【本报讯】昨天上午，无产阶级革命家张太雷烈士铜像在天津大学北洋广场落成。中共中央政治局委员、天津市委书记倪志福为铜像揭幕。

张太雷铜像被青松翠柏所环抱，显得庄重而肃穆。塑像高 1.7 米，下为 2 米高花岗岩基座。基座正面，胡耀邦同志的亲笔题词“张太雷烈士”五个大字熠熠闪光。基座两侧分别镌刻着聂荣臻同志的题词“北洋之光”和徐向前同志的题词“革命先驱”。塑像神态深沉、严峻、刚毅，显示了无产阶级革命家的意志和胸怀。

国家教育委员会副主任朱开轩、天津市委副书记谭绍文、市委常委何国模、副市长聂璧初、张太雷家乡常州市政协副主席史绍熙、张太雷烈士的亲属及天津大学一千多名师生员工参加了揭幕仪式。天津大学校长史绍熙、张太雷烈士的女儿张西蕾在揭幕仪式上讲了话。

中央军委副主席聂荣臻、中共中央组织部负责人李锐、中顾委委员帅孟奇、林铁及共青团中央分别发来贺电、贺信。

张太雷同志 1898 年生于江苏武进。1920 年毕业于北洋大学（现天津大学）。在校期间积极投身民主革命，1919年2月在天津组织了“社会改造社”，同年参加了伟大的五四运动，1920 年参加了李大钊同志在北京建立的共产主义小组，是中国共产党最早的党员之一。他在天津、上海与其他同志筹建了社会主义青年团，被选为天津市团的书记，负责起草中国第一部社会主义青年团章程。后被选为共产主义青年团中央局总书记。1927 年 12 月 11 日，张太雷参加并领导了震惊中外的广州起义，并担任革命军事委员会书记和起义总指挥，在指挥起义时不幸牺牲。

## 1988 年 6 月 17 日天津大学隆重纪念张太雷诞辰 90 周年

### 纪念活动简介

参加纪念大会的师生员工

1988 年 6 月 17 日，是伟大的无产阶革命家、天津大学的杰出校友张太雷诞辰 90 周年。学校在北洋广场举行纪念活动，继承先烈遗志，告慰烈士英灵。市政协副主席何国模莅会，校党委书记杨辉讲话。

当天，北洋广场内的鲜花争奇斗艳，张太雷烈士的铜像被青松翠柏所环抱，显得更加庄重肃穆。上午 9 时许，杨渝钦副校长在这里庄严宣布张太雷烈士诞辰 90 周年纪念大会开始。

校党委副书记田海亭和副校长李光泉代表全校师生员工怀着崇敬的心情，将鲜花制成的花篮安放在张太雷铜像前。

市政协副主席何国模、常州中学党总支书记也应邀出席了纪念活动。我校 200 多名师生代表和保育院的小朋友向张太雷铜像三鞠躬。

在热烈的掌声中，党委书记杨辉站在张太雷铜像下，他首先介绍了这位伟大的革命先驱者的生平，接着，他说：“今天，我们缅怀烈士的英雄业绩，就要以张太雷同志为榜样，学习他为寻求革命、探索真理的朝气蓬勃的革命精神；学习他为人民利益贡献一切、奋斗终身的思想品德；学习他多干实事、不尚空谈的工作作风，以及善于排除干扰刻苦读书的求知态度……”

学生代表王建宏激动地说：“我们深知，美好的今天，是无数先烈抛头颅洒热血换来的。现在改革已发展到关键时刻和困难时期，我们要齐心协力，自觉维护来之不易的安定团结局面，奋发学习，勇于实践，用我们的青春智慧和汗水去建设四化，告慰烈士英灵。”

纪念大会结束后，与会者怀着崇敬的心情瞻仰了张太雷烈士铜像。

下午，学校机关第一总支和第二总支组织全体党员观看了介绍张太雷烈士生平的录像片，进行了一次生动的革命传统教育。

天津大学党委书记杨辉在纪念大会上讲话

## 新闻媒体报道

1988 年 6 月 18 日《天津日报》报道

### 天大纪念张太雷诞辰 90 周年

【本报讯】昨天上午，天津大学 200 名师生怀着崇敬的心情，聚集在革命先驱张太雷烈士铜像前，纪念张太雷烈士诞辰 90 周年。

市政协副主席何国模出席会议，市政协副主席、天津大学党委书记杨辉介绍了张太雷的生平，殷切期望青年学生，继承先烈遗志，做“四有”新人。学生代表表示，要自觉维护来之不易的安定团结的形势，奋发学习，用智慧和汗水去建设四化，告慰烈士英灵。

张太雷是中国共产党和青年团的创始人之一，1916 年至 1920 年在北洋大学攻读法科。1927 年 12 月 12 日，他在指挥广州起义中，壮烈牺牲，年仅 29 岁。(李玉成)

## 纪念文章

1988 年 6 月 18 日出版的《天津大学》报(《天津大学》为学校校报，自 1990 年起更名为《天津大学报》——编者注）第三版用整版的篇幅发表编辑部撰写的长篇纪念文章。

### 北洋之光——纪念张太雷烈士诞辰 90 周年

1898 年 6 月 17 日，张太雷出生于江苏省常州市。其父张光斗是一位秀才。1901 年张光斗携妻子儿女赴江西省萍乡县安源煤矿，在洗煤台任文牍。太雷自幼天资聪颖，七八岁时父亲便教他习字念诗，给他讲一些历史名人故事。由于生活在矿区，太雷从小就熟悉工人生活。

#### 太雷少年　初露锋芒

1906 年，张光斗患急症不幸去世，丢下孤儿寡母，生活难以维持。无奈，母亲薛氏带着太雷姐弟含泪扶柩返回原籍。

国难家贫与父母亲的艰难，造就了张太雷坚韧顽强的性格。他上小学后，成绩突出，如饥似渴地读了许多古典名著。

1911 年，太雷经亲友资助考入公立常州府中学堂读书。

在常州府中学堂，太雷结识了瞿秋白、李子宽、羊牧之等人。瞿秋白比张太雷小一岁，既是同乡又是同学。他们经常在一起研讨功课，谈论政治。

辛亥革命的影响和学校进行的民族革命教育，使太雷、秋白受到了民主革命思想的启迪。一次，秋白指着自己头上的辫子对太雷说："这尾巴似的东西，我们非把它剪掉不可！”不久，他俩果然都把辫子剪了。

张太雷学习成绩优秀，英语尤为突出。他对章太炎、邹容、秋瑾等人的民主爱国思想和行为十分敬仰，对当时传播新思想的报刊如饥似渴地阅读，从严复到梁启超的著作，他都悉心阅读。宋代爱国将领岳飞在常州一带抗金的故事给张太雷的思想打上了很深的烙印。

1915年,学校无理开除学生李子宽,张太雷和瞿秋白同遭非难,共受牵连。秋白被迫去当小学教员，太雷则在一个疏星绕月的夜晚登上了东去的火车……

**抗争邪恶　北洋深造**

张太雷到上海后考取了北洋大学法科预备班。半年后经考试成为法科本科生。他刻苦攻读，博览群书，其刻苦精神被人称道。

学校是社会的一个窗口。十月革命给中国送来了马列主义。自此平静的学府不断掀起波澜。1918年5月，张太雷作为北洋大学代表之一，参加了反对段祺瑞和日本勾结签订秘密协定的示威请愿活动。1919年五四爱国运动爆发，北京学生首举义旗，天津学生立即响应，通电北京政府，要求释放被捕学生。6月初，张太雷和同学们一起到天津郊区进行讲演。火车站也是他们进行爱国主义、抵制日货的宣传阵地。

1920年，张太雷毕业了。他没有去当律师，也没有走仕途经商的道路。他受李大钊推荐，身负重任，投身革命去了。

**英才出众　英气勃勃**

张太雷在五四以后和李大钊建立了经常的联系，在参加北京共产主义小组以后受李大钊委托在天津建立青年团。不久，以张太雷任书记，成员有谌小岑、吴南如、胡维宪等的天津第一个团组织成立。青年团成立后，创办了天津第一份公开宣传马列主义的报纸——《劳报》(后改为《来报》)。

张太雷做团的工作很出色，深受李大钊、陈独秀赞赏。1922年，张太雷受党中央委托,与少共国际驻中国代表达林和党中央代表瞿秋白3人一起，筹备召开共青团第一次全国代表大会。

1922年5月5日，团的一大在广州召开了。张太雷任大会主席，代表5千多团员致开幕词。从此打下了青年团在马列主义思想上统一起来的基础。

**驰骋政坛　金声玉振**

由于张太雷才华出众，1921年初，经李大钊推荐，他担任了共产国际远东局中国科书记，成为活跃于共产国际政治舞台上第一个中国共产主义者。

1921年6月22日至7月12日,共产国际第三次代表大会在莫斯科举行,张太雷代表中国共产党参加了大会。参加大会的有48个国家的共产党和左派社会党的代表，还有国际青年联盟的代表以及靠近共产国际各团体的代表。列宁被选为大会名誉主席，领导大会的全部工作。张太雷在大会的最后一天发表了激动人心的演说，他呼吁“共产国际和西欧各国共产党今后有必要对远东的运动加以更多注意，不惜一切给予支援”。还说“各位对于中国的发展如能更进一步予以注意，那么中国的无产阶级和中国其他各种革命力量也会在这个伟大的事业中给各位以巨大的帮助”。他还举例说明中国无产阶级在苏联红军队伍中曾经参加对高尔察克、邓尼金的斗争，并以此证明他们已成长为优秀的无产阶级革命战士。

张太雷在共产国际三大的发言，博得了阵阵掌声，金声玉振，震撼了整个会场，结交了更多的同志和朋友。

**志同道合　广结厚友**

张太雷参加了共产国际三大后，次年又为筹备召开远东各国共产党及民族革命团体代表大会操劳、奔波。这次大会先在苏联伊尔库茨克召开，后在莫斯科召开。中国代表团人数最多，其中共产党员人数占优势。列宁、斯大林、片山潜被推选为大会名誉会长，大会共开了12次，发表了由张太雷参加起草的宣言。

在参加共产国际活动中，张太雷结识了片山潜、德田球一、山川均、界利彦和胡志明等同志。

1921年7月他参加了青年共产国际二大，当选为执行委员会委员。在1922年12月青年共产国际三大上缺席当选为执行委员会委员。1924年7月他又参加了四大。马林称赞他不愧是一位真正的国际共产主义者。

**国共合作　身体力行**

1921年底，共产国际驻中国代表马林偕张太雷到桂林会见孙中山商谈国共合作之事。孙中山在桂林独秀峰山麓旧桂王府设立的大本营接见他们。不久张太雷和马林参加了在杭州西湖召开的一次中央会议，决定共产党人以个人名义参加国民党，实行合作。此后，李大钊、陈独秀、蔡和森、张太雷一起参加国民党，由孙中山亲自主盟。1923年1月孙中山任命张太雷为国民党中宣部干事。张太雷还参与了党的三大决议的起草和组织工作。1923年党的三大召开，通过了与孙中山领导的国民党建立统一战线的决议。党的三大以后，张太雷等人参加孙逸仙博士代表团访苏，学习军事。回国后，他经常奔走于上海、广州、武汉之间，致力于统一战线工作。张太雷在这一时期白天忙于统一战线工作晚上抓紧时间写了大量的文章。

**旗帜鲜明　反对右派**

统一战线建立后，党内以陈独秀为代表的右倾机会主义在发展，国民党中新老右派猖狂进行反共活动。在这种情况下，张太雷挺身而出，坚决捍卫党的统一战线的原则和立场，和国民党新老右派以及党内投降主义进行了坚决的斗争。

1925年春，张太雷在广州，担任共产国际代表鲍罗廷的助手、翻译和警卫。革命的实践已经把张太雷锻炼成了一个机智、勇敢、智慧、沉着的人。

1926年3月20日，蒋介石制造了中山舰事件，张太雷异常愤慨，在报刊上连续撰文揭露国民党右派的阴谋。

1926年冬，张太雷随鲍罗廷到武汉，在欢迎会上，张太雷为革命感情所激动，慷慨激昂。当说到蒋介石在广东、江西屠杀工农和共产党人时声泪俱下，观众无不为之动容。

1927年蒋介石发动了四一二反革命政变，轰轰烈烈的大革命失败了。面对这些变化，张太雷同志没有减低革命锐气。局势越紧张，他的态度越镇定。他坚信，胜利一定属于我们。

**领导起义　血洒珠江**

1927年11月26日，身为广东省委书记的张太雷在广州主持召开广东省委常委会议，会议确定在12月11日举行起义，张太雷担任起义总指挥。

11日3时半，起义爆发了。张太雷、叶挺、叶剑英等各司其职，带领战士们先后攻占了许多据点和地区。12日中午，庆祝广州工农民主政府的万人大会在西瓜园广场举行。广场上红旗招展、人声鼎沸，身着戎装的张太雷同志宣布："广州工农民主政府正式成立了！"掌声雷动，一片欢腾。会后张太雷乘车返回指挥部，不幸中途遭敌人伏击，身中3弹，壮烈牺牲。年仅29岁的张太雷同志和我们永别了！

## 1991年11月《张太雷年谱》编纂工作会议在天津大学举行

### 会议简介

1991年11月15日至17日，《张太雷年谱》编纂工作会议在天津大学举行。全国政协委员、原化工部科技局副局长、张太雷研究会顾问、张太雷的女儿张西蕾出席了会议并作了重要讲话。

根据张西蕾的提议，张太雷研究会决定《张太雷年谱》由天津大学刘玉珊等主编，北京大学丁则勤主审。张太雷曾经生活和战斗过的常州、广州、武汉以及北京等地的张太雷研究专家参加编写。

参加会议的代表有张太雷研究会顾问、北京大学丁则勤教授，张太雷研究会副秘书长、理事、常州教育学院叶孟魁副教授，张太雷研究会特约研究员、中国妇女出版社副总编姚维斗副编审，张太雷研究会特约研究员、中共中央党史研究室钱听涛副译审，张太雷研究会特约研究员、原中共天津市委党史资料征集委员会办公室主任石火，张太雷研究会特约研究员、武汉市博物馆近现代文物部主任周斌馆员，张太雷研究会特约研究员、原广东革命历史博物馆林鸿暖副研究馆员，常州市文管会戴博元先生，常州高级中学张浩典先生，张太雷研究会理事、常州市文化局负责人卢联珍女士，张太雷研究会名誉理事、天津大学校友总会副总干事长左庆生副编审，张太雷研究会特约研究员、天津大学党委宣传部部长刘玉珊副教授。

这次会议就《张太雷年谱》所包括的内容、编写原则以及编写形式等问题进行了认真的讨论和交流。根据各位作者对张太雷研究的重点进行了编写分工。具体任务为：戴博元负责1898年—1911年；张浩典负责1911年—1915年；刘玉珊负责1915年—1920年；钱听涛负责1921年—1924年；林鸿暖负责1925年—1926年12月9日和1927年8月10日—1927年12月；周斌负责1926年12月10日—1927年8月9日。

与会代表对《张太雷年谱》的编写进行认真讨论

与会代表在张太雷塑像前合影留念

与会代表还对《张太雷年谱》的各个部分的初稿进行了科学论证，充分交换了意见，以使初稿更加完善，更加真实可靠。张西蕾特别强调要就现有资料实事求是地编写，要尊重历史、尊重事实，力求使《张太雷年谱》成为一本科学严谨的历史著作。

会议期间，参加会议的代表瞻仰了坐落在天津大学北洋广场的张太雷铜像并在铜像前合影留念；代表们还参观了天津大学校史馆，进一步了解了张太雷母校的历史；他们游览了天津市市容，对张太雷 70 多年前曾经学习和战斗过的城市的发展变化给予了高度评价。

### 《张太雷年谱》正式出版

为了迎接 1992 年 5 月 5 日在常州召开的“张太雷研究学术讨论会”,《张太雷年谱》的作者和天津大学出版社的编辑们春节都没有休息，终于赶在 1992 年 4 月将新出版的《张太雷年谱》发往常州，大会代表如愿见到了这部凝聚了张西蕾和“张太雷研究会”所有成员大量心血的著作。

《张太雷年谱》全书 10 万余字，插图 8 页，编者尽其所能，力求收集当时所能掌握的全部资料和信息。《张太雷年谱》反映了当时全国张太雷研究的实际水平。

## 1992 年 5 月天津大学代表参加在常州举行的“张太雷研究学术讨论会”

### “张太雷研究学术讨论会”简介

1992 年 5 月 5 日,“张太雷研究学术讨论会”在张太雷的家乡常州举行。来自北京、天津、上海、广州等地的专家学者及党史工作者近百人参加了会议。张太雷烈士的亲属、全国政协委员、原化工部科技局副局长张西蕾，原化工部副部长冯伯华，著名学者、原社会科学院研究生院院长温济泽等出席了讨论会。大会收到由 40 多位作者署名的论文 36 篇。

大会对张太雷的家世、张太雷的青少年时代以及他在建团、建党、促成革命统一战线、反击国民党右派和党内右倾机会主义等方面的历史功绩和所做出的杰出贡献，进行了广泛的学术交流。这次会议全面展示了国内张太雷研究的成果和进展情况，是一次全方位多层次的学术交流活动。与会代表还就进一步加强对张太雷的研究提出了意见和建议。

### 天津大学派代表参加会议并在大会上发言

我校派出宣传部刘玉珊、苏喆，校友会左庆生、胡如光 4 人参加了大会。作为张太雷的母校，天津大学对参加这次会议进行了认真的准备。首先是在极短的时间内完成了《张太雷年谱》的编写工作，及时发到与会代表手中，展现了张太雷研究的最新成果，受到了与会代表好评。他们说这是参加这次会议收到的最好的礼物。其次，认真准备了参会论文和大会发言。这时，我校对张太雷的研究重点开始转向张太雷在北洋大学和天津时的学习、生活情况，以及他的革命思想形成、发展和建团、建党等方面的历史功绩，研究北洋大学这所著名学府对张太雷的思想、品格和作风的影响以及张太

天津大学代表与张西蕾夫妇合影

雷给母校带来的荣誉和巨大的精神财富。

我校为这次大会提交的论文是刘玉珊、左庆生撰写的《张太雷与北洋大学》，天津大学的代表刘玉珊以这篇论文的主要观点为基础在大会上作了发言。她指出，首先，北洋大学的淳朴校风助张太雷顺利完成学业，并对他产生了多方面的影响。因学校所收费用较少，才使张太雷坚持到毕业，未因家庭困难而中途退学，使他成为我党早期为数不多的受过正规高等教育的领导人之一。其次，学校的淳朴校风使他保持了劳动人民的本色，进一步培养了他朴实无华的思想作风和工作作风。其三，北洋大学“实事求是”的校训培养张太雷成为党内公认的实干家。北洋大学遵循“实事求是”的校训，特别注重学生实际能力的培养。张太雷在北洋大学5年，他认真地实践着“实事求是”的校训，脚踏实地地在实践中磨炼着自己，积极到实际中去，到工农中去，到火热的革命斗争中去，锻炼能力，增长才干。张太雷所具有“非凡的才能”，其功底就是在北洋大学打下的。

我校代表认真地参观了常州“张太雷纪念馆”，对张太雷的革命思想和革命业绩以及他的崇高精神有了更深刻的认识和理解，对于进一步宣传和研究张太雷起了重要的推动作用。

在张太雷纪念馆院子里，矗立着张太雷的半身塑像。在这里，天津大学参会的所有同志与张太雷的女儿、全国政协委员、原化工部科技局副局长张西蕾，张太雷的女婿、原化工部副部长冯伯华合影留念。

## 1997年6月4日“张太雷奖学金”在天津大学设立

### “张太雷奖学金”捐赠仪式简介

1997年6月4日，“张太雷奖学金”捐赠仪式在天津大学第九教学楼大会议室隆重举行。张太雷奖学金的捐赠者不是别人，正是张太雷的女儿张西蕾和她的11位亲属。张西蕾和她的亲属们都是工薪阶层，但在张西蕾提议下，她的11位亲属积极响应。出于对张太雷母校的热爱，对青年学生成长的关心，慷慨解囊，将他们平时省吃俭用的10万元款项捐赠给天津大

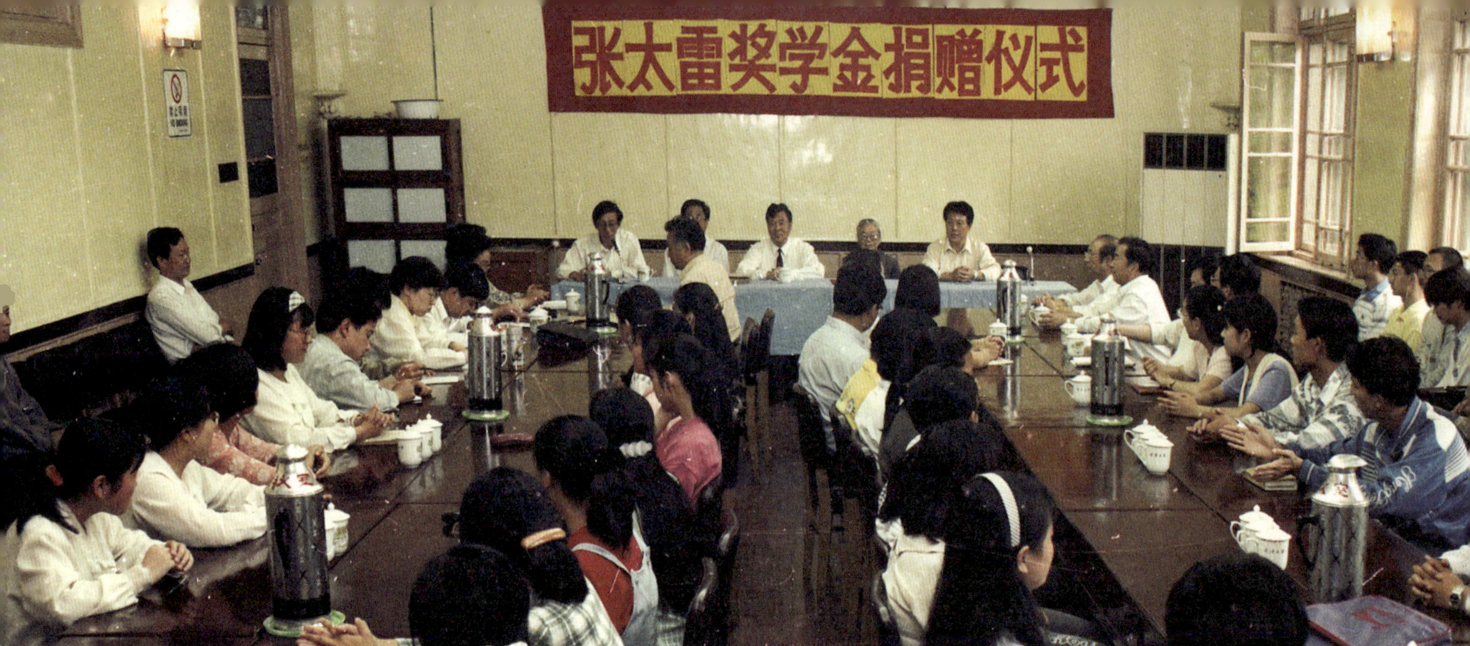

张西蕾向天津大学捐款

党委书记杨渝钦向张西蕾赠送纪念品

党委书记杨渝钦向张西蕾等捐赠人颁发捐赠证书

学，设立张太雷奖学金，用于奖励全校学生中的优秀共产党员、共青团员以及人文与社会科学系经济法专业的优秀学生。

张太雷于 1920 年 6 月毕业于北洋大学，是中国共产党早期重要领导人之一，中国共产主义青年团的主要创建人，广州起义的总指挥，是为中华民族的解放事业而英勇献身的老一辈无产阶级革命家。

在张太雷奖学金捐赠仪式上，首先宣读了《张太雷奖学金章程》，然后张西蕾向天津大学赠款，校党委书记杨渝钦向张西蕾等颁发捐赠证书。接着，张西蕾发表了讲话。她在追述了张太雷烈士的辉煌革命经历后说："明年是张太雷诞辰 100 周年，今年 12 月是他牺牲 70 周年，我与子女们商量要为他做些事情。北洋大学是他走上革命道路的起点，所以我设立了一个基金。"她还对人文与社会科学系经济法专业的同学们说："建设社会主义的希望都在你们身上，你们年轻人身上的任务是十分重大的。虽然我们捐的钱很少，但它具有象征意义，希望你们能够继承烈士的遗志，把祖国建设得更加强大起来。"党委书记杨渝钦最后讲话，对张西蕾及其亲属在我校设立奖学金表示衷心的感谢，表示要更加努力把烈士的母校建设好，绝不辜负烈士及其亲属对我们的厚望。

党委书记杨渝钦，党委副书记李全生、张宏伟，副校长单平，党委宣传部、学工部、团委的负责人，人文与社会科学系经济法专业全体同学出席了捐赠仪式。会议由党委副书记张宏伟主持。

### "张太雷奖学金"捐赠人名单

张太雷奖学金捐赠人张西蕾和她的 11 位亲属名单：

张西蕾捐赠 5 万元。她的 11 位亲属捐赠 5 万元。他们是：弟弟张芝明、表妹黄幼如、外甥女谢雪娟、外甥女谢文娟、外甥谢亮、外甥女张子娟、外甥女张亦娟、女儿冯海晴、儿子冯海龙、女儿冯海宁、女儿冯海兰。他们根据自己的实际情况，捐赠额有多有少，但他们都有一颗令人敬佩和感激的爱心，他们热爱张太雷烈士的母校，他们对天大学子寄予厚望，就是希望广大青年学生继承烈士遗志，学好本领，报效祖国。

## 《张太雷奖学金章程》

**第一章　总则**

第一条　为继承张太雷烈士遗志，推动天津大学教育事业的发展，培养更多的品学兼优的专门人才，为祖国的现代化建设作出更大的贡献，从 1997 年起，全国政协委员、张太雷烈士的女儿张西蕾同志及其 11 位亲属（张芝明、黄幼如、谢雪娟、谢文娟、谢亮、张子娟、张亦娟、冯海晴、冯海龙、冯海宁、冯海兰）捐资在天津大学设立张太雷奖学金。

第二条　张太雷奖学金采取建立基金的形式，张西蕾同志及其亲属一次性捐赠基金 10 万元人民币。

第三条　张太雷奖学金的基金部分原则上不动用，基金存入金融机构，用获取的利息等增值部分对优秀学生进行奖励。

**第二章　基金管理**

第四条　建立张太雷奖学金基金管理委员会。委员会设主任 1 人，由天津大学党委书记担任，副主任 2 人，由张西蕾同志和分管学生工作的党委副书记担任，委员若干人，由有关方面负责人担任，秘书 1 人，负责日常工作。管理委员会的办公地点设在天津大学。

第五条　基金的使用要经过基金管理委员会审批，每年定期公布收支项目。

第六条　若奖金的实际支出超过基金的增值部分，需要动用基金本金时，必须经过管理委员会全体会议讨论通过方可动用。

第七条　每年用于奖励后的余额纳入基金。

**第三章　奖励办法**

第八条　张太雷奖学金主要用于奖励全校学生中的优秀共产党员、优秀共青团员，人文与社会科学系的优秀本科生、研究生。

第九条　张太雷奖学金每年评奖一次，奖励优秀学生党员 4 人，优秀共青团员 4 人，人文系本科生 3 人，研究生 1 人（暂缺），每人奖励 600 元人民币。奖金金额的 10% 作为评审和奖金以外的其他费用。

第十条　获得张太雷奖学金者通报全校，发给奖金和证书，登记表存入本人档案。

**第四章　奖励条件**

第十一条　热爱社会主义，拥护中国共产党的领导，自觉执行党的基本路线，认真学习马克思列宁主义、毛泽东思想和邓小平建设有中国特色社会主义理论，遵纪守法、品学兼优，并符合下列条件之一者可以申请该项奖学金。经评选择优给予奖励。

1. 人文系本科生在本学年内平均成绩优秀，且单科成绩全部为良好以上者；
2. 人文系研究生在本学年内全部课程为优秀者；
3. 人文系学生的学士、硕士论文在理论和应用方面确有价值和水平，成绩突出的优秀者；
4. 在全校范围内评出的优秀学生党员和优秀团员。

**第五章　组织机构**

第十二条　建立张太雷奖学金评审委员会。评审委员会设主任 1 人，由分管学生工作的党委副书记担任，副主任 1 人，由学工部长担任，委员若干人，由教务处、组织部、团委和人文系负责人担任。

第十三条　张太雷奖学金评审委员会负责组织评审，并将评审结果报基金管理委员会批准。

**第六章　附则**

第十四条　本章程经张太雷奖学金基金管理委员会讨论通过后生效。

第十五条　本章程的制定、修改、解释权属于张太雷奖学金基金管理委员会。

*张西蕾与参加捐赠仪式的经济法专业同学合影*

## 新闻媒体报道

1. 1997 年 6 月 10 日《人民日报》报道

**张太雷奖学金在天津大学设立**

【据新华社天津电】（记者刘庆禄）张太雷奖学金 6 月 4 日在天津大学设立。以我国早期无产阶级革命家张太雷的名字命名奖学金，是张太雷烈士的女儿张西蕾的夙愿。她的提议得到了张太雷的 11 位亲属的积极响应，他们共捐资 10 万元人民币。这项奖学金除主要用于奖励优秀学生党员、团员外，还在人文与社会科学系经济法专业设立了优秀学生奖、“张太雷班”集体荣誉奖。

2. 1997 年 6 月 5 日《天津日报》以“先烈后代捐资10 万元天大设立张太雷奖学金”为题进行了报道

【本报讯】（记者钟杰　通讯员吴建秀、韩宝志）昨天，一项以我国早期无产阶级革命家命名的奖学金在天津大学设立。

该项奖学金的设立，是张太雷烈士的女儿、全国政协委员张西蕾及其亲属的一桩夙愿。作为烈士的后代，张西蕾十分关心年轻一代的成长，关注张太雷母校的发展。为此，她拿出自己多年的积蓄在天津大学设立奖学金。她的此举得到儿女及其他亲属的大力支持，纷纷解囊，共捐资人民币 10 万元。该项奖学金主要用于奖励全校学生中的优秀共产党员、共青团员以及人文与社会科学系经济法专业的优秀学生。

张太雷是中国共产党早期的重要领导人之一，中国共产主义青年团的重要创建人，广州起义的主要领导者，是为中华民族的解放事业而英勇献身的老一辈无产阶级革命家。他曾于 1915 年考入今天津大学的前身——北洋大学法科预备班，半年后，通过考试考入法科本科。1920 年夏，张太雷在北洋大学毕业。

## 天津大学党委关于表彰“张太雷奖学金”获得者的决定

1997年，全国政协委员、张太雷烈士的女儿张西蕾同志及其11位亲属捐资在天津大学设立张太雷奖学金。

张太雷是天津大学的著名校友。张太雷这个光辉的名字是与中国革命的历史紧密联系在一起的。为了纪念张太雷烈士，学习和发扬张太雷烈士的革命精神，学校决定将此项奖学金用于表彰在学生中表现突出的优秀共产党员、优秀共青团员以及社会科学与外国语学院法学专业的优秀本科生。

此次荣获张太雷奖学金的同学是：

优秀共产党员4名：

精仪学院1996级光学仪器专业博士生 张汉奇

化工学院1995级精细化工专业本科生 籍斌

建工学院1995级建筑工程专业本科生 高喜峰

建筑学院1994级建筑学专业本科生 王雪莲

优秀共青团员4名：

社科与外语学院1995级经济法专业本科生 刘洪亮

自动化学院1995级自动化专业本科生 赵毅

管理学院1995级技术经济专业本科生 赵磊

机械学院1996级博士生宋轶民

社会科学与外国语学院优秀本科生3名：

梁春早 姚冰 韩卓

对以上11名同学颁发“张太雷奖学金”获得者荣誉证书和张太雷奖学金，以资鼓励。学校希望全体同学向此次获奖的同学学习，以张太雷为榜样，做新时代的大学生，为建设有中国特色社会主义的伟大事业，努力学习，奋发成才。

中共天津大学委员会

1998年6月8日

### 天津大学关于设立“张太雷奖”的决定

2011 年 4 月 18 日，天津大学党委在《关于评选表彰天津大学先进党组织、优秀共产党员、优秀党务工作者和“张太雷奖”获得者的通知》中指出：天津大学“张太雷奖”今年首次设立，是我校优秀共产党员和优秀党务工作者的最高荣誉。“张太雷奖”以我校杰出校友、中国共产党早期重要领导人、革命先烈张太雷的名字命名，旨在通过表彰我校优秀共产党员和优秀党务工作者中的突出典型，进一步继承和弘扬“太雷精神”，充分挖掘“太雷精神”的时代内涵，引领和激励全校广大党员、群众，立足本岗、积极进取、奋发有为、干事创业，为党和国家的事业，以及学校的发展作出更大的成绩和贡献。

（1）名额：计划表彰天津大学第一届“张太雷奖”获得者 5 名。

（2）范围：在所推荐的优秀共产党员和优秀党务工作者中进行遴选。

关于评选表彰的条件，《通知》指出：天津大学“张太雷奖”获得者除具备优秀共产党员和优秀党务工作者的基本条件外，还应该同时具备下列条件之一：

（1）业绩显著，贡献突出，曾获得省部级以上的表彰或奖励，在本学科本系统有广泛影响乃至在全国具有一定影响。

（2）学生党员成绩优异，综合素质突出，曾获得省部级及以上表彰或奖励，为学校赢得重大荣誉。

（3）教书育人，服务师生，奉献社会的事迹突出感人，在师生中有很高威望，在校内外有较大影响。

（4）其他方面事迹突出，受到广大党员和群众的一致赞誉和拥护。

——摘自《中共天津大学委员会文件》天大党发（2011）13 号

2011 年 6 月，在纪念中国共产党建立 90 周年之际，天津大学表彰了一批先进党组织和优秀共产党员及党务工作者。首批获得“张太雷奖”的是在全校评出的优秀共产党员中的佼佼者。他们是：

机械学院　苏万华

化工学院　王静康

精仪学院　郁道银

管理与经济学部　赵黎明

## 天津大学先后命名“张太雷班”和“太雷班”

为纪念伟大的无产阶级革命家、我校的杰出校友张太雷烈士，天津大学党委决定在学生班级中设立“张太雷班”。

### 1998年6月8日天津大学党委关于命名“张太雷班”的决定

今年6月17日是我党早期著名领导人张太雷同志的百年诞辰。张太雷是天津大学的著名校友，他是我党早期著名的革命家、政治家、社会活动家。他参加了中国共产党的创建工作，是中国社会主义青年团的主要创始人，中国青年运动的著名领袖，广州起义的总指挥。

为了深切缅怀张太雷烈士的丰功伟绩，学习张太雷烈士的革命精神，发扬党的优良传统，在纪念张太雷同志诞辰100周年之际，学校决定命名社会科学与外国语学院1995级经济法班为“张太雷班”。

学校希望“张太雷班”的同学做继承和发扬张太雷精神的模范，加强思想道德修养，树立正确的世界观、人生观、价值观，努力刻苦学习，掌握现代科学文化知识，努力把自己造就成德、智、体全面发展的社会主义事业的建设者和接班人。

中共天津大学委员会

1998年6月8日

## 天津大学设立“太雷班”的背景及第一期“太雷班”开班

经过多年的探索与发展，我校团委以求实团校为平台，建立了初团、高团等一系列团员干部培养体系。为进一步适应青年学生成长成才的需求和社会对杰出人才的呼唤，进一步发挥共青团组织服务青年成长成才的作用，发掘和培养一批既有过硬专业知识，又有卓越领导才能的学生，校团委积极探索团员干部培养的新途径与新形式，决定从2006年10月开始在我校团员青年中正式推行“天津大学学生领导力培育计划”(Student Leadership Training Program)。计划分为校级示范、院级推广两个阶段进行。在校级示范阶段，由各院级团委及各校级学生社团推荐30名优秀学生，成立天津大学“太雷班”，进行为期一年左右的培训。天津大学“太雷班”成立后陆续开展理论课程教学、素质拓展训练、社会调研与实践等培训内容。

2006年10月24日，经过层层选拔，天津大学“太雷班”第一期30名学员脱颖而出。10月31日“太雷班”成立仪式在会议楼第四会议室隆重举行，校党委副书记于立军出席成立仪式。校团委书记史庆伟及天津大学第一期“太雷班”全体学员参加了仪式。成立仪式上，校团委书记史庆伟做了动员讲话。他向全体学员阐述了天津大学“太雷班”成立的背景与意义，介绍了“太雷班”的培养体系，同时要求学员在培训中要突出个性，培养自己的创新精神和创业精神，使自己成为更优秀的人才。

校党委副书记于立军讲话。他要求在“太雷班”的培训过程中，要创新培训方式，高质量地完成每一次培训活动。随后，于立军副书记从提高自身品格与修养、丰富自身经历与能力、改进工作理念与方式等方面对学员提出了要求。

2007年6月15日，天津大学第一期“太雷班”举行了结业典礼。党委副书记、副校长于立军出席典礼仪式，并为第一期“太雷班”顺利结业的30名学员颁发了结业证书。

结业典礼上，党委学工部部长、团委书记史庆伟宣读了《天津大学第一期“太雷班”结业学员及优秀学员名单》。结业学员们纷纷表示：在“太雷班”中收获良多，自己将以“太雷班”为起点，构筑自己人生新的高度。同学们还写下了对自己20年之后的畅想，这些记载第一期“太雷班”学员们理想的见证将由党委副书记、副校长于立军封存后转交学校档案馆永久保存。学校期待着这些学员们20年之后重聚天大，重温理想。最后，于立军对学员们表达了殷切的期望。

第一期“太雷班”在为学员搭建成长成才的平台同时，也受到了社会各界的广泛关注。2007年4月，在得知“太雷班”的情况后，张太雷的外孙女张子娟专程从江苏常州来到天津大学，与同学们就“张太雷精神”座谈，并为天津大学“太雷班”题词：“弘扬太雷精神，放飞人生梦想”。

天津大学第一期“太雷班”

弘扬太雷精神
放飞人生梦想
张子娟题

张太雷的外孙女，常州市税务局副局长张子娟为天津大学“太雷班”题词

2006 年 11 月 15 日,《中国青年报》在第 2 版报道了“太雷班”同学的学习活动

**天津大学管理学院教授为该校大学学生干部做有关职业规划与管理的首场讲座**

报道说，近日，天津大学管理学院教授为该校大学学生干部培训班——“太雷班”学员做有关职业规划与管理的首场讲座。

据称，“太雷班”是天津大学团委为培养优秀学生干部和未来国家管理精英而设立的项目。该班每周举办一次沙龙和一次讲座，首期学员均是来自天津大学各学院的学生会主席或团委书记等学生干部。

2010 年 7 月 6 日,《中国青年报》关于天津大学加强求实团校建设的报道

近年来，为了贯彻落实团中央在全团推出的青年马克思主义者培养工程，充分发挥共青团组织在大学生思想政治教育中的重要作用，天津大学通过加强求实团校建设，不断探索和创新大学生骨干的培养途径。

求实团校针对不同年级、不同类别学生的特点，设置了初团—高团—新袖班—太雷班四个层级的培养体系。“初团”面向一年级新生团支部书记，通过党团基本理论的学习和实践，旨在培养一批政治素质强、工作本领硬的团支部书记；“高团”面向二年级学生，培养一批素质全面、能力出众的学生组织和社团骨干的后备力量；“新袖班”面向三年级学生，使之通过培养，逐步成长为政治坚定、素质全面、业务过硬的青年马克思主义者；“太雷班”则面向四年级和研究生，每年选拔培养 30 名精英型领袖人才。

### 每期“太雷班”都举行隆重的开班和结业仪式

第一期“太雷班”结业后，2008 年 4 月 7 日，第二期“太雷班”开班仪式在会议楼举行。校党委副书记于立军出席了仪式。仪式上，学员们进行了自我介绍，畅谈了加入“太雷班”的感受。于立军在开班仪式上讲话，他强调，“太雷班”将起到培养学生潜能和进取精神的作用，他勉励学员们在“太雷班”中一要锻炼性格，提升修养；二要树立自信，培养悟性；三要善于自省，学会约束；四要注重计划，学会磨练。仪式结束后，与会师生合影留念。第三期“太雷班”于 2008 年 10 月 30 日开班，宣传部部长花建锋在开班仪式上勉励学员们：“要充分利用‘太雷班’的学习空间接受思想训练和实践锻炼；继承和发扬太雷精神，增强创新意识和责任感；严格要求自己，为国家和人民作出贡献。”2009 年 12 月 15 日，第四期“太雷班”开班仪式在会议楼举行。校党委副书记李义丹和宣传部、学工部、教务处、团委等单位相关负责人出席了仪式。“太雷班”的 30 名成员分 5 个小组进行了各具特色的自我介绍，并就大学生就业、团队建设等问题和在座人员进行了讨论与交流。

2010 年 12 月 15 日，第五期“太雷班”开班仪式在会议楼举行。党委副书记李义丹出席了仪式，宣传部、学工部、团委负责人参加了仪式。团委负责人介绍了“太雷班”成立的背景及这期“太雷班”的筹备情况。第五期“太雷班”由 13 个学院的 30 名学生组成，该班班长介绍了班级近期开展的各项工作，学员们进行了活动展示。

天津大学第三期“太雷班”学员合影

2011 年 6 月 30 日，天津大学第五期“太雷班”结业典礼在会议楼第四会议室举行。校党委宣传部部长花建锋、校团委书记梁春早、学工部副部长曲海富、档案馆副馆长李京霖及本期“太雷班”全体师生参加，结业典礼由梁春早主持。校长李家俊、校党委副书记李义丹与学员们合影留念。

天津大学第五期“太雷班”学员立志“实现梦想”

在结业典礼上，第五期“太雷班”班长赵亚林结合本期“太雷班”总体情况作了报告。在为期 8 个月的培训与学习中，“太雷班”组织和参与了“成功之旅”系列讲座、读书交流、素质拓展训练、“大学生幸福指数”实践调研、“弘扬志愿精神、情暖贫困学生”捐助瓜州贫困小学生、纪念张太雷烈士诞辰 113 周年座谈会等活动。

在学习成果展示环节，学员代表与师生们分享了自己的学习体会。黄亚江分享了他从《道德经》中获得的敬天道与爱众人等人生启示，提出要怀着一颗仁爱的心面对一切；汪晶晶分享了她在“追寻”革命足迹、体味江西红色之旅学习采访中受到的心灵震撼，号召学员们肩负起民族复兴的使命；贾石阐释了自己学习“太雷精神”的感悟，认为作为一名“太雷班”学员要秉承北洋文化，传承太雷精神，挥洒青春激情，成就辉煌人生。在随后的自由发言中，李莉、刘乌兰分别就“太雷精神”对当代大学生的影响和对传承“太雷精神”的建议发表了见解。

花建锋对张太雷生平和“太雷精神”知之较多，为学员们介绍了许多张太雷鲜为人知的事迹，并介绍了我校专家总结的“太雷精神”的三个精髓，即爱国主义、善于学习探索和实践、勇于牺牲，希望学员们与时俱进地学习“太雷精神”，将“太雷精神”发扬光大。梁春早对本期“太雷班”学员表达了殷切期望，鼓励学员们努力奋斗，遇到困难时不失落不放弃。

在师生深入交流之后，梁春早宣读了第五期“太雷班”结业名单、优秀学员名单，并为学员们颁发结业证书、优秀学员证书。学员们都写下了“20年后的畅想”，并进行了梦想封存仪式。档案馆副馆长李京霖郑重地接过档案袋，与大家相约 20 年后共同见证大家的成就与荣耀。学员代表将“太雷班”文化衫赠送给各位老师，表达对关心“太雷班”发展、指导“太雷班”工作的老师们的深深谢意。

2011 年 12 月 16 日，第六期“太雷班”开班典礼在大学生活动中心 401 会议室举行。校党委副书记李义丹出席典礼并讲话，校党委宣传部部长花建锋，学工部部长雷鸣，校团委书记梁春早、副书记王鑫等参加了典礼。本期“太雷班”全体 30 名学员正装亮相，以小组为单位进行了节目展示。活动由梁春早主持。

第六期“太雷班”组织委员王锐向大家讲解了本期“太雷班”的培养规划。“太雷班”作为天津大学“学生领导力培养计划”的重要一环，旨在提升优秀学生的领导力与社会责任，培养在政治、经济、文化、科技等领域能够担当领军人物的骨干人才。围绕自主与创新两个关键词，本期“太雷班”设有两大建设目标——提升成员素质、打造精英团队；引领校园示范，弘扬太雷精神，并针对性地提炼出 32 个字的精英元素“内敛英华，厚德载物；才思卓荦，行胜于言；省身近思，审时度势；精益求精，唯实唯新”。同时，根据上述目标和精英元素，本期“太雷班”搭建了矩阵式的组织结构，计划分三个阶段依次展开自我提升、校内实践、校外交流等多种形式的活动。

在小组展示环节，各小组经过前期的精心准备均带来了精彩节目，也使相互之间有了更多的认识和了解。第一小组以话剧的形式讲述了学员们刚刚经历的“太雷班”选拔过程，表达了进入“太雷班”的激动心情以及身在其中需努力提升的憧憬；第二、三小组的联合演出载歌载舞，同时兼有话剧元素，展现了青年人的才艺与激情；第四小组创造性地将自我介绍与“太雷班”历史融合在一起，讲述了历经六期的“太雷班”的辉煌之路；第五小组则是进行了组诗两首的朗诵，抑扬顿挫又不失活力，表达了对以张太雷为代表的在广州起义中牺牲的英烈们的怀念与敬仰。

在互动交流环节中，针对学生们征求学员手册意见的提问，雷鸣和花建锋先后谈了自己的建议，提出一方面要构想如何在“太雷班”的共性培养中融入个性化，使所有学员可以获得有的放矢的成长，另一方面要注重对于审时度势意识的加强，关心时政，成为具有责任感的当代杰出青年。

李义丹在讲话中对大家给予勉励。他结合一个美国教育试验的例子告诉学员们，通过层层选拔进入“太雷班”是对自己的一个极好的心理暗示，显示了学员们是在同龄人当中脱颖而出的优秀分子，故应当树立更远大的目标和理想，力争成人、成才、成功。勉励之外，李义丹又从知识、能力、素质三个方面的辩证关系出发，结合自己多年从事学生工作和精英培养的丰富经验，帮助学员们明确了为什么参加“太雷班”，在“太雷班”中应该培养什么，做什么样的人才，怎样成为社会中坚和国家栋梁等一系列对正在走向社会的青年人来说最为根本的问题，告诫学员们要不断汲取知识、培养能力、提升素质，以全面发展为方向，以术业专攻为重点，终身学习，发掘潜力，勤奋不辍。

2012 年 6 月 14 日，第六期“太雷班”结业典礼在会议楼第四会议室举行，校党委副书记李义丹出席并讲话，档案馆馆长常辽华、校团委书记梁春早、校党委宣传部副部长韩宝志、学工部副部长杨冬、校团委副书记王鑫及本期“太雷班”全体学员参加了典礼。结业典礼由梁春早主持。结业典礼上，第六期“太雷班”临时党支部书记田川对本期“太雷班”总体情况作了汇报。本期 30 名学员横向分成 5 个小组、纵向分成 5 个职能组，以“自主”和“创新”为核心理念，围绕精英元素“内敛英华，厚德载物；才思卓荦，行胜于言；省身近思，审时度势；精益求精，唯实唯新”，按照“自我完善，团队提升”、“引领示范，助力成长”、“走出校园，打造品牌”三大模块开展活动 20 余次，在班级建设、培养体系等方面作出了积极思考与探索，并取得了良好的效果。树立远大理想，提升思想境界，夯实知识基础，培养学习与适应能力，心态积极、自我锤炼、承受挫折，全面、协调、科学地发展，成为母校的骄傲、国家的栋梁。

梁春早宣布第六期“太雷班”学员全部获得结业资格，各位领导老师为学员代表颁发了结业证书。在随后举行的梦想封存仪式上，学员李贤介绍了梦想卡的设计理念，代表全体学员承诺以“太雷班”结业为新起点，树立远大理想，全面协调发展，积极迎接挑战，在 20 年后实现今天写下的梦想。校党委副书记李义丹签封，档案馆馆长常辽华郑重接过档案袋，与大家相约 20 年后一起见证、分享成就与荣耀。

李义丹在讲话中强调，“太雷班”旨在为具备成为各界领袖人物潜力的高素质综合性人才的成长与发展搭建平台，各位学员要有理想、有信心、大作为、大发展。他结合自己的求学与工作经历，阐述了理想与困难的相对辩证关系，希望各位学员以各界领袖人物为榜样，使自己早日成才。

2012 年 12 月 26 日，第七期“太雷班”开班典礼在会议楼第四会议室举行。校党委副书记李义丹出席活动，党委宣传部部长花建锋、校团委书记梁春早等相关部处领导参加了开班典礼。典礼由梁春早主持。

第七期“太雷班”班长焦德芳介绍了本期“太雷班”的建设目标、培训内容、班级框架及管理办法、学员评价体系等。本期“太雷班”将我校文化与十八大精神密切结合，以“实事求是，传承太雷精神；实干兴邦，助力中国梦想”为主题。之后，“太雷班”的部分成员以生动的形式进行了展示，回顾了学员在初评时每个小组的经历与付出。在主题讨论环节，借着十八大刚刚结束的契机，特邀嘉宾崔振平和第四期“太雷班”成员楚东堂回忆了 2009 年习近平莅临天大时的情景并分享了各自的感悟。

李义丹在讲话中提出，作为一个领袖需要四点特质：巨大的责任感、高尚的道德、极高的政治素养、思维与口才。李义丹勉励学生们要关注政治，提升综合素质，培养自己的领袖气质。

通过这样隆重的开班和结业仪式，使“太雷班”的学员们深刻认识到参加“太雷班”不仅是一种荣誉，更重要的是要以张太雷烈士为榜样，扎实地学好本领，认真地提高素质，有效地增强能力，把自己培养成优秀的社会主义事业的接班人。

## 每期“太雷班”学员都是经过层层选拔的学生精英

天津大学团委于 2006 年成立第一期“太雷班”，现已历经 7 期，每期从全校学生中选出 30 名杰出人才进行领导力的培养。“太雷班”是天津大学青年马克思主义者培养工程的重要组成部分，是天津大学求实团校培养体系的最高层级，是学生领导力培养的重要环节。每期“太雷班”学员都是经过层层选拔的学生精英。

以第七期“太雷班”学员选拔为例，足以看出作为“太雷班”的一员确实是出类拔萃的。相比于前 6 期，第七期“太雷班”选拔在形式上有着很大的变化，通过笔试、提交论文、小组展示、小组互评等方式，着重考察报名者的团队协作能力和综合素质。接下来的一个学期，第七期“太雷班”的报名者将围绕本期的精英元素“审时思辨，日省吾身；修身明德，实干强志；精诚所至，金石为开；宁静致远，达济天下”几个方面进行一系列学习与实践。

在第七期“太雷班”开班之前的 2012 年 11 月 26 日，选拔大赛暨新媒体时代校园文化建设论坛在大学生活动中心一层报告厅举行。校党委副书记李义丹出席大赛，并与党办校办、校团委、宣传部、学工部及各学院负责

天津大学纪念张太雷诞辰110周年
暨第二期太雷班结业仪式

天津大学太雷班第二班开班仪式

天津大学纪念张太
暨第二期太雷班

天津大学太雷班

天津大学第四期“太雷班”

缅怀革命先烈 继承太雷遗志树立崇高信仰
天津大学第四期太雷班

缅怀革命先烈 继承太雷

新媒体建设的教师、校团委相关教师、往届“太雷班”代表等共同担任评委。新袖班、初团学员代表及各学院学生代表作为学生评委参加了本次活动。

天津大学“太雷班”是为迎合青年学生在成长成才方面的需求和社会对杰出人才的呼唤，进一步发挥共青团组织服务青年成长成才的重要作用，发掘和培养一批既有过硬专业知识，又有卓越领导才能的精英而成立的学生组织。在大学生思想引领、文化建设、兴趣培养、服务学生等方面发挥着积极重要的作用。

在此次选拔大赛中，主持人首先介绍了“太雷班”实践主题及各组实践情况，随后8组队员围绕“新媒体时代校园文化建设”分别进行了8分钟的现场展示。此次展示形式多样，有话剧有电影，有访谈有朗诵，亮点颇多，精彩不断。各组成员对新媒体进行了深入的探究，提出问题加以分析解释，并提出了不少中肯且具有可实施性的建议。有小组提出，校园新媒体在快速传播积极信息的同时，还可能被利用，传播消极观点，这就需要学校有关领导、相关机构及时进行正确的引导，培养并提高广大学生的媒介素养，使新媒体发挥最大的优势。该建议得到了大家的普遍认可。

在评委提问环节，各位评委对小组成员进行了相应的提问，也给出了具有针对性的意见，让在场学生受益匪浅。评委们同时建议，在调研过程中要注重以现实情况为基础，做到全面调查、深入研究；同时还应在得到结果后注重思考，提出有意义的建议。

此次大赛根据现场展示的评委、观众投票及小组互评确定最终的得分，并进行相应的选拔，优胜者才能成为第七期“太雷班”的学员。

其他各期“太雷班”都是经过类似这样的层层选拔才建立起来的。

## “太雷班”在培训期间开展多种活动，提高全面素质

### 1. 与专家教授座谈，积极开展调研活动

第一期“太雷班”在为期8个月的培训与学习中，学员们参加素质拓展训练，通过调查资料、访谈同学等认真准备，定期举办以头脑风暴为主要内容的主题沙龙，在“太雷班”中逐渐形成了以“自主”和“创新”为核心的班级文化。与此同时，中国科学院院士周恒教授、材料学院盛京教授、华硕公司产品总监刘君卿先生等校内外知名人士、专家学者也先后走进“太雷班”与学员座谈。2007年5月，学员们分为三个小组，以“大学生就业”为主题在天津市及周边地区开展了广泛的调研，并最终形成了8篇4万余字的调研报告。

### 2. 与校领导进行交流

2008年11月11日，校长龚克与第三期“太雷班”学员在会议楼进行了座谈。校团委负责人介绍了“太雷班”的开班理念、第三期“太雷班”学员的构成。每名学员进行了自我介绍，并就关心的问题与校长进行了交流。校长龚克结合自身对学校管理的理解诠释了“领袖素质”的概念，并向学生们讲述了我校在不同的历史时期对我国高等教育事业的发展所做的贡献，

介绍了百年来我校所走过的道路。希望大家不断学习，塑造自身“领导力”，带动全校营造良好的校园风气。

3. 开展“寻访太雷足迹，重沐革命风雨”社会实践活动

2009 年 7 月，由天津大学“太雷班”第四期学员组成的“志承太雷”社会实践队前往常州、上海、广州三地进行调研，8 月 3 日在圆满完成调研任务后顺利返回天津。

“寻访太雷足迹，重沐革命风雨”是本次实践队的主线之一。实践的第一站是我校杰出校友张太雷的故乡——江苏常州市。抵达常州之后，学员们首先参观了张太雷故居和纪念馆，并与张太雷的外孙女张子娟等常州老干部就“太雷精神”进行了座谈。会上，实践队代

天津大学第四期太雷班"志承太雷"实践队在常州参观张太雷纪念馆

表天津大学团委与常州张太雷纪念馆签署了"共建大学生爱国主义教育基地"协议，并为基地举行了揭牌仪式。与会的领导和专家为天津大学"太雷班"题字留念，并向实践队赠送了张太雷研究资料，表示以后将进一步增进彼此间的交流与合作。

在结束常州行程之后，实践队一行来到上海，参观了"中共一大旧址""团中央旧址"等革命场所。7月30日，实践队顺利抵达广州市，参观了广州起义纪念馆，实践队队长楚东堂代表天津大学团委与广州起义纪念馆交换了"共建大学生爱国主义教育基地"协议。

4. 组织召开"太雷精神"研讨会

2010年5月8日，天津大学第四期"太雷班"组织召开了"太雷精神"研讨会。校党委副书记李义丹、天津校友会秘书长申志丰、校党委宣传部原部长刘玉珊及宣传部、学工部、校团委相关负责人出席了会议，第一期至第四期"太雷班"学员代表参加了会议。

研讨会上，大家观看了张太雷生平事迹和"太雷班"情况介绍的宣传片。校团委书记梁春早发表了致辞，对研讨会的举办表示祝贺。刘玉珊向"太雷班"学员详细介绍了张太雷的革命事迹和高尚品格，并希望学员们执著地追求真理，勇挑重担，无私奉献。申志丰向学员们诠释了新时期的"太雷精神"，提出了"太雷班"学员应具备大局意识、服务意识、协调意识和学习意识。与会人员积极发言，各抒己见，谈了自己对"太雷精神"的理解和认识。

李义丹在讲话中强调同学们要在全面发展的基础上，努力做到科学发展，协调发展和可持续发展，并将可持续发展归纳为提升动力、发展内涵和进行战略性规划三个方面进行了重点阐述。他还对"太雷班"学员提出了殷切希望，希望同学们既要有远大的理想，又要脚踏实地地认真实践，继承和发扬"太雷精神"，成长为栋梁之才。

5. 积极开展社会实践，体察民俗民风

2012 年 7 月 23 至 29 日，天津大学第六期“太雷班”暑期实践队赴三峡库区，从库区移民生活现状、库区气候变化、民俗文化保护等方面开展了调研，通过实地访谈、问卷调查等方式，了解三峡库区人民生活现状、库区环境及民俗文化保护基本情况。调研期间正值库区高温，热浪袭人，实践队成员依然认真完成了调研任务，收集到大量一手资料，增强了团队合作和责任意识。25 日，实践队一行 8 人在重庆三峡博物馆与相关负责人进行了交流，并进行了参观。三峡博物馆是保护、研究、展示重庆和三峡地区历史文化遗产与人类环境物证的标志性博物馆，博物馆负责人为大家介绍了博物馆陈列展览的内容，其中重点介绍了“壮丽三峡”“远古巴渝”“西南民族民俗风情”等展区，正在进行的彝族服饰文化展也为调研提供了重要的资料。下午，大家认真观看了 360 度全周电影“大三峡”，了解了三峡工程兴建始末、三峡工程建设成就及其带来的深远影响和综合效益。26、27 日，实践队成员分别在重庆和万州开展了实地调研，针对住房、教育、医疗、就业等问题与当地居民进行了交流，在车站等人流密集区发放问卷。调研结果显示，大家总体上对移民工作比较满意，同时也希望政府更加深入了解移民群体，进一步改善和提升移民的生活现状，提高移民整体文化素质。28 日，实践队成员开展了生态调研，并参观了三峡大坝。大家看到了库区河流综合整治的成效，也看到了一些地方发生滑坡后留下的痕迹。三峡工程在环境保护、水污染治理、南水北调等方面起到非常突出的作用，但也不同程度上造成了长江干流及支流堤防崩岸险情的发生，湿地生态环境受到了影响，库区消落带的治理被称为世界级的“生态难题”。回校后，实践队针对本次调研收集的资料数据进行整理分析，撰写出了专题报告。

调研期间，天津大学第六期“太雷班”实践队成员还参观了渣滓洞、白公馆红色教育基地，听取红岩故事，感怀红色记忆。

6. 启动“太雷精神服务月”和“纵向联动实践月”活动

为纪念天津大学杰出校友、革命先烈张太雷同志，弘扬太雷精神，2013 年 4 月 4 日第七期“太雷班”成员在北洋广场张太雷塑像前举办祭奠张太雷烈士活动暨太雷精神服务月启动仪式。

活动中，太雷班成员回顾了张太雷生平事迹，为张太雷雕像敬献鲜花，向张太雷塑像三鞠躬并肃立默哀一分钟。

同时，第七期“太雷班”正式启动“太雷精神服务月”主题活动。本次活动旨在弘扬太雷精神，培养青年学生求真务实、踏实进取、开放包容、服务社会的素养；修奉献之身，育责任之感，练宽容之心，怀中国之梦。太雷班成员还与学生进行面对面的交流。

2013 年 4 月 19 日，天津大学求实团校“太雷班、高团纵向联动实践月活动”启动仪式在大学生活动中心 204 教室正式拉开帷幕。在今后两周的实践过程中，“太雷班”成员将以顾问的形式在资源共享、经验分享的问题上对各班进行详细解答。第七期“太雷班”全体成员、求实团校校长及第十九期高团各小班主任参加了此次活动。

对于高团学员来说，“纵向联动实践”是一个全新的概念。为了使学员们对本次活动有一个基本了解，相关负责人对活动的基本形式和基本内容做了简单的介绍，对本次整体实践的考核指标进行了详细说明并提出了相关要求，公布了此次联动的分组情况，确保高团学员能够得到“太雷班”优秀学长的精心指导。

此次“太雷班”与高团的联动不仅对团校学生骨干的组织与创新能力有针对性的指导意义，对“太雷班”成员而言也是一个检验并增强自身领导力的良好机会。“太雷班”学员纷纷表示要在联动月中提升各班教学质量及高团学员对自己的认知与定位，并尽全力培养他们勇于创新、开拓进取的精神。

在分组自由交流的环节，高团各小班主任的积极提问和“太雷班”成员的精彩回答把本次启动仪式推向高潮。

通过以上各项活动，使“太雷班”学员活跃了思想，提高了认识，增长了才干，锻炼了能力。这些活动是促进他们提高全面素质的难得机会。

## 1998 年 6 月天津大学隆重纪念张太雷诞辰 100 周年

### 1998 年 6 月 8 日天津大学隆重召开纪念张太雷诞辰 100 周年大会

天津大学纪念张太雷诞辰 100 周年大会于 1998 年 6 月 8 日在天津大学大学生活动中心报告厅举行。大会由党委副书记李全生主持。张太雷烈士的女儿、原全国政协委员张西蕾专程从北京赶来参加大会。中共天津市委副书记刘峰岩，市委常委、宣传部部长罗保铭，市委常委、市教卫工委书记、教委主任邢元敏等出席了会议。

天津大学党委书记杨渝钦首先在大会上讲话。他回顾了张太雷在北洋大学度过的青春岁月和他辉煌壮丽的革命人生。指出，今天我们应该继承他的遗志，学习他的革命精神，为国家的现代化事业培养更多的合格人才，作出更大的贡献。市委常委、宣传部部长罗保铭宣读了《关于确立天津大学“张太雷烈士纪念室”为市级爱国主义教育基地的批复》。天津大学党委副书记张宏伟宣布命名“张太雷班”及表彰“张太雷奖学金”获得者的决定。并由来宾和学校领导颁发“张太雷班”标志牌及“张太雷奖学金”荣誉证书。

接着，学生代表刘洪亮发言，张太雷女儿张西蕾、市委副书记刘峰岩先后讲话。

纪念大会会场

学生代表刘洪亮在发言中说：

今天，能够代表张太雷奖学金获得者和张太雷班全体同学在天津大学纪念张太雷同志诞辰100周年大会上发言，我感到无比的激动和荣幸。首先让我代表他们向为中国人民的解放事业牺牲的张太雷同志致以崇高的敬意，向对我们抱有殷切期望并在天大设立奖学金的张西蕾女士及其亲属表示诚挚的感谢。

历史的车轮永不停息，近百年的时间转瞬即逝，在科技高速发展、生活日新月异、战火硝烟不再的今天，我们不能忘记，也不应该忘记为祖国抛头颅、洒热血、前赴后继、义无反顾的爱国志士们。

张太雷同志是中国共产党早期的著名政治家、革命家和社会活动家，是社会主义青年团的主要创始人，是我校的著名校友。“有的人活着，他已经死了，有的人死了，他还活着。”张太雷同志虽英年早逝，但他却永远活在人民的心里，母校将永远记住他。我们每一位青年学生都应该缅怀他的丰功伟绩，学习他的爱国精神。

我们95级经济法专业班在各级领导和老师的悉心关怀下，自入学时起就以张太雷同志为榜样，刻苦学习、努力钻研，在学好专业知识的基础上，更注重思想道德修养，树立正确的人生观、世界观和价值观，同时积极参加校院组织的各项活动，在党支部和班委的带动下，把同学们紧密团结成为一个有极强凝聚力的集体，实现了个人进步与集体发展的统一。我们中间有校十佳杰出青年，北洋艺术团的骨干，校体育队的健将，校辩论队的优秀辩手，各种学生社团的骨干。由于35名同学齐心协力、团结一致，使班级工作蒸蒸日上，得到了领导、老师的一致好评。为此我班被多次评为优秀班集体、先进团支部。

21世纪正向我们走来，全国各族人民正在以江泽民同志为核心的党中央的领导下，高举邓小平理论的伟大旗帜，全面推进有中国特色的社会主义伟大事业。我们是跨世纪的青年一代，将是21世纪中国社会主义事业的建设者和接班人，更应该全面提高自身素质修养，树立以国家兴亡为己任的雄心壮志，培养“为有牺牲多壮志，敢教日月换新天”的胆识和气魄，为振兴中华多作贡献。

最后，我代表张太雷班全体同学和张太雷奖学金获得者，以及天津大学的全体同学，决心：

继承先烈遗志，不负人民重托，坚持学习科学文化知识与加强自身思想道德修养的统一，坚持学习书本知识与投身社会实践的统一，坚持实现自身价值与服务祖国人民的统一，坚持树立远大理想与进行艰苦奋斗的统一，为祖国富强，为人民幸福，勇于开拓、积极进取、奋发成才，为社会主义事业奉献终生。

张西蕾在大会上满怀深情地回忆了父亲张太雷生前学习、生活和从事革命工作的经历。她说：

我的父亲张太雷同志从1916年至1920年在天津大学的前身北洋大学读书。他在这里度过了他的青年时代，他在这里开始接受马列主义、共产主义思想，从一个民主主义者成长为一个马克思主义战士。在天津期间，他就参加了李大钊领导的北京共产党早期组织，并参加了筹备建立中国共产党和中国社会主义青年团的重要工作。1921年他代表中国共产党参加了共产国际三大，并长期在共产国际和青年共产国际担任工作。他回国后又参加了青年团和国共统一战线的工作。1927年他在领导广州起义时英勇牺牲了，年仅29岁。他的革命生涯是短暂的，但他为国际共产主义运动、为我党的建立、为青年团的建设、为党的各项工作作出了杰出的贡献。今天我们来纪念他，就是要学习他为寻求革命探索真理、勇于开拓的革命精神，学习他为创立党的事业英勇奋斗、前赴后继的革命气概，学习他努力学习、提高本领，做一个对党和国家有用的人。我相信天津大学的师生一定会在建设祖国的伟大使命中作出突出的贡献。

张西蕾在大会上讲话

## 中共天津市委副书记刘峰岩在纪念大会上的讲话

各位来宾、老师们、同学们、同志们：

今天，我们在这里隆重举行纪念张太雷同志诞辰100周年大会，追忆他的辉煌一生，学习他的崇高精神和革命品质，激励今人，继承先烈遗志，把我们的事业继续推向前进，是很有意义的。在此，我谨代表中共天津市委、市政府，代表市委书记、市人大常委会主任张立昌同志，对张太雷同志表示深切的怀念，并向专程前来参加大会的张太雷同志的女儿张西蕾大姐等亲属表示亲切的问候！同时对“张太雷烈士纪念室”被确立为市级爱国主义教育基地，对获得“张太雷奖学金”和被命名为“张太雷班”的同学们表示热烈的祝贺！

中共天津市委副书记刘峰岩在大会上讲话

张太雷同志是中国共产党创建时期的重要领导人之一，是最早在中国传播马克思主义的先驱者之一，是卓越的共产主义战士和无产阶级革命家，他是中国社会主义青年团的主要创始人，同时也是中国共产党、中国社会主义青年团最早派往共产国际、青年共产国际的使者，是少数见过列宁的中国共产党人之一，是一位杰出的国际主义战士。张太雷同志积极推动第一次国共合作，参与领导了轰轰烈烈的北伐战争。大革命失败后，他又参与领导了党为挽救革命而发动的一系列重大斗争。他曾出席中共二大、三大、四大和五大，是四届候补中央委员、五届中央委员、临时中央政治局五人常委之一、临时中央政治局候补委员，担任过团中央书记、中共湖北区委书记、中共广东省委书记等职，主持过临时南方局工作。在著名的广州起义中担任总指挥，在战斗中不幸壮烈牺牲，年仅29岁。张太雷同志为我们党的建立和发展，为中国人民的革命事业建立了不朽功勋，作出了重要贡献。他的一生，是革命的一生，战斗的一生，他以青春和热血实现了自己立志做警醒世人、击碎旧世界的春雷的誓言。张太雷同志的生命虽然是短暂的，但他的伟大精神是不朽的。张太雷同志将永远为世人所铭记和敬仰。

天津是张太雷同志学习和战斗过的地方。他曾在天津大学的前身——北洋大学求学，在此期间接受了马克思主义。毕业后他走上了职业无产阶级革命家道路，成为一名坚定的共产主义者。他创建了天津社会主义青年团。在他的卓越领导下，天津社会主义青年团，被当时共产国际远东书记处负责人称赞为“比较彻底的中国青年组织的楷模”。张太雷同志是天津大学的光荣和骄傲，也是天津市的光荣和骄傲。

张太雷同志具有无比坚定的共产主义信念，在革命工作中敢闯敢干，特别是在革命处于困难和危急关头之时，不屈不挠，勇往直前，这是他留给我们的一笔宝贵的精神财富。学习革命先驱张太雷同志，对于全市人民特别是青年来说，具有重要的现实意义。今天，我们纪念张太雷同志，就是要学习他的高尚品质，发扬他的伟大精神，继承他的革命遗志，实现他的崇高理想，把社会主义现代化建设事业推向前进。我们要学习他胸怀大志、爱国爱民的精神，学习他刻苦学习、追求真理的精神，学习他注重实践、知行合一的精神，学习他服从组织、勇挑重担的精神，学习他埋头苦干、忘我工作的精神，学习他无私无畏、献身事业的精神。我们要把太雷精神和当前的时代特点结合起来，使它在新时期发扬光大，在建设有中国特色社会主义的伟大事业中放射出更加夺目的光彩。

同志们，当前，我们正处在跨世纪发展的关键时期。实现市第七次党代会和市十三届人大一次会议确定的宏伟目标，是全市人民的共同任务。天津市要加快发展，关键在人才，基础在教育。在实现两个根本性转变、实施科教兴市战略的进程中，高等院校担负着重要的任务。我们要认真学习贯彻江泽民同志在庆祝北大建校一百周年大会上的讲话精神，高度重视知识创新、人才开发对经济发展和社会进步的重大作用，继续深化高等教育改革，全面提高办学质量和效益，更好地发展天津的高等教育事业。天津大学是一所具有悠久历史和光荣传统的著名高等学府，是我国高层人才培养和科学研究的重要基地之一，我们要继续做好与国家教育部共建天津大学的工作。希望天津大学充分利用“张太雷纪念室”这一教育基地，对全校师生员工进行爱国主义、社会主义教育和革命传统教育，使之成为天津大学社会主义精神文明建设的一大特色，成为激励广大师生发愤学习、报效祖国的强大精神动力。总之，要经过我们共同努力，努力把天津大学这所具有100多年历史的大学办成具有世界先进水平的一流大学。我想，这也是我们对张太雷同志的最好纪念。

谢谢大家！

## 天津大学举行“张太雷纪念室”揭牌仪式

天津大学从1997年5月开始筹备建立“张太雷纪念室”，1998年5月在张太雷诞辰100周年即将到来之际建成，为方便大学生参观学习，将“张

中共天津市委副书记刘峰岩和张西蕾共同为 " 张太雷纪念室 " 揭牌

太雷纪念室”设在大学生活动中心。纪念展览图文并茂，并展出了天津大学收藏的张太雷烈士在北洋大学的珍贵文物，如张太雷的毕业证书、他从莫斯科回国时带给母亲的毛毯（复制件）以及近年来张太雷研究的有关书籍和报刊等。纪念展览分童年时代、就读北洋、建党建团、国际舞台、国共合作、参加领导大革命、领导广州起义、永久的纪念等 8 部分共 20 块版面，全面展示了张太雷短暂的却又辉煌壮丽的一生，是对当代大学生进行革命传统教育和人生观、价值观、世界观教育的重要阵地。

1998 年 6 月 8 日，在纪念张太雷诞辰 100 周年大会后，在 " 张太雷纪念室 " 前举行了“张太雷纪念室”揭牌仪式。在纪念大会进行时，市委常委、宣传部部长罗保铭就宣读了《关于确立天津大学“张太雷纪念室”为市级爱国主义教育基地的批复》。批复的全文如下：

天津大学：

经市委、市政府批准，同意确立你校张太雷纪念室（包括张太雷烈士铜像、太雷路等）为市级爱国主义教育基地。希望你们按照市级爱国主义教育基地的规范化要求，不断完善教育功能，提高服务水平，切实发挥基地的教育作用。

专此批复

中共天津市委宣传部

1998 年 5 月 27 日

天津大学"张太雷纪念室"被天津市委市政府命名为市级爱国主义教育基地，市委常委、市教卫工委书记、教委主任邢元敏向天津大学党委书记杨渝钦授牌

在纪念大会上，市委常委、市教卫工委书记、市教委主任邢元敏为爱国主义教育基地授牌，校党委书记杨渝钦接受了这块沉甸甸的汉白玉铭牌。市委副书记刘峰岩和张西蕾为"张太雷纪念室"揭牌。接着，领导和来宾以及师生们参观了纪念室。大家无不为张太雷的革命事迹和革命精神所感动，纷纷表示一定以他为榜样，为我国的社会主义现代化建设事业作出自己的贡献。

### 1998 年 6 月 16 日天津大学代表出席在北京人民大会堂举行的"纪念张太雷诞辰 100 周年座谈会"

1998 年 6 月 16 日，中共中央党史研究室、共青团中央和江苏省委在人民大会堂江苏厅召开了"纪念张太雷同志诞辰 100 周年座谈会"。中共中央政治局常委、国家副主席胡锦涛出席了座谈会，中共中央政治局候补委员、中央书记处书记曾庆红作了重要讲话。张太雷的女儿张西蕾、团中央和江苏省委的负责人出席了会议。天津大学党委书记杨渝钦、社会科学与外国语学院院长刘玉珊和宣传部副部长王贵书以及"张太雷班"全体学生应邀参加了会议。座谈会后，胡锦涛和团中央书记处第一书记李克强接见了我校参会领导和"张太雷班"的同学们，并与他们亲切交谈。党委书记杨渝钦汇报了我校为纪念张太雷诞辰 100 周年而开展的一系列纪念活动。胡锦涛听后勉励同学们以张太雷为榜样，争做跨世纪的优秀人才。当得知"张太雷班"学生所学专业是经济法时，胡锦涛说："要学好、学精、学深专业课，以完备的法律知识武装头脑，将来才能成为祖国的栋梁之材。"之后，胡锦涛和李克强欣然为同学们签名留念。这一幕，为"张太雷班"的同学们留下了幸福的回忆。他们在学习和纪念老一辈无产阶级革命家张太雷的同时，也得到了现任党和国家领导人的亲切关怀和勉励。

### 天津大学代表出席常州“张太雷同志诞辰 100 周年学术研讨会暨纪念会”

1998 年 6 月 10 日，在张太雷的家乡常州举行了“张太雷同志诞辰 100 周年学术研讨会暨纪念会”，来自全国的专家学者和常州各界人士参加了大会。我校党委副书记李全生、社会科学与外国语学院院长刘玉珊、宣传部副部长王贵书参加了这次大会。天津大学为大会提供了 2 篇论文，一篇是刘玉珊撰写的《略论张太雷关于中国革命的基本思想》，另一篇是刘玉珊、王贵书、杨风和共同撰写的《青年的楷模——纪念张太雷诞辰 100 周年》。李全生在大会主席台就座，刘玉珊在大会上发言。她在发言中说，张太雷短暂而伟大的一生，为青年一代树立了光辉的榜样，是青年学习的楷模。首先是爱国主义奠定他人生的伟大基石。爱国主义始终是动员和鼓舞人民团结奋斗的旗帜，是推动社会历史前进的巨大动力，也是张太雷在十月革命后成为伟大的共产主义者的起点。其次，他善于探索和实践，并在探索和实践中找到了中国青年走上革命道路的正确途径：走历史必由之路。最后，也是他人生最精彩最感人的一页，那就是当党和革命需要他的时候，他具有大无畏的英勇献身的精神。这就是我们后来总结的张太雷所具有的爱国主义精神、善于探索的精神和英勇献身的精神，也就是“太雷精神”。

### 全校师生举行了各种纪念活动

除以上纪念活动以外，天津大学还举行了其他多种形式的纪念活动。

1998 年 6 月 5 日在大学生活动中心 4 层会议室举行了“念百年太雷，跨百年新程——纪念张太雷烈士诞辰 100 周年”座谈会。校党委副书记李全生，党委宣传部、学工部、校团委、社会科学与外国语学院有关负责人出席了座谈会，第一届“张太雷班”——社外学院 1995 级经济法班以及其他优秀学生代表参加了会议。与会者纷纷表示，要纪念张太雷，学习张太雷，把张太雷精神发扬光大，做跨世纪新人，在新世纪作出更大的贡献。

6月8日晚，研究生“北洋之春文化艺术节闭幕式暨纪念张太雷百年诞辰文艺晚会“在大学生活动中心报告厅隆重举行。校党委副书记张宏伟、研究生院副院长马一太、研究生工作部及各院有关领导和数百名研究生观看了演出。为纪念张太雷百年诞辰，刚成立的研究生合唱团用大合唱《祖国，慈祥的母亲》拉开了序幕。在接下来的节目中，演员们用优美的旋律，高亢的歌声，表达了广大研究生对祖国的热爱，抒发了他们对烈士的缅怀之情，表达了他们继承烈士的革命精神，争做跨世纪新人的决心和信心。

此外，学校还举行了“张太雷烈士生平图片展”，在青年学生中开展“学习青年楷模张太雷，做跨世纪接班人”系列教育活动。在纪念张太雷百年诞辰活动中，在全校师生员工中积极开展了爱国主义、共产主义和革命传统教育。

## 新闻媒体报道

1. 1998年6月10日《光明日报》报道

### 天津大学隆重纪念张太雷百年诞辰

【本报天津6月9日电】（通讯员吴建秀、记者陈建强）天津大学昨日隆重集会，纪念我党早期著名领导人张太雷诞辰100周年。张太雷烈士的女儿张西蕾同志出席了纪念大会。会上，天津大学社会科学与外国语学院1995级经济法本科班被命名为“张太雷班”，设在该校的“张太雷纪念室”同时举行了开馆揭牌仪式。

张太雷是我党早期著名革命家、政治家和社会活动家，他自1916年至1920年在天津大学的前身北洋大学法科学习，毕业后走上职业革命家道路，参加了中国共产党的创建工作，是中国社会主义青年团的主要创始人。张太雷长期在共产国际和青年共产国际担任联络和领导工作，是活跃于国际政治舞台的第一位中国共产主义者。他积极推动了第一次“国共合作”，并参与领导了轰轰烈烈的大革命。大革命失败后，他又参加领导了党为挽救革命而进行的一系列重大斗争。他曾出席中共二大、三大、四大和五大，曾当选为中共第四届中央委员会候补委员、第五届中央政治局候补委员、临时中央政治局常委，历任团中央书记、中共湖北省委书记、中共广东省委书记和党的南方局书记。1927年12月，张太雷担任广州起义总指挥，在战斗中光荣牺牲，年仅29岁。

天津大学举行张太雷诞辰100周年纪念活动，旨在全校师生员工中深入开展爱国主义、共产主义和革命传统教育。活动期间，天大将举办“张太雷烈士生平事迹展”和“张太雷百年诞辰文艺演出”，在广大青年学生中开展‘学习青年楷模张太雷，做跨世纪接班人”系列教育活动。

2. 1998 年 6 月 9 日《中国青年报》报道

## 弘扬先烈精神，做跨世纪接班人
## 天大纪念张太雷百年诞辰

【本报天津 6 月 8 日电】（记者刘武、通讯员吴建秀）张西蕾女士今天再一次回到了她父亲张太雷的母校天津大学，参加该校举办的张太雷诞辰 100 周年纪念活动。当她为 11 名优秀学生颁发以她父亲名字命名的“张太雷奖学金”时，她感到父亲的精神正向这些年轻人传递。

去年，张太雷烈士的女儿张西蕾及其亲属向该校捐资 10 万元，设立了“张太雷奖学金”，以奖励青年学生学习先烈精神，发扬优良传统。该奖今天是首次颁发。与此同时，该校社会科学与外国语学院 1995 级经济法本科班被命名为“张太雷班”，设在该校的“张太雷纪念室”被天津市委、市政府命名为“天津市爱国主义教育基地”，该纪念室今天正式揭牌开馆。

张太雷是我党早期著名的革命家、政治家和社会活动家，他是中国社会主义青年团的主要创始人，并参加了中国共产党的创建工作。1916 年至 1920 年，他就读于天津大学的前身北洋大学法科，并由此走上职业革命家的道路。他长期在共产国际和青年共产国际担任联络和领导工作，是活跃于国际政治舞台的第一位中国共产主义者。他曾积极推动第一次国共合作，并参加、领导大革命。1927 年 12 月，他担任广州起义总指挥，在战斗中不幸牺牲。

张太雷历任团中央书记、中共湖北省委书记、中共广东省委书记和南方局书记，并曾出席中共二大、三大、四大和五大，先后当选为中共第四届中央委员会候补委员、第五届中央政治局候补委员、临时中央政治局常委。1987 年，在他牺牲 60 周年之际，邓小平为他在常州的故居重新修复开放题写馆名。同年，广州起义纪念碑正式落成，邓小平为纪念碑题词。

天津大学今天举办的纪念活动旨在对全校师生员工深入开展爱国主义、共产主义和革命传统教育，勉励学生弘扬先烈精神，刻苦学习科学文化知识，为社会主义现代化建设服务。与此同时他们举办了“张太雷烈士生平事迹图片展”和“张太雷百年诞辰文艺演出”，在学生中开展了“学习青年楷模张太雷，做跨世纪接班人”的系列教育活动。6 月 16 日，“张太雷班”全体同学专程赴京，参加由中共中央办公厅委托团中央在人民大会堂举行的“纪念张太雷同志诞辰 100 周年”座谈会。

3. 1998 年 6 月 10 日《天津日报》报道

## 天大纪念张太雷诞辰百年

【本报讯】（记者吴学婵、钟杰）本月 8 日下午，天津大学师生隆重集会，纪念我党早期著名领导人张太雷诞辰一百周年。

市委副书记刘峰岩出席并讲话，市委常委、市委宣传部部长罗保铭，市委常委、市教卫工委书记、市教委主任邢元敏等出席大会。张太雷烈士的女儿张西蕾女士专程从北京赶来出席纪念大会，并为“张太雷奖学金”获得者颁奖。

张太雷是中国共产党创建时期的重要领导人之一，是最早在中国传播马克思主义的先驱者之一，是卓越的共产主义战士和无产阶级革命家。他自1916年至1920年在天津大学的前身北洋大学法科学习，并由此走上了职业革命家的道路。他曾出席中共二大、三大、四大和五大，是四届候补中央委员，五届中央委员，临时中央政治局五人常委之一，临时中央政治局候补委员，担任过团中央书记，中共湖北区委书记，中共广东省委书记等职。在著名的广州起义中担任总指挥，在战斗中不幸壮烈牺牲，年仅29岁。

会上，罗保铭宣读了市委、市政府关于确立天津大学“张太雷烈士纪念室”为市级爱国主义教育基地的批复，邢元敏为该基地授牌。学校党委负责人宣读了社会科学与外国语学院95级经济法班被命名为“张太雷班”的决定和表彰“张太雷奖学金”获得者的决定。

刘峰岩代表市委、市政府对张太雷同志表示深切的怀念，并向专程前来参加大会的张太雷同志的亲属表示亲切的问候。

他在追忆了张太雷光辉的一生后说，张太雷同志为我们党的建立和发展，为中国人民的革命事业建立了不朽的功勋，作出了重要贡献。张太雷同志的生命虽然是短暂的，但他的伟大精神是不朽的。张太雷同志将永远为世人所铭记和敬仰。

刘峰岩指出，学习革命先驱张太雷同志，对于全市人民特别是青年来说，具有重要的现实意义。我们今天纪念张太雷同志，就是要学习他的高尚品质，发扬他的伟大精神，继承他的革命遗志，实现他的崇高理想，把社会主义现代化建设事业推向前进。要学习他胸怀大志、爱国爱民的精神，学习他刻苦学习、追求真理的精神，学习他注重实践、知行合一的精神，学习他服从组织、勇挑重担的精神。要学习他埋头苦干、忘我工作的精神，学习他无私无畏、献身事业的精神。要把“太雷精神”和当前的时代特点结合起来，使它在新时期发扬光大，在建设有中国特色社会主义的伟大事业中放射出更加夺目的光彩。

刘峰岩最后说，当前，我们正处在跨世纪发展的关键时期。天津要加快发展，关键在人才，基础在教育。在实现两个根本性转变、实施科教兴市战略的进程中，高等教育担负着重要的任务。我们要认真学习贯彻江泽民同志在庆祝北大建校一百周年大会上的讲话精神，高度重视知识创新、人才开发对经济发展和社会进步的重大作用，继续深化高等教育改革，全面提高办学质量和效益，更好地发展天津的高等教育事业，努力把天津大学这所具有一百多年历史的大学办成一流的社会主义大学。

张西蕾女士在大会上满怀深情地回忆了父亲张太雷生前学习、生活和从事革命工作的经历。“张太雷班”和“张太雷奖学金”获得者代表在会上表示，继承先烈遗志，不负人民重托，积极进取，发奋成才，为社会主义事业奉献终生。

纪念大会后，举行了张太雷纪念室揭牌仪式，刘峰岩和张西蕾为纪念室揭牌，随后，参加大会的领导和师生代表参观了张太雷纪念室。

## 2007年12月天津大学举行广州起义和张太雷牺牲80周年纪念活动

2007年12月是广州起义和张太雷牺牲80周年，学校举行了多种形式的纪念活动。

### 龚克校长参加广州起义80周年纪念大会

在广州举办的纪念广州起义80周年展览中，我校提供的6件张太雷烈士珍贵档案成为亮点，为纪念活动增色。中共中央政治局委员、广东省委书记汪洋等在纪念大会后认真观看了我校提供的档案。我校校长龚克应邀参加了纪念大会。

2007年12月11日是广州起义80周年纪念日。中共广东省委、广东省军区、中共广州市委等，在广州公社旧址隆重举行纪念广州起义80周年大会。大会后，与会同志参观了广州公社旧址和广州起义展览，对广州公社旧址维修、保护工作及广州起义展览给予高度评价。重修改造后的广州起义纪念馆同时推出了“广州起义”陈列展览，其中首度公开展示一批珍贵的档案和史料。我校为此次展览提供了张太雷烈士毕业证原件，张太雷烈士在北洋大学学籍原件，胡耀邦、聂荣臻、徐向前的题词原件以及张太雷烈士从苏联回国时带给母亲的毛毯（复制件）等，成为展览的亮点。在张太雷烈士的珍贵档案前，我校校长龚克亲自为各位领导做了介绍。

广州起义军事总指挥叶挺将军之子、原国防科工委副主任叶正大中将，广州起义军事副总指挥叶剑英元帅之子、原全国政协副主席叶选平，广州起义革命军事委员会委员长张太雷之外孙、中国武警学院副政委冯海龙少将，以及广州起义重要参与者聂荣臻元帅之女、原国防科工委科技委副主任聂力中将等，一起为广州公社旧址维修工程竣工及“广州起义”展览开幕剪彩。

广州起义（油画）

## 我校举行纪念革命先驱张太雷牺牲 80 周年座谈会

2007 年 12 月 11 日，纪念革命先驱张太雷牺牲 80 周年座谈会在会议楼召开。校党委书记刘建平，天津大学原党委宣传部部长、社外学院院长刘玉珊，关工委老同志印邦炎、李善有、朱雄生等和来自本科生邓研会、研究生邓研会、“太雷班”的学生代表一同深切缅怀太雷同志光辉的一生，畅谈在新时期如何继承发扬太雷同志的伟大精神。出席座谈会的还有党委组织部部长汪瞧，学工部部长雷鸣，校团委书记罗进飞及校友会、宣传部负责同志。

会议由学生代表刘艳丽主持。她首先介绍了张太雷同志的生平和广州起义背景及意义，同时播放了本科生邓研会同学制作的张太雷生平专题 PPT。随后，刘玉珊教授详细介绍了张太雷同志的光辉一生，关工委印邦炎、李善有、朱雄生在发言中表示，今天学习张太雷同志的精神，就是要继续树立报国的理想，树立创新的精神，植根华夏沃土，献身国家事业，做天大人，立天大志，干天大事。

研究生会、“太雷班”、法学系等学生代表在会上纷纷发言，畅谈自己的体会和感触。

校党委书记刘建平在座谈会上讲话，他说，听了大家的发言很受感染和启发，张太雷是天大的骄傲，鼓舞着一代又一代北洋人和天大人不懈奋斗。在 80 年后的今天，我们缅怀革命先烈的同时，更要继承先烈遗志，将张太雷的精神发扬光大。

刘建平指出，继承发扬“太雷精神”要体现在以下三个方面。

一是要立志报国。历史证明，凡是能够干出一番事业的人，在青年时代都是具有远大志向的。比如张太雷校友，进校时 17 岁，牺牲时也不过 29 岁；比如毛泽东同志 16 岁离开韶山冲时也是抱定远大志向、寻求救国真理的；比如邓小平同志 15 岁离开家乡，16 岁远赴法国，探寻救国之道，逐渐成长为坚定的马克思主义者……今天的大学生年龄和他们相仿，应该认真思考为什么学习，要把自己发展与国家富强、民族腾飞的事业紧密相连并当作自身的责任和使命。

二是要爱国奉献。张太雷同志牺牲的时候正身处大革命失败的时期，作为一所名校的毕业生，他完全可以拥有平稳、富足的生活，但是他坚定地选择继续革命的艰辛道路，并为此献出生命。促使他这样做的原因就是他具有强烈的爱国之情。爱国奉献精神是贯穿在我校百十年办学历程中的优良办学传统。校八次党代会提出要不断提升天大人核心价值追求，继承和发展建校 110 余年来形成的人文精神，将“实事求是”的校训、严谨治学的校风和爱国奉献的传统内化为天大人共同的品格。同学们来到天大，在学好知识的同时，更要注重精神世界的塑造。今天，我们的事业已经少有“流血牺牲”的要求，但是依旧需要同学们去选择，比如，面对各种各样的就业岗位，同学们是否思考过，什么是“好”工作？“好”的标准是什么？是否准备到一线去，到基层去，到祖国最需要的地方去？

三是要刻苦学习。回顾张太雷同志在北洋大学时期的学习，他是十分刻苦的，成绩优秀，品学兼优。学生时代的刻苦学习，让他掌握了过硬的本领，并在之后的革命道路上发挥了重要的作用。今天，青年学生的学习条件已经相当优越，更重要的是要学会静下心来，力求将知识融会贯通，绝对不能浅尝辄止；还要注重实践，力求创新，只有具备了一定的知识储备才能在工作中发挥才干，建功立业。希望天津大学的同学们能够在大学时期，树天大志向、怀天大气魄、承天大责任，未来做天大事业，干出一番成就！

## 专访刘建平：缅怀革命先驱继承太雷精神

2007 年 12 月 11 日是广州起义 80 周年纪念日，12 月 12 日是无产阶级革命家、中共早期重要领导人、中国社会主义青年团的重要创建人、天津大学（北洋大学）杰出校友张太雷牺牲 80 周年纪念日。近日，全校上下掀起了“缅怀革命先烈、传承太雷遗志”为主题的纪念活动高潮，广大师生以不同的形式深切缅怀革命先驱张太雷同志。12 月 10 日，《天津大学报》记者孟兆熙就此专访了天津大学党委书记刘建平，请他就学习、继承张太雷的精神，推动学校事业发展进行了介绍。

天津大学党委书记刘建平接受记者采访

记者：刘书记，您好！感谢您在百忙之中接受我们的采访。

今年 12 月 11 日是广州起义 80 周年纪念日，12 月 12 日是我校优秀校友张太雷烈士牺牲 80 周年纪念日。虽然张太雷同志很早就离开了我们，但他的精神一直在天津大学传承、发展。每年学校都会举行一系列学习、继承张太雷精神的相关纪念活动。请您介绍一下广大师生员工应该在哪些方面进一步学习继承张太雷精神，更好地将张太雷同志的精神传承下去，使这一精神成为今后学校事业发展的重要的精神动力。

刘建平：每年这个时候，我们都要纪念广州起义，缅怀革命先驱、我们的优秀校友张太雷同志。今年 12 月 11 日是广州起义 80 周年纪念日，我们在这一时刻缅怀张太雷学长有着更为特殊和重要的意义。张太雷同志有很多方面值得我们学习，我觉得最重要的两点是要学习他立志报国和爱国奉献的精神。

首先是立志报国。张太雷同志在 1919 年五四运动期间作为天津学联的代表去北京，同李大钊同志见了面。也就是在那个时候，在李大钊同志的指引和帮助下，张太雷于 1920 年加入了北京共产主义小组，成为我党最早的创建人之一，1927 年张太雷同志牺牲的时候年仅 29 岁。也就是说他在学校读书的时候，就已经树立了远大的革命志向，要把我们民族的振兴、国家的繁荣当作自己的责任，并为之而奋斗。

第二点就是要认真学习张太雷同志爱国奉献的精神。我们经常讲要继承发扬天津大学爱国奉献的光荣传统，这一精神在张太雷同志身上体现得十分突出。我看到一个资料，广州起义过程中张太雷同志两天两夜没有休息。当时环境非常危急，张太雷同志冒着生命的危险，参加了广州苏维埃政权的成立大会，并且在会上讲了话。他就是在讲话后去广州起义指挥现场的路上遭到了伏击，壮烈牺牲，年仅 29 岁。天津大学爱国奉献的光荣传统正是以张太雷学长为榜样的一代一代的校友传承下来并发扬光大的。

我在第八次党代会报告中讲要树天大的志向，怀天大的气魄，承天大的责任，做天大的事业，就是要号召全校师生员工像革命先驱张太雷同志那样，树立远大的理想和志向，以奋发有为、只争朝夕的精神状态，把学校的改革发展等各项事业推向前进。当前来说，就是要认真学习贯彻十七大精神，要把大家的力量凝聚到十七大的精神上来，特别是广大青年学生要把个人的价值和民族的振兴、国家的富强紧密地结合起来，为全面建设小康社会作出我们应有的贡献。

记者：谢谢刘书记！

### 天大学子在张太雷铜像前宣誓：承太雷遗志 创天大事业

12月10日下午4时，天大的学生们排着整齐的队列站在北洋广场的张太雷塑像前，举起右手宣誓：“我愿铭记太雷遗志，弘扬太雷精神，以民族复兴为己任，继承北洋优良传统，实事求是，艰苦奋斗，全面发展，为中国特色社会主义事业奋斗终身！”这是由天津大学党委宣传部和校团委共同主办的“承太雷遗志创天大事业”——广州起义80周年暨张太雷校友牺牲80周年纪念活动。我校党委宣传部部长花建锋、团委书记罗进飞出席了宣誓仪式，天津大学“太雷班”第一期学员，社外学院法学系学生代表以及各学院的团员代表参加了活动。宣誓仪式上，首先由团员代表向烈士敬献花篮，

党委宣传部部长花建锋在纪念仪式上讲话

同学们在“太雷班”班长李晋秋带领下庄严宣誓

而后全体在场同学对烈士塑像三鞠躬，随后，在“太雷班”班长李晋秋的带领下学生进行了铿锵有力的宣誓。宣传部部长花建锋在活动上讲话。他回顾了张太雷的生平以及重要的历史地位，勉励广大青年学子继承张太雷烈士的遗志，秉承革命精神，传承实事求是的校训，发扬爱国奉献的精神，以自己的实际行动纪念烈士、缅怀烈士。不辜负前辈的嘱托，以刻苦钻研的精神，严谨治学的态度，勇于创新的气魄，承担起天大的责任，创造出天大的业绩。

### 举办纪念革命先驱张太雷专场报告会

学生们在北洋广场张太雷像前宣誓后，来到会议楼第七会议室聆听“纪念革命先驱张太雷专场报告会”，花建锋主持了报告会。报告会特别邀请了天津大学原党委宣传部部长、社会科学与外国语学院原院长刘玉珊教授给学生们作了一场生动的报告。刘玉珊教授长期进行张太雷烈士研究工作，在报告中，她从天津大学的淳朴校风帮助张太雷完成学业；张太雷在实践“实事求是”校训的过程中不断增长才干；天津大学严谨治学、勤奋刻苦的教风学风使张太雷成为学贯中西的无产阶级革命家；学张太雷精神，做新时代优秀的大学生等四个方面给学生讲述了张太雷的生平，鲜活地展现了张太雷的光辉形象，并总结出了张太雷烈士身上折射出的爱国主义精神、善于探索精神和勇于献身精神。学生们听完报告，都感觉意犹未尽，在学生们的热烈掌声中，“承太雷遗志创天大事业”——广州起义 80 周年暨张太雷校友牺牲 80 周年纪念活动圆满结束。

刘玉珊教授为同学们作“张太雷与北洋大学”专题讲座

## 新闻媒体报道

1. 2007 年 12 月 11 日《天津日报》报道

### 天津大学举行专场报告会缅怀革命先驱张太雷

【本报讯】（记者汪伟、通讯员孟兆熙）今年 12 月 11 日是广州起义 80 周年纪念日，12 月 12 日是革命先驱、天津大学校友张太雷同志逝世 80 周年。昨天，“承太雷遗志，创天大事业”纪念广州起义及张太雷校友牺牲 80 周年宣誓仪式在天津大学北洋广场太雷像前举行，天大的学子们排着整齐的队列站在张太雷烈士铜像前，举起右拳宣誓：“我愿铭记太雷遗志，弘扬太雷精神，以民族复兴为己任，继承北洋优良传统，实事求是，艰苦奋斗，全面发展，为中国特色社会主义事业奋斗终身！”天大“太雷班”的学生手捧鲜花献到太雷像前，缅怀这位天津大学杰出校友、第一个牺牲于战斗火线的中央政治局成员张太雷烈士。纪念活动在绵绵细雨中显得更加庄严而肃穆。

张太雷烈士 1898 年 6 月生，江苏常州人。1916 年考入天津北洋大学法科学习。1919 年投身五四运动。1920 年 10 月参加北京共产主义小组。积极开展工人运动，与邓中夏到长辛店组建劳动补习学校，培养了北方铁路工人运动的第一批骨干。后到天津组织社会主义青年团。1921 年春赴莫斯科，任共产国际远东书记处中国科书记。多次陪同共产国际派到中国的代表会见李大钊、陈独秀等，参与创建中国共产党的活动。张太雷是中国社会主义青年团的创建人之一，曾任青年团中央总书记。广州起义在中国革命的历史上写下了光辉的一页。

宣誓活动结束后，天津大学举行了纪念革命先驱张太雷专场报告会，邀请张太雷烈士研究专家、天津大学刘玉珊教授为广大师生介绍广州起义和张太雷烈士的情况。

2. 2007 年 12 月 12 日新华网天津频道以《天津大学纪念校友张太雷牺牲 80 周年》为题报道

### 天津大学纪念校友张太雷牺牲 80 周年

12 月 10 日下午 4 时，天津大学的学生们在北洋广场的张太雷塑像前宣誓，纪念张太雷校友牺牲 80 周年。

“太雷班”的学生手捧鲜花献到太雷像前，缅怀这位天津大学杰出校友、第一个牺牲于战斗火线的中央政治局成员张太雷烈士。纪念活动在绵绵细雨中显得更加庄严而肃穆。

学生们满怀敬仰的目光凝望着太雷像，为天大杰出的校友献上花篮，并在太雷像前许下天大人的誓言。“我愿铭记太雷遗志，弘扬太雷精神，以民族复兴为己任，继承北洋优良传统，实事求是，艰苦奋斗，全面发展，为中国特色社会主义事业奋斗终身！”

张太雷烈士，1898年6月生，江苏常州人。1916年考入天津北洋大学法科学习。1919年投身五四运动。1920年10月参加北京共产主义小组。积极开展工人运动，与邓中夏到长辛店组建劳动补习学校，培养了北方铁路工人运动的第一批骨干。后到天津组织社会主义青年团。1921年春赴莫斯科，任共产国际远东书记处中国科书记。多次陪同共产国际派到中国的代表会见李大钊、陈独秀等，参与创建中国共产党的活动。张太雷还是中国社会主义青年团的创建人之一，曾任青年团中央总书记。广州起义在中国革命的历史上写下了光辉的一页。

在复杂的斗争中，张太雷具有清醒的政治头脑。1926年3月蒋介石制造中山舰事件，他主张武装工农予以反击。1927年参加中共中央在汉口召开的八七会议，坚决批判了陈独秀的右倾投降错误，被选为临时中央政治局候补委员。后任中共广东省委书记、中共中央南方局书记。9月到潮（州）汕（头）组织群众接应南昌起义军。11月到上海中共中央参加制订广州起义计划，下旬回广州主持武装起义准备工作，兼任中共广东省委军委书记。12月11日领导广州起义，建立广州苏维埃政府，任代理主席、人民海陆军委员。12日，遭敌袭击时牺牲，时年29岁。临终，他向战友们嘱托：要和敌人战斗到底，完成党交给的任务！

3. 2007年12月12日北方网报道

**天津大学纪念广州起义80周年**

昨天（11日）是广州起义80周年纪念日，天津大学在北洋广场张太雷像前举行广州起义领导人、中国共产党创建人之一张太雷烈士纪念活动。张太雷于1916年考入北洋大学法科学习，牺牲时年仅29岁。

## 2008年6月天津大学隆重纪念张太雷诞辰110周年

### 党委书记刘建平出席在常州举行的张太雷诞辰110周年纪念研讨会

2008年6月17日，由江苏省委宣传部、江苏省党史工作办公室、常州市委联合举办的张太雷诞辰110周年纪念研讨会在常州举行。江苏省委书记、省人大常委会主任梁保华出席并讲话。我校党委书记刘建平，江苏省委常委、宣传部部长杨新力，中共中央党史研究室副主任章百家、中共中央文献研究室副秘书长闫建琪，张太雷同志亲属代表冯海龙，江苏省团省委书记陈月琴，常州市委、市政府等相关负责人出席了研讨会。我校党委宣传部部长花建锋，社外学院原院长、长期从事张太雷研究的刘玉珊教授以及两办、教务处等单位相关负责人参加了纪念研讨会。

常州市委、中央党史研究室、中央文献研究室、共青团江苏省省委、张太雷同志亲属等代表分别在会上发言，介绍了张太雷烈士的事迹，就如何挖掘和继承太雷精神等议题进行了研讨。会议结束后，刘建平同与会的江苏省、常州市等领导一道参观了常州张太雷纪念馆。期间，刘建平表示，一

在常州举行的“张太雷同志诞辰 110 周年纪念研讨会”会场，
天津大学党委书记刘建平在主席台上就座

天津大学党委书记刘建平与
常州市委书记范燕青亲切交谈

天津大学与会代表在第一排就座

定要继续深入挖掘张太雷在北洋大学读书时期的珍贵档案资料，积极开展其生平研究，发挥我校“太雷班”在高水平创新人才培养、传承太雷精神等方面的重要作用，使太雷精神成为我校广大学子成长成才的精神动力。当日下午，刘玉珊出席了张太雷诞辰 110 周年学术研讨会，向大会提交了研究论文《母校的骄傲》，并与全国各地的张太雷研究专家共同研讨了张太雷的革命思想和革命活动。

在会议期间，刘建平书记与冯海龙、冯海晴、张子娟等张太雷烈士的亲属进行了亲切的会见。并就天津大学进一步深入开展张太雷研究、建立相应的组织领导机构、扩大张太雷研究的队伍、加大张太雷宣传工作的力度和经费投入等问题达成了一致意见。刘建平书记感谢张太雷亲属对天津大学的关心和支持，张太雷亲属祝愿天津大学取得更大的发展和进步。

天津大学党委书记刘建平与江苏省委书记、省人大主任梁保华一起参观常州张太雷纪念馆

天津大学党委书记刘建平在常州张太雷纪念馆签名

## 天津大学与江苏省常州高级中学签署“太雷班”共建协议

2008年6月17日，为纪念中共早期领导人、革命先驱张太雷诞辰110周年，张太雷烈士曾就读过的两所母校——天津大学与江苏省常州高级中学签署协议，共建两校“太雷班”，以进一步弘扬太雷精神，教育广大团员青年以张太雷烈士为榜样，立志为国、奋发成才。天津大学“太雷班”与江苏省常州高级中学“太雷班”共建协议签约仪式在常州高级中学举行。天津大学党委书记刘建平、江苏省常州高级中学校长丁伟明出席签约仪式，并代表两校在协议上签字。常州市教育局副局长王定新，天津大学党委宣传部部长花建锋、两办副主任尚宇光、招生办主任王海龙等参加仪式。

签约仪式举行前，刘建平一行参观了位于常州高级中学的瞿秋白、张太雷纪念广场，向二位革命先驱敬献了花篮。瞿秋白、张太雷二位革命先驱均为常州高级中学的优秀校友。张太雷1915年夏离开常州中学后，考入天津大学前身北洋大学的法科学习。1919年投身五四运动。1920年参加北京共产主义小组。曾任共产国际远东书记处中国科书记，是中国共产党早期卓越领导人之一，还是中国社会主义青年团的主要创建人。于1927年领导广州起义时遇袭牺牲，牺牲时年仅29岁。

仪式上，天津大学党委书记刘建平及常州市教育局、常州高级中学相关负责人分别讲话，对两校“太雷班”共建协议的签署表示祝贺。刘建平在讲话中指出，作为同样具有悠久历史和优良传统的著名学府，常州高级中学与天津大学有着深厚的历史渊源，近年来，常州高级中学更是为天津大学输送了大量优秀的毕业生，提供了优秀的生源。两校“太雷班”共建协议的签署，既是两所百年名校在新时期面向未来开展广泛合作迈出的新的一步，也是我们秉承和发扬革命先烈精神，在培养高素质拔尖创新人才方面的一个重要探索。刘建平希望两校“太雷班”的同学们能够通过这样一个平台，更加深入地学习和传承太雷精神。自觉树立起远大的理想和志向，更加勤奋刻苦地学习知识，努力培养自己的创新精神和创新意识，培养勇于探索和实践的品质。

为传承太雷精神，天津大学与江苏省常州高级中学均建有“太雷班”。天津大学“太雷班”是“天津大学学生领导力培育计划”的一部分，是天津大学为适应时代对人才的要求而设立的培养新时期精英人才的集体。以自主和创新为核心，积极营造和谐氛围，增强成员间的凝聚力，为具备成为政治界、学术界、经济界领袖人物潜力的高素质综合性人才的成长与发展搭建平台。江苏省常州高级中学“太雷班”首设于1998年张太雷诞辰100周年之际，是以继承和弘扬革命先烈精神为宗旨，为培养未来杰出公民和时代先锋而设立的优秀学生集体，以榜样培育榜样，为塑造理想宏大、信念坚定、具有独立思想和民主精神的民族脊梁的精英人才奠定基础。

按照共建协议的规定，两校“太雷班”将互聘对方张太雷研究专家担

任顾问，两校“太雷班”学员将结成对子，在各自成长道路上互相帮扶。双方学校还将分别建设成为对方“太雷班”的实践基地，广泛开展太雷精神探索、文化交流等活动。同时还将利用天津大学“天外天”网站的资源，建立“太雷班”网上群空间，共建网上“太雷班”家园。两校“太雷班”成员的资料档案将保存于张太雷纪念馆，并对“太雷班”成员的个人发展状况进行追踪，以激励“太雷班”成员在未来人生的旅途中时刻牢记太雷精神，严格要求自己，奋发有为。

仪式结束后，刘建平等与常州高级中学“太雷班”师生座谈，王海龙等介绍了天津大学人才培养等方面的情况，结合江苏的招生政策向“太雷班”师生进行了讲解。

## 新闻媒体报道

江苏省政府网站报道

### 常州中学与天津大学结对弘扬太雷精神

江苏省常州高级中学和天津大学都是张太雷的母校，为了纪念这位杰出校友，大力弘扬太雷精神，两所学校都设立了自己的“太雷班”。6月17日，是张太雷诞辰110周年，两校的“太雷班”结成了共建对子。在江苏省常州高级中学举行的签约仪式之前，天津大学党委书记刘建平代表天津大学全体师生向瞿秋白、张太雷“两杰”塑像敬献了花篮并深深鞠躬。

天津大学“太雷班”是“天津大学学生领导力培育计划”的一部分，它以自主和创新为核心，积极营造和谐向上的氛围，是政治界、学术界、经济界领袖人才成长与发展的平台。省常中“太雷班”也是该校思想政治教育工作的重要部分，首设于1998年张太雷诞辰100周年之际，10年来，几届“太雷班”师生始终以继承和弘扬革命先烈精神为宗旨，力树理想宏大、信念坚定、具有独立思想和民主精神的人才。

两校“太雷班”结对后，双方将互相聘请对方学校对张太雷生平和事迹较为了解的老师担任“太雷班”顾问，帮助学生全面了解太雷生平和深刻理解太雷精神；学生互结一对一对子，互相帮扶、共同进步；将两校分别建设为“太雷班”实践基地，“太雷班”成员每1到2年赴对方基地开展太雷精神探寻、文化交流、参观学习等互动活动；建立网上太雷家园等。

天津大学的前身是北洋大学，张太雷于1916年考入北洋大学法科学习。

## 纪念张太雷诞辰110周年之际天津大学第二期“太雷班”结业

2008年6月17日，在革命先驱张太雷诞辰110周年之际，天津大学第二期“太雷班”结业仪式在大学生活动中心204室举行。校党委副书记于立军出席结业仪式。档案馆馆长常辽华，校团委书记罗进飞，党委宣传部、校团委相关负责人与第二期“太雷班”全体学员参加了结业仪式。第二期“太雷班”班主任周雷在会上对本期“太雷班”建设情况进行了总结。2008年，第二期“太雷班”积极探索了“精英元素”的自主教育模式，取得了一定的成绩，学员们在自身能力与领导才能上都有了显著提高。与会领导为第二期

"太雷班"结业学员颁发了结业证书。随后,结业学员代表社外学院的孙盛园、管理学院的段志成分别就在"太雷班"的学习体会、对太雷精神的理解及对领导力的领悟作了发言。在随后举行的"太雷班"成员20年梦想封存仪式上,"太雷班"的学员们将自己对20年后的梦想写在了梦想卡上。校党委副书记于立军亲自签封了装有第二期"太雷班"全体学员梦想的信封,并交由档案馆保存。学员们期待着20年之后相聚母校,重温理想。于立军在听取了"太雷班"学员们的感想和汇报后,肯定了第二期"太雷班"对于"精英元素"的探索,他以"幸运""收获""求赢"三个词和大家共勉。他说,"太雷班"的学员们是幸运的,学员们通过"太雷班"这一平台与伟人联系在一起。"太雷班"的每一个学员都应该思考自身的收获,以"求赢"的心态迎接未来的挑战。同时他也对"太雷班"学员提出了三点希望。他希望同学们加强联系、共享经验、骄傲未来,要把信心变为扎扎实实的行动,艰苦努力,在实现梦想的道路上不断践行。暑假期间,天津大学第二期"太雷班"学员将赴常州开展以探寻"太雷精神"为主题的暑期社会实践活动,校团委书记罗进飞在结业仪式上为社会实践队授旗。

"太雷班"全体学员为纪念张太雷诞辰110周年发出"弘扬太雷精神 放飞人生梦想"倡议书

倡议书全文如下:

**"弘扬太雷精神 放飞人生梦想"倡议书**

2008年6月17日是革命先驱、天津大学(北洋大学)杰出校友张太雷烈士诞辰110周年纪念日。在血与火的战斗中成长起来的张太雷是我党早期卓越的领导人,是忠诚的共产主义战士,是中国共产主义青团的创始人之一和青年运动的卓越领导人,他的一生光辉而又短暂,他把年轻的生命无私地贡献给了中华民族的解放事业,给我们留下了许多宝贵的财富。张太雷的卓越贡献已凝练成为太雷精神,被一代代青年学子继承发扬,成为了激励我们不断奋斗的不竭动力源泉。

"望前驱之英华卓荦,应后起之努力追踪"。太雷精神是天津大学(北洋大学)的宝贵精神财富,我们在缅怀英烈的同时,更要继承和发扬他爱国奉献、志向远大、身担重任、矢志不渝的精神。值此张太雷诞辰110周年之际,为了表达我校同学对张太雷校友的深切怀念之情,呼吁广大毕业生在今后的工作和学习中弘扬太雷精神,放飞人生梦想。天津大学"太雷班"全体学员向全校毕业生发出倡议:

第一,志向远大,胸怀天下。作为一名年轻人,我们要努力学习张太雷志向远大、追求进步的精神。关心国家发展,关注民族命运,努力去做中国特色社会主义事业的建设者和接班人。作为一名"天大人",我们更要树立"天大"的志向,胸怀"天大"的气魄,创造"天大"的事业。

第二,严于律己,脚踏实地。毕业是人生的新起点,我们要学习张太雷在工作上严于律己、脚踏实地的作风,从细节做起,从小事做起,勿以善小而不为，勿以恶小而为之，在人生的新起点上争创更加优异的成绩。

第三，关注母校，勇创辉煌。在天津大学求学是我们每个人人生发展的重要阶段，毕业之后，无论将来我们身处何地，都要时刻关注母校的发展，用实际成就来回报母校的培育之恩，并就自己所能为母校的发展贡献力量。

天津大学“太雷班”全体学员

2008 年 6 月 17 日

## 2011 年 6 月“张太雷纪念室”在校史馆完成重建工作，天津大学举行“庆祝建党 90 周年，传承太雷精神，纪念革命先烈张太雷诞辰 113 周年座谈会”

### 重建的“张太雷纪念室”揭幕仪式在天津大学校史馆举行

2011 年 6 月 11 日，“张太雷纪念室”在天津大学校史馆完成重建工作并举行揭幕仪式。党委副书记李义丹主持“张太雷纪念室”揭牌仪式。中共天津市委常委、市教育工委书记苟利军出席了揭幕仪式，并与天津大学党委书记刘建平、张太雷烈士的外孙女冯海晴、常州张太雷纪念馆的负责人黄明彦共同为张太雷纪念室揭幕。

苟利军、刘建平、冯海晴、黄明彦共同为重建的“张太雷纪念室”揭幕

党委宣传部部长花建锋为来宾进行讲解

揭幕仪式后，领导和来宾饶有兴趣地参观了重建后的张太雷纪念室。大家无不为张太雷的革命事迹、革命思想、革命精神所感动。“张太雷纪念室”始建于 1998 年 6 月，是天津市委、市政府命名的市级爱国主义教育基地，长期以来，为天津大学和天津市的学生教育作出了重要贡献。随着张太雷研究成果的不断丰富，在建党 90 周年之际，天津大学党委决定在档案馆重建张太雷纪念室。本次揭幕是重建后的纪念室首次亮相。

### 纪念革命先烈张太雷诞辰 113 周年座谈会简介

揭幕仪式和参观张太雷纪念室活动结束后，在天津大学校史馆举行“庆祝建党 90 周年，传承太雷精神，纪念革命先烈张太雷诞辰 113 周年座谈会”，深切缅怀张太雷的光辉一生，传承他的崇高精神。会议首先宣读了市委书记张高丽关于加大力度研究宣传张太雷烈士在天津革命活动的批示。市委常委、市委教育工委书记苟利军出席了座谈会并在会上作了重要讲话。

天津大学党委书记刘建平出席座谈会并致辞，中央党史研究室、广东革命历史博物馆、常州张太雷纪念馆和市党史研究室等专家，张太雷烈士亲属及天津大学师生代表参加了座谈会。天津大学党委常务副书记杨贤金主持会议，在座谈会上，与会者观看了专题片《永远的丰碑——击碎旧世界的惊雷：张太雷》。

与会人员在座谈中，回顾了张太雷短暂而光辉的一生，交流了对张太雷精神的认识，表达了对革命先烈的缅怀之情和弘扬、传承太雷精神的决心。

刘建平代表学校对各位领导、来宾和专家的到来表示热烈的欢迎和衷心的感谢，他介绍了张太雷烈士在天津学习和参加革命活动的情况，他说，天津大学的前身是北洋大学，是中国第一所现代大学，校风严谨求实，人才辈出，涌现出许多仁人志士，张太雷同志就是其中的杰出代表。在北洋大学的培养下，他的思想得到了升华，从爱国青年成长为共产主义者。他为中国共产党的发展与壮大，为中国革命的胜利，建立了不可磨灭的历史功勋。在建党 90 周年之际，天津大学在“实事求是”的校训、“严谨治学”

的校风和"爱国奉献"的传统的指引下，与时俱进，为振兴中华培养了大批人才，为国家和区域经济发展作出了重要的贡献，没有辜负太雷同志的殷切希望。太雷精神已经深深融入天津大学百年的文化积淀中，爱国奉献已经成为一代代天大人的共同追求。我们全体天大人更要以太雷同志为榜样，传承太雷精神，实事求是、严谨治学，为实现天大成为国内外知名高水平大学的目标而努力奋斗。

座谈会上，张太雷的外孙女冯海兰宣读了张太雷女儿张西蕾发来的贺信。贺信中说，90 多年前年轻的太雷，就是从这个校园、从这方热土出发，投入到拯救苦难中国的血战中去的，希望学生们以他为榜样，在党的旗帜下、在建设祖国繁荣社会的大业中做出更大的贡献。

张太雷的外孙女冯海晴、广东革命历史博物馆副馆长杨琪、常州张太雷纪念馆馆长黄明彦、中央党史研究室第一研究部副研究员覃艺、中共天津市委党史研究室于建及天津大学"太雷班"的学生代表刘乌兰分别作了发言。

张太雷是中国共产党最早的党员和早期重要领导人之一，是中国共产主义青年团的创始人之一和青年运动的卓越领导人，是广州起义的主要领导人。1916 年考入天津大学的前身北洋大学法科，在校期间大胆追求革命真理，是天津地区爱国运动的骨干之一。1927 年 12 月 12 日在领导广州起义中壮烈牺牲，年仅 29 岁。

苟利军在讲话中代表天津市委、市政府对张太雷同志的光辉业绩和崇高风范给予高度评价。他说，我们纪念和缅怀张太雷，就要学习他矢志不移追求革命真理、为共产主义理想奋斗终生的坚定信念，学习他勇于接受先进理论、善于进行实践创新的探索精神和胸怀民族、心系人民的高尚情怀，

座谈会会场

会后学校领导与来宾合影

学习他不畏艰难、无私奉献的高尚品格和舍生忘死、勇于牺牲的顽强斗志。希望天津大学和各级各类学校，深入研究宣传张太雷同志在天津的革命轨迹和崇高精神，进一步加强对广大师生的革命传统、形势政策和思想道德教育，引导他们以张太雷等革命先烈为榜样，坚定中国特色社会主义理想信念，自觉用马克思主义中国化最新成果武装头脑，牢固树立正确的世界观、人生观、价值观，热爱祖国、奉献社会、服务人民，成为德智体美全面发展的合格建设者和可靠接班人。

### 张西蕾的贺信

张太雷二女儿张西蕾为纪念张太雷诞辰113周年座谈会发来贺信，内容如下。

中共天津大学委员会、各位领导并转全体老师、同学们：

来函收悉！得知在庆祝中国共产党成立90周年的日子里，在天津市委、市政府和天津大学党委的高度重视下，学校全体师生们将举行一系列的活动来纪念我的父亲、你们的校友张太雷烈士。我多么想亲自来参加这些活动：和你们一起探讨，作为大学生的太雷是如何在这个校园里，完成了从一个忧国忧民的热血青年到马克思主义者的思想转变过程；和你们一起追寻，作为建党创始人之一的太雷是如何组织并建立了天津市首个共产党和共青团组织的历史足迹。但是，已年近九旬的我，实在是心有余而力不足了！我会派我的孩子们来和你们一起参加活动，我会在家里关注和祝福你们的成功。

让我们都不要忘记：90多年前，年轻的太雷就是从这个校园，从这方热土出发投入到拯救苦难中国的血战中去的！记住这一点，以他为榜样，胸怀着这样的自豪、骄傲和自信。当同学们学成长大，从这个校门走向社会的时候，你们一定会在党的旗帜下、在建设祖国繁荣社会的大业中作出更大的贡献！我会一直关注和祝福你们的成功！

## 刘建平、冯海晴、刘乌兰、苟利军在座谈会上的发言和讲话

### 1. 天津大学党委书记刘建平在“纪念建党 90 周年传承太雷精神”座谈会上的致辞

尊敬的利军书记、尊敬的各位来宾，老师们、同学们：

今天，我们在这里召开天津大学“庆祝建党 90 周年传承张太雷精神”座谈会。首先，我谨代表校党委、校行政向前来参加今天座谈会的各位领导、各位来宾表示热烈的欢迎和感谢！

天津大学的前身是北洋大学，是中国的第一所现代大学，她培养出许多仁人志士，张太雷同志就是其中的最杰出的代表。他出生在中华民族遭受帝国主义、封建主义双重压迫而处于内忧外患、灾难深重的年代。1915 年考入天津北洋大学法科预备班，半年后升入北洋大学法科本科。1920 年毕业，为北洋大学法科最后一届毕业生。张太雷在北洋大学学习期间，不仅努力学习，同时密切关注国家的命运。在北洋大学培养下，他的思想得到了升华，从爱国青年成长为共产主义者。五四运动爆发后，张太雷积极投入到这场伟大的反帝爱国运动中，多次参加集会游行，并深入塘沽、大沽等地向群众进行爱国宣传，他的思想也在反帝爱国运动中得到了进一步的升华和发展，最终成为中国共产党最早的党员之一、早期的重要领导、中国共产主义青年团的创始人。

张太雷同志紧密结合革命斗争实践，运用马克思主义的基本原理，较早地对中国国情和中国革命的性质、任务作出了比较符合实际的阐述和分析。他为中国共产党的发展壮大，为中国革命的胜利，建立了不可磨灭的历史功勋。今年是我们党建党 90 周年，我们召开这次座谈会就是为了纪念和缅怀张太雷同志，要学习、继承和发扬张太雷精神，传承他对中华民族解放事业的高度责任感、对共产主义的坚定信念、旺盛的革命斗志和英勇献身的革命精神。

张太雷同志已经离开我们 80 多年了，但是他崇高的精神却像一座丰碑，永远矗立在天大师生心中、矗立在中国人民心中。今天，在建党 90 周年之际，我们可以告慰英灵的是天津大学在“实事求是”的校训、“严谨治学”的校风和“爱国奉献”的传统的指引下，与时俱进、为中华民族培养了大批的优秀人才，创造了一系列的重要成果，为国家和区域经济发展作出了应有的贡献，我们没有辜负太雷同志的殷切希望。如今太雷精神已经深深融入天津大学百年的文化积淀中，爱国奉献已经成为一代代北洋人、天大人的共同追求。

同志们、同学们，我们是太雷同志爱国精神的传人，我们要学习他坚定的革命信念、崇高的革命品格和大无畏的革命献身精神。广大青年学生，要像太雷同志那样，坚定理想信念，继承和发扬党的优良传统和作风，忠于党、忠于国家、忠于人民，刻苦学习科学文化知识，积极加强自身思想道德修养，以实际行动创造无愧于人民、无愧于时代的业绩！

最后，再次代表学校对各位领导、来宾和专家的到来表示热烈的欢迎和衷心的感谢！

谢谢大家！

党委书记刘建平在座谈会上致辞

2. 张太雷的外孙女冯海晴在大会上的发言

张太雷的外孙女冯海晴
在座谈会上发言

## 有一种精神 润物细无声 有一些故事 世代永流传

### 张太雷烈士光辉的一生

张太雷，1898 年 6 月 17 日出生于江苏省常州市，早年丧父，家境贫寒，靠母亲帮佣的微薄收入为生，毕业于常州府中学堂，1916-1920 年就读于北洋大学法科。

北洋大学是张太雷革命生涯的起点。正是在北洋大学学习期间，张太雷最早与苏俄共产党人建立了联系、并成为直接参与推动建立中国共产党的先进分子之一。1918 年他在《华北明星报》当兼职编辑时结识了苏共党员鲍立维，开始研究和宣传马克思主义和十月革命的实践；1919 年 5 月他参加了北京、天津的“五四运动”，与两地的进步青年和学生领袖建立了广泛的联系；他参加了 1919 年 8 月、10 月以及 1920 年 1 月李大钊在天津与鲍立维的三次会见并担当英语翻译；1920 年 4 月他陪同共产国际代表维经斯基到北京与李大钊、到上海与陈独秀讨论建党事宜，并全程担当英语翻译；同年，10 月在北大红楼，由李大钊主持，他和邓中夏、罗章龙四人共同创建了中国共产党北京早期组织，他成为中国共产党最早的党员之一；同月，他受命在天津建团、建党并亲任书记。1920 年是他在北洋大学即将毕业的一年，也是他在组织上和思想上为党的创建四处奔波、作出了特殊贡献的一年。

张太雷是中共派往共产国际的第一个使者，1921 年春受李大钊派遣，前往共产国际远东书记处工作，在远东局建立了中国支部并出席了共产国际三大。在中共一大尚未召开之前，就维护、确立了中国共产党在国际共运中的正统地位，为中共与共产国际的直接联系提供了组织保证，这对于创建时期的中国共产党具有非常重要的现实意义。

张太雷是我党、我团对外联络工作的第一人，他在共产国际任职期间，参加过朝鲜共产党成立大会，被选入大会主席团，并代表中共致祝辞；他曾秘密出使东京，向日本共产党传达共产国际的指示，帮助日共与共产国际建立稳定的联系；他是殖民地半殖民地国家国际共产主义运动早期著名的活动家。

张太雷是中国共产党早期重要领导人，参加过党的二大、三大、四大、五大和八七会议；他是第四届候补中央委员，第五届中央委员、政治局候补委员，是临时中央政治局五人常委之一；他担任过中共湖北省委书记、中共南方局书记、中共广东省委书记等职。

张太雷又是中国共产主义青年团的主要创始人之一，担任过青年共产国际执委会委员、中国共产主义青年团总书记。

张太雷是革命统一战线的开创者和捍卫者之一。从 1921 年 12 月陪同共产国际代表马林到桂林三次会见孙中山开始，他参与了孙中山改组国民党、第一次国共合作、创建黄埔军校等重大历史事件的策划和实施过程。在处理有关中国共产党与共产国际以及国民党三者之间微妙而复杂的关系问题上，为了阐明观点、缩小差距、达成统一，他围绕着李大钊、陈独秀，马林、鲍罗廷、越飞，以及孙中山、胡汉民、汪精卫、蒋介石等关键人物发挥了他独特而不可或缺的重要作用。

张太雷是大革命失败后力挽狂澜的中共领导人之一。在“四一二”后的白色恐怖下，他受命于危难之际，坚决执行八七会议精神，在南昌起义、秋收起义已经遭受挫折的危难时刻，仍以大无畏的革命献身精神，发动和领导了著名的广州起义，建立了广州工农兵革命政权。虽然这个政权只存在了几天，但她却是“全世界在殖民地上的第一个苏维埃政权”！1927 年 12 月 12 日下午 2 时许，张太雷在起义战斗中身中数弹光荣牺牲，成为中共历史上第一个牺牲在战场上的中央委员和政治局成员，时年 29 岁。他用自己年轻的生命，用自己的热血和青春实践了他年少时立下的“愿化作震碎旧世界惊雷”的誓言！

南昌起义、秋收起义和广州起义虽然先后遭遇了挫折和失败，但它们却成为土地革命战争和创建工农红军的伟大开端。此后，我们的党在长期的革命实践中不断摸索着成长成熟起来，终于开辟了一条农村包围城市、武装夺取政权的有中国特色的革命道路。在填平这条达到胜利的道路上，有着张太雷和广州起义中共同赴死的 5700 名革命者的热血、头颅和身躯！

张太雷对人生道路的选择给我们留下了许多值得反复思考的地方：他家境贫苦，靠个人的奋斗在北洋大学完成学业，当时在中国能够受到这种高等教育的人还非常少，他完全可以凭此改变家庭和个人的命运，走上一条升官发财至少是衣食无忧、前途平顺的人生道路，他也确实曾经有过这种想法。但他同时又是一个胸怀振兴中华理想的热血青年，在寻求解救国家和人民苦难的道路时，他从俄国十月革命中看到了希望，接触到马克思主义之后，他学习研究共产主义。当他一旦把共产主义作为终身的信仰，就彻底改变了他的人生轨迹。为了信仰，他毅然抛弃个人和家庭的前途和幸福，连毕业证都未领，义无反顾地走上充满艰险的革命道路。他是从爱国走上革命道路的。是马克思主义的理论和十月革命的胜利，引领他从一个炽烈的爱国主义者、激进的民主主义者，成长为马克思主义者。而这种转变和进化，就是在这所校园里发生的。这一点对于九十年后的后辈晚生，无疑仍有着深刻的启迪。他们这种以民族的生存、国家的复兴为己任，崇尚真理，为了信仰抛家舍业，不惜牺牲自我的精神，是中国无产阶级第一代革命家们的共同品质，也是青年张太雷的伟大精神之所在！

**薪火相传　交相递与**

太雷牺牲之后，留下祖孙三代五口之家：他的母亲年近六旬，因独子的不幸惨死，中风瘫痪、卧病不起；两女一子均还年幼，分别只有七岁、五岁和四岁；生活的重担完全压在与他同岁的妻子一个人的肩上。太雷的妻子陆静华，是一个普普通通的江南劳动妇女，精于女红、粗通文字、善良贤惠，吃苦耐劳。1918 年夏天，两人奉母命成婚后，她尽心尽力为太雷侍候老母、为太雷生养孩子。虽然丈夫不常在家，全家聚少离多，但不时总会收到他的来信、钱或药品，偶尔他还能匆匆回家小住一夜。作为儿子、丈夫和父亲，太雷始终是全家的精神支柱，是一家老小艰难度日的力量源泉。

太雷的死把无房无地、本已十分贫苦的全家推入了绝境！但陆静华却心甘情愿地独自扛起了这份重担。她坚信自己的丈夫为劳苦大众奋斗的道路是正确的。这种信任产生了巨大的力量，她靠帮佣、缝补、编织等各种手工劳动，竟然使全家人不但没被饿死，子女们还都上了学，最后还陆续加入革命的队伍，投身于父亲未竟的事业。她以自己一诺终身的忠贞和勇气，完成了两代人生命和信仰的薪火相传！

我的母亲、太雷的二女儿张西蕾，在 2000 年曾经出过一本书，名叫《烛光在前》，叙述了这段经历，故事动情感人，由于时间关系在这里无法细讲了。但这一家老小的命运至今仍牵动着不少人的心：太雷烈士的母亲瘫痪在床十几年，受到儿媳的精心侍奉，于 1942 年病逝，享年 72 岁；大女儿西屏在弟弟妹妹加入了革命队伍、像父亲那样为国尽忠之后，她勇敢地承担起长女的责任，留在故乡当了一名小学教师，像母亲那样为家尽孝了；二女儿西蕾于 1938 年 15 岁时只身一人穿过沦陷区，到上海找到了共产党，加入了新四军，成为父亲队伍中的一员；小儿子一阳于 1939 年参加新四军，十六岁入了党，成长为一名政治指导员。1941 年 1 月在皖南事变中他不幸被俘，被关押在上饶集中营里。非人的待遇摧毁了他的健康，他不幸染上了回归热，每天高烧不止，病得很重。当敌人知道他是张太雷的儿子时，竟拿着特效药来引诱他悔过投降，答应给他治疗并许以高官厚禄。而刚满十八岁的一阳不辱父亲的英名，平静地选择了死亡。在弥留之际，他忍痛咬下自己两枚指甲，取下父亲传给他的钢笔的笔尖，郑重地托付难友转交给姐姐。太雷家第二代的烈士用这连着血肉、蘸着信仰的物件，像他的父亲那样，将自己的生命和追求，将他未竟的事业和家庭的责任一起托付给了继续战斗的同志们。

太雷烈士后代成长的历程，与自己的父辈有许多相似的地方：他们都是生活在民族危机和社会危机极为严重的时期，都是以民族的生存、国家的复兴为己任的热血青年，都是追求真理勇于实践的知识分子。他们同样是从爱国走上革命道路的。当他们一旦把共产主义作为自己终身的信仰，则必然会像他们的前辈那样义无反顾地走上充满艰险的革命道路。太雷烈士的后代比同代人更幸运的是：前方有父亲英灵的召唤，身边有母亲深明大义的教导和指引。

**期待天津　寄语青年**

1．一批学者、后人开启了张太雷研究工作，目前后继乏人

解放后，特别是“文革”以后，有一批从事历史和党史的学者开始了张太雷精神的研究，在太雷女儿、我的母亲和父亲的参与和推动下，作了大量工作。

我母亲曾回忆了这段工作：“我与国家党史研究部门合作，为父亲整理出版了《张太雷文集》《张太雷年谱》《回忆张太雷》和一本纪念画册，让怀念他的人有所寄托；我与常州市委一起发起成立了‘张太雷研究会’，建成了‘张太雷故居’‘张太雷纪念馆’，为他的故乡保留了一块追忆的丰碑；我和天津大学合作，开辟了‘张太雷展室’，命名了一个‘张太雷班’，自费设置了‘张太雷奖学金’，让父亲能够和他的母校、和他的一代代校友息息相通、心心相印；我还和广东省委、广州市委一起筹建了‘广州起义纪念馆’，拍摄了纪念父亲和广州起义的电视纪录片。我还自费拍摄三集电视连续剧《大雷雨后》，将父亲、特别是母亲的事迹奉献给广大电视观众。就这样一步一步地把父亲及战友们的历史原貌完整而真实地留给后人。”

特别是近几年随着经济的发展、社会的进步，全国上下突出了革命传统教育，太雷以及他的战友们的事迹被广为宣传。1998 年中共中央隆重

纪念太雷诞辰100周年，胡锦涛、曾庆红亲自参加，并发表了重要讲话；2008年故乡江苏和常州又开会纪念他的110年诞辰；新中国成立60周年大庆，已经离开我们82年之久的太雷被民选为“100位为新中国成立作出突出贡献的英雄模范人物”；中共中央文献研究室和江苏省委拍摄了文献片《永远的青年》;常州市委组织创作和出版《张太雷传》《张太雷年谱新编》等。

但是，这支研究队伍中的知名学者大多进入耄耋之年，随着研究的深入，发现还有许多未解谜团等待进一步探索和研究；自己桌边手头堆积收集的资料越积越多，既无精力去消化、也无体力再写作。为以防万一，钱听涛老专家把自己收集了十几年的史料匆匆出版了长达五六百页的资料集，无偿贡献出来，期待能有后人接手继续挖掘整理。钱老着手写的张家家谱已出了初稿，后期编辑修改的工作量还很大，着实感到心有余而力不足。一生克己而严谨的老人们心急如焚，抓住各种机会，大声呼号，他们急切地希望有更多的年轻学者们、有一定研究能力的人、有一些全职的专门人员加入到这个队伍中来。

2. 对与天津有关的建党前后重要事件尚需进一步的细节考证和大力宣传

其一，进一步收集五四时期和建党前后的《华北明星报》。

《华北明星报》是当年北洋大学法科主任美国人福克斯在天津创办的英文报纸，1918年初，他邀请张太雷等四位学生参加该报的编辑工作。张太雷在这里接触了进步思想，在这里学会了用全新的角度去观察和捕捉社会问题，他在这里认识了俄共党人鲍立维，在这里迈出了思想转变的第一步。更重要的是，该报在五四运动中及以后都迅速准确地报道了学生革命斗争的消息，尤其是北洋大学的情况。

其二，天津建团、建党的过程和细节：具体时间、地点、人物、遗址确认及保护。

相对来说，天津建团的过程和细节存留得较多。而天津共产党建立的细节留存较少，具体时间、地点、人物、会议内容、报告与决议情况，都需要更仔细地寻找线索并考证清楚。特别是在天津党组织建立的同时，还建立了唐山站分部，率先把工人阶级组织起来，这是天津党组织史中比较特别的部分。

其三，李大钊三次会见鲍立维的时间、地点、参加人物、谈话内容等。

3. 根据史实研究张太雷及天津市对中国共产党创建的贡献和作用

承担这个题目，天津责无旁贷、天大责无旁贷。天津的事情还是应该由天津人自己来完成。为此建议在天津市或在天大建立张太雷研究中心，发挥地域优势和人才优势，整合各方研究力量，切实加强投入，花一些精力搞清史实，实事求是、周密严谨进行专题研究，并扩大宣传力度，从而进一步提升城市形象。

4. 继续收集海内外关于张太雷研究的成果与资料

在苏联解体前，苏联的一些机构和学者经常在张太雷的较大的诞辰或忌日举行过纪念集会、发表过纪念文章，公布了许多相关的研究成果。目前，俄罗斯档案馆的“共产国际档案”也应该能反映建党前后的一些情况。

日本也有一些研究中共早期创建史的学者，专题研究过1921年9月张太雷赴日期间的革命活动。

台湾的档案馆也可以查阅孙中山改组国民党、第一次国共合作以及镇压广州起义、杀害革命志士的情况。

今天能代表我的母亲参加这次纪念活动，能和大家一起缅怀太雷烈士光辉的一生，能给大家讲讲我们家的故事，确实是我的荣幸！

这决不是一家一户的续家谱、寻根，而是一种挖掘，一种精神遗产的抢救。我的目的是想弘扬一种精神、一种美德。我希望通过太雷烈士和他的儿女、从爱国进而革命的成长经历，将共产主义者的无私无畏，作为一种民族的美德，一首人性的颂歌留给世人。这一美德曾护佑我家的几代人，今后他也将如雨润田、如土载物，去启发、激励和护佑他的母校、校友和他热爱的人民。

3. 天津大学第五期“太雷班”学员刘乌兰在大会上发言

**学习太雷精神　弘扬太雷精神**

2011 年是中国共产党成立 90 周年，也是辛亥革命 100 周年，更是十二五规划的开篇之年，在这样一个特殊的时代节点上，我们不禁回首惊叹，惊叹于我们党和祖国的蜕变——从封闭领导走向改革开放；从贫困潦倒走向繁荣富强……在这样翻天覆地的巨变面前，我们不能忽略一个群体，那就是中国青年！

如果说马克思主义理论是社会主义核心价值观的灵魂，那么太雷精神就是中国青年奋斗力量的源泉。也许，在当今世界以和平与发展为主题的大环境下，在当代中国综合国力日渐强盛的大背景下，我们没有机会像张太雷学长那样“化作震碎旧世界的惊雷”，但是他高尚的品格是永远值得我们怀念和学习的，太雷精神也应该被我们青年一代赋予新的时代内涵。

太雷精神是守志——《劝学》如是说：守志如行路，有行十里者，有行百里者，有行终生者。行十里者众，行百里者寡，行终生者鲜。立志易，守志难，面对理想，我们当代青年都应该有做“行终生者”的勇气与魄力。

太雷精神是责任——梁启超先生曾在《少年中国说》当中这样讲到：今日之责任，不在他人，而全在我少年。近年来，中国大事不断，从北京奥运会到汶川地震再到上海世博会，我们不仅让外界看到了一个更加和谐、凝聚、开放的中国，更让世界记住了中国青年志愿者的面孔，他们是 80 后的缩影，他们是 90 后的代表，太雷精神在新时期被我们青年一代诠释得淋漓尽致。

太雷精神是实践——纸上得来终觉浅，绝知此事要躬行。上月底，我们第五期太雷班的同学们刚刚展开一项关于“985”高校幸福指数的实践调研，旨在通过此次活动为推进校园建设尽一份力量。实践出真知，身在以“太雷”命名的光荣集体，我们从细微处，从点滴处做太雷精神的践行者。

4. 市委常委、市委教育工委书记苟利军在“纪念建党 90 周年传承太雷精神”座谈会上发表讲话

尊敬的冯海晴女士、各位专家、同志们：

今天，我们在天津大学召开座谈会，怀着十分崇敬的心情，纪念和缅怀我国无产阶级革命家、中国共产党早期重要领导人之一、中国共产主义青

年团的创始人和青年运动的卓越领导人张太雷同志诞辰113周年。刚才参观了天津大学重建的张太雷纪念室，听了张太雷家属冯海晴对张太雷同志生平事迹、革命轨迹和革命历程的介绍，冯海兰同志对张西蕾来信的宣读，听了从事张太雷同志革命历史研究的五位专家的发言，我深受启发。

当前天津正处在转变经济发展方式的历史阶段，重温、学习、传承张太雷同志的崇高精神，不仅对广大青年学生，而且对整个社会都具有重要意义。天津市委非常重视对张太雷同志的研究和宣传。中央政治局委员、市委书记张高丽同志3月12日专门作出批示，要求加大力度研究和宣传张太雷同志在天津学习、生活和革命的历史。天津大学此次举办的座谈会正是落实批示精神的一个重要内容。我代表天津市委对各位专家到天津宣传张太雷同志的事迹表示欢迎和感谢，并对张太雷同志的家属致以亲切的慰问。

今年是建党90周年。在我党90年的辉煌历程中，天津市涌现出一大批我党的优秀儿女，张太雷同志就是其中的杰出代表，他在青少年时期就立志以改造中国为己任。在天津学习期间，他大胆追求革命真理，积极参加了李大钊同志发起的马克思学说研究会，并协助李大钊为建立中国共产党做了大量工作。1920年4月，共产国际代表来华，张太雷同志作为英文翻译参加了北京和上海的建党活动，并成为中国共产党最早的党员和最早的领导人之一。我党成立以后，张太雷同志一直担任党的重要工作，历任党的重要领导职务，参与了党的许多重大决策活动。在工作实践中，他以高度负责的精神克服种种困难，使党的正确的方针政策得到贯彻实施。

张太雷同志也是中国共青团的创始人之一和青年运动的卓越领导人。五四运动爆发后，张太雷成为天津地区青年爱国运动的骨干。1920年下半年，张太雷直接参加了中国共青团组织的创建活动。1922年，他筹备并主持召开了中国社会主义青年团第一次全国代表大会，并当选为第一届中央执行委员。从1924年下半年开始，张太雷主持团中央工作并担任中国共青团第三届中央委员会总书记，还多次作为代表参加青年共产国际的工作和活动，为国际共产主义运动作出了宝贵的贡献，并保留下了许多弥足珍贵的著述。

张太雷同志是广州起义的主要领导人。党的八七会议后，他主动请求去腥风血雨的广东工作，承担传达、贯彻八七会议精神，组织领导广东地区武装起义的重任，勇敢地走在了开展武装斗争的最前沿。1927年12月11日，他领导发动了震惊中外的广州起义，并成立了第一个城市苏维埃政府——广州苏维埃政府。12日，面对敌人的疯狂反扑，他冒着枪林弹雨指挥战斗，直到生命的最后一刻，牺牲时年仅29岁，成为中共历史上第一个牺牲在战斗一线的中央委员和政治局委员。在其短暂一生中，张太雷同志把自己的一切毫无保留地献给了党的事业，献给了祖国和人民。他的革命业绩、崇高风范，将融入党的光辉历史并永远铭刻在全国人民的心中。我们纪念、缅怀他，就是要学习他矢志不移地追求革命真理、为共产主义理想奋斗终生的坚定信念；学习他勇于接受革命理论、善于进行实践创新的探索精神；学习他胸怀民族、心系人民的高尚情怀；学习他不畏艰难、无私奉献的高贵品格；学习他舍身忘己、勇于牺牲的顽强斗志。

市委常委、市委教育工委书记苟利军在座谈会上讲话

天津是张太雷同志学习、生活和战斗过的地方，特别是天津大学，我们为有这样杰出的革命领导人、杰出的校友而感到骄傲。他的精神在天津大学和在天津青少年当中的传承是我们重大的责任。80多年过去了，如今的天津已经发生了翻天覆地的变化。随着天津滨海新区的开发开放，天津的经济社会得到了巨大发展并保持了良好势头。特别是当前我们正在认真学习胡锦涛总书记在4月29日至5月1日在天津考察时的重要讲话精神，按照市委九届十次全会的部署，坚持主题、主线、主攻方向，突出“四个着重”，努力开创科学发展和谐发展率先发展的新局面，更加需要弘扬开拓创新的时代精神和革命先辈的优良传统。我们要在全市深入开展对张太雷等老一辈无产阶级革命家的研究和宣传活动，使他们的丰功伟绩和崇高风范广为传颂并切实化作全市人民干事创业的强大动力。关于进一步加强研究、学习、宣传张太雷革命事迹工作，冯海晴同志提出了很好的建议，我们要在天津大学“太雷班”“太雷研究学会”的基础上进一步加大研究和宣传的力度。天津大学和各级各类学校要深入研究、宣传、学习张太雷同志的革命事迹和崇高精神，研究他的革命轨迹。要以这次座谈会为契机，进一步加强对广大师生的革命传统、形势政策和思想道德的教育，引导广大师生以张太雷等革命先烈为榜样，不断增强学党史、知党情、感党恩、跟党走的自觉性和主动性，坚定中国特色社会主义的理想信念，坚决拥护党的路线方针政策，自觉用马克思主义中国化的最新成果武装头脑，牢固树立正确的世界观、人生观、价值观，使我们的广大青少年热爱祖国、奉献社会、服务人民，成为德智体美全面发展的合格建设者和可靠接班人。希望党史研究的相关专家和张太雷同志的亲属更多地关心天津大学、天津教育事业的发展和天津的发展，共同努力把革命先辈开创的事业不断推向前进。

谢谢大家！

## 新闻媒体报道

1. 2011年6月13日《天津日报》报道

### 天大纪念革命先烈张太雷诞辰113周年大力弘扬革命先烈崇高精神

【天津日报讯】（记者赵晖）昨天上午，天津大学举行纪念革命先烈张太雷诞辰113周年座谈会，深切缅怀他的光辉一生，传承他的崇高精神。会议首先宣读市委书记张高丽关于加大力度研究宣传张太雷同志在天津革命活动的批示，听取了张太雷同志的生平事迹介绍。市委常委、市委教育工委书记苟利军在座谈会上讲话，并为张太雷纪念室揭幕。天津大学党委书记刘建平，中央党史研究室、广东革命历史博物馆、常州张太雷纪念馆和市委党史研究室等专家，张太雷同志亲属及天津大学师生代表参加。

苟利军在讲话中代表天津市委、市政府对张太雷同志的光辉业绩和崇高风范给予高度评价。他说，我们纪念和缅怀张太雷同志，就要学习他矢志不移追求革命真理、为共产主义理想奋斗终生的坚定信念，学习他勇于接受先进理论、善于进行实践创新的探索精神和胸怀民族、心系人民的高尚情怀，学习他不畏艰难、无私奉献的高贵品格和舍生忘死、勇于牺牲的顽强斗志。希望天津大学和各级各类学校深入研究宣传张太雷同志在天津的革命轨迹和崇高精神，进一步加强对广大师生的革命传统、形势政策和思想道德教育，引导他们以张太雷等革命先烈为榜样，坚定中国特色社会主义理想信念，成为德智体美全面发展的合格建设者和可靠接班人。

2. 2011 年 6 月 13 日《今晚报》报道

**天大纪念革命先烈张太雷诞辰 113 周年大力弘扬革命先辈崇高精神**

【本报讯】（记者蒋娟）昨天上午，天津大学举行纪念革命先烈张太雷诞辰 113 周年座谈会，深切缅怀他的光辉一生，传承他的崇高精神。会议首先宣读市委书记张高丽关于加大力度研究宣传张太雷同志在天津革命活动的批示，听取了张太雷同志的生平事迹介绍。市委常委、市委教育工委书记苟利军在座谈会上讲话，并为张太雷纪念室揭幕。天津大学党委书记刘建平，中央党史研究室、广东革命历史博物馆、常州张太雷纪念馆和市委党史研究室等专家，张太雷同志亲属及天津大学师生代表参加。

苟利军在讲话中代表天津市委、市政府对张太雷同志的光辉业绩和崇高风范给予高度评价。他希望天津大学和各级各类学校深入研究宣传张太雷同志在天津的革命轨迹和崇高精神，进一步加强对广大师生的革命传统、形势政策和思想道德教育，引导他们以张太雷等革命先烈为榜样，坚定中国特色社会主义理想信念，成为德智体美全面发展的合格建设者和可靠接班人。

3. 2011 年 6 月 3 日《渤海早报》报道

**张太雷纪念室重建正式亮相**

【本报讯】（通讯员王青、记者邵隽）为纪念革命先烈张太雷诞辰 113 周年，重建后的张太雷纪念室 6 月 11 日在天津大学正式亮相并对外开放。

张太雷纪念室始建于 1998 年，是天津市爱国主义教育基地。此次重建后亮相，集中展出了张太雷 120 余张珍贵的照片和大量珍贵的物品，包括其在天津大学前身北洋大学的毕业文凭等。

张太雷 1916 年考入天津大学的前身北洋大学法科，1927 年 12 月 12 日在领导广州起义中牺牲，年仅 29 岁。

## "张太雷生平事迹巡展"走进天津大学

2011 年 6 月 17 日是中国共产党早期的重要领导人之一、中国社会主义青年团主要创建者和青年运动著名领袖、卓越的共产主义战士和无产阶级革命家张太雷 113 周年诞辰。为缅怀张太雷的丰功伟绩，弘扬革命先辈的崇高精神，"张太雷生平事迹巡展"在这一天走进张太雷曾经求学的天津大学（北洋大学），在大学生活动中心展出。

为庆祝中国共产党成立 90 周年，"张太雷生平事迹巡展"于 5 月 30 日在张太雷的故乡江苏常州启动。此次巡展活动将把展现张太雷生平光辉事

天津大学党委宣传部副部长韩宝志在“张太雷生平事迹全国巡展”启动仪式上讲话

迹的 30 块展板，沿着他当年的足迹送至天津、北京、满洲里、上海、武汉、广州等地展出，为期一年。巡展在纪念张太雷诞辰 113 周年之际走进天津大学，将激励广大教师和莘莘学子继承革命先辈的优良传统，弘扬开拓创新的时代精神，把革命先辈开创的事业不断推向前进。

在张太雷生平事迹全国巡展启动仪式上，天津大学党委宣传部副部长韩宝志发表讲话。他说，作为张太雷生平事迹全国巡展单位代表，我谨代表天津大学向常州青少年纪念建党 90 周年“学习三杰精神，青春永跟党走”主题活动暨张太雷事迹全国巡展活动的启动，表示热烈的祝贺！

韩宝志说，张太雷是“常州三杰”之一，是常州人民的骄傲，同时更是天津大学（原北洋大学）的骄傲。他 1915 年考入北洋大学法科预备班，半年后正式入北洋大学法科，1920 年毕业。在求学北洋大学期间，他关注社会政治，注重社会实践活动，积极参加爱国学生运动，并在思想上接受马克思主义。大学毕业后，他迅速转变为马克思主义者。他与李大钊等密切联系，在天津及周边地区积极从事建立青年团和共产党的早期组织、开展工人运动等中国早期的共产主义运动，走上了职业革命家的道路，为中国共产党的创建、中国共青团的创建建立了不朽的功勋。因为参加革命活动，至今，他的毕业证书还保留在天津大学档案馆，成为“镇馆之宝”。

韩宝志说，张太雷烈士的一生虽然短暂，但他给中国的革命带来的影响却是长远的。他短暂的生命如一声惊雷，将他深深的爱国主义精神、善于探索和实践的精神、勇于献身的精神留给了后人，他和其他先烈的精神将

2011 年 6 月 17 日“张太雷生平事迹全国巡展”在天津大学大学生活动中心展出

“与天壤而同久，共三光而永光”，一直激励天津大学的学子、全国的青年学子承担起社会责任，为国家的富强、民族的复兴、人类的进步作出更大的贡献。

张太雷烈士一直是天津大学代代学子学习的楷模。今天的天津大学，不仅有张太雷烈士的塑像，还有天津市爱国主义教育基地——张太雷事迹专门展室。学校不仅有以张太雷烈士命名的奖学金，还有培养领导才干的优秀学子“太雷班”。今年，在庆祝建党 90 周年前夕，天津大学专门设立了党建工作最高奖“张太雷奖”。我们将以此次巡展为新起点，学习传承革命先烈精神，培养更多的象张太雷烈士这样的优秀人才。

最后，韩宝志预祝常州市青少年纪念建党 90 周年“学习三杰精神，青春永跟党走”主题活动取得圆满成功，预祝张太雷生平事迹全国巡展取得圆满成功。

新闻媒体也报道了这次展出活动。

人民网·天津视窗 6 月 18 日电：

**“张太雷生平事迹巡展”走进天津大学**

今年 6 月 17 日是中国共产党早期的重要领导人之一、中国社会主义青年团主要创建者和青年运动著名领袖、卓越的共产主义战士和无产阶级革命家张太雷 113 周年诞辰。为缅怀张太雷的丰功伟绩，弘扬革命先辈的崇高精神，“张太雷生平事迹巡展”在这一天走进张太雷曾经求学的天津大学（北洋大学），在大学生活动中心展出。

据悉，为庆祝中国共产党成立 90 周年，“张太雷生平事迹巡展”于 5 月 30 日在张太雷的故乡江苏常州启动。此次巡展活动将把展现张太雷生平光辉事迹的 30 块展板，沿着他当年的足迹送至天津、北京、满洲里、上海、武汉、广州等地展出，为期一年。巡展在纪念张太雷诞辰 113 周年之际走进天津大学，激励广大教师和莘莘学子继承革命先辈的优良传统，弘扬开拓创新的时代精神，把革命先辈开创的事业不断推向前进。

张太雷是从北洋园走出来的英雄模范人物。多年来，天津大学一直以张太雷为荣，并不断以张太雷的爱国主义精神、善于探索精神、勇于献身精神等激励广大教师和莘莘学子。一方面，纪念和宣传张太雷的载体建设不断加强：1985 年，学校在 90 周年校庆之际树立起张太雷烈士半身铜像；1998 年，学校于张太雷百年诞辰之际在大学生活动中心建立了“张太雷纪念室”，成为天津市爱国主义教育基地；1997 年，张太雷女儿张西蕾来校捐资设立了“张太雷奖学金”，1998 年学校在法学专业命名了“张太雷班”，激励法学专业学生；2006 年，学校成立“太雷班”，培养优秀学生骨干；2011 年，学校设立党内最高荣誉“张太雷奖”，激励广大党员和党务工作者。另一方面，纪念和宣传张太雷事迹的活动持续不断：校史宣讲、张太雷精神宣讲年年进行；纪念张太雷 100 周年诞辰和 110 周年诞辰、庆祝建党 90 周年等系列活动，使太雷精神深入人心。天津大学还注重加强对张太雷的研究：1992 年天津大学牵头组织出版了《张太雷年谱》；天津市社科规划办、学校档案馆和人文社科处先后设立研究专项；2011 年春中共中央政治局委员、天津市委书记张高丽专门对宣传和研究张太雷作了重要批示。在庆祝建党 90 周年之际，随着关于张太雷的研究成果的不断丰富，天津大学在校史博物馆重新建设“张太雷纪念室”，为纪念和宣传张太雷烈士创造更好的条件，让太雷英名永不消失，让太雷精神成为天大人永远的奋斗动力。

## 走访钱听涛先生推进张太雷研究

右三为张太雷研究专家钱听涛，
右二为张太雷外孙女婿恽小虎

纪念张太雷诞辰 113 周年座谈会后，为贯彻落实学校领导关于进一步推进张太雷研究的指示精神，马克思主义学院中共党史学科负责人蔡文杰教授、校党委宣传部原部长刘玉珊教授以及马克思主义学院张畅、渠占辉老师一行 4 人，于 2011 年 6 月 21 日专程赴京拜访原中共中央党史研究室张太雷研究专家钱听涛先生。

钱老从事张太雷研究多年，主持编辑了《张太雷研究史料选》，发表了多篇极有影响的专题论文，与我校张太雷研究专家刘玉珊教授有多年的学术联系与合作。近年来因年事已高，钱老很少离家外出参加相关的学术研讨活动。

当天下午，在张太雷的外孙女婿恽小虎先生陪同下，钱老在家中热情接待了刘玉珊等一行 4 人。他对我校领导高度重视张太雷研究以及张太雷研究队伍的壮大，感到非常高兴，也甚感鼓舞。在两个小时的时间里，钱老系统介绍了张太雷研究的多方面资料，特别是对张太雷在天津时期的基本史实、俄罗斯有关共产国际的相关档案资料，作了比较多的介绍和说明。

在钱老指导下，大家就张太雷研究的现状及学科前沿问题进行了较为深入的探讨。

本次专访系我校深入开展张太雷研究的举措之一，得到校党委宣传部、党办校办、社科处等部门的大力支持，对于我校深入开展张太雷研究具有很大的推动作用。

## 天津大学张太雷研究中心成立

### 天津大学张太雷研究中心成立仪式简介

在五四青年节前夕，为纪念和研究无产阶级革命家、中国共产主义青年团的主要创始人、中国共产党早期领导人之一、广州起义的总指挥张太雷烈士，2012 年 5 月 3 日，“天津大学张太雷研究中心”正式成立，成立仪式在天津大学会议楼第八会议室举行。该中心将进一步充实张太雷革命生涯的史实史料，深入研究张太雷在中国革命中的丰功伟绩和革命精神，激励广大青年继承先烈遗志，更好地传承和弘扬太雷精神，为国家富强民族振兴作贡献。

天津大学党委书记刘建平、副书记李义丹，张太雷烈士的外孙、中国武警学院原副政委冯海龙少将、外孙女冯海晴等亲属，中央党史研究室钱听涛、《张太雷传》《张太雷年谱新编》作者丁言模、《张太雷年谱新编》作者张浩典，天津大学张太雷研究专家刘玉珊等亲临成立仪式现场。李义丹

天津大学党委书记刘建平与张太雷外孙冯海龙少将为“天津大学张太雷研究中心”揭牌

宣读天津大学党委关于成立“天津大学张太雷研究中心”的决定并为到场顾问颁发证书。天津大学马克思主义学院、党委宣传部、档案馆、团委、学工部等相关部门负责人和“太雷班”部分学生代表一同参加了仪式。仪式由宣传部部长花建锋主持。党委书记刘建平和张太雷亲属冯海龙为天津大学张太雷研究中心揭牌。

革命先驱张太雷 1915 年以优异的成绩考取了北洋大学（天津大学前身）的法科预备班，开始了在北洋大学长达 5 年的求学历程。期间，张太雷接触到了马列主义思想。五四运动期间，为抗议当局镇压学生运动，北洋大学学生纷纷罢课，并组织 44 个演讲团。张太雷等 4 人组成的演讲第二团赴塘沽演讲。张太雷组织学生运动，积极地参与五四运动，为振兴国家、民族奔走呼号。与此同时，张太雷彻底摒弃了传统的读书是为了仕途和过安稳生活的观念，为了信仰、为了国家和人民而抛家舍业，义无反顾，走上了职业革命家的道路。至今，天津大学档案馆还保留着张太雷的学籍登记册及其因参加革命而未来得及取走的毕业证书。毕业证书上记载的发证时间为“民国九年 6 月 15 日”，即 1920 年 6 月 15 日。

刘建平在成立仪式上致辞，他表示，中央、天津市和天津大学一直重视对张太雷烈士革命生涯的研究工作。2011 年 3 月，中共中央政治局委员、天津市委书记张高丽就张太雷宣传和研究作出重要批示。2011 年 6 月，天津大学举办了“庆祝建党 90 周年传承太雷精神座谈会”。随后，学校进一步落实张高丽的指示精神，党委常委会研究决定成立“天津大学张太雷研究中心”，以牢记天津大学杰出校友张太雷为中国革命事业所作的突出贡献，传承太雷精神、五四精神，号召天津大学的大学生担负起时代的使命，牢记实事求是的校训、严谨治学的校风和爱国奉献的传统，努力成为具有强烈的社会责任感、全球视野和创新精神的优秀人才。

张太雷烈士家属代表发言。冯海龙少将在发言中说，天津大学是张太雷的母校，更是他最早接触马列主义、共产主义思想的地方，张太雷是在北洋大学培养下，思想得到了升华，从爱国青年成长为共产主义者。此次成立天津大学张太雷研究中心，由母校天津大学承担相关的研究工作，这使张太雷的家属感到十分激动并致以由衷的感谢。

革命先驅

“天津大学张太雷研究中心”成立大会前，张太雷亲属与来宾在张太雷塑像前敬献花篮

*出席会议的天津大学张太雷研究中心顾问与张太雷亲属合影*

中央党史研究室钱听涛在成立仪式上发言，钱听涛在成立仪式上表示，由于张太雷生前留下的文字和与其相关的史料较少，对张太雷相关的理论研究造成了一定的困难。天津大学张太雷研究中心作为一个系统研究张太雷生平事迹的机构，通过进一步挖掘相关资料，开展更为深入、系统、全面的研究工作，将对近代史、中共党史、天津地区革命史、天津大学校史的研究产生积极的推动作用。

成立仪式上，张太雷烈士之女张西蕾女士被聘任为天津大学张太雷研究中心名誉主任，天津大学党委副书记李义丹任主任，张太雷亲属冯海龙少将，天津大学马克思主义学院、党委宣传部、档案馆、社科处负责人任副主任，钱听涛、丁言模、张浩典、中央党史研究室副巡视员覃艺、江苏省常州市张太雷纪念馆馆长黄明彦、常州工学院叶孟魁、广东革命历史博物馆副馆长杨琪、天津党史研究室副主任于建、天津大学刘玉珊等受聘为该研究中心顾问。该中心成立后，将深入研究革命先驱张太雷的成长经历和张太雷在中国共产党的创建、中国共青团的建立、国际共产主义运动、革命军队建设和广州起义等革命活动中的丰功伟绩，为丰富和充实中国共产党的历史作出贡献，为传承和弘扬太雷精神提供史实史料和理论支持；推动天津大学师生和全社会开展关于张太雷烈士的教育纪念活动，激励广大青年继承先烈遗志，发扬太雷精神，为国家富强民族振兴作贡献。

成立仪式开始前，李义丹、冯海龙、冯海晴、丁言模、张浩典等和太雷班学员一同在天津大学校园内的张太雷塑像前为烈士献花。仪式结束后，天津大学张太雷研究中心第一次工作会议在会议楼第一会议室召开。张太雷研究中心的主任、副主任、顾问等参加了会议，对中心成立后所要进行的工作进行了具体研究和部署。

当天下午，刘建平、李义丹、冯海龙、冯海晴、丁言模、张浩典、谢存礼等还一同出席了由天津大学团委主办的“五四精神与当代青年使命——天津大学纪念中国共产主义青年团成立九十周年座谈会”。

## 天津大学党委关于成立“天津大学张太雷研究中心”的决定

各院级党委、党总支、直属党支部，
各学院，机关各部、处、室，
学校各直属单位：

革命先驱张太雷是中国共产党和中国共产主义青年团的创建人之一、中国共产党早期领导人之一、广州起义的主要领导人，1920 年毕业于北洋大学。为进一步充实张太雷革命生涯的史实史料，深入研究张太雷在中国革命中的丰功伟绩和革命精神，更好地传承和弘扬太雷精神，中共天津大学常委会第八届 93 次会议决定成立“天津大学张太雷研究中心”，给予经费支持。研究中心设在马克思主义学院，不与行政级别挂钩，“中心”运作按照“天津大学张太雷研究中心章程”执行。

附件：1. 天津大学张太雷研究中心章程
　　　2. 天津大学张太雷研究中心成员名单

中共天津大学委员会
二〇一二年四月十八日

附件 1

### 天津大学张太雷研究中心章程

**第一章　总则**

第一条　本中心名称为：天津大学张太雷研究中心。

第二条　本中心是天津大学管理的、面向社会开放的学术研究组织。

第三条　本中心旨在深入研究革命先驱张太雷的成长经历和张太雷在中国共产党的创建、中国共青团的建立、国际共产主义运动、革命军队建设和广州起义等革命活动中的丰功伟绩，为丰富和充实中国共产党的历史作出贡献，为传承和弘扬太雷精神提供史实史料和理论支持；推动天津大学师生关于张太雷烈士的教育纪念活动，激励广大师生继承先烈遗志，发扬太雷精神，为国家富强民族振兴作贡献。

**第二章　职责**

第四条　组织校内外研究人员开展张太雷生平和革命活动、太雷思想和太雷精神研究；组织开展传承弘扬太雷精神的方式方法和传播载体的研究。

第五条　收集国内外关于张太雷研究的成果；征集与张太雷有关的实物、资料和档案；出版相关研究成果。

第六条　举办和承办张太雷研究的学术会议；开展与国内外研究张太雷及相关问题的机构和个人的联系交流，拓展研究渠道。

第七条　协助天津大学开展纪念张太雷活动、张太雷纪念室建设等相关工作。

第八条　负责向社会募集研究经费，促进研究工作的开展。

**第三章　组织**

第九条　天津大学张太雷研究中心设主任 1 人和副主任若干名，主任由学校有关领导担任，副主任由马克思主义学院、宣传部、人文社科处、档案馆主要负责人和从校外聘任的研究专家担任。中心下设办公室，办公室设在马克思主义学院。

第十条　办公室在中心主任、副主任领导下开展工作。办公室具体负责中心的科研活动组织和行政管理等职能的实施，完成中心的各项任务。

第十一条　中心聘任校内外有关中共党史研究、张太雷研究的专家担任顾问，指导和帮助中心开展研究工作。

第十二条　中心每年至少召开一次会议，总结工作，制订下一步工作计划；每年（或每两年）向学校和社会发布研究指南，评审立项申请，提供研究经费；每两年或在重要的纪念日举办学术会议；不定期出版研究成果。

**第四章　经费**

第十三条　经费分为中心日常办公经费和研究经费两部分。中心运作经费主要来源于学校经费支持、社会资金资助、国家和天津市等地方有关部门的项目经费支持。经费按照学校及项目管理部门有关规定管理和使用。

附件 2

**天津大学张太雷研究中心成员名单**

一、天津大学张太雷研究中心主任、副主任名单

名誉主任：张太雷烈士之女张西蕾

主任：天津大学党委副书记李义丹

副主任：中国武警学院原副政委、少将冯海龙

　　　　天津大学马克思主义学院院长孙兰英

　　　　天津大学党委宣传部部长花建锋

　　　　天津大学档案馆馆长常辽华

　　　　天津大学人文社科处处长张俊艳

二、天津大学张太雷研究中心办公室主任

办公室主任：孙兰英（兼）

——《中共天津大学委员会文件》天大党发（2012）9 号

## 领导和来宾讲话

党委书记刘建平在大会上讲话

### 1. 天津大学党委书记刘建平在张太雷研究中心成立大会上的讲话

尊敬的冯海龙将军及亲属，尊敬的各位专家，老师们、同学们：

上午好！今天，我们在这里为“天津大学张太雷研究中心”举行隆重的成立大会，同时举行中心有关负责人和顾问的聘任仪式。在此，我首先代表天津大学校党委、校行政，向中心的成立表示热烈的祝贺，向出席今天仪式的张太雷烈士家属和各位专家表示衷心的欢迎和诚挚的谢意。

张太雷烈士1916年至1920年在北洋大学求学。求学期间，他在《华北明星报》担任编辑，较早地接触了十月革命和马克思列宁主义思想，五四爱国运动蓬勃开展之时，他积极投身五四爱国运动，深入工厂农村宣传马克思主义和爱国思想，逐步从一个民主爱国青年成长为马克思主义者。大学毕业以后，他走上了职业革命家的道路，成为无产阶级革命家、中国共产党早期重要领导人之一、中国共产主义青年团的创始人和青年运动的卓越领导人。

张太雷1927年在指挥广州起义中牺牲时才29岁，但他在中国革命过程中的丰功伟绩和在此过程中形成的太雷精神，一直是党和国家的宝贵精神财富，更是天津大学的宝贵精神财富。从党中央、团中央、江苏省委、常州市委以及广东省委到我们天津大学，在不同的历史节点，都在积极纪念和学习张太雷烈士。在天津大学，建有张太雷铜像和纪念专室，设有培养学生领袖的“太雷班”，话剧《津门太雷》正在排练中，在张太雷百年诞辰、110年诞辰和迎接建党90周年之际，学校都举行了隆重的纪念活动，在清明、五四等日子，也都有学生党团支部组织的纪念活动。

但是，现在对太雷精神的传承和弘扬还缺乏更加丰富的史实史料，需要进一步加强对张太雷生平、贡献和精神的研究。在过去，在座的以钱听涛先生为代表的各位专家和其他研究人员对张太雷研究作了不少工作，也出版了一些著作和论文，最近丁言模、黄明彦和张浩典等专家出版了《张太雷传》和《张太雷年谱新编》，国家社科规划办、国家新闻出版总署也分别将《张太雷文集》列入重大研究和出版项目，张太雷研究工作呈现出良好的发展态势。但是，张太雷作为我党早期的重要领导，其光辉的形象和丰富的精神还需要更多的研究成果予以支撑。

2011年3月，中共中央政治局委员、天津市委书记张高丽同志就张太雷研究工作作了重要批示。天津大学作为张太雷烈士的母校，刘玉珊教授长期进行张太雷研究，出版了《张太雷年谱》，现在蔡文杰教授正在进行国家出版基金项目“中国共产党先驱领袖文库”指定书目《张太雷文集》的研究编辑工作，可以说，天津大学有能力更有责任响应高丽书记的批示精神，将校友张太雷的研究工作推向新的境地。为此，学校党委在2011年底决定成立“天津大学张太雷研究中心”，将张太雷研究列入学科建设的范畴。经过一段时间的筹备，在中国共产主义青年团建团90周年前夕，我们在此举行成立大会，其意义非同一般。

在庆祝中心成立之际，我也想代表校党委和校行政提几点希望。

希望中心的工作人员要认真落实学校精神，把中心成立作为天津大学张太雷研究的一个新起点，规划好落实好研究工作。张太雷烈士的革命足迹遍布全国多个地方和苏联、日本等国家，他担任过党的领导、团的领导，为党的建设、团的建设、军队的建设和统一战线建设等都作出了重要贡献，另外他牺牲已有 85 年了，这些既带来了很大的研究难度，也给我们留下了宽广的研究空间。中心要积极听取各位专家的意见和建议，拓展思路，迎难而上，争取早出成果，出好成果。

希望各位专家顾问，运用你们的研究经验，对中心的研究工作出谋划策，指点方向，也希望运用你们在张太雷研究方面的精深造诣，指导学校年轻的研究人员。同时，天津大学张太雷研究中心是个开放的研究中心，将面向全社会发布研究课题，希望各位专家顾问积极参与中心的研究项目，通过我们共同的努力，把天津大学张太雷研究中心建设成为全国性的权威研究机构。

最后希望全体师生认真学习张太雷研究方面的成果，了解太雷精神，传承太雷精神，弘扬太雷精神，努力成为具有强烈的社会责任感、全球视野和创新精神的优秀人才，像张太雷那样担负起时代的使命，为建设更加美好的国家作出我们辉煌的贡献。

再次对各位专家的支持表示感谢。祝张太雷研究中心的工作进展顺利。

谢谢！

2. 冯海龙在天津大学张太雷研究中心成立大会上的讲话

张太雷外孙、天津大学张太雷研究中心副主任冯海龙在大会上讲话

各位领导、各位专家、各位老师和同学们：

今天，我们期盼已久的天津大学张太雷研究中心终于成立了，我很高兴，也很激动。在此我代表我的母亲张西蕾和张太雷的后人，向为此而作出努力的天津大学党委，各位领导、老师和同学们表示衷心的感谢。

张太雷是北洋大学培养的中国共产党早期重要领导人。他在校期间接受共产主义思想，积极参与马列主义在中国的早期传播。他从北洋大学毕业，就成为李大钊领导的中共早期组织北京共产党支部的重要成员，参加了一系列建党、建团的重要活动，是中国共产党和共青团的创建者之一。他 1920 年大学毕业参加中共早期组织，到 1927 年在领导广州起义时牺牲，投身革命只有短短的 7 年时间，牺牲时才 29 岁。正是由于他牺牲得早，加上传承了北洋大学的作风，注重实践，干得多，说得少，留下的文字不多，至今发现的史料也相对较少，使张太雷研究长期进展不大。一直到最近，才有常州党史研究室委托丁言模、张浩典、黄明彦编辑的《张太雷年谱新编》和丁言模著《张太雷传》两书出版。尽管如此，由于发掘史料不足，不少方面的研究至今还很不充分，甚至处于空白状态，与中共同时期其他领导人的研究相比较，显得非常薄弱。张太雷从事革命活动的时间虽然不长，但他参与了马列主义在中国的早期传播，参与了建党、建团、推动国共合作，创建人民军队相关的共产党、国民党和共产国际三方各种高层活动，是当时一系重大历史事件的参与者。加强张太雷研究，对于中国近代史、中共党史、天津地区革命史和天津大学校史的研究都是非常重要和有意义的。张太雷研究一方面是很重要，很有意义；另一方面是目前的研究还很不充分，正是因为不充分，所以大有可为。

今天，张太雷的母校天津大学成立张太雷研究中心，承担起张太雷研究的任务，我心里非常高兴，特别感激。我希望天津大学党委领导下的张太雷研究中心，坚持正确方向，多出成果，多出精品，推动社会主义文化建设和党的建设。谢谢大家！

### 3. 钱听涛在天津大学张太雷研究中心成立大会上的讲话

尊敬的刘书记、李副书记、各位来宾：

我今天非常高兴，因为22年旧地重游。那一次与刘玉珊教授等共同编写张太雷同志的第一本年谱，就是到天津大学来开会研究的。22年换了人间，天津大学的面貌大变了。所以，我虽然年迈，今天能够受邀回到旧地，心情特别高兴，特别激动。我只想讲两点意见。

第一点，张太雷研究终于有了一个党的组织来领导这个事业。

因为张太雷研究最早开端是1981年党成立60周年庆典大会上，胡耀邦同志提出十几位党的早期领导人每人要编一个文集，编一个传记，写一本回忆录。这些虽然初步完成了，但是从那之后30年来张太雷研究的情况虽然取得了不少成绩，特别是最近丁言模同志第一次写出张太雷同志正式的传记、年谱，但是，近30年的历史如果真正如实讲，基本上是张太雷同志的后人、亲属邀请一些有志于研究张太雷的搞文史的人来从事这个研究的。我和冯海龙同志多次研究，一定要依靠一个组织，一个党的组织。虽然在张太雷同志的家乡，也是我的家乡，张太雷同志的母校，也是我的母校——江苏省常州中学，在那个地方也有一个“三杰”研究会，包括瞿秋白、张太雷、恽代英。但是，研究的力量还是不够的，年轻的力量更加少。像丁言模同志今年也62岁了。因此，就感到在天津市委张高丽书记的关怀下，张太雷母校的党的组织承担起这个任务，正式成立张太雷研究中心，这就有了一个百年大计，有了一个基地，有了一个真正研究的依托，这是真正的百年大计。所以，我们曾经为张太雷研究像我这样做了一些很小事情的人能够看到这个研究中心在天津大学建立挂牌，心情就特别激动，特别高兴。我衷心感谢中共天津市委和天津大学党委能够挑起这个担子，这就是我们从事张太雷研究的一些人员最期盼的事情今天实现了。这就是我讲的第一点，就是衷心感谢，无比高兴。

张太雷研究专家钱听涛在大会上讲话

第二点意见就是张太雷研究还大有可为。

现在根据我很低的水平能够接触到很有限的资料，就感到好多地方还要去挖掘。在去年纪念建党90周年时，由北京电视台的交通台、中国法制报、腾讯网共同发起到海外寻找红色档案，聘请了中国社会科学院近代史研究所的同志一道去。他们居然在莫斯科档案馆找到了中国社会主义青年团第一次代表大会张太雷同志发表的开幕词。那次大会是在90年前的1922年5月5日在广州召开的，张太雷是主要的主持人之一。他的开幕词当时是用毛笔记的记录稿啊！我们没有在国内见过，但是在莫斯科找到了。还有青年团一大之后历次中央执行委员会会议的原文记录都找到了。现在大家可以看中央文献研究室的机关刊物《党的文献》2012年第一期，全文刊登了，而且加了一个很好的按语。看后就知道张太雷同志在创建共产主义青年团，那时叫社会主义青年团是有很大的贡献的。过去没有看到这些原件，而且根据我很低水平的了解，我感到张太雷同志在我们中国共产党的建立，也是建立了特殊的功勋的。在中共一大召开以前，他就在李大钊的影响之下到了莫斯科。他到莫斯科之前在西伯利亚的共产国际远东书记处任中国科书记。地点在伊尔库茨克。在那一段，他作出了杰出的贡献。那时我们党还没有成立，但是把他推荐为中共早期组织的代表，参加了共产国际三大，留了一个报告，一直到很迟才发现的。这个报告还有许多地方没有研究通。而这个报告我们国内也有人研究，也发表过文章，但是在建党那一段没有全面研究，导致日本的学者石川祯浩写了一本《中国共产党成立史》，中间有专门一节写张太雷在伊尔库茨克那一段，有所记述。我们中国共产党人写的关于中国共产党创建的历史，我不能全部都看，但是很少提到。所以按我的观点，张太雷同志是中国共产党创始人之一是当之无愧的。我的结论能不能成立，要请大家来研究。所以张太雷同志不仅是北洋之光，而且是天津之光。因为天津最早传播马列主义和建立团的组织都是张太雷同志，而且他在共产国际三大报告中提到天津那时已有党的组织，现在虽然没有找到其他旁证，但总是一个值得研究的问题。所以党的创建从1920年共产主义早期组织酝酿筹建，一直到1923年中共三大，都叫中国共产党的创建时期，研究这一段历史都叫党的创建的历史。

1922年7月召开的中共二大第一次把反帝反封建写入我们党的党章，也就是列宁的殖民地半殖民地学说传到中国来了，按现有的材料，张太雷同志作了很大的贡献。连日本共产党的成立，张太雷也有影响。张西蕾同志亲自对我讲，日本共产党派人到中国来找他们的党当时如何建立的，这里也有张太雷同志的影响。因此对这一段历史的研究是大有可为的。所以我第二点意见的中心意思就是张太雷研究现在虽然取得了不少成绩，出了很多著作，但是留下需要研究的课题还有很多很多，我刚才讲的仅仅是一个例子。他由孙中山提名参加蒋介石率领的“孙逸仙博士代表团”第二次到了莫斯科，蒋介石回来后，他留在了那里，参加了共产国际五大，李大钊去的。这一段历史有许多空白。至于说他领导的广州起义，虽然史料很多，但是如何来正确地评价也还有许多要值得研究的地方。所以归结起来一句话：张太雷研究大有可为。

靠谁来研究，我看首先是靠在座的天津大学的许多现在正从事张太雷研究的同志。我在最近半年左右接待过两批天大的同志。第一次是刘玉珊教授带了蔡文杰教授等4人到我家来；第二次是冯海龙同志和蔡文杰教授来我家，说人民出版社要出中共早期领导人文库，到我家来收集材料。我听刘玉珊教授和蔡文杰教授介绍，我感到天津大学有一支很好的研究力量，是一个很好的团队，是大有希望的一个研究中心。再向全国开放，团结多方面的力量。今天在座的年轻的同志非常多啊！看到这些年轻的面孔我非常高兴。正像毛泽东同志讲的希望寄托在你们身上。我们虽然应该继续努力，毕竟有限了。所以年轻的同志是早晨八九点钟的太阳，是未来张太雷研究的希望所在。我希望我们天大的党委把研究工作首先抓起来，依靠本校的研究力量，像刘玉珊教授、蔡文杰教授都是很有水平的，将来必然是大有可为，成为一个很大的力量。在这个基础上，再进行宣传，使所有的天大年轻人，使所有的天津人民，使我们全国人民对张太雷同志的一生所作的贡献都有所了解，很好地推动大家向前，成为实现中国特色的社会主义伟大事业的力量。这就是我的第二点意见：衷心希望。

再一次感谢天大党委！再一次感谢许多帮助过我的同志！谢谢大家！

天津大学“张太雷研究中心”成立大会结束后，召开了第一次工作会议。会议由中心主任李义丹主持，研究中心下一步工作并进行了具体部署

## 新闻媒体报道

1. 2012 年 5 月 4 日《中国青年报》报道

### 张太雷研究中心在天津成立

据天津大学党委书记刘建平介绍，该中心成立后，将深入研究革命先驱张太雷的成长经历和其在中国共产党的创建、中国共青团的建立、国际共产主义运动、革命军队建设和广州起义等革命活动中的丰功伟绩，借此充实中国共产党历史，并为传承和弘扬太雷精神提供史实史料和理论支持；推动天津大学师生和全社会开展关于张太雷烈士的教育纪念活动，激励广大青年继承先烈遗志。

成立仪式上，张太雷烈士之女张西蕾女士被聘任为该中心名誉主任。张太雷烈士外孙冯海龙作为家属代表致辞说，天津大学是张太雷的母校，更是他最早接触马列主义、共产主义思想的地方，张太雷是在北洋大学培养下，思想得到了升华，从爱国青年成长为共产主义者。

据介绍，革命先驱张太雷 1915 年以优异成绩考入北洋大学（天津大学前身）法律预科，于 1920 年 6 月在该校毕业。期间，张太雷接触到了马列主义思想并走上了职业革命家的道路。五四运动期间，北洋大学学生纷纷罢课，并组织 44 个演讲团。张太雷等 4 人组成的演讲第二团赴塘沽演讲。与此同时，张太雷彻底摒弃了传统观念，为了信仰、为了国家和人民，义无反顾地走上了职业革命家的道路。

2. 人民网报道

### 天津大学张太雷研究中心成立

人民网·天津视窗 5 月 3 日电：在五四青年节前夕，为纪念和研究无产阶级革命家、中国共产主义青年团的创始人之一、中国共产党早期领导人之一、广州起义的主要领导人张太雷，5 月 3 日，“天津大学张太雷研究中心”正式成立，成立仪式在天津大学会议楼第八会议室举行。该中心将进一步充实张太雷革命生涯的史实史料，深入研究张太雷在中国革命中的丰功伟绩和革命精神，激励广大青年继承先烈遗志，更好地传承和弘扬太雷精神，为国家富强民族振兴作贡献。

天津大学党委书记刘建平，副书记李义丹，张太雷烈士的外孙中国武警学院原副政委冯海龙少将、外孙女冯海晴等亲属，中央党史研究室钱听涛、《张太雷传》《张太雷年谱新编》作者丁言模、《张太雷年谱新编》作者张浩典，天津大学张太雷研究专家、退休教授刘玉珊等亲临成立仪式现场。刘建平与张太雷烈士的家属为中心成立揭牌。天津大学马克思主义学院、党委宣传部、档案馆、团委、学工部等相关部门负责人和太雷班部分学生代表一同参加了仪式。

据介绍，革命先驱张太雷 1915 年以优异的成绩考取了北洋大学（天津大学前身）的法律预科，开始了在北洋大学长达5年的求学历程。期间，张太雷接触到了马列主义思想。五四运动期间，为抗议当局镇压学生运动，北洋大学学生纷纷罢课，并组织44个演讲团。张太雷等4人组成的演讲第二团赴塘沽演讲。张太雷组织学生运动，积极地参与五四运动，为振兴国家、民族奔走呼号。与此同时，张太雷彻底摒弃了传统的读书是为了仕途和过安稳生活的观念，为了信仰、为了国家和人民而抛家舍业，义无反顾，走上了职业革命家的道路。至今，天津大学档案馆还保留着张太雷的学籍登记册及其因参加革命而未来得及取走的毕业证书。毕业证书上记载的发证时间为“民国九年6月15日”，即1920年6月15日。

刘建平在成立仪式上致辞，他表示，中央、天津市和天津大学一直重视对张太雷烈士革命生涯的研究工作。2011年3月，中共中央政治局委员、天津市委书记张高丽同志就研究作出重要批示。2011年6月，天津大学举办了“庆祝建党90周年 传承太雷精神”座谈会。随后，学校进一步落实张高丽同志的指示精神，党委常委会研究决定成立“天津大学张太雷研究中心”，以牢记天津大学杰出校友张太雷为中国革命事业所作的突出贡献，传承太雷精神、五四精神，号召天津大学的大学生担负起时代的使命，牢记实事求是的校训、严谨治学的校风和爱国奉献的传统，努力成为具有强烈的社会责任感、全球视野和创新精神的优秀人才。

冯海龙少将在发言中说，天津大学是张太雷的母校，更是他最早接触马列主义、共产主义思想的地方，张太雷是在北洋大学的培养下，思想得到了升华，从爱国青年成长为共产主义者。此次成立天津大学张太雷研究中心，由母校天津大学承担相关的研究工作，这使张太雷的家属感到十分激动并致以由衷的感谢。

钱听涛在成立仪式上表示，由于张太雷生前留下的文字和与其相关的史料较少，对张太雷相关的理论研究造成了一定的困难。天津大学张太雷研究中心作为一个系统研究张太雷生平事迹的机构，通过进一步挖掘相关资料，开展更为深入、系统、全面的研究工作，将对近代史、中共党史、天津地区革命史、天津大学校史的研究产生积极的推动作用。

成立仪式上，张太雷烈士之女张西蕾女士被聘任为天津大学张太雷研究中心名誉主任，天津大学党委副书记李义丹任主任，冯海龙少将任副主任，钱听涛、丁言模、张浩典、中央党史研究室副巡视员覃艺、江苏省常州市张太雷纪念馆馆长黄明彦、常州工学院叶孟魁、广东革命历史博物馆副馆长杨琪、天津党史研究室副主任于建等受聘为该研究中心顾问。据悉，该中心成立后，将深入研究革命先驱张太雷的成长经历和张太雷在中国共产党的创建、中国共青团的建立、国际共产主义运动、革命军队建设和广州起义等革命活动中的丰功伟绩，为丰富和充实中国共产党的历史作出贡献，为传承和弘扬太雷精神提供史实史料和理论支持；推动天津大学师生和全社会开展关于张太雷烈士的教育纪念活动，激励广大青年继承先烈遗志，发扬太雷精神，为国家富强民族振兴作贡献。

成立仪式开始前，李义丹、冯海龙、冯海晴、丁言模、张浩典等和太雷班学员一同在天津大学校园内的张太雷雕像前为烈士献花。

3日下午，刘建平、李义丹、冯海龙、冯海晴、丁言模、张浩典、谢礼存等还一同出席了由天津大学团委主办的“五四精神与当代青年使命——天津大学纪念中国共产主义青年团成立90周年座谈会”。

3.2012年5月3日，中新网也报道了张太雷研究中心在天津成立的消息

4.2012年5月4日，《今晚报》报道

**张太雷研究中心上午在天津大学成立**
**为革命未取走的毕业证今展出**

【本报讯】（记者蒋娟）明天是“五四青年节”。为纪念和研究无产阶级革命家、中国共产主义青年团的创始人之一、中国共产党早期领导人之一、广州起义的主要领导人张太雷，今天上午，天津大学张太雷研究中心正式成立。张太雷为了革命没来得及取走的毕业证在中心展出，与世人见面。

据介绍，张太雷1915年以优异的成绩考取了北洋大学（天津大学前身）的法律预科。五四运动期间，张太雷组织学生运动，为振兴国家、民族奔走呼号。之后，张太雷义无反顾地走上了职业革命家的道路。至今，天津大学档案馆还保留着张太雷的学籍登记册及其因参加革命而未来得及取走的毕业证书。毕业证书上记载的发证时间为“民国九年6月15日”，即1920年6月15日。张太雷研究中心将进一步充实张太雷革命生涯的史实史料，深入研究张太雷在中国革命中的丰功伟绩和革命精神。

5. 新华网天津频道5月3日电

5月3日，天津大学张太雷研究中心正式成立。张太雷同志的后人与天津大学太雷班师生集体向耸立在北洋广场的张太雷纪念铜像鞠躬并敬献鲜花，一起见证这一时刻。

在五四运动93周年之际，为深入挖掘五四精神的时代内涵，进一步以五四精神指导实践，5月3日，五四精神与当代青年使命——天津大学纪念建团90周年座谈会在天津大学校史博物馆会议室召开。

天津大学党委书记刘建平，副书记李义丹，张太雷烈士的外孙中国武警学院原副政委冯海龙少将、外孙女冯海晴等亲属，《张太雷传》和《张太雷年谱新编》作者丁言模，《张太雷年谱新编》作者张浩典，话剧《津门太雷》作者、天津作家谢存礼等出席了本次座谈会，天津大学党委宣传部、档案馆、团委等相关部门负责人和“太雷班”部分学生代表一同参加了座谈会。座谈会由校团委书记梁春早主持。

座谈会围绕纪念建团90周年主题，学生代表和青年教师代表纷纷发言，

大家表示要用青春的激情和力量担负起新时期青年的责任和使命，传承和发扬“五四精神”、践行“太雷精神”，为建设伟大的祖国奉献青春年华。随后，天津大学曲话团话剧社《津门太雷》剧组向与会嘉宾及领导汇报了排练进展情况，并演绎了其中第二场的精彩片段。

冯海龙少将在发言中讲述了张太雷同志的事迹和成长历程，提到了张太雷同志对中华民族解放事业的高度责任感、对共产主义的坚定信念、旺盛的革命斗志和英勇献身的革命精神。他希望青年人要忠诚于祖国，坚定理想信念，努力学习文化知识，积极投身祖国的现代化建设。

著名作家丁言模在座谈中高度总结了太雷精神：在革命的道路上追求真理，甘为革命大业英勇献身的大无畏精神；在工作作风方面踏实认真，默默无闻的奉献精神；在学习方面锲而不舍，自我加压，严于律己的精神。

在听取与会同志发言后，刘建平在讲话中肯定了学校各级团组织近年来带领青年师生为推动学校中心工作发挥的积极作用，并对青年提出了希望和要求：希望广大青年能够进一步认清形势，坚定理想信念、实现人生价值；能够勇担历史使命，奋发进取，用知识和本领创造出色的成绩；能够锤炼品德意志，用奋斗和奉献作为青春的追求。刘建平要求广大团员青年牢记天津大学杰出校友张太雷为中国革命事业所做的突出贡献，传承太雷精神、五四精神，以天大的志向和天大的气魄，振奋精神、埋头苦干，努力成为具有社会责任感、全球视野和创新精神的高素质拔尖创新人才。

6. 中国广播网以“天津大学张太雷研究中心成立”为题进行了报道

## 话剧《醒世惊雷》在天津市文化中心大剧院公演

### 张高丽对话剧《醒世惊雷》的公演表示祝贺

2012 年 6 月 25 日，中共中央政治局委员、天津市委书记张高丽对话剧《醒世惊雷》首演作出批示：同学们的智慧、心血、汗水令人感动，表示祝贺。这一重要批示，给了天津大学师生极大的鼓舞。

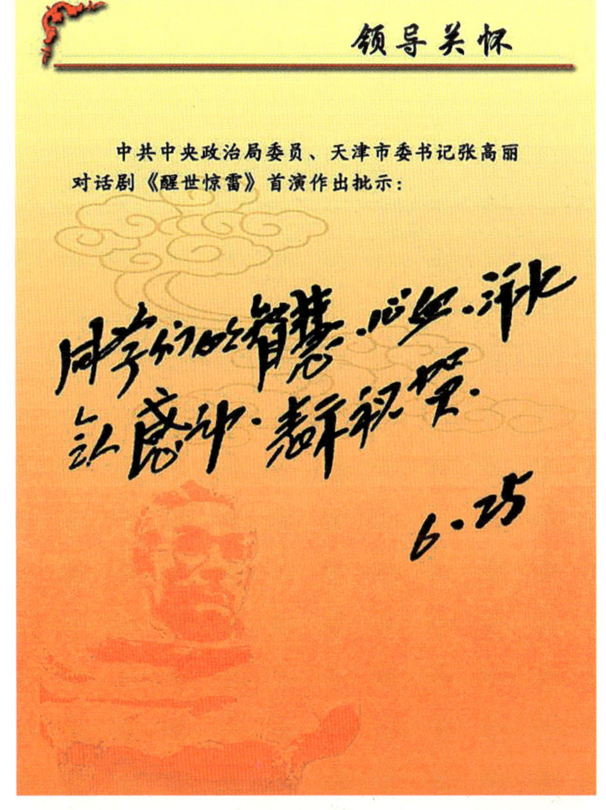

醒世惊雷铸九秩春秋
开拓创新谱青春未来

学生编排红色话剧《醒世惊雷》演绎张太雷激荡人生

为纪念中国共青团成立 90 周年，在党的生日来临前夕，2012 年 6 月 29 日，由天津大学和共青团天津市委员会共同主办，根据天津作家谢存礼《津门太雷》改编，天津大学北洋曲话团话剧社的师生编排的青春礼赞献给党——《醒世惊雷》原创红色话剧，在天津文化中心大剧院首演。共青团中央书记处书记卢雍政，市委常委、宣传部部长成其圣，市委常委、市委教育工委书记朱丽萍，市政协副主席饶子和，原市政协副主席何国模，原市政协副主席曹秀荣，市文广局党委书记杜彩霞，团市委书记刘志强，团中央学校部副部长杨松，团市委副书记王晓亮，天津大学党委书记刘建平、校长李家俊及相关部门领导观看了演出。张太雷先烈外孙冯海龙少将，部分天津大学校友代表也应邀出席。

《醒世惊雷》围绕革命先烈张太雷生平展开，共分九幕，生动展现了在风雨激荡的历史变革中，一代热血青年艰难求索、不屈斗争的革命历程。演出开始前，天津大学求实团校“太雷班”的学生代表天津大学及天津市团员青年，将《醒世惊雷》的精装剧本送给卢雍政，并表示将与天津大学及天津市团员青年一道，积极响应天津市关于“弘扬太雷精神”的号召，让“太雷精神”常存心中，以实际行动当好“太雷精神”的传承者。

为了把张太雷不平凡的一生和那段历史真实地展现在观众面前，从 2 月着手改编剧本开始，经过 3 个多月、共 50 余次的紧张排练，这部融入了所有参与创作、表演人员的极大心血、投入了空前的热情的原创红色话剧终于登上了天津的舞台。结合剧中人物性格和外形，天津大学北洋曲话团话剧社的 21 名具有一定舞台表演经验的学生被选为正式演员，30 余名天津大学求实团校“太雷班”的学生也参演其中。师生们在排演过程中，通过还原一幕幕的历史画卷，更加深刻地感受到了青春的热血沸腾，感受到了敢于担当、以天下为己任的壮烈情怀，在演绎先辈的同时，也感动了自己，感染了同伴。

《醒世惊雷》剧照

话剧《醒世惊雷》的演出成功，充分表达了天津大学广大青年学生对张太雷烈士的崇敬和怀念之情，表现了他们对太雷精神精髓的深刻理解以及继承烈士遗志、做合格接班人的决心和信心。他们的精彩演出得到了市领导、张太雷亲属和广大观众的充分肯定和高度赞扬。

### 新闻媒体报道

1. 2012 年 6 月 30 日人民网以“天大学生编排红色话剧《醒世惊雷》在文化中心首演”为题进行了报道并配发 3 幅剧照

2. 2012 年 7 月 4 日《天津教育报》也进行了报道：天大学子编排红色话剧《醒世惊雷》首演成功

3. 2012 年 6 月 30 日《今晚报》报道

**文化中心大剧院首演大学生原创红色话剧**
**《醒世惊雷》再现先烈革命历程**

报道说，昨晚，由天津大学学生原创的首部红色话剧《醒世惊雷》在天津文化中心大剧院首演。经过近 3 个月、共 50 余次的紧张排练，这部红色话剧终于登上了天津的舞台。作为第一部由大学生自己改编并自导、自演、自主完成，面向社会公演，以党史团情为题材的红色话剧，以天津剧作家谢存礼原作《津门太雷》为蓝本，围绕革命先烈张太雷生平展开，生动展现了在风雨激荡的历史变革中，一代热血青年艰难求索、不屈斗争的革命历程。

## 张太雷诞辰 115 周年纪念大会暨《张太雷文集》首发式在天津大学举行

纪念大会简介

6 月 17 日，张太雷诞辰 115 周年纪念大会暨《张太雷文集》首发仪式在天津大学举行。天津市委常委、宣传部部长成其圣，天津市委常委、市委教育工委书记朱丽萍，张太雷烈士亲属冯海龙、冯海兰，中央党史研究室、中国妇女出版社、人民出版社有关负责同志，天津大学党委书记刘建平、校长李家俊，市委党史研究室、市委教育工委、市教委、团市委有关负责同志，《张太雷文集》主要编纂者、相关研究领域的专家学者、天津大学“太雷班”学员代表等参加了纪念活动。朱丽萍在纪念大会上讲话，刘建平在大会上致辞并发表纪念讲话，人民出版社副总编于青介绍了《中国共产党先驱领袖文库》情况，并向天津大学赠送《张太雷文集》。《张太雷文集》主要编纂人、天津大学教授蔡文杰，张太雷亲属冯海龙，市委党史研究室副主任、副巡视员于建，中央党史研究室第一研究部副巡视员覃艺分别在大会上发言。纪念大会由天津大学党委副书记李义丹主持。

革命先驱张太雷出生于 1898 年 6 月 17 日，是中国共产党早期的重要领导人之一，是中国共产主义青年团的创始人之一和青年运动的卓越领导人，是广州起义的主要领导人，1927 年 12 月 12 日在战斗中牺牲，是中共历史上第一位牺牲在战斗第一线的中央委员和政治局成员。张太雷 1916 年 1 月以优异成绩考入北洋大学（天津大学前身）法科预备班，于 1920 年 6 月在该校毕业。其间，张太雷接触到了马列主义思想，并义无反顾地走上了职业革命家的道路。

在纪念仪式上首发的新版《张太雷文集》，是由人民出版社隆重推出的大型系列丛书《中国共产党先驱领袖文库》的重要组成部分。该文库主要收集整理中国共产党早期革命运动领袖，或党的创始人，或工人、农民、青年、妇女等运动的杰出领导人的著作，被列为国家出版基金项目和“十二五”国家重点图书出版规划项目。新版《张太雷文集》由天津大学张太雷研究中心主持编纂，在原有文集基础上，增加新发掘文章 31 篇，包括张太雷撰写的文章、书信、讲话、报告、签署文件、译文等文献共 172 篇，并配发珍贵历史图片。该文集将为弘扬太雷精神，推动张太雷研究发挥重要的史料价值。

纪念大会上，于青向天津大学赠送《张太雷文集》，天津大学第七期“太雷班”学员代表学校接受了赠书。

朱丽萍在大会上代表天津市委、市政府对与会专家的到来表示欢迎，向张太雷同志的亲属致以亲切的慰问。她说，张太雷烈士是中国革命道路的先行者、伟大实践者，是革命真理的追求者。天津市委历来高度重视对张太雷同志的研究和宣传工作，此次出版的新版《张太雷文集》就是其中的阶段性成果。

朱丽萍指出，张太雷不仅是天津大学的骄傲，更是天津人民、全国人民的骄傲。纪念和缅怀张太雷烈士就要学习他坚定理想信念、追求革命真理的远大志向，学习他艰苦奋斗、顽强拼搏的高贵品格，学习他舍生忘死、

勇于牺牲的顽强斗志。

朱丽萍强调，当前，全市经济社会连续多年保持快速协调健康发展的良好态势，各个方面都发生了令人瞩目的显著变化，正处在加快建设国际港口城市、北方经济中心和生态城市的关键时期。这更需要弘扬革命先辈的优良传统和开拓创新的时代精神。

朱丽萍希望，要进一步开展对张太雷等老一辈无产阶级革命家的学习研究，大力宣传他们的丰功伟绩和崇高风范，并切实化作全市人民干事创业的强大动力。希望天津大学深入研究和宣传张太雷同志的革命事迹，教育引导广大师生以张太雷等革命先烈为榜样，牢固树立正确的世界观、人生观、价值观，自觉用马克思主义中国化最新成果武装头脑，坚定中国特色社会主义的理论自信、道路自信和制度自信，坚持把个人理想与实现“中国梦”紧密结合起来，保持积极向上的朝气、开拓进取的精神、求真务实的作风，为开创科学发展的新局面献计出力，作出更大贡献。

刘建平在讲话中表示，张太雷是从天津走出的中国共产党高级领导人，是天津人民的骄傲，也是天津大学的骄傲。1921年张太雷第一次去苏俄启程前夕，在写给家人的信中表示，“我们现在离开是暂时的，是要想谋将来永远幸福”，他把献身革命，为人民群众谋取“永远的幸福”作为“一件何等快乐的事”，表现了一名共产党人的高贵品质。我们要认真学习、研究、弘扬太雷精神，践行“爱国诚信、务实创新、开放包容”的天津精神，在建设世界一流大学的进程中实现天大人的“中国梦”。

大会上，冯海龙将军代表张太雷烈士亲属向天津市、天津大学、人民出版社对张太雷研究工作的高度重视和积极推动表示感谢，对新版《张太雷文集》的出版表示祝贺。于青就《中国共产党先驱领袖文库》情况作了介绍。《张太雷文集》编纂人代表，天津大学马克思主义学院蔡文杰教授，就文集编纂及张太雷同志生平研究工作情况进行了汇报。天津市委党史研究室副主任于建介绍了近年来天津市研究张太雷烈士生平事迹的进展和成果。中央党史研究室第一研究部副巡视员覃艺对新版《张太雷文集》的学术价值表示肯定，并对今后研究方向提出了建议。天津大学“太雷班”学员代表焦德芳汇报了我校“太雷班”在传承“太雷精神”方面开展的相关活动。

大会结束后，与会专家接着召开了一次张太雷研究工作会议。大家对当前张太雷研究现状进行了分析，一致认为下一步工作的重点是收集张太雷的相关资料。对张太雷在天津建党，与李大钊的关系，与鲍立维、福克斯的关系，在共产国际的活动，对第一次国共合作建立的作用等方面的研究还有许多空白，张太雷研究大有可为。表示今后要加强合作，争取在一、二年之内取得新的突破和新的研究成果。前来参加纪念大会的张太雷亲属冯海龙、中央党史研究室副巡视员覃艺、天津党史研究室副主任于建、《张太雷传》作者丁言模、常州市文化馆党委副书记黄明彦、常州市张太雷纪念馆馆长冯昕以及天津大学从事张太雷研究的专家学者参加了会议。会议由天津大学张太雷研究中心主任、天津大学党委副书记李义丹主持。

张太雷同志诞辰115周年纪

大会结束后，市领导、校领导与张太雷亲属和来宾合影

## 大会发言和领导讲话

1. 天津大学党委书记刘建平在纪念张太雷同志诞辰 115 周年纪念大会上的讲话

党委书记刘建平在大会上讲话

### 传承太雷精神 实现中国梦想

尊敬的其圣部长、尊敬的丽萍书记，

尊敬的张太雷的亲属们，各位来宾，老师们、同学们：

大家下午好！

今天是一个特殊的日子——115 年前，我国无产阶级革命家，中国共产党早期的重要领导人之一，中国共产主义青年团的创始人之一和青年运动的卓越领导人，广州起义的主要领导人，我校的杰出校友张太雷同志在江苏常州诞生。在短暂的 29 年人生岁月中，他创造了“醒世惊雷”的业绩，为探索中国革命道路献出了宝贵的生命，成为中共历史上第一个牺牲在战斗第一线的中央委员和中央政治局成员。今天，我们举行庄严而隆重的纪念大会，同时举办“中国共产党先驱领袖文库”《张太雷文集》的首发仪式，一起缅怀革命先驱，共话美好梦想。首先，我代表学校党委、校行政向各位领导和嘉宾的莅临表示热烈的欢迎！向张太雷同志的亲属表示诚挚的问候！向长期以来坚守在党史研究第一线，坚持弘扬革命传统，推动张太雷研究的各位专家学者以及新闻出版界的朋友们，表示衷心的感谢！

回溯 115 年前的中国，正处于列强侵略步步紧逼、封建统治日益腐败、国家民族危难深重、人民饱受压迫奴役的年代。家境贫苦的张太雷在青少年时期目睹了国家内忧外患的悲惨状况，立志寻求救国救民的真理。

1915 年，张太雷同志考入北洋大学法科预备班，半年后升入北洋大学法科本科。北洋大学是张太雷革命生涯的起点。大学期间，他刻苦学习，成绩突出，练就了扎实的外文功底，为他今后的革命工作开展奠定了坚实的基础。也是在这一时期，他接触了各种文化思潮，并最终选择了共产主义。在学期间，他奔走于京津之间，成为北京共产主义早期组织与俄共联络的重要纽带；他积极参加五四运动，主动接受和传播马克思主义；1920 年他参加北京共产主义小组，成为中国共产党最早的党员之一。1920 年 6 月，张太雷从北洋大学毕业。按照当时的情景，这张文凭完全可以为他谋得一份体面、稳定、收入不菲的工作，足以让他和家人一起过上安稳殷实的生活，然而，他却抱着“为天下人谋永久、真正幸福”的理想，选择了一条伟大而充满艰险的道路，甚至来不及领取自己的大学文凭，就义无反顾地投身到无产阶级革命事业中：他代表中国共产党第一次出现在国际共产主义运动的舞台上，成为第一个派往共产国际工作的中国共产党的使者；他在天津组建社会主义青年团，并于 1922 年主持召开中国社会主义青年团第一次全国代表大会，并在第三次代表大会上当选团中央书记，是共青团的主要创始人和青年运动的卓越领导人；他先后出席中国共产党第二次至第五次代表大会以及八七会议，并担任重要职务，为党的创建和发展四处奔波；他领导组织广州起义，在指挥战斗中壮烈牺牲，献出年仅 29 岁的生命！在他身上，我们看到的是一代代革命先驱和共产党人在追求国家富强、民族振兴和人民幸福的美好梦想中展现出来的对国家和民族无比的热爱；对共产主义信仰的坚定和忠诚；对理想求索的执著和艰辛；对革命事业的无私奉献和勇于牺牲。他用自己的青春、热血和生命，实现了“要为天下人谋永久、真正幸福”的承诺！

张太雷同志的一生是短暂的，但他的高尚品格和革命精神，永远值得我们学习和怀念。特别是在今天这样一个思想活动的独立性、选择性、多变性、差异性明显增强的时代，深入研究、传承和弘扬张太雷等先烈身上所体现的民族精神、革命精神，特别具有时代意义。作为太雷的母校，天津大学始终抱着强烈的责任感和使命感开展这项工作。值得欣慰的是，今天有关张太雷的研究工作我们已经初步取得了可喜的进展。

这首先得益于国家领导人以及天津市委、市政府一直以来的高度重视和大力支持。时任中央政治局委员、天津市委书记的张高丽同志先后两次对张太雷研究工作和宣传推广工作作出重要批示，2011 年 3 月，他指出:“张太雷是老一辈无产阶级革命家，在天津的革命活动应加大力度认真研究和宣传。”2012 年 6 月，在得知由天津大学师生排演的反映张太雷革命生涯的话剧《醒世惊雷》在天津文化中心大剧院公演的消息后，高丽同志又对学生进行鼓励，他亲笔批示:“同学们的智慧、心血、汗水，令人感动，表示祝贺。”

近年来，学校重点加强了张太雷研究工作的长效机制建设。在中国共产党成立 90 周年之际，重新规划设计了张太雷纪念专室，并成为天津市爱国主义教育基地。在中国共青团成立 90 周年之际，经学校常委会研究决定成立了“天津大学张太雷研究中心”，并在研究经费、工作条件等方面予以支持，保证研究工作的可持续开展。研究中心成立一年以来，工作成果逐步显现。在研究中心的主持下，部分专家重新组织编写了《张太雷文集》，并于今天正式首发，目前张太雷研究中心正在系统总结天津大学三十年多来关于张太雷宣传和研究工作，并着手编辑《天津大学张太雷宣传和研究工作成果汇编》一书。

在太雷精神学习传承和深入宣传方面，学校继续办好以“太雷”命名的学生领袖素质培训班，举办“革命先驱，青年楷模——庆祝建党 90 周年传承张太雷精神”学生党员和骨干座谈会，排练并公演话剧《醒世惊雷》等等。通过这些活动的开展，在青年学生中大力宣传张太雷的丰功伟绩和革命精神，号召广大青年以天下为己任，树立正确的世界观、人生观和价值观，为国家富强、民族振兴作贡献。

如今，太雷精神已经深深融入天津大学百年文化积淀中，成为“实事求是、爱国奉献、严谨治学”的天大精神的重要组成部分，成为一代代北洋人、天大人的共同追求。

天津大学在张太雷研究工作中取得的成果离不开在座领导、人民出版社和各位专家的支持。成其圣部长和朱丽萍书记都出席了《醒世惊雷》话剧的首演活动，予以支持和鼓励；天津市委宣传部、党史研究室等部门为张太雷研究工作划拨了专项经费，对天大张太雷课题项目的研究给予各种帮助和支持；人民出版社将《张太雷文集》纳入了“中国共产党先驱领袖文库”，并安排优秀人员，保证了文集的高质量按期出版。一会儿，人民出版社还将向天津大学张太雷研究中心及“太雷班”学生捐赠《张太雷文集》。在这里，我要代表学校，对天津市、人民出版社的大力支持，对各位领导、专家、张太雷烈士的亲属长期以来给予的关注和帮助，表示衷心的感谢！

雄关漫道真如铁。同志们、同学们，革命先驱前赴后继，矢志不渝，直至牺牲生命而为之奋斗的百年“中国梦”，已经传到我们手中，今天，我们比历史上任何时期都更接近中华民族伟大复兴的目标；展望未来，我们还有很长的路要走，需要我们付出长期艰苦的努力。

对于青年学生而言，你们是祖国的未来和希望，中国的“两个百年”的梦想，很有可能在你们手中实现，所以，你们一定要像习近平总书记在五四讲话中提到的那样“坚定理想信念，练就过硬本领，勇于创新创造，矢志艰苦奋斗，锤炼高尚品格”，将个人的人生理想和价值观与国家和民族紧密联系在一起，抱定天大志向，胸怀天大气魄，投身伟大事业，成就个人梦想。

对于张太雷研究中心的同志们而言，你们的研究工作意义重大。革命先驱用他们的鲜血和生命铸就了今天新中国的基石，他们身上蕴含着宝贵的精神财富，在建设社会主义文化强国的今天，高水平的革命传统文化研究成果，对于推进马克思主义中国化、时代化、大众化，构建社会主义核心价值体系，都有重要意义。希望你们继续研究不辍，不断产生新的成果，并将优秀的文化成果与青年的思想政治教育工作结合起来，为青年学生的健康成长和优秀校园文化的繁荣作出贡献。

对于今天到会的学校部门和学院的党员干部而言，当前，天津大学正处于实现“三步走”战略第二步战略目标的攻坚阶段，学校发展面临前所未有的机遇和挑战。面对党的十八大报告提出的“建设创新型国家、人力资源强国和文化强国”的任务，我们必须主动承担历史使命，服务中华民族伟大复兴。而天津滨海新区开发开放的深入推进，为学校事业发展创造了更加优越的区域环境，北洋园校区建设为学校科学谋划发展布局带来了前所未有的机遇。百舸争流，学校必须抢抓机遇、应对挑战，努力提高办学质量，履行好大学职能，在服务美丽天津、美丽中国的建设中开创学校事业发展新局面。

同志们，同学们：与灾难深重的百年前相比，今天中国和谐幸福的生活来之不易，是一代代革命先烈在百年的探索和实践中，历经血与火的考验，选择了今天的社会主义道路，因此我们一定要坚定道路自信、理论自信和制度自信，振奋精神，凝聚力量，接续奋斗，为中华民族的伟大复兴作出不懈的努力！

最后，再次代表学校对各位领导、各位专家、太雷同志的亲属表示衷心的感谢，并祝福大家身体健康，生活幸福！

谢谢大家！

## 2. 第七期“太雷班”班长焦德芳发言

尊敬的各位领导，各位老师，大家下午好！

我是天津大学第七期“太雷班”班长焦德芳，很高兴能够代表第七期太雷班30名同学与各位前辈师长共同缅怀张太雷同志的革命生涯和崇高品格。张太雷同志是中国共产党早期重要领导人、中国共青团主要创始人、天津大学（原北洋大学）杰出校友，是著名的广州起义的领导人。1927年12月12日张太雷同志在广州起义战斗中壮烈牺牲，为探索中国革命道路献出了29岁的年轻生命。

“太雷班”是天津大学求实团校“初团”—“高团”—“新袖班”—“太雷班”四级培养体系中的最高层级学生组织。求实团校是学校践行“青年马克思主义者培养工程”的重要载体。近年来《中国青年报》《中国共青团》等报刊对求实团校进行了长篇幅报道，将我校学生骨干培养经验在全国推广。“太雷班”以张太雷同志命名，是提升高年级学生骨干领导力与社会责任感，培养在政治、经济、文化、科技等领域高素质拔尖创新人才的实践平台；是天津大学青年学子以张太雷校友为楷模，为实现中华民族伟大复兴的中国梦而奋斗的先进集体。

“太雷班”自创立以来已经走过了七个年头。七年来，“太雷班”在校园内举办“太雷精神服务月”和“张太雷生平事迹巡展”等活动；邀请清华大学研究生骨干研修班来校交流；赴湖南、甘肃、重庆三峡库区开展暑期社会实践；参观考察江苏常州张太雷纪念馆并与常州高级中学共建“太雷班”；编排参演全国高校首部公演红色话剧《醒世惊雷》；深入研究学生领导力培养体系并积累案例……一批批“太雷人”深入实践、服务奉献，将“太雷精神”薪火相传。

今年习近平总书记的五四讲话和学校第九次党代会的会议精神对我们第七期“太雷班”的触动更为深刻，习总书记在讲话中深情寄语，向广大青年提出五点希望。而学校九次党代会报告中提出了使学生“具有卓越的国际竞争力、创造力、实践力和领导力”的人才培养目标。为此，我们第七期“太雷班”建构了红色实践之旅，追寻信仰源头；丰富培养课程，厚积人文素养；服务全校师生，担当社团导师；校际交流平台，搭建思想桥梁和基层挂职锻炼，实干奉献强志的五大发展方向，立志在学习和实践中磨炼自己，砥砺成才，为祖国的繁荣富强，民族的进步发展贡献力量。

“太雷精神”是守志，守志如行路，行百里者寡，行终生者鲜。太雷精神是责任，今日之责任，不在他人，而全在我少年。“太雷精神”是实践，纸上得来终觉浅，绝知此事要躬行。天津大学“太雷班”的同学们，将用实际行动赋予“太雷精神”新的时代内涵，胸怀中国梦，传递正能量，成为见证与实现中华民族伟大复兴的新一代！

第七期“太雷班”班长焦德芳发言

3. 张太雷亲属代表冯海龙发言

尊敬的市委成部长，朱书记，
尊敬的天津大学刘书记，李校长，
尊敬的人民出版社的各位领导，
尊敬的各位来宾，老师，专家学者和同学们：

今天是张太雷诞辰115周年的日子，天津大学和人民出版社在此举办《张太雷文集》新版首发仪式，用这种方式纪念先烈张太雷，我认为非常有意义。我代表张太雷的后人向各位领导，向老师们表示感谢！

张太雷在北洋大学1916年入校读预科和本科，1920年毕业，在校期间接受共产主义思想，一毕业就走上职业革命家的道路。他是李大钊领导的中国共产主义早期组织的重要成员，参与了中国共产党的创建，他是国共合作的积极倡导者和推动者，他主持召开了共青团一大，是共青团的主要创始人；他在大革命失败的危机关头，作为中央临时五人常委之一，参与了筹备召开八七会议，参与举行南昌起义和秋收起义的决策，又亲自领导了广州起义，在危机中挽救了革命，挽救了党，开创了中国革命创建红军、武装夺取政权的伟大道路。他虽然在广州起义中英勇牺牲，时年29岁，但是他短暂的生命犹如旧中国沉沉黑暗中的一声春雷，为中国共产党的诞生、成长、壮大作出了自己的独特的重大贡献，他所参与开创的事业，如今已根深叶茂，彻底改变了中国，深刻影响着世界。张太雷是在北洋大学学习期间接受了共产主义思想，在天津这片土地上开始革命生涯，他是天津历史上第一个共产党员，第一个团组织的书记，他的经历是天津市和北洋大学对中国革命的贡献和历史地位的证明。

张太雷亲属代表冯海龙发言

我借此机会，代表张太雷后人，对天津市委认真落实张高丽书记的指示，对张太雷研究、宣传工作的重视和支持表示感谢！对天津大学成立张太雷研究中心，对张太雷研究和宣传工作的卓有成效表示感谢！对人民出版社和张太雷研究中心合作出版“张太雷文集”表示祝贺，对出版社领导和具体工作部门的支持，对中心蔡文杰教授及其写作班子的辛勤工作表示感谢！

张太雷研究中心通过一年的实践已取得初步的成就，我相信张太雷研究中心会在校党委及各级领导的支持下，以研究为中心，加强对相关史料的收集、整理，打好进一步深入研究的基础，不断取得新成果。

谢谢大家。

4. 天津市委常委、市委教育工委书记朱丽萍在纪念张太雷诞辰115周年纪念大会上的讲话

尊敬的张太雷先烈的家属们，
尊敬的在座的各位老师们，同学们，同志们：

今天，我们在天津大学召开纪念大会，怀着十分崇敬的心情，深切缅

怀我国无产阶级革命家张太雷同志诞辰115周年，并举行《张太雷文集》首发式。在此，我和其圣部长代表市委、市政府，对各位专家的到来表示欢迎，向张太雷同志的亲属致以亲切的慰问。

张太雷同志是中国共产党早期重要领导人之一，也是中国共产主义青年团的创始人和青年运动的卓越领导人。天津市委历来高度重视对张太雷同志的研究和宣传工作。特别是中央政治局常委、国务院副总理张高丽同志曾于2011年3月12日作出专门批示，要求加大力度研究和宣传张太雷同志在天津学习、生活和革命的历史。长期以来，天津大学和全国很多专家学者都怀着对先辈的敬仰之情和对后代的负责精神，广泛开展形式多样的学习、研究和宣传张太雷烈士工作，取得了显著成绩。此次出版的《张太雷文集》，就是研究的最新成果。

市委常委、市委教育工委书记朱丽萍在大会上讲话

刚才，天津大学刘建平书记作了致辞，人民出版社于青副总编辑介绍了领袖文库情况，《张太雷文集》编纂人蔡文杰教授介绍了文集编纂及张太雷同志生平研究工作情况，中央党史研究室覃艺副巡视员、市委党史研究室副主任于建、张太雷烈士亲属冯海龙将军和天津大学“太雷班”学生代表分别作了发言。大家讲得都很好，从不同角度总结了张太雷烈士的丰功伟绩，表达了继承先辈遗志、立足本职锐意进取的坚定信念，情真意切，生动感人，听了深受教育和启发。

张太雷不仅是天津大学的骄傲，更是天津人民、全国人民的骄傲。他的丰功伟绩，永远值得我们学习和缅怀。

第一，张太雷烈士是中国革命道路的先行者。五四运动爆发后，张太雷同志积极投身这场伟大的运动中，接受了洗礼。他参加了革命先驱李大钊发起的马克思学说研究会，并协助李大钊为建立中国共产党作了大量工作。1920年4月，共产国际代表来华，张太雷同志作为英文翻译，参加了北京和上海的建党活动，并成为中国共产党最早的党员之一。中国共产党建立后，张太雷同志一直担负党的重要工作。他曾经出席党的第二至第五次全国代表大会，是中国共产党第四届中央候补委员，第五届中央委员、中央政治局候补委员。在此期间，张太雷同志参与了中国共产党的重大决策活动，以共产主义者的远见卓识，审时度势，多次提出正确的主张。

第二，张太雷是中国革命道路的伟大实践者。张太雷从事革命工作的时期，我党尚处于幼年，中国新民主主义革命也刚刚兴起，如何把马克思主义和列宁主义的普遍真理同中国革命的具体实践结合起来，对于整个中国革命，都是一个开创性的工作，既无经验可以借鉴，更无他人现成的理论作指导，必须在斗争中不断摸索，积累经验。张太雷同志运用马克思主义的基本原理，较早地对中国国情和中国革命的性质、任务作出了比较符合实际的阐述和分析。他的一系列观点和主张，对中国共产党第二次全国代表大会制定反帝、反封建的民主革命纲领和中国共产党第三次全国代表大会制定同国民党建立统一战线的方针，起到了奠定思想基础的重要作用。

第三，张太雷是革命真理的追求者。从投身革命开始，张太雷就已经抛弃了个人的一切，用自己的一生，去追求真理，忠于共产主义理想，以党的事业为第一生命，即便在生死关头也毫不动摇。党的八七会议以后，他主动请求去腥风血雨的广东工作。1927 年 12 月 11 日，他领导发动了震惊中外的广州起义，在张太雷同志主持下，成立广州苏维埃政府，张太雷任代理主席、人民海陆军委员。这是党通过暴动建立的第一个城市苏维埃政权。面对敌人的疯狂反扑，他冒着枪林弹雨指挥战斗，直到生命的最后一刻，牺牲时年仅 29 岁，成为中共历史上第一个牺牲在战斗一线的中央委员和政治局委员。

在短暂的一生中，张太雷同志把自己的一切毫无保留地献给了党的事业，献给了祖国和人民。他的光辉业绩、崇高风范，将永载党的光辉历史，永远铭刻在全国人民的心间。我们纪念和缅怀他，就是要学习他坚定理想信念、追求革命真理的远大志向，学习他艰苦奋斗、顽强拼搏的高贵品格，学习他舍生忘死、勇于牺牲的顽强斗志。

天津是张太雷同志学习、生活和战斗过的地方，天津大学是他的母校。当前，全市经济社会连续多年保持快速协调健康发展的良好态势，各个方面都发生了令人瞩目的显著变化，天大也为这些发展作出了积极的贡献。天津正处在加快建设国际港口城市、北方经济中心和生态城市的关键时期，这更需要弘扬革命先辈的优良传统和开拓创新的时代精神。我们要进一步开展对张太雷等老一辈无产阶级革命家的学习研究，大力宣传他们的丰功伟绩和崇高风范，并切实化作全市人民干事创业的强大动力。希望天津大学深入研究和宣传张太雷同志的革命事迹，教育引导广大师生以张太雷等革命先烈为榜样，牢固树立正确的世界观、人生观、价值观，自觉用马克思主义中国化最新成果武装头脑，坚定中国特色社会主义的理论自信、道路自信和制度自信，坚持把个人理想与实现“中国梦”紧密结合起来，保持积极向上的朝气、开拓进取的精神、求真务实的作风，为开创科学发展的新局面献计出力，作出更大贡献。

欢迎各位专家继续关心天津发展，关心天津教育，共同努力把革命先辈开创的事业不断推向前进。

谢谢大家。

## 新版《张太雷文集》在天津首发

在张太雷诞辰 115 周年之际，由天津大学张太雷研究中心主持编纂、人民出版社发行的新版《张太雷文集》于 6 月 17 日在天津大学举行了首发仪式。该文集共收录张太雷文稿 172 篇，体现了张太雷研究的最新成果，为学界提供了更高的研究平台。

新版《张太雷文集》由天津大学蔡文杰、刘玉珊、张畅、李攀和常州张太雷纪念馆黄明彦编选，历时一年有余。文集搜集和整理的文献，包括文章、书信、讲话、报告、签署文件、译文等，在已有《张太雷文集》（人民出版社 1981 年版）、《张太雷文集（续）》（江苏人民出版社 1992 年版）的基础上新

天津大学张太雷研究中心主任李义丹、副主任冯海龙与《张太雷文集》编选者合影

增22%的内容，补充了《给季诺维也夫的信》《美国十一岁小共产党人的供词》等31篇文献，悉数校订并作简要注释。此外，该文集还附录了《张太雷生平大事年表》。

该文集主要编者、天津大学中共党史学科点负责人蔡文杰教授表示，质量是学术研究的生命。“在编纂过程中，我们坚持了三个原则：第一，一定要努力体现出学术界的最高水平，从编选原则、文献的搜集与整理、特别是对新发现的张太雷佚文的搜集与整理，从一开始就广泛听取业界相关专家学者的意见，并时刻注意吸收学界最新的研究成果；第二，尽可能地挖掘新的文献资料，主要是到一些档案馆和图书馆查阅、搜集新资料；第三，在编选和注释方面，坚持了严谨的学风，努力求真求实。”

新版《张太雷文集》是天津大学张太雷研究中心成立一年来的重大成果，提升了天津大学在张太雷研究方面的学术地位，同时为下一步深化张太雷研究提供了新的更高的起点。蔡文杰教授强调，天津大学研究中心的成立与运作为我校研究和宣传张太雷，提供了前所未有的良好平台，在此基础上，也打造了一支专业研究队伍。研究中心接下来将依据编纂文集过程中得到的线索作更加深入的研究，还将进一步广泛搜集海内外相关资料，争取取得更多的研究成果。

## 天津大学召开张太雷研究中心2013年工作会议

6月17日上午，天津大学张太雷研究中心（以下简称“中心”）主任、天津大学党委副书记李义丹在会议楼第六会议室主持召开了中心2013年工作会议。中心副主任冯海龙、孙兰英、雷鸣、常辽华、张俊艳，中心原副主任花建锋，《张太雷文集》编纂者、天津大学教授蔡文杰、刘玉珊，副教授张畅，天津大学宣传部副部长韩宝志等参加了会议。会议通报了中心成立一年来的运行及研究情况，研究通过了中心人员及运行机制调整方案，介绍了“张太雷诞辰115周年纪念大会暨《张太雷文集》首发式”筹备情况，并对中心下一步工作重点和方向提出了建议。天津大学档案馆还将最新整理出的张太雷就读北洋大学时期的成绩单复制件赠送给冯海龙将军。

李义丹向冯海龙赠送张太雷在北洋大学的学习成绩单（复制件）

李义丹首先通报了中心成立一年来的运行情况。中心自2012年6月以来，学校高度重视，以党发公文形式确定了研究机构和章程，奠定了制度基础；并拨付专项经费为研究工作开展奠定了物质基础；相关部门共同努力，加强沟通，为中心研究形成了合力；中心工作研讨机制运转正常，确定的研究目标导向机制效果良好。研究队伍方面，中心形成了以钱昕涛等专家为重点的顾问队伍，并以马克思主义学院相关学科为基础，逐步形成了以本校

*天津大学张太雷研究中心 2013 年工作会议现场*

专业研究人员为主，兼顾校外业内专家的专业研究队伍，为未来张太雷研究的开展，提供了队伍保障。研究成果方面，进一步查找和搜集了大量张太雷生平和革命活动的第一手资料，其中，整理出的张太雷就读北洋大学时期的成绩单具有较高的史料价值；系统总结了我校三十多年来关于张太雷宣传和研究工作。宣传太雷事迹、弘扬太雷精神方面，中心创新宣传载体，组织天津大学学生排演了反映张太雷革命活动的红色原创话剧《醒世惊雷》，受到共青团中央和天津市委领导的高度评价；充分发挥“天津大学张太雷纪念室”的基地作用，使其成为引导师生学习张太雷精神、投身伟大祖国建设的新阵地。

蔡文杰重点汇报了中心相关研究工作的开展情况。一年以来，中心积极查找和搜集有关张太雷的第一手资料，并在此基础上增补文章 31 篇至新版《张太雷文集》；将张太雷在天津的革命活动情况作为中心的研究特色和重点研究方向之一；系统总结了我校三十多年来关于张太雷宣传和研究工作，并将编纂成书，争取年内出版。

雷鸣介绍了“张太雷诞辰 115 周年纪念大会暨《张太雷文集》首发式”筹备情况。

会议对中心的人员、机制调整进行了研究。根据《天津大学张太雷研究中心工作章程》中对于“副主任由宣传部主要负责人担任”的规定，决定任命天津大学宣传部部长雷鸣同志为中心副主任，免宣传部原部长花建锋同志中心副主任职务；决定增补姚维斗为中心特聘顾问；决定成立研究一室、研究二室，聘请蔡文杰、刘玉珊分别担任研究一、二室主任；决定聘任参与中心研究工作的人员为中心特聘研究员。

会议同时对下一年度张太雷研究、宣传工作的重点提出了建议：一是中心应继续以进一步查找、挖掘第一手资料为重点工作，开展以张太雷为研究目标的史料搜寻工作，为填补相关学术空白、深入开展相关研究打下坚实基础；二是在全国范围内积极搜集关于张太雷研究的动态，定期汇总，并向相关学者发布最新研究动态，做到互通有无，便于研究工作的交流和开展；三是依托《天津大学学报（社科版）》等平台，定期收录、发表全国学者关于张太雷研究的学术成果，以期提高中心在相关领域的学术影响力，最终成为学术权威机构；四是在全国范围内邀请高水平的张太雷研究人员深入参与中心的研究工作，符合条件者可考虑聘为天津大学马克思主义学院兼职教授，便于深入开展相关专题研究工作。

## 天大学子举行仪式纪念张太雷诞辰 115 周年

2013 年 6 月 17 日是我国无产阶级革命家、中国共产党早期的重要领导之一、中国共产主义青年团的创始人之一和青年运动的卓越领导人张太雷诞辰 115 周年纪念日。上午 10 时，天津大学第七期“太雷班”学员举行了向坐落在北洋广场的张太雷烈士铜像献花仪式。张太雷烈士外孙冯海龙、外孙女冯海兰，天津大学党委副书记李义丹，人民出版社部分工作人员，天津大学张太雷研究中心成员，以及参加张太雷诞辰 115 周年纪念大会的部分来宾参加了献花仪式。参加仪式的大学生及来宾向张太雷烈士铜像敬献了花篮，并向铜像三鞠躬。第七期“太雷班”学员在烈士铜像前宣誓，要以张太雷同志为榜样，坚定信念，勤学笃行，实事求是，爱国奉献，做一名优秀的天大学子和青年马克思主义者，为母校建设成为世界知名高水平大学贡献力量，为实现中国梦而努力奋斗。

## 新闻媒体报道

1. 人民网报道

### 张太雷诞辰 115 周年纪念活动在天津大学举行<br>新版《张太雷文集》在津首发

人民网天津 6 月 17 日电（朱虹、宋雪峰）17 日，纪念张太雷诞辰 115 周年暨《张太雷文集》首发仪式在天津大学举行。

《张太雷文集》由天津大学张太雷研究中心主持编纂，包括张太雷撰写的文章、书信、讲话、报告、签署文件、译文等文献共 172 篇，并配发珍贵历史图片。该文集将为弘扬太雷精神、推动张太雷研究发挥重要的史料价值。

革命先驱张太雷出生于 1898 年 6 月 17 日，是中国共产党早期的重要领导人之一，是中国共产主义青年团的创始人之一和青年运动的卓越领导人，是广州起义的主要领导人，1927 年 12 月 12 日在战斗中牺牲，是中共历史上第一位牺牲在战斗第一线的中央委员和政治局成员。

张太雷 1916 年 1 月以优异成绩考入北洋大学（天津大学前身）法律预科，于 1920 年 6 月在该校毕业。其间，张太雷接触到了马列主义思想，并义无反顾地走上了职业革命家的道路。

在纪念仪式上首发的《张太雷文集》，是由人民出版社隆重推出的大型系列丛书《中国共产党先驱领袖文库》的重要组成部分。该文库主要收集整理中国共产党早期革命运动领袖，或党的创始人，或工人、农民、青年、妇女等运动的杰出领导人的著作，被列为国家出版基金项目和“十二五”国家重点图书出版规划项目。

天津大学把太雷精神作为该校“爱国奉献传统”的核心内容，与“实事求是”的校训和“严谨治学”的校风共同作为反映天大精神的核心价值体系内容加以弘扬。在中国共产党成立90周年之际，天津大学重新规划设计了张太雷纪念专室，成为天津爱国主义教育基地之一。在中国共青团成立90周年之际，该校成立“天津大学张太雷研究中心”，该中心定位为全国张太雷研究的权威开放式研究机构，聘请专家学者，每年至少投入资金15万元开展太雷精神研究。新版《张太雷文集》，在原有文集基础上，增加新发掘文章31篇。该校还组织编写了《永恒的纪念——天津大学张太雷宣传和研究三十年》，收录该校学者的研究文章28篇。

天津大学党委书记刘建平表示，张太雷是从天津走出的中国共产党高级领导人，是天津人民的骄傲，也是天津大学的骄傲。1921年张太雷第一次去苏俄启程前夕，在写给家人的信中表示，“我们现在离开是暂时的，是要想谋将来永远幸福”，他把献身革命，为人民群众谋取“永远的幸福”作为“一件何等快乐的事”，表现了一名共产党人的高贵品质。我们要认真学习、研究、弘扬太雷精神，践行“爱国诚信、务实创新、开放包容”的天津精神，在建设世界一流大学的进程中实现天大人的“中国梦”。

2. 中国新闻网报道

**新版《张太雷文集》在天津首发**

中新网天津6月17日电（陈子萌）纪念张太雷诞辰115周年暨《张太雷文集》首发仪式，17日在天津大学举行。

张太雷出生于1898年6月17日，1916年1月以优异成绩考入北洋大学（天津大学前身）法律预科，1920年6月在该校毕业，是中国共产党早期的重要领导人之一、中国共产主义青年团的创始人之一和青年运动的卓越领导人、广州起义的主要领导人。1927年12月12日，张太雷在战斗中牺牲。

由天津大学张太雷研究中心主持编纂，人民出版社出版的新版《张太雷文集》，在1981年、1992年两个版本基础上，增加了包括张太雷在1925年主持共青团中央工作期间发表的十余篇文章、十篇译文在内的31篇新发掘文章。同时，张太雷的外孙冯海龙将军还提供了其在中央档案馆新发现的张太雷1921年6月的书信，弥补了文集的缺憾。

作为大型系列丛书《中国共产党先驱领袖文库》的重要组成部分，新版文集收录张太雷撰写的172篇文献，包括文章、书信、讲话、报告、签署文件、译文等，并配发珍贵历史图片，将为弘扬太雷精神，推动张太雷研究发挥重要作用。

3. 6 月 18 日《天津日报》报道

**天大举行纪念张太雷同志诞辰 115 周年活动**

【本报讯】(记者李川、见习记者杨宇良) 今年是无产阶级革命家张太雷同志诞辰 115 周年。17 日下午，天津大学召开纪念大会，并举行《张太雷文集》首发式。市委常委、市委宣传部部长成其圣出席。市委常委、市委教育工委书记朱丽萍在会上讲话。天津大学党委书记刘建平、校长李家俊，中央党史研究室、人民出版社、市委党史研究室有关负责同志和专家、张太雷同志亲属和师生代表参加。

朱丽萍指出，张太雷同志作为中国共产党早期重要领导人之一，是中国革命道路的先行者、伟大实践者和革命真理的坚定追求者。我们纪念和缅怀他，就要学习他坚定信念、探寻真理的远大志向，艰苦奋斗、顽强拼搏的高贵品格，舍生忘死、不怕牺牲的昂扬斗志。天津大学作为张太雷同志曾经学习、生活过的地方，要继续搞好研究和宣传工作，教育广大师生以张太雷等革命先烈为榜样，牢固树立正确的世界观、人生观、价值观，坚定中国特色社会主义的道路自信、理论自信和制度自信，坚持把个人理想与实现“中国梦”紧密结合起来，保持积极向上的朝气、开拓进取的精神、求真务实的作风，为开创科学发展的新局面献计出力。希望各位专家继续关心天津发展，共同努力把革命先辈开创的事业不断推向前进。

4. 2013 年 6 月 19 日《今晚报》报道

《今晚报》以《纪念张太雷诞辰 115 周年，天大举行纪念大会及〈张太雷文集〉首发式》为题报道了这次活动。

5.《中国青年报》2013 年 7 月 2 日报道

**新版《张太雷文集》传承“太雷精神”**

【本报讯】(记者张国、通讯员宋雪峰) 6 月 17 日是中国共产党早期重要领导人之一、中国共青团创始人之一张太雷烈士诞辰 115 周年，在其母校天津大学举办的纪念活动上，新版《张太雷文集》首发。

新版《张太雷文集》由天津大学张太雷研究中心主持编纂，人民出版社出版。其中包括张太雷撰写的文章、书信、讲话、报告、签署文件、译文等文献共 172 篇，在原有基础上增加了新发掘的文献 31 篇，并配有珍贵史料图片。

天津大学党委书记刘建平介绍，天津大学把“太雷精神”作为该校“爱国奉献传统”的核心内容加以弘扬。该校为迎接建党 90 周年而开设的张太雷纪念室已成为天津的爱国主义教育基地之一。在中国共青团成立 90 周年之时，该校成立了“天津大学张太雷研究中心”，定位为全国张太雷研究的权威开放式研究机构。此次《张太雷文集》出版，有助于人们学习、研究、弘扬“太雷精神”，为实现中国梦而奋斗。

# 2

# 天津大学
# 张太雷研究成果选编

天津大学张太雷研究工作是从1979年开始的。30多年来，天津大学张太雷研究人员和广大师生员工怀着对张太雷烈士的崇敬和怀念之情，克服困难，积极努力，取得了一批研究成果。有些成果得到了社会的认可和好评。例如最近由人民出版社出版的《张太雷文集》以及曾发表在《中国高等教育》《光明日报》《天津大学学报》（社科版）等报刊上的论文，体现了天津大学张太雷研究成果的较高水平。

## “张太雷在天津”的研究

### 张太雷与北洋大学

刘玉珊　左庆生

北洋大学是天津大学的前身。这所中国近代史上首创的巍巍学府以其淳朴无华、实事求是的校风，严谨治学、严格要求、勤奋刻苦的学风享誉国内外，为中华民族培养了大批品学兼优的高级专门人才。中国共产党和共青团的创始人之一，伟大的无产阶级革命家张太雷就毕业于这所学校。北洋大学—天津大学的校友和全体在校师生无不为此感到骄傲和自豪。

北洋大学从1895年建校至今已过去了近一个世纪，张太雷在北洋大学读书的年代距今也已有70多年的历史。在这期间，中国共产党领导中国人民取得了新民主主义革命、社会主义革命和社会主义建设的胜利，把一个贫穷落后的中国建设成为一个初步繁荣昌盛的社会主义国家，中国发生了翻天覆地的变化。位于天津大学校园中心的北洋广场似乎在向人们诉说着这一饱经沧桑的历史，广场上矗立的张太雷的铜像似乎在注视着这所烈士曾经度过5载春秋的著名学府的今昔。历史把张太雷和北洋大学紧紧地联在一起。

虽然张太雷的革命业绩主要是在他大学毕业后建立的，但是，从他18岁考入北洋大学到29岁为革命光荣牺牲的12年中，却有5年是在北洋大学度过的。在这5年中，他系统地学习了当时最先进的科学文化知识，深刻地了解了中国乃至世界各国的社会状况、政治制度及其弊病，精通了外语；他积极参加了反对北洋军阀反动统治的政治斗争，经历了五四运动的战斗洗礼；开始接触并接受了马克思主义，协助李大钊进行了大量的建党活动。所有这一切为他后来成为一名杰出的共产主义者和伟大的无产阶级革命家奠定了政治、思想、理论和科学文化知识方面的基础。他在北洋大学学习期间就摒弃了做官发财的道路，决心投身革命事业。北洋大学是张太雷革命征程的起点。

当然，北洋大学的创办者和主持者的目的和愿望并不是要培养像张太雷这样的无产阶级革命家，而是想为半封建半殖民地的中国注入一些西方科技发展的营养，实现兴学救国的目的。

为此，他们曾下了一番苦功夫，努力学习西方先进教育制度以及教学内容和教学方法，力求培养出一批掌握现代科学技术的有真才实学的人才。但是，科学文化知识是没有阶级性的，旧教育制度培养出来的掌握丰富科学文化知识的知识分子一旦接受马克思主义，把科学文化知识与马克思主义结合起来，他们就会走向统治者和试图“教育救国”的人愿望的反面，成为无产阶级的先进分子，走上革命道路。我党早期许多杰出的领导人都是旧教育制度培养出来的知识分子。张太雷便是其中的典型代表。他的思想发展、成长道路固然与当时中国所处时代密切相关，但与他所就读的北洋大学培养人才的特点也是密不可分的。本文仅从几个侧面就张太雷的革命生涯与北洋大学的关系作一初步探讨。

北洋大学校景

### （一）张太雷的学业与北洋大学的淳朴校风

张太雷的学识和才干曾深得李大钊赞许。说他“学贯中西、才华出众”[①]，在我党早期领导人中，张太雷在领导才能和学识水平等方面都堪称佼佼者。他们之中像张太雷这样接受高等教育并完成5年专业学习的很少。张太雷家境贫寒，父亲去世后仅靠母亲为人帮佣供他读大学，在20世纪一二十年代那种黑暗的旧社会里是不容易的。他能坚持到大学毕业，当然有家庭和个人努力的因素，然而与北洋大学的淳朴校风关系极大。

1915年夏，张太雷离开常州中学后，本来已经考取北京大学，但考虑到北京大学学制太长经济负担过重，未入北京大学，而于同年冬天改报北洋大学。

北洋大学创办于中日甲午战争后的1895年，是中国近代史上第一所新式大学，治学严谨、校风淳朴，注重培养真才实学。张太雷进校时，北洋大学建校已有20年历史，招收学生始终重质不重量。本科生一般由预科生经考试合格后升入，从社会上招收的很少，这主要是因为社会上报考的青年很难达到北洋大学的高标准要求。建校以来新生来源主要通过预科培养。但预科学制较长（开始时4年，后改为3年），一些家境贫寒但有培养前途的学生多半因经济负担过重而不敢报考。因此，北洋大学决定从1916年1月起采取变通办法，设立临时预备班，为期半年，结业后经考试合格者升入本科，不合格者即遭淘汰[②]。这一决定对张太雷来说是天赐良机。1915年12月张太雷在上海报考了北洋大学法科预备班，经考试合格被录取，1916年1月进入北洋大学。该班共录取26名新生，半年后淘汰了10名。张太雷虽然中学没有毕业，但他深知业精于勤，经半年刻苦攻读，终于在1916年9月升入北洋大学法科法律学门已班学习。

北洋大学招收的学生集中在江浙、两广、河北及天津等地，多数学生家境并不富裕。北洋大学因系官办学校，初创时，由于生源较少，为了吸引学生报考这所学校，学生的待遇优于同类学校。学生一切学习费用，食宿均由学校供给，每月还要发些零用钱。张太雷在北洋大学学习期间，正值北洋军阀统治时期，学校虽然已取消官费，但学生所交费用仍比其他同类学校要低。学费每年只交15元，书费免交，教科书由学校借用，毕业时退回，下届再用。北洋大学当时的学生食宿也颇具特色。宿舍既简朴又实用。别的学校一般是几个人住一间房，北洋大学的学生宿舍是由武库的军械库改建而成，所以是几十人共一大间又是一人住一小间。在大房间内用木板隔成六、七平方米的一间间小屋，中间挂一蓝布帘，每人一间，一床一桌。学生膳食由学生自办，组成几个膳团，伙食费每人每月一般2至6元，可满足不同经济条件的学生需要。

注释：
①人民出版社编辑部：《回忆张太雷》，69页，北京，人民出版社，1984。

注释：
②北洋大学校季刊社：《北洋大学校季刊》，1915（1），4页。

北洋大学素以朴实无华、刻苦节约著称，学生一般衣着朴素，决无竞逐时髦讲求服饰之陋习，由于多数学生以蓝布长衫为常服，所以北洋大学学生有“蓝衫队”之称。北洋大学学生学业勤奋，因课程紧、作业多，星期日多半还要读书，很少进市游逛。这样的一种生活学习环境对于像张太雷这样家境贫寒而又刻苦攻读的学生来讲是极为适宜的。北洋大学朴实的校风对张太雷产生了多方面的影响，其一因学校收费较少，才使他能坚持到毕业，而未因家庭经济困难而中途辍学，使他接受了正规的高等教育。其二是使张太雷保持了劳动人民的本色，据他女儿张西蕾回忆，张太雷假期从天津回家，没有一点大学生的架子，穿着短衣短裤，光着脚，参加各种笨重劳动③。其三是进一步培养了他朴实无华的思想作风和工作作风。在这种校风影响下，北洋大学的工科毕业生一般在事业上颇有建树，与反动统治者同流合污的甚少。张太雷学的是法律，研究的是社会科学，法科当时的出路不是当律师、法官就是转入外交界，张太雷开始是因为“怕道德变坏”而摒弃这一道路的，当他接受了马克思主义以后，更加坚定了改造社会，为工人和劳苦大众谋求解放的革命立场和政治方向。

注释：
③人民出版社编辑部：《回忆张太雷》，92页，北京，人民出版社，1984。

*1917年张太雷（后排左一）与常州中学旅津校友合影*

### （二）张太雷的才能与北洋大学“实事求是”的校训

张太雷报考北洋大学的前一年，即 1914 年，校长赵天麟总结了北洋大学过去的治学传统、提出以“实事求是”训导学生，遂成为校训。赵天麟以“实事求是”这四个字首倡全校，从学术观点来看有一定积极作用，意为办事求学必须根据实证，求索真相，踏踏实实，知之为知之，不知为不知。毛泽东 1941 年赋予了这四个字新的马克思主义的科学内容，“实事”，是指客观存在的一切事物，“是”是客观事物的内部联系，即规律性，“求”就是我们去研究，其中心思想是一切从实际出发，理论联系实际。北洋大学的校训虽然没有达到这个高度，但注重实际、培养学生实际能力等方面却是积极的，进步的。

北洋大学遵循“实事求是”的校训，十分注意学生实际能力的培养。如北洋大学学生自己管理食堂，这在当时同类学校中并不多见。初创时，学生膳食由学校办理，学生屡闹膳潮，于是学校规定由学生自己组膳团，参加哪一个膳团退出哪一个膳团均由学生自由选择。当时北洋大学有南北两个食堂，张太雷在南食堂用饭，因为这里以米饭为主，自然南方人都集中在这里。这样一来，学生们对伙食都比较满意，同时学生自己管理食堂也得到了能力上的锻炼。

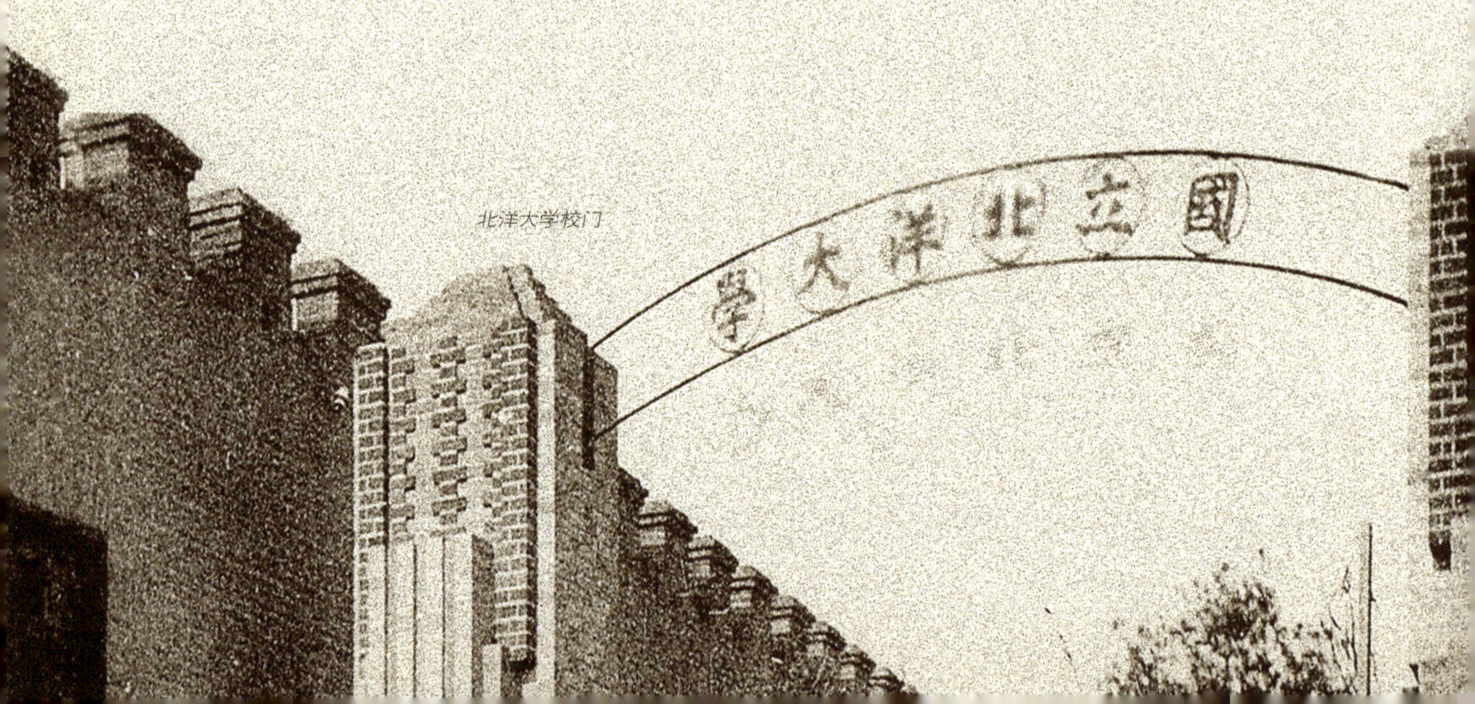


北洋大学校门

實事求是

天津大學（原北洋大學）校訓

公元一九八三年 李以昇書

由于北洋大学招生时学生质量较高，入学后又强调实际能力的培养，如下厂实习、组织参观、开展社会活动等，所以北洋大学的学生一般能力较强，水平也较高，这一点在五四运动中充分体现出来。五四运动对北洋大学所有在校学生来说是一个实际锻炼，张太雷表现得尤为突出。1919年五四运动一爆发，天津学生立即响应，包括张太雷在内的北洋大学全体学生通电北京政府，要求释放被捕人员，致电北京大学，盛赞他们惩贼有勇，表示今后要与他们共同进行斗争；同时致电巴黎和会中国专使团，希望他们力持到底，不获所愿，不签和约④。北洋大学与各校联络，成立了“天津中等以上学校学生联合会”即天津学联。张太雷积极参加了“北洋大学学生会”“天津中等以上学生联合会”以及“天津各界联合会”组织的一切爱国运动，如1919年6月5日天津学生为抗议北洋政府拘捕北京学生举行的誓师讲演；6月9日在河北公园召开的群众大会；8月下旬天津学生为要求惩办济南镇守使马良残杀回民的罪行发起的赴京请愿；10月10日因警察干涉学生集会游行，学生包围警察厅等都有张太雷参加⑤。更为突出的是，张太雷一方面积极参加五四运动，一方面主动深入工农进行爱国演讲。北洋大学法科的演讲有良好传统，他们经常召开演讲会，锻炼学生的演讲水平和能力。张太雷的演讲才能非常出众，他在后来的革命活动中曾多次

注释：
④天津《益世报》，1919年5月6日、7日。

注释：
⑤人民出版社编辑部：《回忆张太雷》，56页，北京，人民出版社，1984。

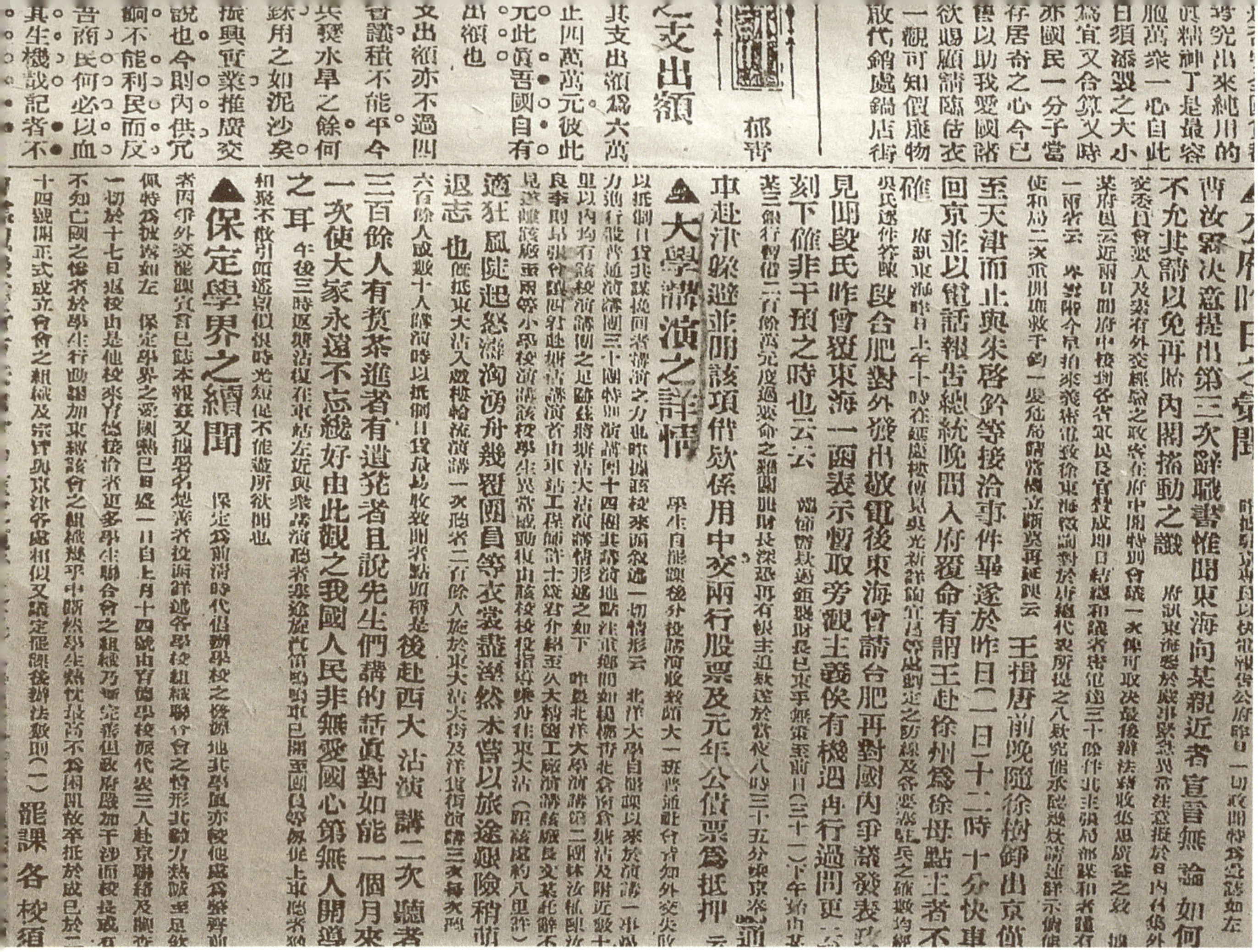
大學講演之詳情

保定學界之續聞

*1919 年 6 月 2 日《益世报》刊载张太雷等赴塘沽等地演讲的情况*

在国际国内各种场合发表激动人心的演说，与他在北洋大学的锻炼不无关系。1919 年 6 月 2 日天津《益世报》曾以《北洋大学讲演团赴塘沽及郊区讲演》为题，报道了张太雷等 4 人自罢课以来竭力进行讲演一事。当时北洋大学共组织了 44 个讲演团，先后到杨柳青、北仓、南仓、塘沽等地工厂、农村去讲演，揭露帝国主义宰割中国的罪行和卖国贼的卖国行径，走与工农相结合的道路。张太雷和土木系学生林汝植等 4 人组成讲演第二团，到塘沽等地进行讲演，特别受到广大人民群众的欢迎，一天之内就讲演六七次，每次听者达数百人。群众主动端茶、搬凳子，热情招待。很多人说："先生们所讲的话真对，如果能一个月来一次，使大家永远不忘才好。"在返回市区时，他们还利用等火车的机会在车站上进行演讲，据当时报载："听者塞途"，"人人点头称是"。当他们上了火车，人们还"相聚不散，引领遥望，似恨时间短促，不能尽所欲闻"⑥。

张太雷在北洋大学的 5 年，认真地实践着"实事求是"的校训，自觉地到实际中去，到工农中去，到火热的革命斗争中去，脚踏实地地磨炼自己，不断增长才干。王一知在回忆张太雷的文章中说，太雷"有非凡的才能，他做事写文章好像毫不费力"⑦。张太雷这种非凡的才干可以说很大程度上是在北洋大学打下的功底。

注释：
⑥天津《益世报》，1919 年 6 月 2 日。

注释：
⑦人民出版社编辑部：《回忆张太雷》，13 页，北京，人民出版社，1984。

### （三）张太雷的学识与北洋大学严谨治学的学风

北洋大学自初创时起，即以严谨治学而著称，学校所聘的教师，都具有真才实学，除汉语课由中国教师担任外，其余所有课程均聘外籍教师担任；教科书使用外文原版，用外语授课。张太雷入学时，北洋大学已初具规模。操场、球场、教师住宅、凉亭花园建于校园之外，校园内则是学生安静舒适的学习生活场所。学校的各种设施在当时同类学校中是最先进的。如当时学校的工矿实验室、地质陈列室、实验讲堂等在国内首屈一指，图书馆藏有中西书籍 1.5 万余种，中西报刊 100 余种，另设法律图书馆，内藏英美成案（案例）及中西名著，专供法科学生之用。在法律图书馆同学们经常看到张太雷的身影。学生讲堂及宿舍夜有电灯、冬有暖气，当时中国的绝大多数学校都达不到这种水平。由此可以看出，北洋大学从课程设置、教学内容、教科书的选用、教学方法等都是引进西方先进教育模式，加上课程繁重、纪律严明，学生基础牢固，质量较高，从开创时起学生水平就与美国哈佛、耶鲁大学不相上下，学生毕业后可直接进入美国各著名大学的研究院。国内许多有志青年也常以能考入北洋大学为荣。“北洋大学是当时最进步的教西学的学校，学校所用的教学方法也是比较进步的，毕业生在社会上的地位也是比较高的。”⑧这是当时中外教育界人士的共识。张太雷在这样一所大学学习 5 年，奠定了坚实的科学文化知识基础，精通了外语，因为如此，才使他较早地接触到了马克思主义这一人类有史以来最先进的革命理论，才使他有条件接触苏俄共产党人和共产国际的代表以及通过他们与中国共产党的创始人发生了密切联系，从而成为一名国际共产主义者和我党的创始人之一，成为学贯中西的革命家。当然不是说知识渊博、精通外语的人都会成为像张太雷这样的马克思主义者，但是对张太雷来说，这些条件对他投身革命运动起了重要的媒介作用，而且成为他进行革命斗争的有力武器。

北洋大学校徽

注释：
⑧《中国政府学校》，载《教育季刊》，1909 年 6 月。

北洋大学的实验室

1911 年 10 月 10 日，武昌起义爆发，张太雷带头剪掉辫子，上街进行革命宣传

张太雷在北洋大学学习期间，就在一家英文报纸《华北明星报》当编辑。这家报纸有进步倾向，在五四运动中经常如实报道学生斗争情况。张太雷在这里工作，一方面可以补贴一些经济上的开支，更重要的是为他提供了接触社会锻炼能力的机会。后来他又担任了苏俄友人鲍立维的英文翻译。鲍立维是 1918 年下半年从海参崴来天津从事联络工作的，他一到天津就从《华北明星报》找到张太雷作他的翻译。1919 年 2 月张太雷组织了进步团体“社会改造社”，其宗旨是要变革黑暗的旧中国，建设一个民主自由、有科学文化的新社会。在此期间，张太雷的思想发生了飞跃，一方面他阅读了不少马克思主义著作，精读了列宁的《国家与革命》，开始向马克思主义者转变，另一方面他与李大钊建立了联系。1920 年 1 月，李大钊和陈独秀在北京开始探讨成立中国共产党问题。2 月李大钊送陈独秀到天津并帮助他转乘轮船赴上海后，在天津会见了某苏俄友人，并和天津的先进分子研究了在中国建立无产阶级政党的组织形式和领导作用问题。从此张太雷协助李大钊为建立中国共产党东奔西走，做了大量工作，并不断将“秘密翻译的社会主义革命文献”送往北京。1920 年 4 月，共产国际派代表维经斯基到中国，同中国革命组织建立联系，帮助中国革命者进行建立中国共产党的准备工作。在维经斯基与李大钊和陈独秀会见中，张太雷一直担任英文翻译，并参加了会谈。当时张太雷的身份是天津北洋大学学生。1920 年 10 月，张太雷离开北洋大学，不久，参加了李大钊领导的北京共产主义小组，标志着张太雷已经转变为一个马克思主义者。与此同时，他在天津建立了社会主义青年团，组织先进青年深入工厂调查工人状况，为建立工人阶级政党，发动革命作准备。1920 年底，张太雷在天津建立了共产党组织并担任书记[⑨]。不久经李大钊介绍到苏俄伊尔库茨克担任共产国际远东局中国科书记。由于他学识水平很高，又精通外语，是中国最早接受马克思主义的知识分子之一，因而成为活动于国际政治舞台的第一个中国共产主义者。

张太雷既是一位伟大的马克思主义者和无产阶级革命家，又是一位知识渊博的专门人才，他是把马克思主义理论与北洋大学给予他的科学文化知识相结合，以马克思主义的科学世界观为指导投身革命事业的光辉典范。正因为如此，在他短暂的一生中，在从事国际共产主义运动方面，在中国共产党创建方面，在国共合作和国民革命方面，在青年运动方面，在武装斗争方面等，都显示出他是中国共产党和中国革命的最有才华的领导者之一。张太雷不仅是“北洋之光”，而且是中国共产党和中国人民之光，中华民族之光。我们要永远缅怀他的革命业绩，学习他的革命精神，沿着他开创的革命事业不断前进。

注释：

⑨中共天津市委组织部编：《中国共产党天津市组织史资料》（内部发行），12-13 页，北京，中国城市出版社，1991。

**原载《党史资料与研究》1992年第 2 期。另载《张太雷研究学术论文集》南京大学出版社 1993 年 12 月版**

# 北洋之光——张太雷在天津

刘玉珊　左庆生

1919年，古老的神州大地上爆发了震惊中外的五四爱国运动。其势迅猛，有如百年洪峰决堤，一往无前，锐不可挡。毗邻京城的天津顿时海河怒吼，学校师生纷纷走出校门，投入了这场反帝反封建的斗争。当时，北洋大学共组织了44个讲演团，先后到杨柳青、北仓、南仓、塘沽等地工厂、农村进行演讲，揭露帝国主义宰割中国的罪行和卖国贼的卖国行径，走与工农相结合的道路。讲演第二团，由4名青年学生组成，他们到塘沽及郊区进行演讲，特别受群众的欢迎。《益世报》载，他们克服天气恶劣等困难，一天之内演讲六、七次，每次听者达数百人。听众主动端茶、搬凳子，热情招待。很多人说："先生们所讲的话真对，如果能一个月来一次，使大家永远不忘才好。"在返回市区时，他们还利用等火车的机会在车站进行演讲，"听者塞途"，"人人点头称是"。当他们上了火车，人们还"相聚不散，引领遥望，似恨时间短促，不能尽所欲闻"。

这4名学生当中，有一人就是后来我党著名的早期活动家、广州起义烈士、曾被聂荣臻元帅赞誉为"北洋之光"的张太雷。

1919年五四运动爆发后，张太雷深入工农，进行爱国演讲

（一）

张太雷原名曾让，学名张复，1898 年生于江苏常州。父亲是小商人，去世很早。他幼年是靠母亲借债度日的。1911 年，经亲友资助考入常州中学，受到孙中山民主革命思想的洗礼。1915 年 5 月 9 日袁世凯接受了旨在灭亡中国的二十一条，举国声讨，张太雷也毅然参加了抵制日货的爱国活动。不久，因反对校方无理开除学生李子宽受到牵连，学校在暑假时贴出布告，谓张复、瞿爽（即瞿秋白）素行不谨，与李某相似，如不悔改，下期毋庸来校云云。张太雷遂离开常州中学。之后，与李子宽等同往上海参加北京大学预科招生考试，被录取。但当时北京大学学制较长，他估计自己的经济条件难以支持，又于同年 12 月 27 日在上海青年会报考了北洋大学法科预备班，用名张曾让。

1916 年 1 月 8 日，张太雷进入北洋大学法科预备班学习。同年 9 月升入北洋大学法科法律学门己班。

张太雷天资聪颖，学习勤奋。法科课程多讲习案例。张太雷经常与吴南如等要好同学相互切磋研谈，注重联系实际掌握基本原理，在学业上打下了坚实基础。

北洋大学膳食由学生自办，南北两个食堂，南食堂以米饭为主，饭菜比较讲究，价钱也贵。张太雷先在南方人集中的南食堂用饭，后来为节约开支，又转移到以面食为主但价钱便宜的北食堂。

张太雷非常喜欢体育运动。在网球场、足球场上经常可以见到他那高大魁梧的身影。学校专门派体育教员依丽斯负责指导课间操和各种球类活动。在球场上，张太雷结识了北洋大学矿冶系学生，后来成为“觉悟社”成员并和他一起创建天津社会主义青年团的谌小岑。

北洋大学校风淳朴，治学严谨，讲究实事求是，张太雷在这样的环境中如饥似渴地吸收当时最先进的科学文化知识。

（二）

1918 年 5 月，中国留日学生为反对段祺瑞与日本秘密签订陆军和海军的《共同防敌军事协定》而遭到日本政府镇压，纷纷罢课回国。21 日北京学生发动了向反动当局的示威请愿运动，天津学生也有代表参加。津京两地都成立了“学生救国会”，张太雷是北洋大学的学生代表之一。在这次斗争中，张太雷与马骏、郭隆真以及北京“学生救国会”代表许德珩建立了联系。1919 年五四运动爆发，津门学子闻风响应。5 月 5 日北洋大学全体学生致电北京大学，对北大及北京各校的爱国行动，“极表赞同”，并表示“以后共同进行”。同时致电北京政府强烈要求释放被捕人员。接着致电巴黎和会中国专使团，恳请他们“力持到底，不获所愿不签和约”。由于学校当局压制学生运动，张太雷和北洋大学学生掀起了罢课风潮。他积极参加了“北洋大学学生会”“天津中等以上学生联合会”以及“天津各界联合会”组织的爱国活动，英勇地站在了斗争第一线，成为天津爱国学生运动的主要骨干之一。通过这些斗争，张太雷结识了李大钊、邓中夏，并与周恩来、于方舟等有了进一步联系。

（三）

张太雷与另外三位同学受聘法科教授福克斯主办的《华北明星报》做兼职编辑。不久，一位同情十月革命积极宣传社会主义思想的俄籍汉学家鲍立维（又译柏烈伟）从海参崴来中国从事联络工作。他到天津后，从《华北明星报》找到张太雷为他做翻译。鲍立维在北京大学任教，与李大钊常有往来，并参加过北京、武汉等地共产主义小组的有关活动。这期间，张太雷开始翻译社会主义文献，精读了《国家与革命》，秘密翻译一些介绍十月革命和苏俄新貌的文章。张太雷在十月革命和李大钊思想影响下，开始向马克思主义者转变。他对好友李子宽说："做人要整个儿改，我以后不到上海当律师了，国家兴亡，匹夫有责。只有走十月革命的道路，才能救中国。" 1919 年 2 月，张太雷在天津发起组织中国大学生最早的进步团体之一——"社会改造社"。其宗旨是变革黑暗的旧中国，建设一个民主自由，有科学文化的新中国。

1920 年 2 月，李大钊送陈独秀来天津并帮助他转乘轮船回上海后，在天津会见了鲍立维等苏俄友人和天津的先进分子，研究了在中国建立无产阶级政党的组织形式和领导作用问题。此后张太雷协助李大钊为建立中国共产党做了大量的工作，并不断将秘密翻译的社会主义文献送往北京。不久他与天津部分同学于方舟、韩麟符、安幸生等参加了北京大学马克思学说研究会。4 月，共产国际派遣维经斯基和秘书马迈耶夫、翻译杨明斋来到中国，了解中国国内情况，同中国革命组织建立联系，同时考察是否有可能在上海建立共产国际东亚书记处。维经斯基一行先在北京会见了李大钊，而后在上海会见了陈独秀，建议由陈独秀发起建立中国共产党。这期间张太雷担任维经斯基的英语翻译，并参加了维经斯基在北京和上海的活动。此后，张太雷还在上海参加了社会主义青年团的创建工作。

*1919 年 2 月，张太雷在天津发起组织进步团体"社会改造社"*

（四）

1920年6月，张太雷从北洋大学毕业，继续在天津从事建党建团活动。他多次往返京津之间，调查工人状况，启发工人觉悟，为建立党的组织呕心沥血。1920年，他在国际刊物《工人世界》9月号上发表介绍中国无产阶级状况的文章，以其“有条理而又完整的画面”和鲜明的观点给人留下了深刻的印象。文章首先介绍了中国工人阶级的概况，接着论述了中国工人劳动条件和生活条件恶劣的情况；还叙述了1920年开始的席卷全中国的罢工浪潮；并以很大篇幅评述了正在发展中的中国工人运动；呼吁“应当组织起新型的、没有资本家走狗参加的、纯洁的工人联合会。”同年10月，北京共产党小组正式命名为中国共产党北京支部，李大钊为书记。张太雷加入了北京支部，成为中国共产党最早的党员之一。随后，他受北京支部和李大钊委派在天津创建社会主义青年团。

（五）

1920年10月，天津社会主义青年团成立会议在天津特别二区大马路（现河北区建国道91号）一家裁缝店楼上召开。出席者有7人，其中张太雷、谌小岑、吴南如3人为北洋大学的学生。会议由张太雷主持，他首先报告了天津社会主义青年团的创建经过，然后宣读由他起草的《天津社会主义青年团章程》。与会者就天津社会主义青年团的宗旨及实现宗旨的方法和规则进行了热烈的讨论，最后选举张太雷为书记，并一致通过了团章。会后不久出版了天津社会主义青年团机关报《来报》（取英文 Labor 的谐音）。当时国际国内的共产主义者公认：张太雷领导的天津社会主义青年团是比较彻底的中国青年组织的楷模。

天津社会主义青年团旧址

其后，张太雷又致力于在天津建立党组织的工作。他十分重视党的阶级基础和思想基础的建设。不但经常深入工人群众，而且不断用马克思主义批驳形形色色的错误谬论。1920年下半年，英国资产阶级哲学家罗素来华演讲，散布资产阶级改良主义观点。张太雷登台批驳，他运用《共产党宣言》的基本原理，说明了无产阶级是旧社会的掘墓人和新社会的创造者。他的发言很有说服力，使一部分听众态度鲜明地站到了张太雷一边，他自己说，这时他才真正“确立了马克思主义信念”。与此同时，他还发表文章，用马克思主义观点对工人参与利润分占的主张进行分析和研究，向工人明确指出：组织这种工人参与利润分占的私有制工厂的办法对于消灭资本主义剥削制度来说是完全无济于事的。没有彻底的无产阶级革命，工人不可能得到幸福。

在他进行了大量工作的基础上，1920年12月底在天津建立了共产党组织，张太雷担任书记。同时，还建立了唐山站分部。

1921 年 12 月 4 日，张太雷担任马林的翻译与孙中山讨论国民党与苏俄关系等问题（油画）

1921 年 6 月,张太雷在《致共产国际第三次代表大会的书面报告》中说:“该分部的成员是津奉铁路上这个最大车站的各铁路修配厂的工人。党特别重视唐山地区，因为它是中国最大的工业中心。”这样，张太雷在中国共产党正式成立之前，就在天津建立了共产党和青年团组织。

共产国际远东书记处工作人员合影

（六）

天津党组织建立后不久，1921 年 1 月，张太雷在与邓中夏等筹备成立了长辛店劳动补习学校后，受中国共产党早期组织派遣，赴伊尔库茨克代表中共参加共产国际远东书记处工作。3 月到达伊尔库茨克,任中国科书记。张太雷从此离开天津成为活跃在国际政治舞台上的第一个中国共产主义者。

原载《党史纵横》1993 年第 5 期

## 北洋学子　革命先驱
## ——纪念张太雷同志诞辰 100 周年

刘玉珊

1927 年 12 月 11 日，震惊中外的广州起义爆发，这次起义的总指挥就是被聂荣臻元帅誉为“北洋之光”的张太雷。起义的第二天，张太雷在指挥战斗中英勇献身。

中学时期的张太雷

张太雷 1898 年 6 月 17 日生于江苏省武进县（今常州市）一个贫困的小职员家庭。张太雷 8 岁时，父亲就去世了，他幼年是靠母亲替人帮佣和借债度日的。因此，他从小同情劳动人民，立志救国救民。中学时，不仅学习成绩优秀，而且十分关心国家大事，他经常与同学瞿秋白一起阅读进步书刊，议论时政，积极参加爱国活动。1915 年，因与校方发生矛盾而离校。之后，张太雷前往上海参加北京大学预科招生考试，被录取入学。但当时北京大学学制较长，他估计自己的经济条件难以支持，又于同年 12 月 27 日报考了北洋大学（今天津大学）法科预备班，在校用名张曾让。

北洋大学创办于 1895 年 10 月 2 日，是中国近代史上第一所新式国立大学，驰名中外。国内许多有志青年常以能考入北洋大学为荣。随着声誉日高，报考者增多。但北洋大学招收学生始终重质不重量，因而报考该校的学生多数落榜。鉴于此种情况，学校决定从 1916 年 1 月起设立临时预备班，为期半年，补习报考本科的各种科目。期满经考试合格者升入本科，不合格者即遭淘汰。张太雷在上海报名后,按学校招生简章的要求考试国文、英语、历史、地理等课程，成绩合格，被正式录取。

1916 年 1 月，张太雷来到天津，正式进入北洋大学法科预备班学习。

他深知业精于勤，学习刻苦努力，半年后经考试合格升入北洋大学法科法律学门学习。张太雷在北洋大学学习期间，学习勤奋，加上天资聪颖，学习成绩优秀。法科课程多讲习案例，课业繁重。课余时间张太雷经常出入法律图书馆或与同学一起切磋学业，如饥似渴地学习当时最先进的科学知识，在学业上打下了坚实的基础。

北洋大学的膳食由学生自办，分南北两个食堂，南食堂以米饭为主，饭菜比较讲究，价钱也贵。张太雷先在南方人集中的南食堂用饭，后来为节约开支，又转移到以面食为主但价钱便宜的北食堂。

张太雷是一位全面发展的大学生。他非常喜欢体育运动。在网球场、足球场上经常可以见到他那高大魁梧的身影。学校专门派体育教员负责指导课间操和各种球类活动。在球场上，张太雷结识了北洋大学矿冶系学生，后来成为“觉悟社”成员的谌小岑。

张太雷虽然是南方人，但总在便宜的北食堂用餐

张太雷与天津各校学生举行声援北京学生的示威游行

北洋大学校风纯朴，治学严谨，讲究实事求是。张太雷在这样的环境中用现代科学文化知识武装自己。

本来，张太雷从小学到大学，他的家人和亲友一心盼望他升官发财，显亲扬名。这也是那个时代许多读书人心目中的最佳价值取向和努力追求的道路。正如他自己所说，中学时代，他“一开始便贪婪地扑向一般的文化课程”，进入大学以后，他一度想毕业后通过文官考试到上海当律师或转入外交界。然而，强烈的爱国热情却使他走上了另外一条人生之路。

在北洋大学读书期间，京津地区广大青年学生如火如荼的反帝爱国运动给年轻的张太雷注入了一种新的活力，也为他提供了投身反帝爱国运动的政治舞台。1918 年 5 月，中国留日学生为反对段祺瑞政府与日本秘密签订陆军和海军的《共同防敌军事协定》而遭到日本政府镇压，纷纷罢课回国。与此相呼应，京津学生发起了向反动当局的示威请愿运动，并成立了“学生救国会”。张太雷作为天津学生的代表之一，与北京“学生救国会”的代表许德珩建立了联系，他们积极配合，共同推动了京津地区的学生爱国斗争。

1918 年上半年，张太雷与另外 3 名法科同学受聘法科教授福克斯主办的《华北明星报》，做兼职编辑。这是一家有进步倾向的英文报纸。这张报纸在五四运动中及运动以后都迅速准确地报道了学生革命斗争的消息，尤其是北洋大学的情况。不久，一位同情十月革命，积极宣传社会主义思想的俄籍汉学家鲍立维（又译柏烈伟），从海参崴来中国，从事联络工作。他到天津后，从《华北明星报》找到张太雷，为他做翻译。这期间，张太雷开始翻译社会主义文献，精读了列宁的《国家与革命》，秘密翻译一些介绍十月革命和苏俄新貌的文章。张太雷在十月革命和李大钊思想影响下，开始向马克思主义者转变。他对好友李子宽说：“做人要整个儿改，我以后

马克思学说研究会部分会员合影

不到上海当律师了，国家兴亡，匹夫有责。只有走十月革命的道路，才能救中国。”1919年2月，张太雷在天津发起组织了中国大学生最早的进步团体之一——“社会改造社”。其宗旨是变革黑暗的旧中国，建设一个民主自由的、有科学文化的新中国。

1919年，古老的神州大地上爆发了震惊中外的五四爱国运动。这场运动首先在北京爆发，天津学生闻风而动。5月5日北洋大学全体学生致电北京大学，对北京大学和北京各校的爱国行动“极表赞同”，并表示“以后共同进行”。同时致电北京政府要求释放被捕人员。接着致电巴黎和会中国专使团，恳请他们“力持到底，不获所愿，不签和约”。由于学校当局压制学生运动，张太雷和北洋大学学生掀起了罢课风潮。学生们纷纷走出校门，发动工农群众，共同投入这场反帝反封建的伟大斗争。在五四运动中，北洋大学共组织了44个讲演团，先后到杨柳青、北仓、南仓、塘沽等地工厂、农村进行讲演，揭露帝国主义宰割中国的罪行和卖国贼的卖国行径，坚持宣传工农，走与工农相结合的道路。据天津《益世报》报道，张太雷和林汝植、陈汝良、李泽昂等同学组成的北洋大学第二讲演团于6月1日赴塘沽讲演。他们一天讲演6次，每次听众达数百人，“闻者无不点头称是”，且说：“先生们讲的话真对，如能一个月来一次，使大家永远不忘才好。”张太雷等离开后，群众仍然“相聚不散，引领遥望，似恨时间短促，不能尽所欲闻”。在五四中，张太雷积极参加了“北洋大学学生会”“天津中等以上学生联合会”以及“天津各界联合会”组织的一切爱国运动，如1919年6月5日天津学生抗议北京政府拘捕北京学生，在南开操场誓师后出发讲演；6月9日在河北公园召开群众大会；8月下旬天津学生到北京天安门请愿，要求惩办济南镇守使马良，声讨他残酷枪杀回民的罪行；10月10日因警察干涉学生集会游行，学生包围警察厅等都有张太雷参加。他英勇地站在斗争第一线，和周恩来、于方舟等一起成为天津学生爱国运动的重要骨干。

在北洋大学学习期间，张太雷就参加了中国共产党的创建工作。1920年2月，李大钊来到天津，和天津的先进分子研究了建立无产阶级政党的组织形式和领导作用问题。此后，张太雷协助李大钊为建立中国共产党作了大量的工作，并不断将秘密翻译的社会主义文献送往北京。3月，张太雷参加了李大钊在北京大学组织的中国第一个马克思学说研究会。4月，共产国际远东局派维经斯基来中国帮助建立中国共产党。维经斯基一行先在北京会见了李大钊，后由李大钊介绍到上海与陈独秀会见，建议由陈独秀发起建立中国共产党。这期间，张太雷担任维经斯基的英文翻译，并参加了维经斯基在北京与上海的活动。1920年6月，张太雷从北洋大学毕业，就义无反顾地走上了无产阶级职业革命家的道路。

张太雷离开北洋大学后，继续在天津从事建党建团活动。1920年10月，张太雷参加了李大钊创建的北京共产主义小组，成为中国共产党最早的党员之一。与此同时，他受北京共产主义小组和李大钊的派遣，于当月在天津建立了第一个社会主义青年团组织并任书记。其后，张太雷又致力于在天津建立党组织的工作。他十分重视党的阶级基础和思想基础的建设，不但经常深入工人群众，而且不断用马克思主义批驳形形色色的非马克思主义的错误谬论。在他进行了大量工作的基础上，1920年12月底在天津建立了共产党组织，张太雷担任书记。天津党组织建立后不久，1921年1月，张太雷受中国共产党早期组织的派遣，赴伊尔库茨克担任共产国际远东局中国科书记。成为活跃于国际政治舞台上的第一位中国共产主义者。此后，他曾奉调回国，东渡日本，1923年秋至1924年夏再次赴苏联，为中国人民和世界被压迫民族、被压迫人民的解放事业作出了杰出的贡献。

*1921年5月参加共产国际“三大”的张太雷*

张太雷既是一位马克思主义者和无产阶级革命家，又是一位毕业于著名大学的专门人才。他是把马克思主义理论与学校给予他的科学文化知识相结合，以马克思主义的科学世界观作指导投身革命事业的光辉典范。正因为如此，他在短暂的一生中，在从事国际共产主义运动方面，在中国共产党创建方面，在国共合作和国民革命方面，在青年运动方面，在从事党的各项工作方面，在进行武装斗争等方面，都显示出他是中国共产党和中国革命最有才华的领导者之一。张太雷不仅是“北洋之光”，而且是“中华民族之光”。我们要永远缅怀他的革命业绩，学习他的革命精神，沿着革命事业不断前进。

原载《中国青年报》1998年6月6日

## 张太雷在京津地区的革命活动

蔡文杰 翁莹香 陈柳青

张太雷（1898—1927）在其短短29年的生涯中，足迹遍布中国的南北各地以及苏俄、日本，其在京津的活动时期集中在1915年下半年求学京津至1921年1—2月离华赴苏，共约近6年的时光。其在天津北洋大学求学期间，积极参加爱国学生运动，转变为马克思主义者并在京津地区从事中国早期的共产主义运动。

### （一）求学北洋大学

1915年7月，因同学李子宽顶撞老师被学校开除事件，张太雷与李子宽等稍后同往上海参加北京大学预科的招生考试，均被录取。张太雷于是结束了其常州府中学堂的学业①。秋入学北大预科。时北大的学制7年，其中3年预科，每学年学杂费用约300元，为了缩短学年及减少学费支出，张太雷说动吴南如一起于1915年12月报考北洋大学法科预备班，均被录取。张太雷从北京大学预科转而报考北洋大学法科预备班，一方面是想缩短学习年限，节省学费；另一方面是北洋大学英美系的全新学程及美国原文本的课本、美国教授，对张太雷也颇有吸引力②。

注释：
①李子宽：《追忆学生时期的张太雷》，载人民出版社编辑部：《回忆张太雷》，54页，北京，人民出版社，1984。一般认为张太雷离开中学系因李子宽被开除事件，张参加了抗议校方的罢课学潮，同瞿秋白一起被校方警告，从而不堪受辱而离校。笔者认为，正是该事件促使张报考高校，而报考北京大学预科的成功使他得以中学肄业。

注释：
②吴崇兰：《吴南如二哥生平》，载左森，胡如光，《回忆北洋大学》，115-116页，天津，天津大学出版社，1989。吴崇兰系张太雷老乡及北洋同班同学吴南如之妹。其在文中提到在北大预科碰见一位五中低一班的同学张太雷。张太雷与吴南如是在进入北京大学学习之后才重新报考北洋大学，转而进入北洋大学法科预科学习的。又一说，张因学费较高，考中北大预科而未实际就读。参见《张太雷年谱》。

张太雷与瞿秋白因为反对开除同学李子宽而参与罢课，被校方贴出布告警示

当时，北洋大学考虑到历年报考学生录取合格者少，决定从 1916 年 1 月起设临时预备班，为期半年，补习报考本科的各种科目，期满考试合格者升入本科，不合格者即遭淘汰。由此知张太雷是临时预备班的第一期学生。张太雷是在上海报名后按学校招生简章的要求考试国文、英语、外国历史、地理等课程③。

1916 年，张太雷怀着成为一名伸张正义的律师的理想考入北洋大学法科预备班学习。入校后学习国文、英语等课程。张太雷深知业精于勤，学习刻苦努力，考试成绩优秀，升入北洋大学法科法律门己班学习④，系统学习了法律学门所设的必修课和选修课，包括宪法、行政法、刑法、法制史、刑事政策等。张太雷经常出入法律图书馆，刻苦读书的精神为同学所称道。

对此，据张太雷北洋大学的同届毕业生谌小岑回忆：虽不同系，但经常在网球场和讲演会相会，因而熟识。在学校的时候，知道他学习成绩很好，不好出风头，晚饭后，总是同他的常州同乡吴南如在白河堤上散步⑤。1920 年 6 月，张太雷以优异成绩修业期满毕业⑥。

值得一提的是，张太雷在英文方面的学习尤其出色，这为他日后担任共产国际代表的翻译打下了扎实的语言基础。

### （二）投身学生爱国运动，成为马克思主义者

在进入北洋大学不久，张太雷个人的价值取向就产生了巨大的变化。据李子宽回忆，“太雷本意拟于北洋毕业后回南充任律师，但在一九一七年之后，思想突起变化，其倾向于社会主义实在五四之前”。李子宽曾于 1918 年秋回北京大学途中至北洋大学，当时“旧同学在北洋者不少，即有人以太雷坚决转变之情形告我，谓‘太雷已醉心于另一种新的做人标准，放弃旧的出世途径，态度甚坚决’”⑦。张太雷的妻子陆静华对张太雷的这一重要转变也有过叙述：“开始他读的是法政科，曾经想参加高等文官考试，想参加政治去改革政治，但后来他认识到做了官和坏人在一起，就免不了同流合污，堕落腐化，于是取消了原来的念头。”⑧

张太雷思想上的这一重要转变既与当时的历史背景密切相关，也是他个人的学习、实践活动的结果。1916 年张太雷入北洋大学读书时，正值新文化运动蓬勃兴起。在民主和科学两大旗之下，新文化运动对旧思想、旧文化和封建专制进行了猛烈的抨击，使资产阶级民主主义的思想深入人心。以《新青年》为代表的进步刊物所宣扬的这些新思想，对世界观、人生观尚未定型的青年张太雷产生了重要的影响和启迪。

张太雷不仅勇于追求真理，而且积极投身革命实践。1919 年 2 月，他在天津发起组织旨在改造黑暗的旧中国的“社会改造社”，探索振兴中华的途径。这是中国大学生最早的进步团体之一。在五四运动中，张太雷成

注释：
③刘玉珊，左森，丁则勤：《张太雷年谱》，22-23 页，天津，天津大学出版社，1992。

注释：
④钱听涛，黄明彦：《张太雷研究史料选》，70 页，北京，中央文献出版社，2007。据校史，法律学门并非每年都招生，所谓己班，系法科开办以来的第六届或第六个班。此前有甲乙丙丁戊五个班。其己班同学共约 30 人，学制四年。

注释：
⑤谌小岑：《张太雷与天津第一个团小组》，载人民出版社编辑部，《回忆张太雷》，56 页，北京，人民出版社，1984。谌系采矿冶金系，三年制，1920 年与张同届毕业。

注释：
⑥钱听涛，黄明彦：《张太雷研究史料选》，71 页，北京，中央文献出版社，2007。张太雷的毕业证一直保存在北洋大学（天津大学），张本人及亲友从未提及其获得毕业证。

注释：
⑦李子宽：《追忆学生时期的张太雷》，载人民出版社编辑部，《回忆张太雷》，54 页，北京，人民出版社，1984。

注释：
⑧陆静华：《回忆张太雷》，载人民出版社编辑部，《回忆张太雷》，101 页，北京，人民出版社，1984。

为天津学生爱国运动的主要骨干之一。他参加了“北洋大学学生会”“天津中等以上学生联合会”以及“天津各界联合会”组织的爱国活动，站在斗争的第一线⑨。张太雷参加北洋大学学生组织的演讲团，赴塘沽演讲，揭露北洋军阀政府出卖国家主权的罪行，唤起民众团结御侮。张太雷等宣传反帝爱国、抵制日货的演讲收效甚大。听讲的学生“异常感动”；在郊区的演讲，“每次听者达数百人，闻者无不点头称是”；当他们登上火车以后，“听者犹相聚不散，引颈遥望，似恨时光短促，不能尽所欲闻”⑩。在五四运动中，张太雷作为学生代表参加天津各界抵制日货委员会，偕同学到各店铺宣传与查禁日货。张太雷还以天津学生代表的身份与北京学生代表一道向总统府和国务院请愿，要求释放被捕的同学。北京政府在人民群众的压力下被迫释放了被捕的全体代表。在同学谌小岑的印象中，张太雷“是一个以群众一员的身份，热情参加学生爱国运动的青年”⑪。通过五四时期的这些活动，张太雷结识了李大钊、邓中夏，并与周恩来、马骏等有了进一步的联系。

注释：
⑨刘玉珊，左森，丁则勤：《张太雷年谱》，32-33 页，天津，天津大学出版社，1992。

注释：
⑩天津《益世报》，1919 年 6 月 2 日；钱听涛，黄明彦：《张太雷研究史料选》，91 页，北京，中央文献出版社，2007。

注释：
⑪谌小岑：《张太雷与天津第一个团小组》，载人民出版社编辑部，《回忆张太雷》，56 页，北京，人民出版社，1984。

在张太雷思想转变的过程中，李大钊、福克斯、鲍立维等中外先进分子的直接引导起了重要的作用。

为了减轻家庭负担、赚取学费和生活费，张太雷利用课余时间在《华北明星报》兼任编辑和英文翻译。这张报纸是北洋大学法科主任、有进步倾向的美国人福克斯创办的。这家报纸在五四运动中及运动以后都迅速准确地报道了学生革命斗争的消息，尤其是北洋大学的情况。在北洋大学法科教授中，福克斯是对张太雷影响较大的一位。

1918 年秋，俄籍汉学家鲍立维从《华北明星报》找到张太雷担任其翻译。鲍立维是联共秘密党员，1918 年下半年从海参崴来到中国从事联络工作。鲍立维在北京大学任教，与李大钊常有来往，并参加北京、武汉等地共产主义小组的有关活动。在担任鲍立维翻译期间，张太雷开始翻译社会主义文献。他常在自修时间学习马克思主义著作，精读了列宁的《国家与革命》，秘密翻译一些介绍俄国十月革命和苏俄新貌的文章。对十月革命文献的研读是张太雷自觉学习并接受马克思列宁主义的开端。

维经斯基

1920 年，张太雷与李大钊的关系更加密切。年初，张太雷作为天津先进分子之一，与李大钊研究了中国建立无产阶级政党的组织形式和领导作用问题。此后，张太雷协助李大钊为建立中国共产党作了大量的工作，并不断将秘密翻译的社会主义文献送往北京。1920 年 3 月，张太雷成为李大钊为建党做准备而建立的北京马克思学说研究会的成员，在李大钊的直接指导下学习马克思主义理论。1920 年 4 月，俄共（布）远东局海参崴处领导人派遣维经斯基和秘书马迈耶夫、翻译杨明斋等来到中国，了解中国国内情况，同中国革命组织建立联系，同时考察是否有可能在上海建立共产国际东亚书记处。维经斯基一行先在北京会见了李大钊、而后李大钊又介绍维经斯基一行到上海与陈独秀会见，建议陈独秀发起建立中国共产党。这期间，张太雷以《华北明星报》兼职编辑的身份为掩护，担任维经斯基的英文翻译，并参加了维经斯基在北京与上海的活动。与李大钊、陈独秀、维经斯基等人的接触，无疑有力地推动了张太雷接受马克思主义的进程。

陈独秀与英国大哲学家罗素的一场大辩论，使张太雷最终摒弃了旧民主主义思想，确立了马克思主义的信仰。1920 年下半年，英国资产阶级哲学家罗素来华演讲，宣传资产阶级改良主义的观点，即通过技术进步、发展合作社等手段来实现对资本主义社会的改造。罗素的观点受到了以陈独秀为代表的中国进步人士的抨击。陈独秀撰文反驳道，中国遭受外国帝国主义侵略和掠夺的现状，“除了中国劳动者联合起来组织革命团体，改变生产制度，是无法挽救的”[12]。作为青年学生的张太雷，也以自己的实际行动参与到这场论战中来。在一次公开场合的辩论会上，张太雷登台发言，批驳罗素关于“智力无产阶级”最有益于社会进步，而“体力无产阶级”只是辅助力量的错误观点。张太雷运用《共产党宣言》的基本原理，说明了无

注释：

⑫《致罗素、张东荪的信——关于社会主义的讨论》，载三联书店编辑：《陈独秀文章选编 中编》，57 页，北京，三联书店，1984。

“五四”运动期间，张太雷与李大钊、邓中夏等建立了密切的联系

产阶级是旧社会的掘墓人和新社会的创造者。他的发言很有说服力，使一部分听众态度鲜明地站到了张太雷一边。据舒米亚茨基回忆，“按照张太雷同志自己的说法，这场争论也使他确立了对于马克思主义的信念”[13]。

在十月革命和李大钊思想的影响下，加之与福克斯、鲍立维等外国进步人士的密切来往，张太雷开始向马克思主义者转变。对马克思主义经典著作的翻译，与俄共代表维经斯基的直接接触，以及运用马克思主义批驳各种伪社会主义思潮，使张太雷进一步了解了俄国十月革命和马克思主义理论，使张太雷从一位民主主义者彻底转变为信仰共产主义的战士。

### （三）在天津的建党建团活动

张太雷多次往返京津之间，调查工人状况，启发工人觉悟。1920 年，他在国际刊物《工人世界》9 月号上发表介绍中国无产阶级状况的文章，第一次向苏俄的工人群众介绍了中国工人阶级的生活情况和斗争状况，并以其“有条理而又完整的画面”和鲜明的观点给人留下了深刻的印象。通过调查研究，张太雷感到中国工人的悲惨处境已经使他们忍不可忍，“从一九二〇年五月起，声势浩大的工人罢工浪潮席卷了全中国”。在文章的结尾，张太雷向中国工人发出了呼吁：“工人弟兄们，如果你们想前进，如果你们想使自己的劳动得到保障，你们就应当组织起自己的工人联合会……应当组织起新型的、没有资本家走狗参加的、纯洁的工人联合会。立即觉醒起来，

注释：
⑬（苏）鲍里斯·舒米亚斯基：《中国共青团和共产党历史片段》，载人民出版社编辑部，《回忆张太雷》，173 页，北京，人民出版社，1984。

张太雷起草的临时团章

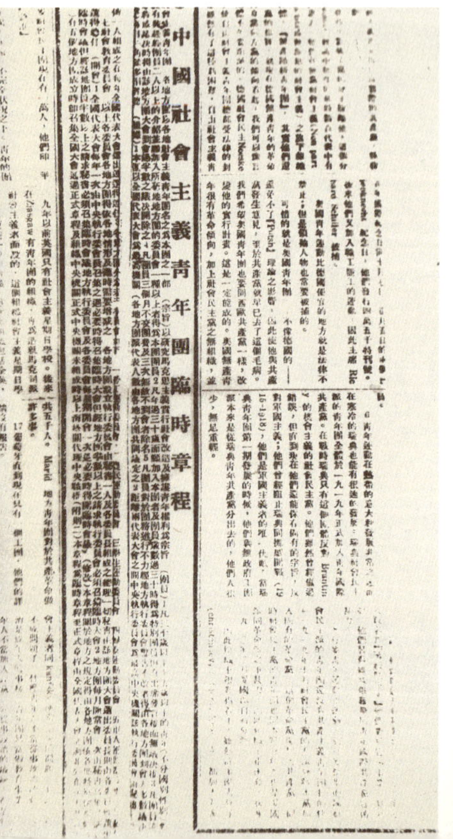

中國社會主義青年團臨時章程

团的临时中央局旧址

联合起来，组织起工人联合会！”[14]

1920年10月，张太雷参加了李大钊创建的北京共产主义小组后，便在李大钊的帮助下，赴天津筹建社会主义青年团。由于有五四运动的基础和苏俄共产党人的帮助，11月初天津社会主义青年团组织即建立，张太雷任书记。在张太雷的领导下，天津社会主义青年团进行了大量的革命工作。

注释：
⑭（苏）鲍里斯·舒米亚斯基：《中国共青团和共产党历史片段》，载人民出版社编辑部，《回忆张太雷》，178-179页，北京，人民出版社，1984。

首先，张太雷领导制定了团章，成为中国第一个团章的起草人。团章规定,团的宗旨是“研究和实现社会主义”。把“实现社会主义”作为奋斗目标，而不仅仅是研究和宣传社会主义，在当时来说，是难能可贵的。它体现了天津社会主义青年团的阶级性质，与以往青年团“那种资产阶级自由主义的提法”有着鲜明的区别。虽然共青团的组织是按照联合不同的社会成分的原则组成的，但团章规定了青年团必须在青年工人中建立自己的组织，表明了以工人阶级为团的阶级基础。团章还规定了较为严整和定型的组织机构，即有类似于委员会的“书记处”，有特别代表制的基层组织，还有“工人状况调查委员会”和“社会主义研究部”。此外，团章还规定了严格的组织发展条件和组织纪律。虽然这个团章还有不完备之处，但在当时是较为完备和成熟的。以此团章组建的天津社会主义青年团，被当时共产国际远东书记处负责人舒米亚茨基评价为“比较彻底的中国青年组织的楷模”[15]。

鲍里斯·舒米亚茨基

注释：
⑮（苏）鲍里斯·舒米亚斯基：《中国共青团和共产党历史片段》，载人民出版社编辑部，《回忆张太雷》，186-187页，北京，人民出版社，1984。

其次，依据团章进行大量的革命宣传组织工作。天津社会主义青年团展开了形式多样的活动。一是创办了向工人宣传社会主义的《来报》，介绍国际国内的工人运动和十月革命后的苏俄，注重反映长辛店、南口、唐山等地工人生活。张太雷常将自己掌握的有关十月革命后俄国的政治经济的改革和马克思主义理论性文章摘译刊登。《来报》很受工人的欢迎，不仅在天津发行，而且送到外埠，分送至京奉、津浦路各站。二是发行《共产党宣言》《共产党》《我的马克思主义观》等书刊，使马克思主义在北洋大学、南开学校、省立一中等学校及唐山、南口等地广为传播。三是进行社会调查，了解工人情况，筹办工人补习学校，开始组织工会。1920年冬，张太雷与邓中夏、张国焘等人前往长辛店发起组织劳动补习学校。据李子宽回忆，这个时期张太雷“为革命奔走，常往来于京津之间，到京时辄携手提小皮箱两只，径至北大东斋我与金诚夫同住之室内，置两箱于床下；匆匆数语之余，即往访邓中夏或张国焘。有时瞿秋白同来往访李守常。太雷留京一宿即去，问所往，则答去长辛店，余等见其箱内所存皆为宣传斗争之小册子，方知其任务乃在掀起铁路工运”[16]。

注释：
⑯李子宽：《追忆学生时期的张太雷》，载人民出版社编辑部，《回忆张太雷》，55页，北京，人民出版社，1984。

天津社会主义青年团组织的活动持续了四个月的时间，即从1920年11月至1921年春张太雷赴苏俄。随着张太雷的离开，团的活动实际上即停止。时间虽短，但天津团组织在传播马克思主义、宣传与组织工人运动、团结教育青年等方面作出了重要贡献，是天津有组织地将马克思主义与工

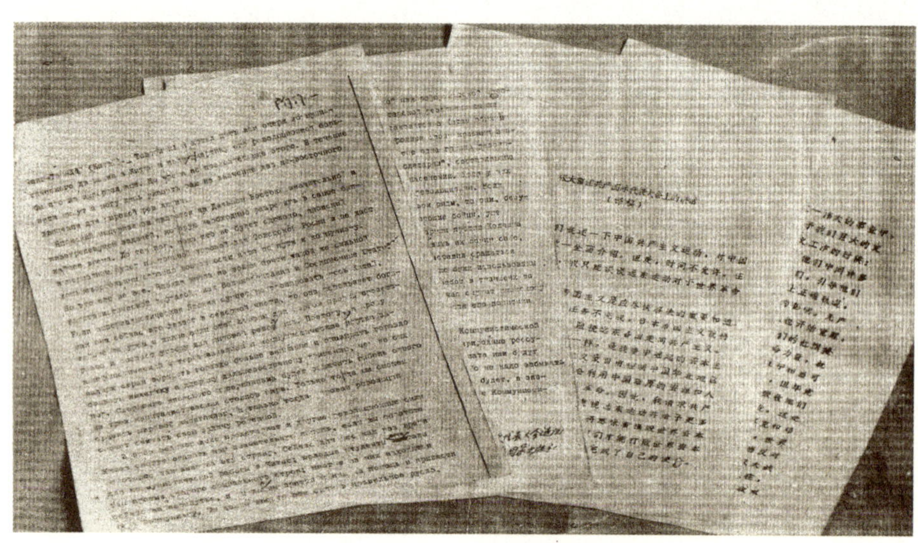

张太雷在共产国际"三大"讲话的记录稿和译稿

人运动相结合的良好开端，为以后天津党团组织的建立与发展奠定了基础，提供了经验。

1920 年 12 月，在李大钊和鲍立维、布尔特曼等的指导和帮助下，以张太雷为书记的天津早期共产党组织成立，同时还建立了唐山站分部。1921 年 6 月，张太雷在《致共产国际第三次代表大会的书面报告》中说："该分部的成员是津浦铁路这个最大车站的铁路修配厂的工人。党特别重视唐山地区，因为它是中国一个最大的工业中心"⑰。

这样，张太雷在中国共产党正式成立之前，就在天津建立了共产党组织，为全国性政党的形成奠定了一定的组织基础。

在天津求学的几年时间里，张太雷走过了他人生重要的岁月，转变了人生的航向。"十月革命一声炮响，给我们送来了马克思列宁主义"，也使张太雷逐步建立起共产主义的信仰。思想有所转变的张太雷积极参加京津地区的五四运动，成为一名革命青年骨干。李大钊、维经斯基、鲍立维等中外进步人士的直接指导，使张太雷的理论水平迅速提高，实现了从一个民主主义者向共产主义者的伟大转变。随后，张太雷便全身心地投入京津地区的共产主义运动，在李大钊和共产国际的指导下，建立了天津社会主义青年团和天津早期共产党组织。年轻的张太雷在实践中积累起丰富的经验，迅速地成熟起来，希冀有更广阔的舞台以施展才干。1921 年 1 月，受中国共产党早期组织派遣，张太雷赴伊尔库茨克代表中共参加共产国际远东书记处工作。3 月到达伊尔库茨克，任中国科书记。张太雷从此成为活跃在国际政治舞台上的第一个中国共产主义者。

原载《科学创新发展》（论文集），天津大学出版社 2009 年 6 月版

注释：

⑰张太雷：《致共产国际第三次代表大会的书面报告》，载姚维斗，《张太雷文集（续）》，26 页，南京，江苏人民出版社，1992。

# 张太雷在天津（1916—1921）

蔡文杰　刘玉珊

革命先驱张太雷（1898—1927）是中国共产党和中国共产主义青年团重要创始人之一。在其短短 29 年的生涯中，张太雷的足迹遍布中国的南北各地以及苏俄、日本，其在天津的活动时期集中在 1916 年 1 月入学北洋大学至 1921 年 1 月离开中国前往苏俄，共约 5 年的时光。在天津的几年时间里，张太雷走过了他人生重要的岁月，转变了人生的航向。张太雷不仅完成了北洋大学的学业，而且积极参加五四爱国学生运动，迅速转变为马克思主义者并在天津及周边地区从事早期的共产主义运动，包括：作为北京共产党早期组织的成员，在天津建立了青年团、共产党组织，在唐山等地开展工人运动。

张太雷在中学期间与瞿秋白交往甚密，经常共同探讨邹容的《革命军》，这是当年瞿氏宗祠的秋白卧室

### （一）求学北洋大学，读有字无字之书

1911 年至 1915 年，张太雷就读于江苏常州府中学堂（又称江苏省立第五中学、现称常州高级中学）。1915 年 7 月，因同学李子宽顶撞老师被常州府中学堂开除，张太雷、瞿秋白等支持李子宽进行罢课的学生被学校给予警告处分。张太雷与李子宽等稍后同往上海参加当年北京大学预科的招生考试，均被录取。张太雷于是提前结束了其常州府中学堂的学业[①]。

1915 年秋张太雷入学北京大学预科。当时北大的学制 7 年，其中预科 3 年，每学年学杂费用高达约 300 元。这种状况使家境贫寒的张太雷就学十分困难。恰在此时，位于天津的北洋大学考虑到历年报考学生录取合格者比例较少，学生生源主要靠学制 3~4 年的合格预科生转升，决定从 1916 年 1 月起设临时预备班，为期半年，补习报考本科的各种科目，期满考试合格者升入本科，不合格者即遭淘汰。得知此消息后，张太雷说动北大预科同学、同乡吴南如一起于 1915 年 12 月在上海青年会报考北洋大学法科预备班，用名张曾让，并按学校招生简章的要求考试国文、英语、外国历史、地理等课程，成绩合格被录取[②]。张太雷从北京大学预科转而报考北洋大学法科预备班，一方面是想缩短学习年限，节省学费；另一方面是相对德系教育的北京大学，北洋大学英美系的全新学程及美国原文本的课本、美国教授，对张太雷也颇有吸引力[③]。

1916 年 1 月，作为临时预备班的第一期学生，张太雷怀着要成为一名伸张正义的律师的理想从常州到天津，进入北洋大学法科预备班学习。入校后学习国文，英语等课程。张太雷深知业精于勤，学习刻苦努力，考试成绩优秀，同年 9 月，升入北洋大学法科法律门己班学习[④]。据天津大学校史记载，法律学门并非每年都招生，所谓己班，系法科开办以来的第六届或第六个班。此前有甲乙丙丁戊五个班。1916 年学校的法科只有己班，学生共 30 人，学制 4 年。

北洋大学是官办高校，最早是免学费的，此时虽已取消官费，但学费较低，每年学费、宿费共约 20 元，书费免交，教科书由学校借用，毕业时退回，下届再用。每月伙食费用在 6 元左右。总体上的学习费用远低于其他同类学校。法科是学校当时所设的 4 个学科之一，也是唯一的偏文科的重点学科，学制最长，为 4 年制，而其他工科一般为 3 年制。张太雷就学期间经历的两任校长（赵天麟、冯熙运）均为法科教授。法律学门所设必修课有宪法、行政法、刑法、民法、商法、破产法、刑事诉讼法、民事诉讼法、国际公法、国际私法、罗马法、法制法、法理法、经济法等，选修课包括法制史、刑事政策等。1917 年，北洋政府教育部对北洋大学和北京大学进行学科调整，北洋大学改为专办工科，其法科移至北京大学。因此，

注释：
①人民出版社编辑部：《回忆张太雷》，54 页，北京，人民出版社，1984。

注释：
②刘玉珊，左森，丁则勤：《张太雷年谱》，22-23 页，天津，天津大学出版社，1992。

注释：
③左森，胡如光：《回忆北洋大学》，116 页，天津，天津大学出版社，1989。

注释：
④校史编辑室：《天津大学——北洋大学校史：卷一》，115 页，天津，天津大学出版社，1990。

张太雷所在的法科己班成为北洋大学在民国时期最后一届法科班。

当时的北洋大学校址在天津城北西沽村北运河堤岸上，离市区较远，往返需要二三小时。加之学校教育管理严格，学生大多生活简朴，因此，有较为理想的学习氛围。张太雷在校学习期间用名张曾让。他经常出入法律图书馆，刻苦读书的精神为同学所称道。除此之外，张太雷在校的基本活动主要是喜欢体育锻炼和参加一些社团活动。对此，张太雷北洋大学的同届毕业生谌小岑回忆：虽不同系，但经常在网球场和讲演会相会，因而熟识。在学校的时候，知道他学习成绩很好，不好出风头，晚饭后，总是同他的常州同乡吴南如在白河堤上散步。

为了减轻家庭负担、赚取学费和生活费，张太雷从读大学三年级开始，利用课余时间在位于天津法租界的《华北明星报》(*North China Star*) 兼任编辑和英文翻译。《华北明星报》最初是由多位外国人出资创办的有较强商业性质的大型综合英文日报，其发起人和总编辑是当时北洋大学法科主任、美国人福克斯(Charles J. Fox)。该报创刊于 1918 年 8 月，是一份四开至少八版的日报。福克斯此前在美国的纽约和华盛顿有 10 年的报社工作经历，1913 年至 1920 年在天津北洋大学任法学教授[⑤]。张太雷即是应福克斯的邀请就职于《华北明星报》编辑部。《华北明星报》虽然刊有大量的，甚至是整版的商业信息(如商船航班)和广告，但国内国际新闻的信息量依然十分巨大，远超其他国内的中外文报纸。特别是通过其在美国、苏俄、欧洲等地的通讯记者，大量报告包括苏俄在内的国际新闻，信息量很大，这一点从福克斯为该报撰写的两周年纪念文章中也可见一斑："今天是明星报两周年纪念日，本报存在着年幼者难以避免的各种小小缺点，但它一直努力工作，每天都呈现在公众面前，广泛报道国外各类新闻，而这项工作是这个国家从来没有做过的，无论是用本土语言、方言或是外国语言。"[⑥]

张太雷通过这份带有勤工俭学性质的社会兼职，较其他在校学生能够迅速地了解国内外新闻，特别是有关十月革命后苏俄的相关报道；同时也开始与社会各类人士进行接触、建立联系，能够较早地更大范围地了解社会民情，能够在学生阶段走出校园接触到真

注释：
⑤（英）雷穆森：《天津租界史》，227 页，天津，天津人民出版社，2009。

注释：
⑥ *North China Star*. 1920.8.12。

实的社会及其运行，既可以体察社会下层人民的艰辛生活，也可以洞察社会上层乃至当政者的腐败与没落，而这些都是校园内、书本里所看不到的。此外，如同福克斯在办《华北明星报》前有编辑记者经历一样，张太雷在《华北明星报》的经历，也为他在投身革命运动后不断创办多种革命报刊，进行革命宣传积累了宝贵的经验。

特别值得提到的是，张太雷正是通过《华北明星报》这个平台，结识了来自苏俄的俄籍汉学家鲍立维（又译柏烈伟）。鲍立维是俄共（布）秘密党员，1918 年下半年从海参崴来到中国从事联络工作。鲍立维到天津后，从《华北明星报》找到张太雷担任其翻译。鲍立维 1921 年 1 月离开天津去北京大学正式任教，与李大钊常有来往，并参加北京、武汉等地共产党早期组织的有关活动。在担任鲍立维翻译期间，张太雷开始翻译社会主义文献。他常在自修期间学习马克思主义著作，精读了列宁的《国家与革命》，秘密翻译一些介绍俄国十月革命和苏俄新貌的文章。对十月革命文献的研读是张太雷自觉学习并接受马克思列宁主义的开端。

1920 年 6 月，张太雷以优异成绩修业期满毕业⑦。张太雷在英文方面的学习尤其出色，这为他日后来往于中国共产党与共产国际之间的工作并担任多位来华共产国际代表的英文翻译打下了扎实的语言基础，创造了良好的能力基础。需要说明的是，张太雷不仅在北洋大学学业优异，而且还注重走出校门，到社会这所“无字的大学”去感触和了解社会，通过社会实践活动，拓展了视野，锻炼了能力，从而迅速成长起来。

注释：
⑦钱听涛，黄明彦：《张太雷研究史料选》，71 页，北京，中央文献出版社，2007。

### （二）投身爱国学生运动，成为马克思主义者

进入北洋大学不久，张太雷个人的价值取向就产生了巨大的变化。张太雷的家人和亲友一心盼望他学成后能升官发财，显亲扬名。这也是那个时代许多读书人的选择。张太雷也一度想毕业后通过文官考试到上海当律师。然而，在其北洋大学毕业前后，张太雷的思想发生了明显的变化。张太雷在 1921 年初的家书中谈到：“我先前本也有做官发财的心念，所以我想等明年去参加高等文官考试；但我现在觉悟，富贵是一种害人的东西。做了官，发了财，难保我的道德不坏。常常在官场里混，与那些不好的人在一起，嫖赌娶妾的事情或不能免。倘若是这样了，非特我的身体、道德要坏，恐怕家里要受莫大的苦处。你也见多少做官的发财的人多嫖赌娶妾。倘若我做了官，发了财，我自己也不能保不替他们一样的做坏事。”⑧

注释：
⑧姚维斗：《张太雷文集（续）》，1 页，南京，江苏人民出版社，1992。

据其中学同学后就读于北京大学的李子宽回忆，“太雷本意拟于北洋毕业后回南充任律师，但在 1917 年之后，思想突起变化，其倾向于社会主义实在五四之前”。李子宽曾于 1918 年秋回北京大学途中至北洋大学，当时“旧同学在北洋者不少，即有人以太雷坚决转变之情形告我，谓‘太雷已

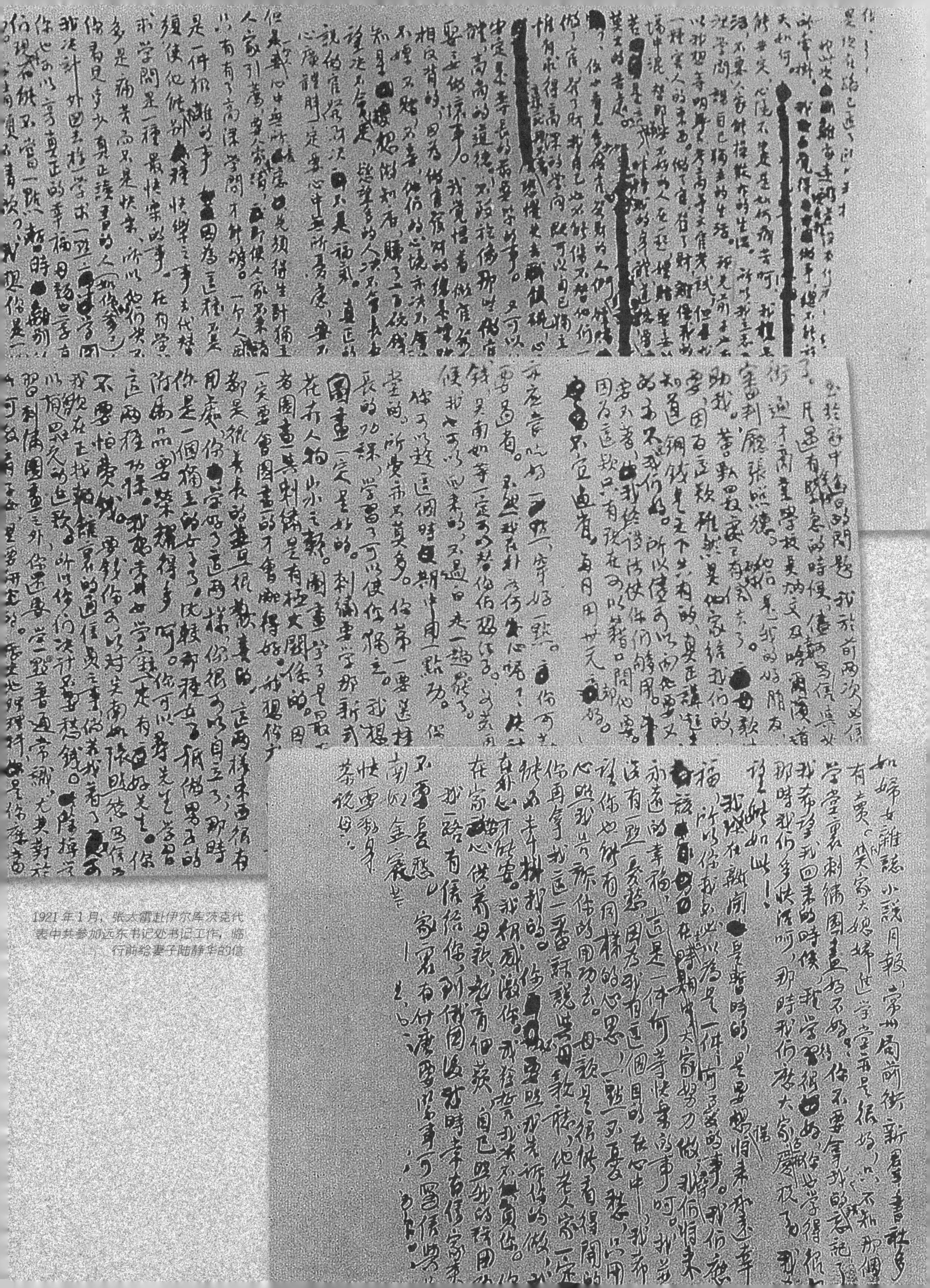

1921 年 1 月，张太雷赴伊尔库茨克代表中共参加远东书记处书记工作，临行前给妻子陆静华的信

醉心于另一种新的做人标准，放弃旧的出世途径，态度甚坚决’。”张太雷的妻子陆静华对张太雷的这一重要转变也有过叙述：“开始他读的是法政科，曾经想参加高等文官考试，想参加政治去改革政治，但后来他认识到做了官和坏人在一起，就免不了同流合污，堕落腐化，于是取消了原来的念头。”

1915 年陈独秀创办的《青年杂志》

张太雷思想上的这一重要转变与当时的历史背景密切相关，也是他个人关注社会并注重社会实践活动的结果。1916 年张太雷入北洋大学读书时，正值北洋军阀统治时期。这一时期的袁氏称帝、张勋复辟以及皖系段琪瑞执政，造成社会政局动荡，人民生活贫困、思想弥乱之世，这种现状不能不对张太雷的思想及其转变产生直接影响。从 1915 年 9 起，以陈独秀创办《青年杂志》为标志，新文化运动蓬勃兴起。在民主和科学两大旗帜的指引下，新文化运动向封建主义思想文化和封建专制主义发起前所未有的猛烈攻击，使资产阶级民主主义的思想深入人心，唤醒了一代青年。以《新青年》为代表的进步刊物所宣扬的这些新思想，对世界观、人生观尚未定型的青年张太雷产生了重要的影响和启迪。

如果说当时的时代背景使包括张太雷在内的有志青年在世界观上有明显转变，那么张太雷大学期间的一些社会活动使其对中国社会有了较为深入的了解和体会，催化了其从民主主义者到共产主义者的转变过程。

同期，张太雷关注国家命运，关注社会政治，组织社团，并积极开展学生运动。1919 年 2 月，他在天津发起组织旨在改造黑暗的旧中国的“社会改造社”，探索振兴中华的途径。这是中国大学生最早的进步团体之一。五四运动发生后，张太雷成为天津学生爱国运动的主要骨干之一。他参加了“北洋大学学生会”“天津中等以上学校学生联合会”以及“天津各界联合会”组织的爱国活动，站在斗争的第一线。6 月 5 日，天津学生抗议北洋政府拘捕北京学生，在南开操场誓师后出发讲演；6 月 9 日，天津学生在河北公园召开大会；8 月下旬天津学生到北京天安门请愿要求惩办济南镇守使马良；10 月 10 日因警察干涉学生集会游行，学生包围警察厅；等等，以上学生爱国活动都有张太雷的身影。在五四运动中，张太雷作为学生代表参加天津各界抵制日货委员会，偕同学到各店铺宣传与查禁日货。张太雷还以天津学生代表的身份与北京学生代表一道向总统府和国务院请愿，要求释放被捕的同学。北京政府在人民群众的压力下被迫释放了被捕的全体代表。在同学谌小岑的印象中，张太雷“是一个以群众一员的身份，热情参加学生爱国运动的青年”。

除了积极参加学生爱国运动外，张太雷还参加北洋大学学生组织的演讲团，深入工农群众进行爱国演讲。1919 年 6 月 2 日的天津《益世报》以“北洋大学讲演团赴塘沽及郊区讲演”为题，报道了张太雷等四名北洋大学学生赴塘沽、大沽等处的系列演讲活动。北洋大学的学习锻炼了张太雷的演讲才能。张太雷等宣传反帝爱国、抵制日货的演讲，受到广大民众的欢迎。“每次听者达数百人，闻者无不点头称是”；当他们登上火车准备回市区时，“听者犹相聚不散，引领遥望，似恨时光短促，不能尽所欲闻”。

通过五四时期的这些活动，张太雷不仅与周恩来、马骏等有了进一步的联系，而且还结识了李大钊、邓中夏。李大钊，是中国第一个传播马克思主义并主张向俄国十月革命学习的先进分子，他热情地赞扬十月革命，指出俄国十月革命是“世界新文明之曙光”⑨。1920 年 2 月，李大钊为送陈独秀去上海，从北京来到天津，曾在俄租界与鲍立维进行秘密接触，担任翻译的正是张太雷，二人此时得以相识。1920 年 3 月，张太雷成为李大钊、邓中夏等人为建党做准备而建立的北京大学马克思学说研究会的成员。此后，张太雷协助李大钊为建立中国共产党早期组织作了大量的工作，并不断将秘密翻译的社会主义文献送往北京。

注释：
⑨人民出版社编辑部：《李大钊文集：上卷》，575 页，北京，人民出版社，1984。

1920 年 4 月，俄共（布）远东局海参崴处领导人派遣维经斯基和秘书马迈耶夫、翻译杨明斋等来到中国，了解中国国内情况，同中国革命组织建立联系，同时考察是否有可能在上海建立共产国际东亚书记处。维经斯基一行先是经鲍立维介绍在北京会见了李大钊，后经李大钊介绍，维经斯基一行到上海与陈独秀会见，建议陈独秀发起建立中国共产党。这期间，张太雷担任维经斯基的英文翻译，并参加了维经斯基在北京与上海的部分活动。与李大钊、陈独秀、维经斯基等人的接触，无疑大大推动了张太雷接受马克思主义的进程。

陈独秀与英国大哲学家罗素的一场大辩论，使张太雷最终摈弃了旧民主主义思想，确立了马克思主义的信仰。1920 年下半年，英国哲学家罗素来华演讲，宣传资产阶级改良主义观点，即通过技术进步、发展合作社等手段来实现对资本主义社会的改造。罗素的观点受到以陈独秀为代表的中国进步人士的抨击。陈独秀撰文反驳道，中国遭受外国帝国主义侵略和掠夺的现状，“除了中国劳动者联合起来组织革命团体，改变生产制度，是无法挽救的”⑩。作为青年学生的张太雷，也以自己的实际行动参与到这场论战中来。在一次公开场合的辩论会上，张太雷登台发言，批驳罗素关于“智力无产阶级”最有益于社会进步，而“体力无产阶级”只是辅助力量的错误观点。张太雷运用《共产党宣言》的基本原理，说明了无产阶级是旧社会的掘墓人和新社会的创造者。他的发言很有说服力，使一部分听众态度鲜明地站到了张太雷一边。据舒米亚茨基回忆，“按照张太雷同志自己的说法，这场争论也使他确立了对于马克思主义的信念”。

注释：
⑩任建树，张统模，吴信忠：《陈独秀著作选：卷二》，212 页，上海，上海人民出版社，1993。

在十月革命影响下，与鲍立维、李大钊、维经斯基、陈独秀等中外人士的密切交往，加之对马克思主义经典著作的翻译、学习，以及运用马克

张太雷陪同维经斯基会见李大钊(油画)

思主义批驳各种非科学社会主义思潮的活动，使张太雷进一步了解了俄国十月革命和马克思主义理论，使他从一位民主主义者彻底转变为信仰共产主义的战士，并于1920年10月，参加了李大钊创立的北京的共产党早期组织。

### （三）开展工人运动，建立党团组织

中国早期的马克思主义者除了利用各种报刊和演讲宣传马克思主义，同各种非马克思主义的思潮进行论战外，主要的革命活动表现为深入工矿企业，了解工人的疾苦，把他们组织起来，开展工人运动；并在马克思主义与中国工人运动相结合的过程中，建立各地的共产党早期组织和青年团组织，为中国共产党的正式成立做准备。张太雷不仅是天津第一位共产党人，而且对天津地区的早期共产主义运动作出了巨大贡献，留下了光辉的一页。

在转变为马克思主义者前后，张太雷多次往返京津之间，调查工人状况，启发工人觉悟。1920年，他在国际刊物《工人世界》9月号上发表介绍中国无产阶级状况的文章，第一次向苏俄的工人群众介绍了中国工人阶级的生活情况和斗争状况，并以其“有条理而又完整的画面”和鲜明的观点给人留下了深刻的印象。通过调查研究，张太雷感到中国工人的悲惨处境已经使他们忍无可忍，“无论是在外国资本主义的大企业中，还是在本国的大中型企业里，工人的劳动条件和生活条件都是极其恶劣的，更不必说那些小企业了。……从1920年5月起，声势浩大的工人罢工浪潮席卷了全中国。”在文章的结尾，张太雷向中国工人发出了呼吁：“工人兄弟们，如果你们想前进，如果你们想使自己的劳动得到保障，你们就应当组织起自己的工人联合会……应当组织起新型的、没有资本家走狗参加的、纯洁的工人联合会。立即觉醒起来，联合起来，组织起工人联合会！”

在大学毕业前后，张太雷作为英文翻译随同维经斯基一行到上海，会同陈独秀、李汉俊等人，积极从事共产党早期组织的创建工作。同期，张太雷还参与了中国第一个社会主义青年团组织——上海社会主义青年团的筹建工作。1920年8月，上海社会主义青年团成立后，受李大钊的委托，张太雷又负责在天津筹建社会主义青年团。由于有五四运动的基础和苏俄共产党人的帮助，1920年10月，天津社会主义青年团在天津特别二区大马路一家裁缝店(今河北区建国道91号)正式成立。出席成立会的包括张太雷、谌小岑、胡维宪、吴南如、郑德等共7人，张太雷主持会议并被选举为书记[11]。在张太雷的领导下，天津社会主义青年团进行了大量的的革命工作。

首先，张太雷领导制定了团章，成为中国第一个团章的起草人。团章规定，团的宗旨是“研究和实现社会主义”。把“实现社会主义”作为奋斗目标，而不仅仅是研究和宣传社会主义，在当时来说，是难能可贵的。它体现了天津社会主义青年团的阶级性质，与以往青年团“那种资产阶级自由

注释：
⑪中共天津市委党史研究室：《中国共产党天津历史：卷一》，58页，北京，中共党史出版社，2005。

主义的提法”有着鲜明的区别。虽然共青团的组织是按照联合不同的社会成分的原则成立的，但团章规定了青年团必须在青年工人中建立自己的组织，表明了工人阶级为团的阶级基础。团章还规定了较为严整和定型的组织机构，既有类似于委员会的“书记处”，有特别代表制的基层组织，还有“工人状况调查委员会”和“社会主义研究部”。此外，团章还规定了严格的组织发展条件和组织纪律。虽然这个团章还有不完备之处，但在当时是较为完备和成熟的。以此团章组建的天津社会主义青年团，被当时共产国际远东书记处负责人舒米亚茨基评价为“比较彻底的中国青年组织的楷模”。

其次，依据团章进行大量的宣传和组织工作。天津社会主义青年团开展了形式多样的活动。一是创办了天津社会主义青年团机关报《劳报》，介绍国际国内的工人运动和十月革命后的苏俄，注重反映长辛店、南口、唐山等地的工人生活，向工人群众宣传社会主义思想。不久，《劳报》被警

长辛店劳动补习学校旧址

察厅以宣传过激主义之名禁止发行。张太雷于次日迅速出版新的《来报》（取英文 Labor 的谐音）取而代之。张太雷常将自己掌握的有关十月革命后俄国的政治经济改革和马克思主义理论性文章摘译刊登。《来报》很受工人的欢迎，不仅在天津发行，而且送到外埠，分送至京奉、津浦路各站。二是发行《共产党宣言》《共产党》《我的马克思主义观》等书刊，使马克思主义在北洋大学、南开学校、省立一中等学校及唐山、南口等地广为传播。三是进行社会调查，了解工人情况，筹办工人补习学校，开始组织工会。1920 年 12 月，张太雷与邓中夏、张国焘等人前往长辛店发起组织劳动补习学校。1921 年元旦，长辛店劳动补习学校正式开学。据李子宽回忆，这个时期张太雷“为革命奔走，常往来于京津之间，到京时辄携手提小皮箱两只，径至北大东斋我与金诚夫同住之室内，置两箱于床下；匆匆数语之余，即往访邓中夏或张国焘。有时瞿秋白同来往访李守常。太雷留京一宿即去，问所往，则答去长辛店，余等见其箱内所存皆为宣传斗争之小册子，方知其任务乃在掀起铁路工运。”

天津社会主义青年团组织的活动持续了约 3 个月的时间，即从 1920 年 11 月至 1921 年 1 月张太雷赴苏俄。随着张太雷的离开，团的活动实际上即停止。时间虽短，但天津团组织在传播马克思主义、宣传与组织工人运动、团结教育青年等方面作出了重要贡献，是天津有组织地将马克思主义与工人运动相结合的良好开端，为以后天津党团组织的建立与发展奠定了基础，提供了经验。

张太雷在苏俄期间使用过的饭盒

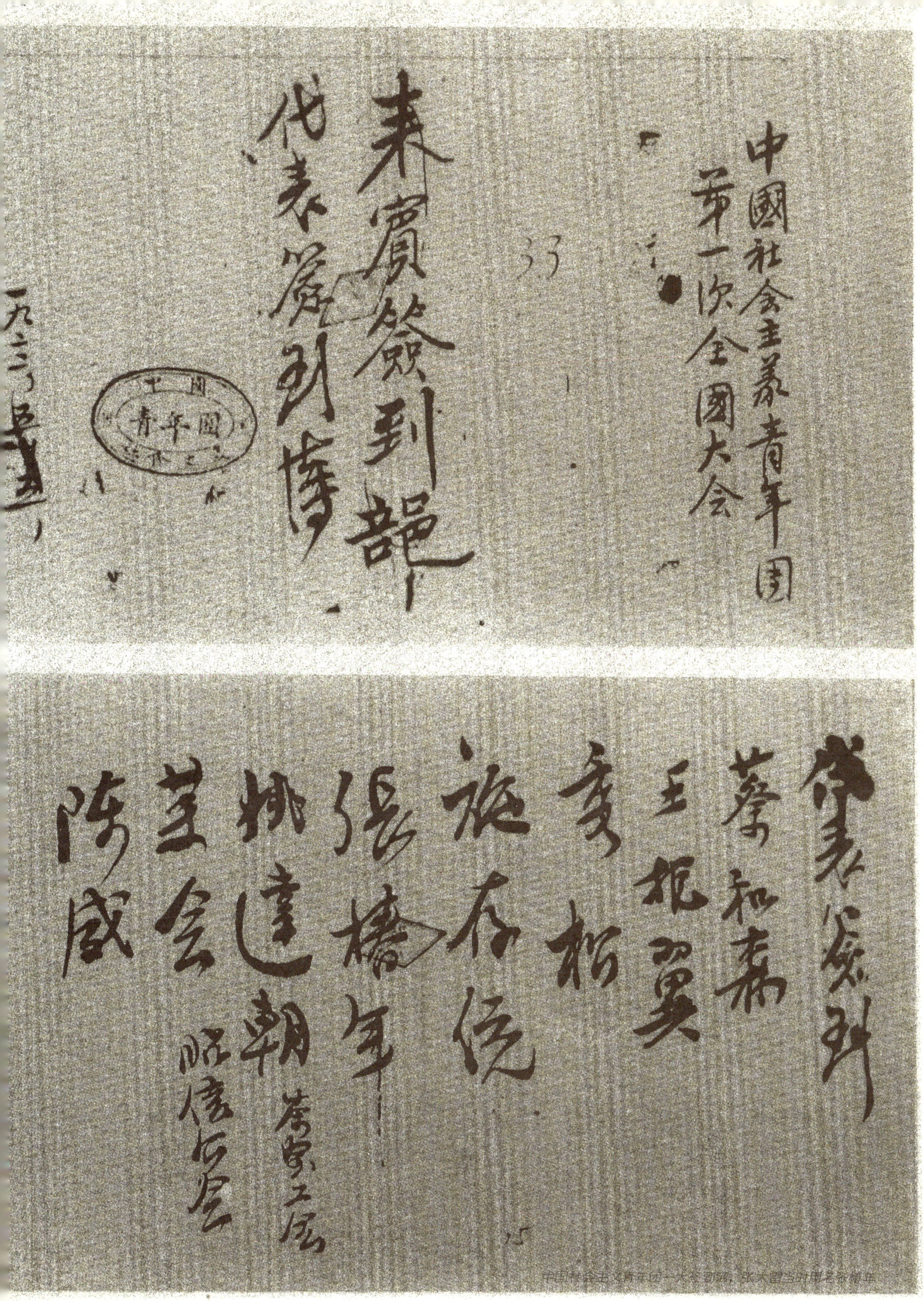

中國社会主義青年团第一次全國大会

來賓簽到部

代表簽到簿

青年团

代表簽到

蔡和森

王振翼

袁榴

施存統

張椿年

姚達朝

莫会

陈威

中国社会主义青年团一大签到簿，张太雷当时用名张椿年

1920年10月，张太雷参加了李大钊创建的北京共产党早期组织后，便奉李大钊的指示，在天津筹建早期共产党组织。1920年12月，在李大钊和鲍立维、布尔特慢等人的指导和帮助下，以张太雷为书记的天津早期共产党组织成立，同时还建立了唐山站分部。1921年6月，张太雷在《致共产国际第三次代表大会的书面报告》中说："该分部的成员是津浦铁路这个最大车站的铁路修配厂的工人。党特别重视唐山地区，因为它是中国一个最大的工业中心。"这样，张太雷在中国共产党正式成立之前，就在天津建立了共产党组织，为全国性政党的形成奠定了一定的组织基础。年轻的张太雷在实践中积累起丰富的经验，迅速地成熟起来。

1921年1月，受中国共产党早期组织派遣，张太雷离开天津赴苏俄的伊尔库茨克参加共产国际远东书记处工作。3月到达伊尔库茨克，任中国科书记。张太雷从此成为活跃在国际共产主义舞台上的第一个中国共产主义者。此后，张太雷主要在中国南方，特别是上海、江苏、广东等地，从事并领导共产党和青年团的组织及宣传工作，在他1927年12月领导广州起义英勇牺牲之前再也没有回到天津。

天津是张太雷革命生涯的摇篮，也是他革命征程和辉煌人生的起点。在天津的5年时光里，张太雷打下了扎实的学识基础，培养和锻炼了卓越的组织才能，确立了坚定的共产主义信念，完成了一个求知、爱国、追求真理的进步青年向一个中国早期共产主义运动的革命者和领导者的转变。以天津为起点，张太雷开启了他为之终生奋斗的旨在谋求中华民族独立、人民解放的革命之路，不仅成为中国共产党创建时期的重要领导人之一，而且为近代中国人民的革命事业作出了重大贡献。

**此文为中国共产党成立90周年纪念研究论文。天津市为纪念中国共产党成立90周年，设立了一批理论文章重点委托项目，这篇论文便是这批立项之一的结项论文。**

# 张太雷在天津的革命思想与实践探析

蔡文杰　刘玉珊　王岚

革命先驱张太雷（1898—1927）是中国共产党和中国共产主义青年团重要创始人之一。在其短短29年的生涯中，张太雷的足迹遍布中国的南北各地以及苏俄、日本，其在天津的活动时期，集中在1916年1月入读北洋大学（今天津大学）法科预备班至1921年1月离开中国前往苏俄，共约五年的时光。其间又以1920年6月为界分前后两个阶段。之前系在天津北洋大学读书时期。张太雷不仅完成了北洋大学的学业，而且还热衷于社会实践，并积极参加五四爱国学生运动。之后是张太雷在天津从事各种革命活动的时期。他迅速转变为马克思主义者，并在天津及周边地区从事早期的共产主义运动，包括：作为北京的共产党早期组织的成员，在天津建立了青年团、共产党组织，在唐山等地开展工人运动。在张太雷的一生中，天津成为他革命生涯的摇篮与起点。

## （一）在北洋大学的学习及兼职于《华北明星报》英文翻译

1911—1915年，张太雷就读于江苏常州府中学堂（又称江苏省立第五中学，现称江苏省常州高级中学）。1915年7月，因同学李子宽顶撞老师被常州府中学堂开除，张太雷、瞿秋白等学生进行罢课而被学校给予警告处分。张太雷与李子宽等稍后同往上海参加当年北京大学预科的招生考试，均被录取。张太雷于是提前结束了其常州府中学堂的学业[①]。1915年秋张太雷入读北京大学预科。当时北大的学制7年，其中预科3年，每学年学杂费用高达300元。这种状况使家境贫寒的张太雷就学十分困难。恰在此时，位于天津的北洋大学考虑到历年报考学生录取合格者比例较少，学生生源

注释：

①人民出版社编辑部：《回忆张太雷》，54页，北京，人民出版社，1984。

江苏省常州高级中学

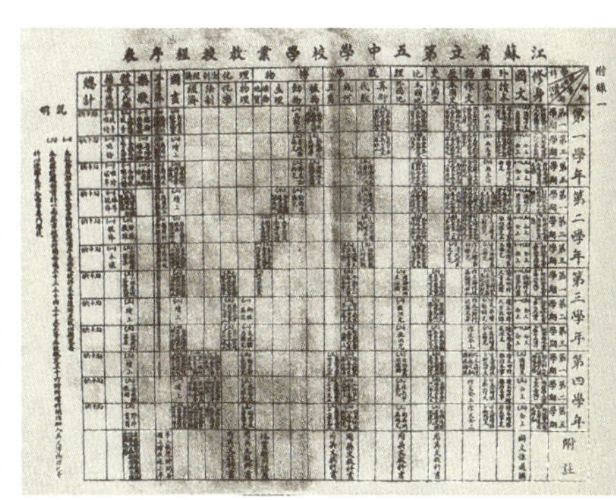

江蘇省立第五中學校學業教授程序表

附錄一

江苏省立第五中学校教科图书表

主要靠学制 3~4 年的合格预科生转升，决定从 1916 年 1 月起设临时预备班，为期半年，补习报考本科的各种科目，期满考试合格者升入本科。得知此消息后，张太雷说动北大预科同学、同乡吴南如一起于 1915 年 12 月在上海青年会报考北洋大学法科预备班，用名张曾让，并按学校招生简章的要求考试国文、英语、外国历史、地理等课程，成绩合格均被录取[2]。张太雷从北京大学预科转而报考北洋大学法科预备班，原因有二：一是为了缩短学习年限，节省学费；二是相对德系教育的北京大学，北洋大学英美系的全新学程及美国原文本的教材、美国教授，对张太雷也很有吸引力[3]。

1916 年 1 月，作为临时预备班的第一期学生，张太雷到天津，进入北洋大学法科预备班学习，立志要当一名伸张正义的律师。入校后学习国文、英语等课程。张太雷才华出众，读书勤奋，经过半年的努力，考试成绩优秀，同年 9 月，升入北洋大学法科法律门已班学习，成为北洋大学的正式学生[4]。

注释：
②刘玉珊，左森，丁则勤：《张太雷年谱》，22-23 页，天津，天津大学出版社，1992。

注释：
③左森，胡如光：《回忆北洋大学》，15-16 页，天津，天津大学出版社，1989。

注释：
④校史编辑室：《天津大学—北洋大学校史：卷一》，115 页，天津，天津大学出版社，1990。

张太雷回绝了去钱庄做事的邀请，踏上北上求学的道路

北洋大学是官办高校，最早是免学费的，此时虽已取消官费，但学费较低，每年学费、宿费共约 20 元，书费免交，教科书由学校借用，毕业时退回，下届再用。每月伙食费用 6 元左右。总体上的学习费用远低于其他同类学校。法科是学校当时所设的 4 个学科之一，也是唯一的偏文科的重点学科，为 4 年制，而其他工科一般为 3 年制。张太雷就学期间经历的两任校长（赵天麟、冯熙运）均为法科教授。法律学门所设必修课有宪法、行政法、刑法、民法、商法、破产法、刑事诉讼法、国际公法、国际私法、罗马法、法制法、经济法等，选修课包括法制史、刑事政策等。1917 年，北洋政府教育部对北洋大学和北京大学进行学科调整，北洋大学改为专办工科，其法科移至北京大学。因此，张太雷所在的法科己班成为北洋大学在民国时期最后一届法科班。

《华北明星报》

北洋大学当时的校址在天津城北西沽村北运河堤岸上，离市区较远，往返需要二三小时。加之学校教育管理严格，学生大多生活简朴，因此，有较为理想的学习氛围。张太雷在校学习期间用名张曾让。他经常出入法律图书馆，刻苦读书的精神为同学所称道。除此之外，张太雷在校的基本活动主要是喜欢体育锻炼和参加一些社团活动。对此，张太雷北洋大学的同届毕业生谌小岑回忆：虽不同系，但经常在网球场和讲演会相会，因而熟识。在学校的时候，知道他学习很好，不好出风头，晚饭后，总是同他的常州同乡吴南如在白河堤上散步[⑤]。

注释：
⑤人民出版社编辑部：《回忆张太雷》，56 页，北京，人民出版社，1984。

为了减轻家庭负担、赚取学费和生活费，张太雷从读大学三年级开始，利用课余时间在位于天津法租界的《华北明星报》(*North China Star*) 兼任英文翻译。《华北明星报》最初是由多位外国人出资创办的有较强商业性质的大型综合英文日报，其发起人和总编辑是任北洋大学法科主任的美国人福克斯(Charles J. Fox)。该报创刊于 1918 年 8 月，是一份 4 开至少 8 版的日报。福克斯此前在美国的纽约和华盛顿有近 10 年的报社工作经历，1913—1920 年在天津北洋大学任法学教授[⑥]。张太雷即是应福克斯的邀请就职于《华北明星报》编辑部。《华北明星报》虽然刊有大量的，甚至是整版的商业信息(如商船航班)和广告，但国内国际新闻的信息量依然十分巨大，远超其他国内的中外文报纸。特别是通过其在美国、苏俄、欧洲等地的通讯记者，大量报告包括苏俄在内的国际新闻，信息量很大，这一点从福克斯为该报撰写的两周年纪念文章中也可见一斑：“今天是明星报两周年纪念日，本报存在着年幼者难以避免的各种小缺点，但它一直努力工作，每天都呈现在公众面前，广泛报道国外各类新闻，而这项工作是这个国家从没有做过的，无论是用本土语言、方言或是外国语言。”[⑦]

注释：
⑥（英）雷穆森：《天津租界史》，227 页，天津，天津人民出版社，2009。

注释：
⑦ Charles J F.The Star's Second Birthday *North China Star*, 1920.8.12（3）。

张太雷通过这份带有勤工俭学性质的社会兼职，较其他在校学生能够迅速地了解国内外新闻，特别是有关苏俄的相关报道；同时也开始与社会各类人士进行接触、建立联系，较早地更大范围地了解社会民情，能够在学生阶段走出校园接触到真实的社会及其运行，既可以体察社会下层人民的艰辛生活，也可以洞察社会上层乃至当政者的腐败与没落，而这些都是校园内、书本里所看不到的。此外，张太雷在《华北明星报》的经历，也为他在投身革命运动后不断创办多种革命报刊，进行革命宣传积累了宝贵的经验。

张太雷正是通过《华北明星报》这个平台，结识了来自苏俄的俄籍汉学家鲍立维（又译柏烈伟）。鲍立维是俄共（布）秘密党员，1918 年下半年从海参崴来到中国从事联络工作。鲍立维到天津后，从《华北明星报》找到张太雷担任其翻译⑧。鲍立维在天津工作有两年多的时间，多次往返京津，与李大钊常有来往，1921 年 1 月离开天津去北京大学正式任教。张太雷在担任鲍立维翻译期间，开始阅读马克思主义的经典著作，如列宁的《国家与革命》，翻译一些社会主义文献以及一些介绍俄国十月革命和苏俄现状的文章。这一切成为张太雷自觉学习并接受马克思主义的开端。

注释：
⑧刘玉珊，左森，丁则勤：《张太雷年谱》，30 页，天津，天津大学出版社，1992。

1920 年 6 月，张太雷以优异成绩修业期满毕业⑨。以"实事求是"为校训的北洋大学，以其先进的教育理念、朴实而又严谨的学风，造就了一批又一批兴学救国、通晓西语、具有先进的科学文化知识和各方面实际能力的新式人才。张太雷不仅学习了先进的科学文化和专业知识，锻炼了各方面的实际能力，而且在英文方面的学习尤其出色。这为他日后来往于中国共产党与共产国际之间的工作并担任多位来华共产国际代表的英文翻译打下了扎实的语言基础，奠定了良好的能力基础。需要说明的是，张太雷不仅在北洋大学学业优异，而且还注重走出校门，到社会这所"无字的大学"去感触和了解社会，通过社会实践活动，拓展了视野，锻炼了能力，从而迅速成长起来。

注释：
⑨钱听涛，黄明彦：《张太雷研究史料选》，71 页，北京，中央文献出版社，2007。

**（二）在五四爱国学生运动中转变为马克思主义者**

入读北洋大学期间，张太雷的个人价值取向发生了巨大的变化。张太雷的家人和亲友一心盼望他学成后能升官发财，显亲扬名。这也是那个时代许多读书人的选择。张太雷也一度想毕业后通过文官考试到上海当律师。然而，在其北洋大学毕业前后，张太雷的思想发生了明显的变化。张太雷在 1921 年初的家书中谈到："我先前本也有做官发财的心念，所以我想等明年去参加高等文官考试；但我现在觉悟，富贵是一种害人的东西。做了官，发了财，难保我的道德不坏。常常在官场里混，与那些不好的人在一起，嫖赌娶妾的事情或不能免。倘若是这样了，非特我的身体、道德要坏，恐怕家里要受莫大的苦处。你也见多少做官的发财的人们多嫖赌娶妾。倘若我做了官，发了财，我自己也不能保不替他们一样的做坏事。”⑩

据其中学同学后就读于北京大学的李子宽回忆，太雷本意拟于北洋毕业后回南充任律师，1917年之后，思想突起变化，其倾向于社会主义实在五四之前。李子宽曾于1918年秋回北京大学途中至北洋大学时说：“即有人以太雷坚决转变之情形告我，谓‘太雷已醉心于另一种新的做人标准，放弃旧的出世途径，态度甚坚决’。”⑪

张太雷思想上的这一重要转变与当时的历史背景密切相关。这一时期的袁氏称帝、张勋复辟以及皖系段琪瑞执政，造成社会政局动荡，人民生活贫困、思想迷乱。对此，以陈独秀1915年9月创办《青年杂志》为标志，新文化运动蓬勃兴起。陈独秀等倡导者提倡民主、反对专制，提倡科学、反对迷信盲从，向封建主义思想文化和封建专制主义发起前所未有的猛烈攻击，唤醒了一代青年。

张太雷思想上的重要转变也与他关注社会并注重社会实践活动密不可分。1919年2月，他在天津发起组织旨在改造黑暗的旧中国的“社会改造社”，探索振兴中华的途径。这是中国大学生最早的进步团体之一。五四运动发生后，张太雷参加了“北洋大学学生会”“天津中等以上学校学生联合会”以及“天津各界联合会”组织的爱国活动⑫。6月5日，天津学生抗议北洋政府拘捕北京学生，在南开操场誓师后出发讲演；6月9日，天津学生在河北公园召开大会；8月下旬天津学生到北京天安门请愿要求惩办济南镇守使马良；10月10日因警察干涉学生集会游行，学生包围警察厅等，这些学生爱国活动都有张太雷的身影⑬。在五四运动中，张太雷作为学生代表参加天津各界抵制日货委员会，到街上各店铺宣传与查禁日货。张太雷还以天津学生代表的身份与北京学生代表一道向总统府和国务院请愿，要求释放被捕的同学。在谌小岑的印象中，张太雷“是一个以群众一员的身份，热情参加学生爱国运动的青年”⑭。

除了积极参加学生爱国运动外，张太雷还参加北洋大学学生组织的演讲团，深入工农群众进行爱国演讲。1919年6月2日的天津《益世报》以“北洋大学讲演团赴塘沽及郊区讲演”为题，报道了张太雷等4名北洋大学学生赴塘沽、大沽等处的系列演讲活动。北洋大学的学习锻炼了张太雷的演讲才能。张太雷等宣传反帝爱国、抵制日货的演讲，受到广大民众的欢迎。“每次听者达数百人，闻者无不点头称是”；演讲结束后，“听者犹相聚不散，引领遥望，似恨时光短促，不能尽所欲闻”⑮。

通过五四时期的这些活动，张太雷结识了李大钊、邓中夏。李大钊是中国第一个传播马克思主义并主张向俄国十月革命学习的先进分子，他热情地赞扬十月革命，指出俄国十月革命是“世界新文明之曙光”⑯。1920年2月，李大钊为送陈独秀去上海，从北京来到天津，曾在俄租界与鲍立维

注释：
⑩姚维斗：《张太雷文集（续）》，1页，南京，江苏人民出版社，1992。

注释：
⑪人民出版社编辑部：《回忆张太雷》，54页，北京，人民出版社，1984。

注释：
⑫刘玉珊，左森，丁则勤：《张太雷年谱》，32-33页，天津，天津大学出版社，1992。

注释：
⑬人民出版社编辑部：《回忆张太雷》，56页，北京，人民出版社，1984。

注释：
⑭人民出版社编辑部：《回忆张太雷》，56页，北京，人民出版社，1984。

注释：
⑮钱听涛，黄明彦：《张太雷研究史料选》，91页，北京，中央文献出版社，2007。

注释：
⑯人民出版社编辑部：《李大钊文集：上卷》，575页，北京，人民出版社，1984。

1920 年 4 月，俄共（布）党员维经斯基到天津，
张太雷由鲍立维介绍给维经斯基当翻译。

进行秘密接触，担任翻译的正是张太雷，二人此时得以相识[17]。1920 年 3 月，张太雷成为李大钊、邓中夏等人为建党作准备而建立的北京大学马克思学说研究会的成员。此后，张太雷协助李大钊为建立中国共产党早期组织作了大量的工作，并不断将秘密翻译的社会主义文献送往北京。

1920 年 4 月，作为苏俄向中国派出的"使者"，其后多次出任共产国际驻华代表的维经斯基，受俄共（布）远东局海参崴分局外国处的派遣，偕同几位助手来到中国，调查中国的社会状况，同中国的革命者建立联系，并适时建立革命组织。维经斯基先是经鲍立维介绍到北京与李大钊进行了接触，并在北京举行了几次座谈会。不久，按照李大钊的意见，维经斯基又去上海与陈独秀会见，并于同年 7、8 月间在上海成立了包括陈独秀、维经斯基等 5 人组成的"革命局"[18]，即上海共产党早期组织的前身。在此期间，张太雷担任维经斯基的英文翻译，与维经斯基"经常接触"[19]，并参加了维经斯基在北京与上海的部分活动[20]。

1920 年下半年，英国哲学家罗素来华，到处宣讲资产阶级改良主义的观点，即通过技术进步、发展合作社等手段来实现对资本主义社会的改造。以陈独秀为代表的中国早期马克思主义者对此进行了抨击。陈独秀撰文指出，中国遭受外国帝国主义侵略和掠夺的现状，"除了中国劳动者联合起来组织革命团体，改变生产制度，是无法挽救的"[21]。张太雷也以自己的实际行动参与到这场论战中来。在一次公开的辩论会上，张太雷登台发言，运用《共产党宣言》的基本原理，说明了无产阶级是旧社会的掘墓人和新社会的创造者。据舒米亚茨基回忆，"按照张太雷同志自己的说法，这场争

注释：
⑰钱听涛，黄明彦：《张太雷研究史料选》，111 页，北京，中央文献出版社，2007。

注释：
⑱中共中央党史研究室第一研究室：《联共（布）、共产国际与中国国民革命运动第 1 卷（1920——1925）》，31 页，北京，北京图书馆出版社，1997。

注释：
⑲中共中央党史研究室第一研究室：《共产国际、联共（布）与中国革命文献资料选集（1917——1925）》，103 页，北京，北京图书馆出版社，1997。

注释：
⑳刘玉珊，左森，丁则勤：《张太雷年谱》，41 页，天津，天津大学出版社，1992。

注释：
㉑任建树，张统模，吴信忠：《陈独秀著作选：卷二》，212 页，上海，上海人民出版社，1993。

论也使他确立了对于马克思主义的信念”[22]。

注释：
㉒人民出版社编辑部：《回忆张太雷》，173页，北京，人民出版社，1984。

在十月革命影响下，与鲍立维、李大钊、维经斯基、陈独秀等中外人士的密切交往，加之对马克思主义经典著作的翻译、学习，以及相关社会活动，使张太雷进一步了解了俄国十月革命和马克思主义理论，使他从一位民主主义者彻底转变为早期马克思主义者，并于1920年10月，参加了李大钊创立的北京的共产党早期组织。

### （三）在天津建立共青团和共产党的早期组织

中国早期的马克思主义者除了利用各种报刊和演讲宣传马克思主义，同各种非马克思主义的思潮进行论战外，主要的革命活动表现为深入工矿企业，了解工人的疾苦，把他们组织起来，开展工人运动；并在马克思主义与中国工人运动相结合的过程中，建立各地的共产党早期组织和青年团组织，为中国共产党的正式成立作准备。张太雷不仅是天津第一位共产党人，而且对天津地区的早期共产主义运动作出了巨大贡献，留下了光辉的一页。

在大学毕业前后，张太雷作为英文翻译随同维经斯基一行到上海，会同陈独秀、李汉俊等人，积极从事共产党早期组织的创建工作。同期，张太雷还参与了中国第一个社会主义青年团组织——上海社会主义青年团的筹建工作。1920年8月，上海社会主义青年团成立后，受李大钊的委托，张太雷负责在天津筹建社会主义青年团。由于张太雷已经具备了组建青年团的思想基础和实践经验，加上五四运动前后天津学生社团组织和相关活动的基础，张太雷会同奉李大钊之命从北京来天津的原北洋大学学生谌小岑，很快组建了天津的社会主义青年团组织。

1920年10月，天津社会主义青年团在天津特别二区大马路一家裁缝店（今河北区建国道91号）正式成立。出席成立会的包括张太雷、谌小岑、胡维宪、吴南如、郑德等共7人，张太雷主持了会议并被选举为书记[23]。在张太雷的领导下，天津社会主义青年团进行了大量的革命工作，受到当时共产国际远东书记处负责人舒米亚茨基的特别推崇。舒米亚茨基认为天津青年团组织“就是这类比较彻底的中国青年组织的楷模”[24]。首先，张太雷领导制定了团章，成为中国第一个团章的起草人。团章规定，团的宗旨是“研究和实现社会主义”。不仅仅要研究和宣传社会主义，还把“实现社会主义”作为奋斗目标。为此规定：必须在青年工人中建立自己的组织，以工人阶级为团的阶级基础。具体工作方法是通过调查工人状况、组织和教育工人，向工人宣传马克思主义等方式开展工人运动。这表明天津团组织从一开始在明确自己的工人阶级性质基础上，坚持走与工人运动相结合的革命道路。在组织机构方面，团章也作了较为严密的规定，既有类似于委员会的“书记处”，有特别代表制的基层组织，还有“工人状况调查委员会”

注释：
㉓中共天津市委党史研究室：《中国共产党天津历史：卷一》，58页，北京，中共党史出版社，2005。

注释：
㉔人民出版社编辑部：《回忆张太雷》，186-187页，北京，人民出版社，1984。

族獨立對內的言論出版集會結社自由及普通選舉種權利。這種革命戰爭現時正在新進途中，並於中國政治經濟的現狀，我們無產階級和最苦的農民都應該援助這種革命的爭鬥，造成無產階級的真實力量，不應該取旁觀或反對態度使封建制度延長生命。但同時我們要知道民主革命的勝利，我們無產階級雖可以得着些自由與權利，然而不能得着完全解放，因為民主派的小資產階級戰勝以後，他們馬上就會變成大資產階級，而與無產階級間的資本主義關係－即支配的關係－依然存在。所以接着民主的革命成功，便會發生無產階級對抗資產階級的革命運動，這種革命之目的是採用勞農制度，即是將政權歸諸無產階級。這種革命實現之遲速，乃依世界狀況及中國無產階級組織能力和戰鬥能力之強弱而定。

中國社會主義青年團為中國青年無產階級的組織，即為完全解放無產階級而奮鬥的組織，換句話，就是要建設一切生產工具收歸公有和禁止不勞而食的初期共產主義社會。

中國社會主義青年團，一方面為改良青年工人農人的生活狀況而奮鬥，並為青年婦女青年學生的利益而奮鬥；一方面養成青年革命的精神，使向為解放一般無產階級而奮鬥的路上走。然這種奮鬥的道路并非直徑的，所以現在中國社會主義青年團特規定下列現時的方針，以期達到最後的目的。

政治方面

（一）剷除武人政治和國際資本帝國主義的壓迫。（二）工人和農人在各級議會和市議會中應獲得無限制的選舉權。（三）言論、出版、集會、結社、罷工、應有絕對的自由權。

經濟方面

（一）十八歲以下的青年工人－每日工作時間不得過六小時；十八歲以上的青年工人，每日不得過八小時，但應爭得平均的工值；禁止十二歲以下的青年作工。（二）每星期至少應有連續三十六小時的休息；一切節日停止工作。（三）禁止廠主與藝徒私自締結契約，應制定保護藝徒的法律。（四）改良工人衞生，禁止十六歲以下的青年作有妨害健康的工作。（五）男女工人待遇平等，女子在分娩期兩月中應停止工作，並須照常給發工資。

（一）關於社會教育，社會主義的青年，應為所在地方的青年無產階級組織俱樂部，學校，講演會以發展他們的知識和社會覺悟，并發刊通俗的日報，月報，小冊子。對於青年農人亦應特別注意，又須使年長失學的青年受普通教育。

（二）關於政治教育，社會主義的青年應實行社會主義於大多數青年無產階級，其方法或集會講演，或刊行讀物和小冊子，並特別注意中國政治情形及其他種種情形，以養成青年無產階級的政治覺悟及批評力。

（三）關於學校教育，社會主義的青年應運動改良學校制度，使一般貧苦青年得受初步的科學教育。並極力運動義務教育的實施，教育和學生參加一切學務管理。取消宗教關係地方關係及一切不平等的待遇。

中國社會主義青年團對於各種運動當協同中國各種青年團體共同工作。協同各種青年團體反抗各種妨礙青年思想進步之政治或宗教運動。

中國社會主義青年團承認對於解放無產階級和被壓迫民族的問題為世界問題，要達到社會主義的目的，非全世界無產階級和被壓迫民族共同起來革命不可。

## ●中國社會主義青年團章程

### 第一章　團員

第一條　凡十五歲以上二十八歲以下之青年，承認本團綱領及章程，并願服務本團者，皆得為本團團員。

第二條　年逾二十八歲者，得為本團特別團員，只有發言權。

第三條　團員入團時，須有團員二人以上之紹介，并須由該地方執行委員通過。

第四條　團員入團時，須在該地方團書記處登記，并由該地方執行委員會蓋章發給團證。

第五條　團員入團時，須繳入團費五角，並須按月繳常費一角；但勞動者入團費得免繳。

### 第二章　組織

第六條　各工廠、各學校、各鄉村、及其他足資活動之機關中，有團員三人以上，即須組織小團體。各「小團體」滿十人以上須組織幹事會執行事務，任期三個月；但不滿組織幹事會時須設書記一

第七條　各地方組織地方青年團，該地方各小團體聯合之，選出地方執行委員會，任期六個月（任期內遇特別事故缺職時，上級委員會得委派之）

第八條　區代表大會選出區執行委員會，任期一年。

第九條　全國代表大會選出中央執行委員會，任期一年。

第十條　中央執行委員會由全國代表大會選出五人組織之，并選出候補委員三人。

第十一條　中央執行委員會互選書記一人，總理事務。

第十二條　中央執行委員會主要工作分為三部：

（一）書記部－掌理組織財政搜集報告，發給通告等事。

（二）經濟部－掌理關于改良青年工人農人經濟狀況等事。

（三）宣傳部－掌理教育及政治的工作，主義宣傳及出版事業等事。

第十三條　區及地方執行委員會之組織，按中央執行委員會組織之原則組成之，但須經中央執行委員會之認可。

第十四條　大會或中央執行委員會議決之各種議案，地方團得組織各種運動委員會分別進行。

### 第三章　紀律

第十五條　全國代表大會為本團最高機關。

第十六條　在全國代表大會閉會期間，中央執行委員會為最高機關。

第十七條　大會或執行委員會之議決須為該大會或執行委員會多數之公意，少數須服從之。

第十八條　下級執行委員會須服從上級執行委員會；不服從時，上級委員會得取消或改組之。

第十九條　對於各下級執行委員會議決有抗議時，得五分之一的贊成者，得提出上級執行委員會判決。但在抗議時期仍須服從各該下級執行委員會之議決。

第二十條　對於中央執行委員會有抗議時，得提出于全國代表大會判決。但在抗議時，仍須服從中央執行委員會之議決。

第二十一條　團員違背綱領章程或決議案時，得由該地方執行委員會開除之。

繳月費者，得由該地方執行委員會開除之。

### 第四章　會議

第二十三條　各「小團體」每星期須開會一次。

第二十四條　各地方青年團每月須開會一次（代表會或大會依各地情形而定。）

第二十五條　各區每年須開代表大會一次。

第二十六條　全國每年須開代表大會一次。

第二十七條　中央執行委員會認為必要時，得召集全國臨時會議；有過半數區之請求，中央執行委員會必須召集全國臨時會議。

第二十八條　區及地方臨時會議亦得照全國臨時會議之辦法召集之。

### 第五章　報告

第二十九條　下級執行委員會每月至少須報告上級執行委員會一次。

### 第六章　機關

第三十條　依照各地情形須設立平民學校，青年俱樂部，新劇團，合作社，演講團，圖書館，出版機關等。

### 第七章　經費

第三十一條　經費以團費特別捐及其他收入充之。

### 第八章　機關報

第三十二條　本團由中央執行委員會出一機關報，團員負定閱及銷售之義務。

### 第九章　附則

第三十三條　本章程得由全國代表大會過半數之議決修改之。

第三十四條　本章程由本團第一次全國大會議決，自中央執行委員會公佈日起發生效力；從前各地青年團的章程，一律取消。

「附」議決案五則

（一）佛山分團由大會議決認為特別區，不適用章程之第二條。

（二）特別團員除所在地方團團員過半數議決認為必要時，並得中央執行委員會之同意，得有表決權。

（三）有三個地方團以上方可組成一區。其劃分法，由中央執行委員會臨時決定。

（四）不屬于區之地方團由中央執行委員會直轄，或由中央執行委員會委託某區關轄。

（五）前加入本團團員須追繳入團費。

和“社会主义研究部”。团章同时规定了严格的组织发展条件和组织纪律。其次，天津青年团组织依据团章进行大量的宣传和组织工作，开展了形式多样的革命活动。一是创办了天津社会主义青年团机关报《劳报》，介绍国际国内的工人运动和十月革命后的苏俄状况，特别注重反映长辛店、南口、唐山等地的工人生活，向工人群众宣传社会主义思想，同时刊登摘译的马克思主义理论性文章。不久，《劳报》被警察厅以宣传过激主义之名禁止发行。张太雷于次日迅速出版新的《来报》（取英文 Labor 的谐音）取而代之。《来报》很受工人的欢迎，不仅在天津发行，而且送到外埠，分送至京奉、津浦路各站。二是发行《共产党宣言》《共产党》《我的马克思主义观》等书刊，使马克思主义在北洋大学、南开学校、省立一中等学校及唐山、南口等地广为传播。三是会同北京的共产党早期组织成员多次到唐山、长辛店等地进行社会调查，了解工人情况，筹办工人补习学校，并适时组织工会。1920 年底，张太雷与邓中夏、张国焘等人多次前往长辛店开展工人运动。1921 年元旦，长辛店劳动补习学校正式开学。这个时期的张太雷“为革命奔走，常往来于京津之间”，到北京时，经常带着两只手提小皮箱，里面大多是去长辛店的宣传材料，到当时在北京大学读书的中学同学李子宽宿舍临时住一宿，经与李大钊、邓中夏等会晤后，次日即去长辛店㉕。

注释：
㉕人民出版社编辑部：《回忆张太雷》，55 页，北京，人民出版社，1984。

天津社会主义青年团组织的活动持续了约 3 个月的时间，即从 1920 年 11 月至 1921 年 1 月，时间虽短，但在传播马克思主义、宣传与组织工人运动、团结教育青年等方面作出了重要贡献，为以后天津党团组织的建立与发展奠定了基础，积累了经验。

1920 年 10 月，张太雷参加了李大钊创建的北京的共产党早期组织后，便奉李大钊的指示，在天津筹建早期共产党组织。事实上，维经斯基在上海成立“革命局”之后，要求在华的俄共（布）党人在北京、天津、汉口、广州等工业城市中偕同当地的中国早期马克思主义者建立与上海“革命局”相类似的组织。当时在上海的维经斯基在 1920 年 8 月 17 日给俄共（布）中央西伯利亚局东方民族处的报告中，还提到在天津设置一个接头地点，以组织党的工作人员登记㉖。这说明天津当时共产主义运动比较活跃，成立天津的共产党早期组织的条件已经基本具备。1920 年 12 月，以张太雷为书记的天津早期共产党组织成立，同时还建立了唐山站分部。注重在工人群众中发展党员和建立组织是天津组织及其唐山站分部的最大特点。1921 年 6 月，张太雷在《致共产国际第三次代表大会的书面报告》中说：“该分部的成员是津浦铁路这个最大车站的铁路修配厂的工人。党特别重视唐山地区，因为它是中国一个最大的工业中心。”㉗年轻的张太雷在实践中积累起丰富的经验，迅速成熟起来。

注释：
㉖中共中央党史研究室第一研究室：《联共（布）、共产国际与中国国民革命运动第 1 卷（1920—1925）》，35 页，北京，北京图书馆出版社，1997。

注释：
㉗姚维斗：《张太雷文集（续）》，1 页，南京，江苏人民出版社，1992。

1921 年 1 月，受中国共产党早期组织派遣，张太雷离开天津赴苏俄的伊尔库茨克参加共产国际远东书记处工作。3 月，到达伊尔库茨克，任中国科书记。同年 6—7 月，作为中国共产党的代表，出席在莫斯科召开的共产国际第三次代表大会，起草了《致共产国际第三次代表大会的书面报告》，并在大会讨论东方问题时作了发言。张太雷从此成为活跃在国际共产主义舞台上的第一个著名的中国共产党人。此后，张太雷主要在中国南方，特别是上海、江苏、广东等地，从事并领导共产党和青年团的组织及宣传工作，在他 1927 年 12 月领导广州起义英勇牺牲之前再也没有回到天津。

天津是张太雷革命生涯的摇篮，也是他革命征程和辉煌人生的起点。在天津的 5 年时光里，张太雷打下了扎实的学识基础，培养和锻炼了卓越的组织才能，确立了坚定的共产主义信念，完成了一个求知、爱国、追求真理的进步青年向一个中国早期共产主义运动的革命者和领导者的转变。以天津为起点，张太雷开启了他为之终生奋斗的旨在谋求中华民族独立、人民解放的革命之路，不仅成为中国共产党创建时期的重要领导人之一，而且为近代中国人民的革命事业作出了重大贡献。

**原载《天津大学学报》（社科版）2011 年第 6 期**

天津大学"太雷班"学生在张太雷塑像前宣誓

# 张太雷与北洋大学

张振兴

张太雷，中国无产阶级革命家，江苏武进人，1898 年 6 月出生，大学用名张曾让。1916 年 1 月至 1920 年 6 月在北洋大学学习期间，开始接触马克思主义学说，研读列宁的《国家与革命》，积极参加五四运动等爱国活动。大学毕业即投身于创建中国共产党与社会主义青年团、参与国际共产主义运动、致力于国共合作和武装斗争。1927 年 12 月 12 日，在领导震惊中外的广州起义中壮烈牺牲，年仅 29 岁。

张太雷为人处世低调，不愿事事张扬，况且他最初所接触的政治活动被赋予“秘密”二字，从而形成他的鲜明特点：做得多——处理各种棘手的复杂事情；说得少——很少谈自己的工作等情况。因此，留存他的有关资料比较少，后人只能对各种资料进行筛选、分析、考证、推理，这不免留下许多疑问。随着前苏联有关档案的大量公开，以及其他史料不断地被挖掘，给研究张太雷带来新的希望。本文探究张太雷在北洋大学四年多的思想变化以及校内外所从事的社会活动等历史根源，来阐述北洋大学的学生生活如何促成张太雷走上革命道路，这对于深入研究张太雷具有重要意义。

## （一）张太雷求学北洋大学，接受系统的法学教育

1915 年 12 月 21 日至 28 日的上海《申报》、12 月 28 日至 31 日的天津《大公报》分别连续刊登北洋大学招生启事（简称“启事”）。时为北京大学法科预科生的张太雷看到此“启事”，便产生转投考北洋大学的念头。

其原因：一是“启事”称设立“临时预备班”（预科），学期仅为半年，学费 15 元。而北京大学的法科预科则要三年，每年学杂费约 300 元。这对于家境贫寒、全靠亲友资助的张太雷来说，无疑是个利好消息。二是北洋大学是中国第一所国立大学，考生慕名而来愈益增多，但因北洋大学始终坚持重质不重量，考生落选者众。有一年各科考生中仅有一名（法科）被认为合格。北洋大学首开“临时预备班”以保证生源，也为众多类似张太雷这样的优秀学生考入北洋大学提供良机。三是张太雷符合“有高等（中学）二年以上及大学预科二年以上之程度者”的报名条件。况且法科“临时预备班”考试科目为“国文、英语、外国历史、地理”，张太雷很有把握，毕竟他曾经顺利通过了北京大学的法科预科的考试。

张太雷看到北洋大学招收预备班学生广告后，力劝原常州中学、北大法科预科同学吴南如一起去参加入学考试。吴南如妹妹吴崇兰回忆说：“二哥（吴南如）是个脚踏实地的人，觉得能在北京大学预科按部就班地上学，也很不错，做学问，能按部就班就可以了。可是张太雷仍一力主张跳班，他认为北洋大学是英美系，是新派的；北京大学是德日系，比较古老。而且，

北洋大学的课本都是采用美国的原文本，教授多是美国人。若能考取北洋大学，年限上固然缩短，学程上也全是崭新的。……他一力劝二哥和他一起去考，两个人为了这事讨论多日，二哥终于听他的话，和他一同去考了那个特别班，结果两人都录取了。”①

注释：
①左森、胡如光：《回忆北洋大学》，116页，天津，天津大学出版社，1989。

按照“启事”的规定，招生分为南北两大考点，“天津在本校，上海在青年会”。张太雷、吴南如同去上海，1915年12月27日至28日，在上海八仙桥基督教上海青年会参加考试，结果两人顺利地通过考试，如愿考取北洋大学“临时预备班”。

1916年1月8日，张太雷到北洋大学报到，交了15元学费，“膳费自理，宿舍费不收”。开始补习报考北洋大学本科的各种科目。按照学校规定，8月18日和19日，法科临时预备班的学生进行报名注册，参加升学考试，张太雷与吴南如携带文凭和照片如期进行了注册。法科临时预备班原有学生26名，经过这次考试被淘汰10名②。张太雷与吴南如均以优异成绩升入法科本科一年级，1916年秋季入学，被编入己班，学制4年。

注释：
②刘玉珊，左森，丁则勤：《张太雷年谱》，23页，天津，天津大学出版社，1992。

根据北洋大学学籍档案记载，当时法科己班有学生30人：张正学、张鉴暄、吴南如、谢澜、王家驹、郝耀东、刘松年、孙瑞芹、刘簠诒、史振声、马经权、杨集瀛、张曾让（张太雷）、戴鉴哲、解茂成、郭金章、杨信容、齐书堂、林之翰、王同和、王品韩、姒艮成、娄光汉、王攸同、高春台、鲍启元、刘玉璘、张崇仁、王文哲、刘宝智③。

注释：
③天津大学档案馆馆藏：《国立北洋大学法科己班学籍册》，北洋大学档案，全宗号1，目录号1，卷号12。

法科为北洋大学初设四大学门之一（其余三门学科为土木、矿冶和机械）。民国初年，北京政府教育部施行大学区制，令北洋大学法科调往北京大学，并令于1917年北洋大学法科不再续招新生。1920年（民国9年）6月，张太雷所在己班修业期满。按北京政府教育部第327号训令“该校法科本年暑假即须终结”④，此后北洋大学法科正式停办。张太雷、吴南如所在的法科己班是北洋大学法科的第六届，也是最后一届。

注释：
④教育部编：《教育公报》（第七年第七期），3-4页。

张太雷、吴南如就读北洋大学法科时，同住一个宿舍（两间为一单元），共同使用一盏灯，共同学习。吴南如家境比较好，为了陪同张太雷，甘愿放弃比较讲究的南膳食团，一起吃价格比较便宜的北膳食团，主食为包子、馒头、面条等。两人朝夕相处，同窗共读，结下了深厚的学友之情，尤其是在五四爱国运动及以后的社会主义青年团的活动中，又融入了浓浓的爱国之情，可谓知己。因此，1921年1月，在张太雷前去伊尔库茨克远东书记处工作之际，以家中生活和紧要之事相托，吴南如则许以竭诚相助，这也是很自然的。⑤

注释：
⑤钱听涛：《张太雷一封残破家书的由来》，载《炎黄春秋》，1995（11），41页。

### （二）北洋大学的校训精神和严谨学风，造就张太雷超凡的学识

北洋大学创办之始，即以美国哈佛大学、耶鲁大学为蓝本，以“西学体用”为办学方针，管理严格、治学严谨，被誉为“东方的康乃尔”。在校四年多里，

张太雷受益匪浅。

（1）北洋大学“实事求是”的校训精神，一直渗透在张太雷以后的革命生涯里。

五四时期，面对西方传入的工业文明、自然科学和社会科学等，中国人需要一种严谨的治学精神和科学的学习态度和方法。张太雷进校时，时任北洋大学的校长赵天麟（兼任法科教员，字君达，爱国教育家，1938 年 6 月被日本宪兵队杀害）不失时机地提出“实事求是”的校训，在办学、育人等方面都起到积极的作用，对北洋大学及更名以后的天津大学均产生了深远的影响。

“实事求是”出自《汉书·河间献王刘德传》“修学好古，实事求是”。首先作为一种严谨的治学态度和方法，后人不断地丰富其内涵和外延，形成科学、真理与理想三重范畴。毛泽东、邓小平等先后亲笔书写过此四个大字，并作了精彩的阐述，在中国共产党的历史上，“实事求是”四字凝聚了无数的深刻历史内涵，意义重大。

北洋大学“实事求是”的校训精神不断地被灌输，耳濡目染，潜移默化，使之渗透在张太雷以后的革命工作里。在他投身革命后所写的许多报告、文章和处理问题等，均遵照实事求是的准则，得到了老战友的高度评价。先后参加《向导》《人民周刊》编辑工作，体现了认真、严谨、踏实的工作作风。

（2）北洋大学采用西方科学教育理念和方式，完全不同于中国传统的教育思想和模式，灵活的教学方法让张太雷等莘莘学子大开眼界。

北洋大学的法科教员大部分为外籍人士，一律使用英语授课，讲授方法采用启发式，他们只讲课程大意，指定参考书，要求同学们到图书馆去查阅，自求解答。每堂课前，外籍教员经常进行小型口试或笔试，同学们丝毫不敢懈怠，课后需要花费很多时间去认真准备，方能对答如流。由于课外预备的学习内容太多，时间不敷应用，同学们就合作研究，把教授布置的案例分组，每人完成若干个，促使学生之间互相交流学习心得，取长补短。这种教学方式有力地激发和提高学生的自学能力，催生多元化的灵活思维方式，学会多角度的思考，培养学生有针对性地解决问题，而不是造就死啃书本、脑子僵化的书呆子。

张太雷因英文基础扎实，也磨炼出快速查找和求解能力，各种问题都能深刻理解，融会贯通，这种能力也很好地运用在以后的各种革命工作中。如作为中国共产党第一个红色外交使者赴伊尔库茨克远东书记处工作，在莫斯科参加青年共产国际执委会工作，赴广东处理棘手的整顿党团工作等等，随时都要处理接踵而来的问题，既要讲原则，又有灵活性，更须具备很强的判断力与前瞻性。在张太雷许多文章里都有精辟的阐述，出现鲜明的前瞻性见解，令人叹服。最具代表性的例子是 1926 年“中山舰事件”发生前，张太雷已经提醒苏联布勃诺夫使团，“右派准备采取行动了，不久前他们曾试图在第四和第一军之间制造分裂。现在的形势与谋杀廖仲恺前注释：

⑥〔苏〕切列潘诺夫：《中国国民革命军的北伐》，319-320页，北京，中国社会科学出版社，1981。

夕的形势相仿，到处是谣言和传单”⑥。

（3）张太雷系统地学习了西方法学课程，了解其中的历史演变和存在的利弊，为他选择追求真理的政治信仰提供了参照系。

在北洋大学求学期间，张太雷系统地学习了宪法、行政法、刑法、民法、商法、刑事诉讼法、民事诉讼法、国际公法、国际私法、法理法等16门法科课程，还有一本很厚的英美判例书。这些课程内容始终贯穿“严谨”二字，要求学生探寻本源，梳理事物因果关系，为将来在司法实践中“以事实为依据，以法律为准绳”。这不仅为他展示了世界政治潮流，大为开拓视野，与时俱进，有利于他在众多外来思潮中选择追求真理的政治信仰，还为他今后学习和翻译西方马克思主义的经典著作提供了重要的参照系，加深理解原著内涵。在不断学习过程中，西方政治文化与他原有的中国传统文化相结合，学贯中西，形成较高的文化素质，曾得到李大钊等人的赞赏，称他为“才华出众”的年轻人。

张太雷两次赴苏在莫斯科独立工作，先后为共产国际代表马林、鲍罗廷等人当翻译兼助手，起草有关文件，提供参考意见，这些均得益于他深厚的中西文化素质和很高的外语水平，便于双方互相沟通交流，达成共识，及时处理问题。如果探究张太雷的学识和素养形成的诸多因素之一，最主要的是来自

1915年，张太雷与同学们一起坚决反对丧权辱国的“二十一条”

北洋大学诸多课程内容以及先进的教学理念和方式，这是不争的客观事实。

**（三）张太雷选择马克思主义信仰，坚定地走上职业革命家道路**

张太雷选择北洋大学法科学习，希望毕业后能够进入司法部门，或当律师、或做翻译等社会地位比较高，待遇优厚的职业，甚至萌生考高等文官的想法。显然，他想尽快承担起家庭重任，摆脱困境。资助他上学的亲友更希望他能为张氏大家族光宗耀祖，重振家业。

但是，张太雷最终毅然抛弃了当律师等诱人前途，甚至未领取曾经梦寐以求的北洋大学法科毕业证书[⑦]，义无反顾地走上职业革命家的道路。他的思想变化如此之大，转变之快，究其诸多原因，至少有如下三个重要因素。

（1）张太雷深受李大钊等人马克思主义启蒙思想影响，参加校外青年学生爱国运动。

张太雷原来就读常州中学，校长屠宽（字元博），早年在日本留学时参加了孙中山领导的同盟会，他暗地联络青年教师朱雅竹等16人秘密结社，自任总干事，以推翻清廷为宗旨，常州中学堂成为秘密机关。辛亥革命爆发后，张太雷也兴奋地剪下辫子。他喜欢看书，阅读范围逐渐扩大，甚至偷偷阅读梁启超《饮冰室文集》、谭嗣同《仁学》、严复的《群学肄言》等“禁书”。入校几年后，他取字“长铗”，以战国冯驩自期，持一柄利剑，刺向黑暗的社会[⑧]。表明他胸怀大志，反映其朦胧追求民主和自由的倾向。

1915年5月9日，袁世凯竟然同意接受丧权辱国的“二十一条”，引起全国群情激愤，以5月9日为“国耻纪念日”。张太雷和同学们在教员带领下，开展抵制日货活动。师生集资建筑“对日亭”，举行落成典礼时，师生齐声高呼：“勿忘此日！”[⑨]

张太雷进入北洋大学时，中国产生了前所未有的思想启蒙运动——新文化运动，广大激进青年经常能看到陈独秀、鲁迅、胡适、钱玄同等人撰写的犀利文章。1917年俄国十月革命胜利消息传到天津后，张太雷等青年学生又阅读了李大钊写的《俄法革命之比较》《东西文明根本之异点》等文。李大钊早年在天津政法学堂有过6年的学习生涯。1917年6月，他应天津爱国讲演会之请，在天津东马路青年会礼堂作“关于大亚细亚主义”的著名讲演，指出列强对亚洲落后国家进行政治、经济、文化侵略实质，义正词严地批驳了日本帝国主义“大亚细亚主义”的侵略本质和妄图亡我中华的“二十一条”，使张太雷与天津爱国学生受到极深的爱国主义教育 。作为北洋大学爱国讲演会重要成员的张太雷，为李大钊的讲演及其后来发表于《新青年》等刊物的《庶民的胜利》《布尔什维主义的胜利》《国情》《国民之薪胆》等名篇所吸引，深深地受到了李大钊传播马克思主义启蒙思想的影响，激励他积极投入爱国运动。

注释：
⑦张太雷（张曾让）毕业文凭：“学生张曾让，系江苏省武进县人，现年二十三岁，在本校法科法律学门修业期满，考查成绩及格，准予毕业，此证。国立北洋大学校长冯熙运 中华民国九年六月十五日”。天津大学档案馆馆藏，北洋大学档案，全宗号1，目录号2，卷号3。

注释：
⑧刘玉珊，左森，丁则勤：《张太雷年谱》，19页，天津，天津大学出版社，1992。

注释：
⑨刘玉珊，左森，丁则勤：《张太雷年谱》，20页，天津，天津大学出版社，1992。

1918年5月，中国学生反对《中日共同防敌军事协定》的斗争，成为五四运动的预演，也促使天津进步学生初步组织起来。北京学生骨干许德珩等人南下联络各地学生途经天津时，天津一些进步学生特地召开欢迎会，其中有马骏、郭隆真、谌志笃、马千里、张传琦、张太雷等。这时京津两地纷纷成立各种社团，为五四运动作了组织上的准备。1919年2月，张太雷在北洋大学成立了中国大学生最早的革命团体之一——“社会改造社”，决心团结青年学子变革黑暗的旧中国，走十月革命的道路，建设一个民主、自由和科学文明的新中国[11]。

注释：
⑪人民出版社编辑部：《回忆张太雷》，6页，北京，人民出版社，1984。

（2）张太雷协助《华北明星报》编辑工作，担任柏烈伟翻译兼助手，促使他的人生道路发生巨大转折。

1918夏，北洋大学法科主任、美籍教授福克斯（Charles J. Fox）在天津创办《华北明星报》（*North China Star*），张太雷想勤工俭学，便接受邀请去协助编辑工作。这时，福克斯相识一位俄籍汉学家柏烈伟，柏烈伟可以得到苏俄方面的消息，福克斯需要这种“独家新闻”，以扩大报纸的影响，吸引不同政治背景的读者。因此，张太雷成了合适人选，成为柏烈伟的英语翻译兼助手。

柏烈伟（S. A. Polevory），即鲍立维，俄籍汉学家，同情十月革命。1918年下半年从海参崴来华，担任俄罗斯联邦驻天津的文化联络员，以各种方式与北京、天津、上海等许多进步文化人士进行联络，参与创建中国共产党早期组织的有关活动。1921年初，经李大钊推荐，柏烈伟在北京大学俄文系任教。张太雷后来才发觉柏烈伟与俄共（布）、共产国际等方面有着错综复杂的联系，现已公布的前苏联档案披露他是俄共（布）党员[12]。

注释：
⑫中共中央党史研究室第一研究室：《联共（布）、共产国际与中国国民革命运动第1卷（1920–1925）》，50页，北京，北京图书馆出版社，1997。

从现存的《华北明星报》史料来看，1919年1月至4月，该报报道十月革命后的苏俄情况以及其他各国布尔什维克运动的内容，约占整个重要新闻事件的六分之一。其中1月19日，头版出现一则醒目的消息：“布尔什维克宣传者正策划一场世界革命”，报道布尔什维克使用800万卢布的宣传经费，推动在国外的宣传。1月27日第三版、2月9日与3月31日的头版，又分别出现醒目的消息：“列宁看世界反对布尔什维克运动”，“列宁敦促德国、奥地利、波兰的布尔什维克参加共产党会议”（即3月2日在莫斯科举行的国际共产主义代表会议，宣告共产国际成立），“列宁作为无产阶级领袖受到欢迎”。这些消息虽未注明来源，但因柏烈伟的特殊身份，会从特殊渠道获得苏俄布尔什维克的最新信息，张太雷可以及时将消息译成英文刊登在该报上，因此可以推断出自柏烈伟与张太雷之手。

除了为《华北明星报》提供新闻素材，柏烈伟还拿出一些苏俄文献，要求张太雷将其中的有关苏俄情况翻译成英文。这无形中为张太雷打开一扇神秘之窗，他比同时代的人更早地直接接触有关苏俄革命文献，并精心阅读列宁的名著《国家与革命》，对十月革命文献的翻译与研读成为张太雷学习并接受马克思列宁主义的起点。为此，对渴望民族独立与人民解放的张太雷来说，其思想发生巨大变化也在情理之中。接近张太雷的常州中学老同学李子宽说：“太雷服膺社会主义较早，在（天）津已参加社会主义文献之译述工作，虽工作进行地相当秘密，但我辈亲近同学已知其事”⑬。

注释：
⑬上海政协文史资料委员会：《上海文史资料存稿汇编（政治军事）第 1 册》，512-513 页，上海，上海古籍出版社，2001。

（3）张太雷积极参加五四运动，实现世界观的重大转变，成为坚定的共产主义知识分子群体中的一员。

1919 年五四运动爆发，打破了平静的北洋大学校园，学生们的爱国热情迅即掀起，与其他学校学生成立天津学生临时委员会。5 月 14 日，正式成立“天津中等以上学校学生联合会”，第二天天津中等以上 15 所学校万余学生举行总罢课，声援北京学生罢课行动。张太雷以极大的热情投身五四爱国反帝运动，作为天津的使者赴京联络，相互支持，遂成为京津地区学生运动的骨干。在罢课、游行示威、散发传单启迪民众、抵制日货、赴京营救瞿秋白等被捕同学的一系列革命活动中，都站在前列，开始展示出爱国者的风貌和英勇斗争精神。6 月 2 日，天津《益世报》报道《大学讲演之详情》，生动地叙述了张太雷等 4 人前往塘沽等地宣传“反帝爱国、抵制日货”的情况，“张曾让”（张太雷）的名字首次出现在报纸上。

如火如荼的五四运动，把天津各校学生骨干紧密地团结在一起。8 月 25 日，张太雷和天津各界代表几百人分批赴京，向总统府进发请愿，要求释放北京爱国学生。此次爱国行动遭到北京反动军警的镇压，最后迫于声势浩大的民众声援，当局不得不释放被捕学生。经过这次请愿斗争，张太雷与马骏、郭隆真、于方舟（于兰渚）等有了进一步的联系，也与北京大学等进步学生保持各种接触。

经过伟大的五四运动的洗礼，张太雷于 1920 年 3 月参加了北京大学李大钊、邓中夏、罗章龙等发起成立的马克思学说研究会。1920 年 4 月，共产国际和俄共（布）远东局委派维经斯基等人来华，了解中国革命发展情况，与中国革命组织建立联系，柏烈伟遂将张太雷介绍给维经斯基作英文秘书。维经斯基等以天津为中心，北到北京，南到上海，与李大钊、陈独秀等人见面，酝酿建立中国共产党，张太雷更多地参与了李大钊与维经斯基、柏烈伟的会谈，并直接参与了上海、北京党团组织的创建工作。这时，张太雷已确立了马克思主义世界观，决心献身于共产主义事业。

纵观以上张太雷在北洋大学的学习生活及校园内外的社会活动等因素，促使张太雷的人生价值和理想逐渐发生了显著的变化，最后坚定地选择了红色信仰，走上了革命道路。1920 年 6 月，张太雷毕业于北洋大学。10 月，加入以李大钊为书记的共产主义小组，成为中国共产党早期组织的一员，实现了一个爱国青年的人生转变，走上了无产阶级职业革命家的光辉道路。

原载《天津大学报》（社科版）2012 年第 6 期

# "张太雷生平及其革命活动和革命思想"的研究

## 张太雷早期一些革命活动

李关鸿　刘玉珊

### 坎坷不平的中学生活

张太雷，1898年6月17日出生于江苏省常州市一个小商人家庭，不到10岁父亲便死去，此后家境甚是清寒，依仗母亲借债度日[①]。

1911年，张太雷在常州府中学堂读书时，结识了同乡、同学瞿秋白。该校校长屠宽，又名元博，日本留学生，中国同盟会会员。他看到日本维新得到强盛，想在校内仿效，采用军国主义教育[②]。由于他在学生中进行民族革命教育，使得瞿秋白、张太雷等受其影响，对孙中山的反清革命十分关注[③]。当时，瞿秋白和张太雷两人关系很好，不仅在校内，还经常联系在双方家庭，他们共同努力学习研讨科学文化知识，阅读宣传新思想的书刊，讨论国家大事，甚至带头剪去辫子，一次，瞿秋白指着自己头上的辫子对张太雷说，这尾巴似的东西，我们非要把它剪掉不可。张太雷听后赞同，不久，他俩都把自己头上的辫子剪掉，以示对清政府统治的不满和对孙中山革命思想的支持。

1915年年5月9日，袁世凯为了当皇帝，接受了日本帝国主义旨在灭亡中国的"二十一条"。全国人民得知，愤怒声讨。张太雷更义愤填膺，向同学们指出："日本帝国主义的野心是要独占中国，灭亡中国，而袁世凯为了要当皇帝，不惜出卖国家主权"[④]。张太雷还参加了当时抵制日货的活动。这一年，因为学校无理开除学生李裕基（李子宽）而牵涉到张太雷和瞿秋白，说张太雷等"素行不谨"，与李裕基相似，如不悔改，下期毋庸来校。并让张太雷写悔过书，立保证。张太雷认为校方无理开除李裕基，更无理刁难个人，拒绝写悔过书，毅然离开学校（此时常州府中学堂已改名为江苏省立第五中学）。瞿秋白也随之出校。后来，他俩不得不另谋出路，瞿秋白到一个小学校当临时教员，张太雷则于1915年冬，在上海考入北洋大学特别班（即预备班）。特别班学制是半年，主要是招收经济困难而成绩优秀的学生。张太雷学习半年成绩合格，1916年就升入北洋大学法科法律学门已班。

注释：
①瞿秋白：《悼张太雷同志》，载《布尔什维克》第一卷第12期，1928年1月2日。

注释：
②孙九录：《瞿秋白在常州府中学堂和北京的一些情况》，载党史资料丛刊编辑部，《党史资料丛刊》，74页，上海，上海人民出版社，1980年第3辑。

注释：
③羊牧之：《我所知道的瞿秋白》，载党史资料丛刊编辑部，《党史资料丛刊》，87页，上海，上海人民出版社，1979年第1辑。

注释：
④李子宽：《追忆学生时期瞿秋白、张太雷两先烈》，载上海市政协文史资料委员会编，《上海文史资料选辑》第1期，上海，上海人民出版社，1959年12月。

### 风华正茂的大学时代

张太雷在北洋大学法科学习，名字叫张曾让。

北洋大学创建于1895年。是我国最早的国立工科大学之一。张太雷在北洋大学期间，正值北洋军阀反动统治时期。学校当局先后由赵天麟、冯熙运主持，他二人均系法科教授。当时，北洋大学已取消官费，学费最

初规定每年10元，书费免交，但系借用，毕业前要退回，膳费每月3至7元，分南北两个食堂。南食堂以米饭为主，每月6元，北食堂以面食为主，每月4元。张太雷是南方人，自然在南食堂用饭。住宿按学生籍贯和贫富差别分等，住在一间六、七平米的小屋，房内设一个床铺、一个小书桌⑤。据瞿秋白回忆，张太雷"勉强在天津北洋大学法科毕业"。张太雷在学习期间，曾为《华北明星报》(该报老板是北洋大学教外国史的美国教员)当翻译，以此补贴个人一些开支。

学校当局对学生的进步思想控制极严，不重视体育锻炼。张太雷不顾学校阻止不断探索新思想，加强体育锻炼，在网球场和足球场上时常见到他那高大、魁梧的身影。法律专业的15门课中有10门是美国教员任课，这些教员给学生灌输许多美国案例，以充塞学生头脑。至于毕业后出路，名义上不是律师就是法官，但要实现还必须自修大陆法。这对一般学生来讲很难做到。因此，有一些学生在法律科毕业后，通过文官考试，走读书做官之路，转入外交界，替北洋军阀，甚至国民党新军阀效劳⑥。张太雷受历史环境影响，也曾在思想上对个人未来的前途处于徘徊之中。

十月革命给中国送来了马克思主义，激发了张太雷的爱国主义和民族革命思想。1918年5月，他作为北洋大学学生代表之一，参加了北京学生

注释：
⑤北洋大学史料小组：《北洋大学事略》，载天津市政协文史资料研究委员会编，《天津文史资料》第11辑，18页，天津，天津人民出版社，1980。

注释：
⑥北洋大学史料小组：《北洋大学事略》，载天津市政协文史资料研究委员会编，《天津文史资料》第11辑，21页，天津，天津人民出版社，1980。

反对段祺瑞政府与日寇秘密签订陆海军《共同防敌军事协定》的示威、请愿活动。1919 年 2 月，张太雷在天津发起组织进步团体——社会改造社。1919 年五四爱国运动爆发，天津学生立即响应，包括张太雷在内的北洋大学全体学生曾通电北京政府，要求释放被捕人员[⑦]。由于学校当局压制学生运动，张太雷和北洋大学学生一起揭露校方禁止学生开会的不法行为。又由于学校当局无理调整科系，北洋大学学生掀起了罢课风潮。

注释：
⑦《益世报》1919 年 5 月 6 日。

张太雷一方面积极参加五四爱国运动，一方面主动深入到工农群众之中进行爱国演讲。1919 年 6 月 2 日，天津《益世报》曾以《北洋大学讲演团赴塘沽及郊区演讲》为题，报道了北洋大学张曾让等 4 人，自罢课以来竭力进行讲演一事。当时，北洋大学共组织了 44 个讲演团，先后到杨柳青、北仓、南仓、塘沽等地工厂、农村去讲演，揭露帝国主义宰割中国的罪行和卖国贼的卖国行径，走与工农相结合的道路。张太雷等讲演才能非常出众，他和林汝植、李则昂（此二人均系预科第五班毕业生。而李则昂又是临时学联文牍）、陈汝良（土木系工科学生，1922 年毕业生）组成讲演第二团，特别受到听众欢迎。人们主动端茶倒水，对他们赞叹不已，说："先生们所讲的话真对，如果能一个月来一次，使大家永远不忘才好。"张太雷等还在火车站上宣传爱国、抵制日货的道理。当时报载说：听者塞途，点头称是，相聚不散，引领遥望，似恨时光短促，不能尽所欲闻，……

1919 年 6 月 7 日，张太雷和北洋大学全体学生突破武装巡警的监视，再次外出讲演，使天津反动当局极为恐慌。学校当局为了压制京津两地学生的爱国运动，竟和军阀政府勾结，进行阻挠破坏。在张太雷毕业前不久，学校当局采取刚柔并济、软硬兼施的手段，特别是对法科已班学生，先拉后打，分化瓦解。冯熙运先将毕业班学生的伙食停止，接着便同当时的教育厅长王章祜密商，在河北黄玮路一家小旅馆给法科学生们订妥房间，在一家小饭馆包好伙食，在种植园（今北宁公园）内借好教室。实际上就是在校外吃、住、学习，进行考试，对另一批学生大批予以开除，致使法科已班学生仅有 22 人毕业[⑧]。张太雷针对当时的形势，采取灵活的斗争方式。他早已打消毕业后当律师的打算，也摒弃了做官发财的仕途，他在给妻子陆静华的信中说："我先前本也有做官发财的心念，所以我等明年去考高等文官考试，但是我现在觉悟，富贵是一种害人的东西。做了官发了财难保我的道德不坏。……"张太雷是经过观察和比较，悟出一条规律：走做官发财这条路的人，难免陷入泥坑！因此，他决然走上了革命的道路。

注释：
⑧北洋大学史料小组：《北洋大学事略》，载天津市政协文史资料研究委员会编：《天津文史资料》第 11 辑，23 页，天津，天津人民出版社，1980。

张太雷和吴南如是同班要好的同学。但在五四运动、罢课风潮等问题上观点不一，经常展开辩论。吴南如毕业后在天津找了一个替俄国人鲍立维当翻译的职业，不久离开天津，便把张太雷介绍去继他工作，鲍立维对张太雷进一步接受十月革命思想有一定的影响。在此期间，张太雷阅读了不少马克思主义著作，精读了列宁的《国家与革命》，还翻译了一些宣传社会主义的文献。

张太雷在北洋大学读书历时 5 年。这时期是他短暂光辉一生的转机，是他探索革命真理、接受革命洗礼的标志。由于他积极参与革命活动，推动他由一个品学兼优、风华正茂的大学生，走上职业革命家的道路，成为我党最早的党员和社会主义青年团团员之一。嗣后，他以很大的精力协助李大钊、陈独秀建党、建团。

## 青年团的创建人之一

张太雷在五四爱国运动期间结识了李大钊。1920 年，上海、北京共产主义小组成立。成立前张太雷等就在李大钊领导下学习马克思主义，进行革命活动。成立后和李大钊建立了经常联系，以后就参加北京共产主义小组。[⑨]不久，陈独秀考虑到要建立社会主义青年团作为党的后备军，开始在上海、北京建立青年团，张太雷是上海社会主义青年团的成员，在团内负责。不久，又受李大钊的指令，和于方舟在天津建立天津的第一个社会主义青年团，分别领导成立两个团小组。这两个小组经常学习革命理论，交流情况，研究如何发展组织，深入群众开展工作。还决定出版小型日报《劳报》《来报》、《津报》。他们还把《共产党》月刊、《共产党宣言》、李大钊写的《我的马克思主义观》等印成单行本发送给工人。1920 年冬，北京共产主义小组决定在长辛店创办一所劳动补习学校，12 月 19 日，在长辛店正式召开了筹备会议，共产主义小组派出了邓中夏、张太雷等 4 人出席了会议。

注释：
⑨王一知：《忆太雷》，载中国青年出版社编辑部，《红旗飘飘（选编本）》第一集，186 页，北京，中国青年出版社，1979。

1921 年 1 月，张太雷由李大钊介绍，代表中国共产主义者到俄国伊尔库茨克担任共产国际东方局中国科书记。在此期间，张太雷参加了几个国际会议。

1921 年 3 月，张太雷到俄国工作，国内青年团的工作陷于停顿，主要原因是信仰不同，除了信仰马克思主义的以外，还有无政府主义、基尔特社会主义、工团主义、改良主义等等，致使团的组织涣散。

1921 年 6 月 22 日至 7 月 12 日，张太雷出席共产国际三大时，针对当时国内团的思想状况，发表演说，介绍了中国反帝斗争中青年力量不可忽视，主张把青年力量引向正确道路，不能推给无政府主义和改良主义[⑩]。不久，张太雷（当时用名张椿年）从俄国回国，受了国际少年共产党的命令，要在中国组织少年共产党，拿这件事与一部分老团员商量，商议的结果，大家都以为不如将社会主义青年团恢复，内容加以整顿，于是中国社会主义青年团就于 1921 年 11 月正式恢复，首先恢复的是上海社会主义青年团，后来各地社会主义青年团先后恢复了。于是他们决定社会主义青年团为信奉马克思主义的团体，不过表面上都说是研究马克思主义的团体[⑪]。

注释：
⑩人民出版社编辑部：《张太雷文集》，2 页，北京，人民出版社，1981。

注释：
⑪《先驱》第 8 号，1922 年 5 月 15 日。

这一年，张太雷对团的工作抓得很紧，对团的情况有详细记录，报告中央，并与北京、上海、广州、武汉等地的青年团互通情况，交换经验。据 1953 年 9 月包惠僧《关于中共一大前后的回忆》中说："我记得很清楚的是上海青年团的报告是署名'秀松'（俞秀松），天津团的报告是署名'春木'（张太雷）"。

这一年，张太雷受党中央委托，与马林（共产国际驻中国代表）到桂林，为了促进国共合作会见孙中山。孙中山是张太雷早在中学就闻名的人物。会见后，张太雷和孙中山进行了长时间谈话，讨论了中国青年如何积极参加民族主义运动等问题。由于张太雷对团内情况非常熟悉，深受孙中山的赏识。

1922 年初，少共国际派代表达林来中国，在上海中共总部协助张太雷筹备召开青年团第一次代表大会。据达林回忆："我是在上海的一座公园里同社会主义青年团代表大会筹备处的成员会面的。我们就组织代表大会的基本问题进行了磋商，并商定一同到广东去。当时决定社会主义青年团的纲领和章程草案，由 3 人委员会起草。这 3 人中我是少共国际代表，张太雷是代表大会筹备处成员，瞿秋白是党代表。"

1922 年 5 月 5 日，团的一大在广州召开。出席大会的有张太雷、邓中夏、蔡和森、俞秀松、范鸿劼等 25 人，代表 15 处地方团组织五千多名团员。张太雷任大会主席，并致开幕词。大会通过了由张太雷、瞿秋白、达林起草的团纲、团章。指出：青年团为代表中国青年无产阶级的革命团体，团的生命在不停地实际活动之中，而不是坐以论道或空谈之流。张太雷被选为团中央执行委员会委员。张太雷在恢复青年团和筹备团的一大的活动中身负重任，首先抓住了马克思主义信仰问题，从根本上解决了青年团大方向，为团的思想统一打下基础[12]。

注释：
⑫《先驱》第 8 号，1922 年 5 月 15 日。

## 从"满江红"到"国际歌"

王一知在《忆太雷》一文中提到，张太雷生平最爱唱的两首歌，一首是岳飞的《满江红》，另一首是鲍狄埃的《国际歌》。这两首歌反映了张太雷思想演变过程。《满江红》打开了张太雷爱国主义心灵的窗户，《国际歌》则鼓舞了张太雷为实现共产主义慷慨献身。孙中山的三民主义进一步激发了张太雷民族革命的精神，列宁关于民族问题的理论，则指导张太雷在革命大道上奋勇进军。他爱《国际歌》更甚于《满江红》。1922 年他和瞿秋白、达林 3 个人在一起完成了青年团一大的团纲、团章草案之后，心情是非常振奋的。为了表达胜利的喜悦，他们 3 个人合唱了《国际歌》。达林是用俄语唱、瞿秋白用汉语唱，张太雷则用英语唱。

这两首歌正反映了张太雷的战斗历程，也反映了他对中国青年的殷切期望。张太雷认为，"殖民地上的青年学生，格外想去革命。因为他们是小

资产阶级家庭的子弟，殖民地的小资产阶级因受帝国主义的经济侵略已渐次贫困，以致青年学生在学校里读书常觉得经济压迫，而另一方面又因为本国的经济不发展，青年学生对于他们将来卒业后的社会地位不由得不起恐慌——这有些原因是使殖民地上的学生渐趋于革命的道路”⑬。这一番话不仅指出青年人唯一的出路是革命，而且也是他对自己自从北洋大学毕业后战斗历程的总结。

他在《五四运动的意义与价值》一文中还说过：“‘五四’运动实开中国革命的新纪元，自从‘五四’以后有革命觉悟及了解世界革命意义的青年，要纠正‘五四’运动的错误，逐渐集合在革命党的旗子下，在劳动阶级中间，尽宣传与组织之力，一求中国民族革命的胜利，进而求世界革命的成功。”张太雷就是这样用爱国主义与国际主义去教育青年的。

张太雷品德高尚，思想敏捷，襟怀坦白，朝气蓬勃，热情奔放，朴实无华，言行一致，雷厉风行，形象感人，不愧是一面红旗。

注释：
⑬张太雷：《中国革命运动和中国的学生》，载《中国青年》，1925年第62期。

原载《天津党史资料通讯》1982年第9期

## 长篇传记《张太雷》

李关鸿　刘玉珊

《天津大学》报【编者按】：革命先驱张太雷是中国共产党早期卓越的活动家和领导者之一。他毕业于北洋大学，是我校的光荣和骄傲。在校庆90周年前夕，为缅怀这位无产阶级革命家，本报自本期起将在第三版连载张太雷长篇传记（全文1万余字），由李关鸿、刘玉珊供稿。广大师生员工将从《张太雷》中了解到他光辉的一生，学习他崇高的革命品德，热爱祖国、热爱人民、献身于伟大共产主义事业的崇高精神。——《天津大学》报1985年3月7日。

### （一）乱世风云　太雷出世

话说清朝光绪年间，外患内乱，战祸频繁，半殖民地半封建的中国社会日益形成和加深。民族资本主义虽有发展，但无力与外商竞争，时受排挤。1898年，发生了戊戌变法，结果被以慈禧为首的后党镇压，宣告失败。但是革命波涛不可阻挡，酝酿着更大的革命高潮。

江苏省虽是近代工业较发达的地区之一，但是民族工业却非常不景气，上海原有的几家华商纱厂勉强幸存的只有一家。

常州府在江苏算是一个较大的府城，包括武进、阳湖、无锡、金匮、宜兴、荆溪、江阳、靖江等8个属县。由于地处长江以南，太湖以北，水路交通较便，工商业尚属发达。

张太雷诞生在依傍古运河的江苏常州

武进县有一名秀才叫张光斗，因家贫无力娶妻，不得不招赘于同邑薛家。妻张薛氏。夫妇二人很是和美，生有一女取名“泰临”。1898 年 6 月 17 日，又一个男孩出世，落地哇哇之声如雷贯耳，给他起名叫“泰来”，就是张太雷，这是一棵希望的苗子，盼望着从此能够“否极泰来”。1901 年，张光斗携眷赴江西萍乡县安源煤矿，他在洗煤台任文牍，一面谋生，一面栽培两个孩子。张太雷从小天资聪颖，七八岁时其父常教他习字、念诗，并给他讲述一些历史名人故事，再加上太雷和矿工接触，从小熟悉了工人生活。

在外祖父怀中的童年张太雷

天有不测风云，人有旦夕祸福。1906 年，张光斗患急症不幸去世，留下孤儿寡母，身处异乡，举目无亲，生活极其艰难。无奈，张太雷的母亲携子女含悲忍泪扶柩返回原籍。凄惨之状非同一般。

张太雷的母亲是一个勤劳善良、不屈服于命运的劳动妇女，毅然挑起了生活重担，栖身小屋，缝穷度日。

国难、家贫、母亲的辛劳，培养了张太雷坚强的性格。他免费上小学，成绩优异，并读了许多古典名著，如《东周列国志》《三国演义》等，喜欢模仿书中的人物和情节组织孩子们打仗游戏，什么“田单巧设火车阵”，“赵子龙单骑救主”，……太雷从小反对恃强凌弱，常为受欺的小同学抱打不平，颇有路见不平、拔刀相助之气势。张太雷所上小学，处运河分支，自古为运粮要道。两岸货栈林立，大小船只汇集于彼，富商活动其中。但太雷却十分同情劳动人民。14 岁那年，小学毕业。富家子弟升学自不成问题。一天晚上，在煤油灯下，姐姐帮母亲做针线活，太雷在父亲的灵牌旁读《岳飞传》，当读到岳母刺字那一段，猛地把书往桌上一掷，严肃地说：“妈妈，我一定要上中学，将来也要报效国家”！

### （二）束发少年 初露锋芒

母亲听到太雷如此铿锵的言语，心中再一次燃起希望的火焰。1911 年，太雷经亲友赞助考入常州府中学堂（辛亥革命后改为江苏省立第五中学）读书。该校以管理严格、教学质量高而闻名。实行淘汰制，每个学期招收 5 个班，到毕业时往往仅剩 1 个班。

在常州府中学堂，张太雷的学名叫张复（复兴中华之意），结识了瞿爽（瞿秋白）、李子宽、羊牧之等。秋白比太雷小一岁，既是同乡又是同学。二人经常在瞿秋白家研讨功课，谈论政治。常在学校附近的玉梅桥畔的小河划船，背诵宋末抗元的万安和尚、三国曹孟德、尤其是宋朝苏东坡的名诗，借古喻今，以诗明志。瞿秋白诵之曰：“浩浩长江起沧海，纷纷过客似浮萍……”张太雷诵之曰：“一年好景君须记，正是橙黄桔绿时……。”针砭现实社会，抒发爱国之情。

由于辛亥革命的影响和学校里对学生进行过民族革命教育，使太雷受

张太雷对同学说："我要号'长铁'，伸向浑浊尘世，刺向黑暗社会！"

到民主革命思想的启迪。一次，瞿秋白指着自己头上的辫子对张太雷说："这尾巴似的东西，我们非把它剪掉不可！"张太雷表示赞同，不久他俩都把辫子剪掉了。

张太雷学习成绩优秀，英语尤为突出。他对章太炎、邹容、秋瑾等人的民主爱国思想和行为也十分景仰，对当时传播新思想的报刊如饥似渴地阅读。从卢梭的《民约论》、孟德斯鸠的《法意》、严复翻译的《天演论》，到梁启超的《饮冰室文集》《民权报》《民呼报》《新民丛报》，都悉心阅读。宋代爱国名将岳飞在常州一带抗金的故事给张太雷等思想上打下很深的烙印。《满江红》几乎使张太雷唱不绝口，还有明代民族英雄唐荆川抗倭斗争以及洪秀全太平天国的业绩都使太雷十分感动。

一天，学校贴出布告："李子宽……屡忤教师，为训育人员所不满，且桀骜不驯，不堪造就……特此除名。"学生们大吃一惊，议论纷纷且向校方提出质问，结果又被陆续开除4名学生。太雷看了布告后非常不满。不多日，祸从天降，又贴出布告，张复和瞿爽也被开除，所加之罪为"素行不谨，与李某相似，如不悔改，下期毋庸来校"。秋白、太雷不堪无故牵连受辱，秋白被迫去当小学教员，太雷却在一个疏星绕月的夜晚登上了东去的火车……

### （三）抗争邪恶 “北洋”深造

1915 年暑假，李子宽偕张太雷到上海报考北京大学。当时北大学制长达七年，太雷经济上难以负担。恰巧报纸上登载国立北洋大学招生广告，太雷决定改名曾让报考北洋大学临时预科班。考试科目有英文、外国历史、地理等。当时考取北洋谈何容易？但太雷鹤立鸡群，一矢中的，成绩合格被录取入校。入校后，他在半年之中补习各种科目，再临考场，又被录取为北洋大学本科法科法律学门已班学生。法科课程繁多，有中国法、英美法、法国法、罗马法、法理学，此外还有政治、经济、掌故……。太雷刻苦攻读，经常出入图书馆，是一名常客。馆藏英美案例及中西名著甚多，他博览群书，其刻苦精神被人称道。

1916 年 1 月，张太雷进入北洋大学法科预备班学习，改用族谱名字张曾让

一天晚上，图书馆将要封馆，仅剩太雷仍在馆内伏案疾书。原来他正在为《华北明星报》撰写文章。该报系北洋大学法律学门主任教授福克斯（Fox，美国人）于 1918 年创办，他本人兼总编。编辑部需要有工作人员，张太雷就是其中之一。这是因为张太雷英文出众，口译笔译非常流畅，所以被选中。太雷以此略挣薄酬，维持学习生活。十月革命给中国送来了马克思列宁主义。自此，平静的学府不断掀起波澜。1918 年 5 月，张太雷作为北洋大学代表之一参加反对段祺瑞和日本勾结签订秘密协定的示威请愿活动。1919 年五四爱国运动爆发，北京学生首举义旗，天津学生立即响应，北洋大学全体学生立即通电北京政府，要求释放被捕学生。6 月初，张太雷和同学们一起到天津郊区进行讲演，他操一口常州普通方言，凭着高大的身躯，挥动手臂，目光炯炯，语言铿锵，特别受到群众欢迎。人民主动端茶倒水，赞叹不已。群众说：“先生们所讲真对，如果能每月来一次，使我们永远不忘才好。”火车站也是张太雷等进行爱国主义、抵制日货的宣传阵地。当时报载：“听者塞途、点头称是，相聚不散，引领遥望，似恨时光短促，不能尽所欲闻。”6 月 7 日，张太雷等正在讲演，被武装巡警监视，他们毫不畏惧，继续讲演。10 日，又在河北公园召开群众大会。8 月天津学生到北京请愿，要求惩办枪杀国民的凶手马良……这些活动太雷均身居其中。

1920 年，张太雷终于毕业了。当一名律师不成问题，通过文官考试走仕途经济也并非泡影。然而，太雷给他的妻子陆静华写了一封信，信中说：“我先前本也有做官发财的心念，所以我想等明年去考高等文官考试，但是现在觉悟，当官是一种害人的东西。做了官，发了财，难保我都道德不坏……”张太雷决定选择另一条道路……

不久，张太雷受李大钊同志推荐，参加共产国际远东局中国科工作，身负重任，投身革命。

### （四）英才出众　英气勃勃

1920 年秋，太雷在北洋大学毕业。数载寒窗，终成英才。

7月末，上海法租界环尤路渔阳里2号陈独秀住宅内正在开着秘密会议。会议主要是研究成立中国共产党的事，陈独秀经过一阵高谈阔论之后，果断地对与会者说：“现在可以先将共产党组织起来，但应先组织若干共产党小组，并立即开始宣传、组织工作，同时还要建立社会主义青年团，作为党的后备军。”经过一阵讨论之后，决定由陈本人负责安庆、芜湖、南京等地的发展工作，李大钊负责北方一带。

张太雷在五四以后和李大钊建立了经常联系，在参加北京共产主义小组以后受李大钊委托在天津建立青年团。无巧不成书，一日太雷在学校散步，迎面走来谌小岑，他俩虽不是一个学门，却是一对运动场上的球友。谌小岑对太雷说：“我出国勤工俭学，去找守常先生，可他要我找你，说国内有重要的事要做。”张太雷应声说道：“大钊先生曾要我在天津建立青年团，正缺人手，你来得正好，我们一起干吧！”不久天津第一个团组织成立起来，由太雷任书记，成员有谌小岑、吴南如、胡维宪等 7 人。由于条件所限，他们经常在一家裁缝铺楼上一间小屋内活动。室内陈设极其简单，常常站着开会。每周开会一次，研讨学习、交流思想。在张太雷指导下创办了天津第一份公开宣传马列主义的报纸，叫《劳报》。以后由于情况的变化改名《来报》。北洋大学学生也曾发出通告号召学生买报。

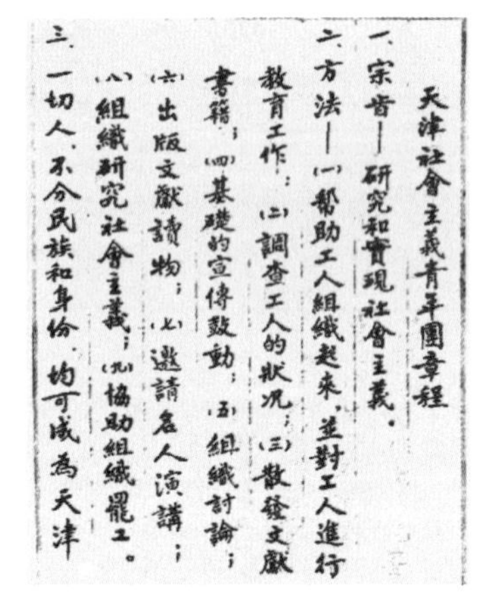
天津社會主義青年團章程
一、宗旨——研究和實現社會主義。
二、方法——(一)幫助工人組織起來，並對工人進行教育工作；(二)調查工人的狀況；(三)散發文獻書籍；(四)基礎的宣傳鼓動；(五)組織討論；(六)出版文獻讀物；(七)邀請名人演講；(八)組織研究社會主義；(九)協助組織罷工。
三、一切人，不分民族和身份，均可成為天津

张太雷起草的《天津社会主义青年团章程》的俄文翻译抄件

张太雷对团的工作做得很出色，深受李大钊、陈独秀的赞赏。1922 年，张太雷受党中央委托，与少共国际驻中国代表达林和党中央代表瞿秋白三人一起，筹备召开青年团第一次全国代表大会。这次团的筹备工作说来十分有趣，据达林回忆：“我是在一座公园里和他们会面的。中国的可恶的蚊子似乎是转到外国帝国主义方向去了。在我们开会和讨论时，这些蚊子肆无忌惮地叮咬我们。一次我们的脸上、臂上和腿上起满了疙瘩。尽管如此，纲领和章程草案还是准备好了。我们非常高兴，想唱一支歌来消除疲劳，张太雷提议唱一支巴黎公社斗争的凯歌，瞿秋白补充说，那是无产阶级的战歌，我又接着说，是一支第三国际的党歌，于是我用俄语，瞿秋白用汉语，太雷用英语共同唱起了《国际歌》。”

1922 年 5 月 5 日，团的一大在广州召开了。张太雷任大会主席，代表五千多团员致开幕词。从此打下了青年团在马列主义思想上统一起来的基础。张太雷在国内筹建团的同时，在共产国际也留下了他响亮的声音和坚实的足迹。

### （五）国际政坛　金声玉振

由于张太雷才华出众，1921 年初，经李大钊推荐，他担任了共产国际

远东局中国科书记，成为活动于共产国际政治舞台上第一个中国共产主义者。远东局地点设在苏俄伊尔库次克。张太雷在那里工作了一个时期，除了与远东各国取得联系以外，还代表中国共产党人参加了朝鲜共产党在伊尔库茨克举行的建党大会，并在会上发表了“日本的无产阶级和朝鲜贫民”的演说。在远东局，张太雷负担着调查共产主义运动在远东各国的情况，联络远东的共产主义者，扩展远东各国革命运动的繁重任务。

1921年6月22日至7月12日，共产国际第三次代表大会在莫斯科举行，张太雷代表中国共产党人参加了大会。参加大会的有48个国家的共产党以及左派社会党的代表，还有国际青年联盟的代表以及靠近共产国际各团体的代表，列宁被选为大会名誉主席，领导大会的全部工作。张太雷在大会最后一天发表激动人心的演说，他呼吁“共产国际和西欧各国共产党今后有必要对远东的运动加以更多注意，不惜一切给以支援”。还说“各位对于中国的发展如能更进一步予以注意，那么中国无产阶级和中国其他各种革命力量也会在这个伟大事业中给各位以巨大的帮助”。他举例说明中国无产阶级在苏联红军的队伍中曾经参加对高尔察克、邓尼金的斗争，并以此证明他们已成长为优秀的无产阶级革命战士。这段历史永远值得回忆：从20

*1921年6月，张太雷代表中共早期组织出席了共产国际“三大”，见到列宁并聆听了他的报告*

世纪初至十月革命爆发时，在俄国各地做工的中国工人约十六七万。十月革命后，他们拥护列宁领导的新政权，其中有三四万人参加苏联红军、赤卫队和游击队。有几千人的中国军、团，有几百人的中国营、连。他们与苏联红军并肩同邓尼金和弗兰格尔残部、同谢米诺夫和马赫诺匪帮、同波兰白匪和日本、美、英、法等外国武装干涉军以及捷克叛军等顽强战斗。其中列宁的卫士李富清，原在俄国挖战壕，十月革命时他和其他 170 多个中国工人和 3 万多俄国工人组成一支游击队，1918 年这支队伍编为红军，他随军队转战于白俄罗斯、乌克兰等地，达四五年之久。1918 年初，他和其他 70 多个中国战士，调往彼得格勒任列宁的卫士。当时才 20 岁。

张太雷在共产国际三大的发言，博得了阵阵掌声，金声玉振，震撼了整个会场，结交了更多的同志和朋友。

### （六）志同道合 广结厚交

张太雷参加了共产国际三大后，次年又为筹备召开远东各国共产党及民族革命团体代表大会操劳、奔波。这次大会，先在伊尔库茨克召开，后在莫斯科召开。中国代表团人数最多，其中共产党员人数占优势。列宁、斯大林、片山潜等被推选为大会荣誉会长，大会共开了 12 次，发表了由张太雷参加起草的宣言。可惜，大会召开之时，张太雷因故未能参加。

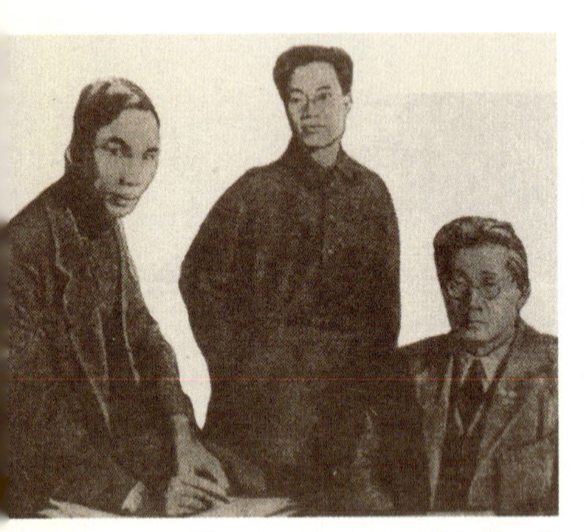
张太雷与片山潜(右)、胡志明(左)的合影

在参加共产国际活动中，张太雷结识了片山潜、德田球一、山川均、堺利彦和胡志明等同志。片山潜早在中国五四运动前就发表过“日本和中国”等文章，对中国革命前途作出了正确判断。他在共产国际远东局工作过，张太雷去时得到了片山潜很多的帮助。片山潜和张太雷都参加了共产国际三大。所以他俩早有故交。德田球一、山川均、堺利彦则是张太雷奉片山潜之意专程去日本会见他们的，目的是动员他们参加远东大会和计划建立日本共产党。张太雷和他们谈妥之后，与他们一起冒险从长崎乘船回到上海。他们再由上海出发，经南京、济南、天津，转东北满洲里进入苏联，参加远东大会。张太雷与他们之间可谓患难之交，与胡志明则有深交。胡志明于 1923 年下半年去苏联，和太雷一起参加过列宁的葬礼。那是 1924 年 1 月的事情：伟大无产阶级革命导师列宁不幸逝世。噩耗震动了世界人民的心灵。太雷和在莫斯科的共产国际各国党的代表一起在萨拉托夫斯基车站肃穆哀痛地迎接了列宁的灵柩，在工会大厦瞻仰了列宁遗容，并参加了列宁的葬礼。1924 年底，胡志明来到广州（化名李瑞），住在鲍罗廷公馆楼下一间屋内，太雷也居住楼下，朝夕相见。胡志明为人真诚。他和太雷有时用手枪和步枪练习打靶。太雷和片山潜、胡志明有一张珍贵的合影照片显示出革命者之间的兄弟情谊。

在国际政治舞台上，张太雷还结交了许多新同志、新朋友，1921 年

7月他参加了青年共产国际二大，被选为青年共产国际执行委员会委员。1922年12月青年共产国际召开三大，张太雷缺席被选为青年共产国际执行委员会委员。1923年11月参加青年共产国际执委会工作，兼任中国社会主义青年团驻青年共产国际代表。1924年7月又参加四大，继续当选为执委会委员。达林称赞他不愧是一位真正的国际共产主义者。

### （七）国共合作 身体力行

共产国际驻中国代表继吴廷康后便是马林。此人对统一战线工作颇有经验。张太雷替他和陈独秀两人当翻译，协助他们为促成国共合作作出了贡献。

1921年底，马林偕张太雷从上海乘轮船去汉口，转粤汉路南下到桂林会见孙中山，商谈国共合作之事。孙中山在桂林独秀峰山麓旧桂王府设立的大本营接见他们。在商谈中由于马林系客卿地位，不便直言，太雷便从中协助，对孙中山诉说合作的情理。不久张太雷和马林参加了在杭州西湖举行的一次中央会议，决定共产党人以个人名义参加国民党，实行合作。此后，李大钊、陈独秀、蔡和森、张太雷一起参加国民党，由孙中山亲自主盟。1923年1月孙中山任命张太雷为国民党中宣部干事，张太雷还参与了为党的三大决议起草和组织工作。1923年党的三大召开，通过了与孙中山领导的国民党建立统一战线的决议。三大以后，太雷等人参加孙逸仙博士代表团访苏，学习军事。回国后经常奔走于上海、广州、武汉之间，致力于统一战线工作。

中共“三大”代表正在开会（油画）

太雷是一个非常热爱生活的强者。工作起来拼命干，空闲时间高兴地玩。他对打球、郊游、下棋、看戏、散步、欣赏古今中外文学、历史都有广泛而浓厚的兴趣。在国外，他穿着一套从国内旧货摊上买来的旧西装，参加国际会议；开完会议，脱去西装，换上便服逛旧书店，猎取各方面的知识。他曾和李大钊、罗亦农、王一知在莫斯科游览列宁山，自带罐头，席地而坐，不拘形式纵论天南海北。当罗亦农谈到歌舞名人时，太雷便说邓肯的舞姿瑰丽；当王一知谈到杂技表演时，太雷随声称赞海京伯驯狮、驯虎堪称一绝！

这一时期太雷白天忙于统一战线工作，晚上抓紧时间写了大量文章。身居广州，太雷对祖国的大自然非常热爱，一山一水，一草一木都能激发他真挚的情感。当他和王一知站在屋顶花园俯瞰广州市容、坐在珠江的小船上观赏满江星星点点的灯火游动时，他心潮澎湃，对她说："生活多么可爱啊！我们将来的新社会一定比现在更美好！"边说边哼着共青团之歌，原来苏联共青团之歌也是张太雷译成中文的。

可是生活并不总是那么平静，革命更不是一帆风顺的，统一战线中不统一的因素接踵而来，张太雷面临着更加严峻的考验！

### （八）黑云压城　砥柱中流

张太雷

统一战线建立以后，国共两党的斗争，左、中、右三派政治力量的斗争始终没有停止。在斗争中张太雷始终表现出机警、细致、勇敢和沉着。

中山舰事件发生后，张太雷非常肯定地说："李之龙（中山舰长、共产党员）不会叛变，这里面有鬼。"整理党务案事件发生后，张太雷十分愤慨，不久他在《人民周刊》上发表《到底要不要国民党》一文。这篇文章引起了蒋介石和张太雷一场笔舌之战。蒋介石见到此文后竟在黄埔军校对学生的训词中歪曲张太雷文章的革命精神，反给扣上了"使两党生起恶感"的罪名。随后，张太雷又在《人民周刊》上撰文答辩，指出："如果一说话就加以挑拨感情之罪，那末只有大家不说话才是对的。吾恐此非正当之道也！"

1926年冬，蒋介石在广东、江西等地镇压工农运动，张太雷随鲍罗廷到武汉，在国民党武汉行营举行的欢迎会上，鲍罗廷讲话，张太雷担任翻译并也讲了话。当时太雷为革命感情所激动，当讲到蒋介石镇压工农运动时，严词怒斥，整个会场寂静无声。讲完以后，全场掌声雷动，在场听众感慨备至。

四一二反革命政变后，在帝国主义经济封锁和汪精卫准备叛变革命之际，武汉局势危急，谣言四起，张太雷针对这种情况，在党中央机关刊物《向导》上发表《武汉革命基础之紧迫问题》，尖锐指出："现在我们的厄运是反革命给我们的；应该整顿与强固我们的队伍，有组织地反抗反革命的进攻"。

1927年10月，太雷的一个孩子在上海诞生了。不多日，太雷在参加了八一南昌起义、八七会议和潮江暴动后经香港到上海。太雷夫妇欢天喜地，给孩子取名叫知春。太雷曾用笔名春木写过很多文章，宣传革命，鞭挞痴顽，知音者可贵，知春者可爱。

十一月中旬，太雷接到党中央派他去广州的指示，太雷一向雷厉风行，说走就走，临行前他紧握着妻子的手，对她说："等我到了广州，安排妥当以后，一定派人来接你和孩子。"

### （九）领导起义 血洒珠江

1927年秋天一个中午，广州江面上一条灰绿色的小船上飘着一面兰底白边的三角水纹旗，上面展示着一个大大的"邮"字。就在这只四周用帆布遮盖严密的邮船上挤满了20多个革命者，他们在秘密集会，召开广州工人代表大会有关负责人会议。此时正等待着一个人的到来。

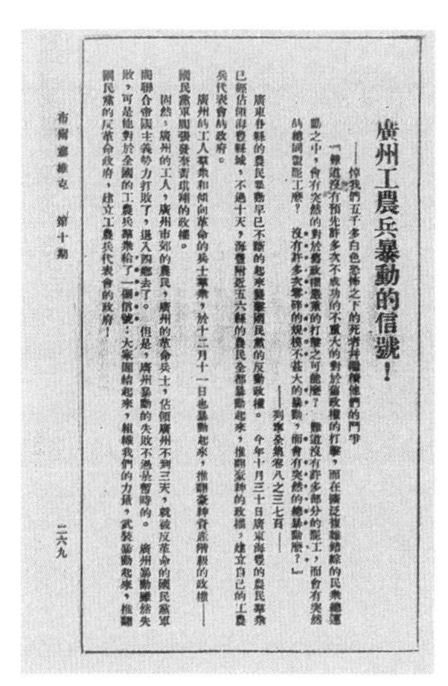

廣州工農兵暴動的信號！

——悼我們五千多白色恐怖之下的死者并繼續他們的鬥爭

「難道沒有預先許多次不成功的不重大的對於當政權的打擊，而在擴泛複雜紛綜的民衆總運動之中，會有突然的對於當政權最重的打擊之可能麼？難道沒有許多部分的罷工，而會有突然的總同盟罷工麼？沒有許多次零碎的規模不甚大的暴動，而會有突然的總暴動麼？」

——列寧全集第八之三七頁——

廣東各縣的農民暴動早已不斷的起來襲擊國民黨的反動政權。今年十月三十日廣東海豐的農民群衆已經佔領海豐縣城，不過十天，海豐附近五六縣的農民全部暴動起來，推翻豪紳的政權，建立自己的工農兵代表會爲政府。

廣州的工人群衆和傾向革命的兵士群衆，於十二月十一日也暴動起來，推翻豪紳資產階級的政權——國民黨軍閥張發奎黃琪翔的政權。

固然，廣州的工人，廣州市郊的農民，廣州的革命兵士，佔領廣州不到三天，就被反革命的國民黨軍閥聯合帝國主義勢力打敗了，退入四鄉去了。但是，廣州暴動的失敗不過是暫時的。廣州暴動雖然失敗，可是他對於全國的工農兵群衆給了一個信號：大家團結起來，組織我們的力量，武裝暴動起來，推翻國民黨的反革命政府，建立工農兵代表會的政府！

布爾塞維克 第十期 二六九

不一会儿，一个身着藏青色服装，戴一副金丝厚玻璃眼镜，胸前横挂着细长的金表链，很像个洋行职员的人走来了，这个人就是张太雷。坐定之后他说："同志们，好事情！咱们决定在广州举行工农兵暴动！"顿时仓里热闹起来，议论纷纷，问长问短，太雷说："国民党反动派太狠心！上海杀不够，又在广州开刀。难道我们就一天天背着手等着倒霉吗？不！共产党不是泥巴捏的，那么好欺侮！现在你们都知道，毛泽东同志在湖南领导了秋收起义，打得多热闹！多痛快！真了不起！世界都像翻过来了……"会议最后决定加紧训练工人，组织革命武装，坚持罢工斗争，揭露反动派阴谋。12月初传来军阀张发奎要缴教导团枪械的消息。广东省委决定立即召开一

张太雷主持教导团誓师起义

**我們的死者**

爲哀悼我們的死者，本報特闢此一欄。各地在白色恐怖下死難的先烈，不論其爲共產黨員與否，讀者如能記述其傳略或哀悼之辭寄給本報，本報當儘量登載於此欄中。我們在血淋淋的先烈屍骨之前是不哭的，我們要踏着他們的血路前進

**悼張太雷同志**

秋白

張太雷同志死於廣州暴動時反革命軍閥的亂槍之下了！

廣州蘇維埃政府的代理平民行政委員會主席張太雷同志，被反革命軍閥的慘殺而死了！ 廣州十二月十日晚上的暴動，負主要的指揮責任的是張太雷同志。 當天晚上革命的兵士遊攻反革命的公安局，革命的工人羣衆武裝暴動起來解除廣州反革命的砲兵營的武裝，佔領反革命政府的機關，十一日天明的時候，差不多全廣州市已經完全爲工人赤衛隊所佔領，反革命軍隊大半解除武裝；成批的兵士羣衆，到工人赤衛隊來投効。 於是當天便開革命羣衆的代表大會，選舉蘇維埃政府。 張太雷同志在暴動前之三四天，每天晚上親自到革命兵士的秘密會議，去做報告，去組織他們。 暴動勝利之後，他便由中國共產黨廣東省委員會的指定，提出於廣州工農兵代表會，一致通過而被委任爲軍事平民委員長；又因選任的平民行政委員會主席蘇兆徵同志，尚在海豐未能趕到，由他暫代。 他受共產黨的指揮而組織廣州的暴動，能夠絕對服從黨的命令，極其艱苦的工作。 暴動的前後，他尤其是非常的勞瘁。

十一日他便建立廣州蘇維埃政府的命令，組織工農革命軍和廣州市赤衛隊，極廣大的羣衆都來參加。 工農革命軍和革命的羣衆猛力攻擊長堤一帶的反革命機關，並且極力要打過珠江到河南方面去消滅反革命的李福林的勢力。 但是，因爲帝國主義軍艦及反革命的國民黨軍艦的阻撓，這屢次的攻擊始終沒有成功。 十二日晨，因爲敵廣州市

布爾塞維克 第十二期 三八五

*1928 年 1 月，瞿秋白在《布尔什维克》上发表《悼张太雷同志》一文，深切怀念他的亲密战友*

个紧急会议，研究对策，参加者有张太雷、恽代英、杨殷、吴毅共八九人。会议确定 12 月 13 日举行广州起义，拟定了起义后苏维埃政府领导人名单、纲领、宣言、告示等，由张太雷担任起义总指挥。但是起义的消息被敌人获悉了，张太雷等临时决定提前到 11 日凌晨起义。11 日 3 时半，起义爆发了。张太雷、叶挺、叶剑英等各司其职，带领战士们先后攻占了车站、电报局、中央银行等许多据点和地区。12 日中午，庆祝广州工农民主政府成立的万人大会在西瓜园广场举行。广场上红旗招展，人声鼎沸，身着戎装的张太雷同志宣布："广州工农民主政府正式成立了！"掌声雷动，一片欢腾。会后张太雷乘车返回指挥部，不幸中途遭敌人伏击，身中 3 弹，壮烈牺牲。年仅 29 岁的太雷和同志们永别了！

张太雷的亲密战友瞿秋白同志在《悼张太雷同志》一文说："张太雷同志死在几万暴动的广州工农兵群众与反革命军阀搏战之中，死在领导工农兵暴动的时候，他死时，还是希望自己的鲜血将成为中国苏维埃革命胜利之源泉！"

### （十）满门英烈 两代英雄

张太雷在北洋大学读书期间，1918 年夏和陆静华女士结婚。陆氏自幼失去父母，系一孤女。两家清贫，结成联姻，住在常州清凉寺一带两间斗室内生活。1920 年长女西屏诞生，1922 年次女西蕾诞生，次年儿子一阳出世。太雷不论是在上学期间，还是参加革命工作后，对父亲十分怀念，对母亲尤其孝敬，平时抽空寄书慰问，一旦得知母亲有病，便及时寄药寄钱。他给陆静华信中常说：我是非常爱我母亲的，没有母亲就没有我今天，但是我已把自己的一切都献给革命工作，不能侍奉母亲于膝下，希望你代我侍奉她老人家。

1927 年 12 月，张太雷为国捐躯，噩耗传来，全家老小都十分悲痛。沉重的家务担子都由静华支撑。为了实现太雷生前的愿望，先后把三个孩子送进小学、中学。三个孩子在学习之余都努力阅读进步书刊，深信父亲选择的是一条正确无疑的革命道路，立志要继承父业。

1937 年抗战爆发，由于家庭生活的原因，西屏只得帮助母亲挣钱养活祖母，弟弟则去学徒，母亲则要西蕾去找党。

1938 年，西蕾只身来到上海找到地下党组织，随即参加新四军，在军部教导总队女生队学习。在部队中，她曾受到周恩来、叶挺、陈毅、项英等亲切关怀，周恩来勉励她为党工作，继承父业。新中国成立后西蕾担任过常州实验小学校长，上过业校，学过革命理论，做过党政领导工作，36 岁上大学，5 年后大学毕业。

西屏新中国成立后参加了工作，不久加入了中国共产党。在常州市政协

工作过。“文革”中被林彪、四人帮迫害含冤而死。

新中国成立后，陆静华作为老根据地代表团团员参加过国庆观礼，受到毛主席等党和国家领导人接见，并当选过省人大代表、常州市妇联主席，也在“文革” 中被林彪、四人帮夺去生命。

1939 年，一阳也来到新四军工作并参加共产党，在军队里做宣传工作。但他坚决要求去前线锻炼，被组织上分配到新四军第三支队学兵队当政治干事。1941 年 1 月，皖南事变爆发，一阳被敌俘虏押解到上饶集中营，被害前咬下二个指甲和一个钢笔尖，托从狱中逃出的同志交给姊姊西蕾，以便为他报仇雪恨。他牺牲时年仅 18 岁。

张太雷一生虽然短暂，他的业绩远非这几篇短文所能表达，其不朽精神更是代代相传。天津大学的师生将同全国人民一起，永远纪念这位不朽的英雄。

原载《天津大学》报 1985 年 3 月 7 日至 5 月 24 日

## 张太雷生平纪要

李关鸿　刘玉珊

### （一）清贫崇礼的家庭环境

张太雷于 1898 年 6 月 17 日生于江苏省常州市，原名张曾让，字泰来，又名张复（复兴中华之意），张春木，张春之。参加革命后自己改名张太雷，这不仅因为张太雷与张泰来同音，还有愿把自己化为大雷，震醒痴顽，打击强横的寓意。此外，他还用过大雷、椿年等多种笔名在党内外各种刊物上发表过文章。

父亲教张太雷识字，给他讲述历史上英雄人物的故事

张太雷的祖父是个读书人，名锷，字开基，号翔云，世居常州府武进县西下塘，曾当过五品官。到张太雷父亲这一代家境已是十分清寒。其父名光斗，字子义，号亮采，生于 1869 年 2 月 20 日，为武进县邑庠生（秀才）。年长后竟穷得无力娶妻，而招赘于同邑薛家。张太雷的外祖父名薛锦元，曾在武进西门外开一皮行，字号薛天兴，张太雷就出生在外祖父家里，地点在武进西门外西仓街石皮场。

1901 年，张太雷 3 岁的时候，他的父亲张亮采经本家族亲张绍曾举荐，赴江西萍乡县安源煤矿洗煤台任文牍，因而全家随父迁往萍乡。其父常教他认字、念诗并给他讲述一些历史名人传记。又由于其父的工作关系，所以太雷儿时到矿工工区及工人家里玩耍，熟悉了工人的艰苦生活。但 1906 年，他的父亲忽然得了急症，到湖南醴陵就医无效，不幸去世，当时张太雷 8 岁。父亲去世后剩下孤儿寡母，身处异乡举目无亲，生活很难维持，不得已，母亲带着太雷姐弟扶柩回到了原籍。凄惨之景非同一般。

张太雷姐弟俩既懂事又孝顺

张太雷的母亲薛氏生于1871年，是一个勤劳善良，不向命运屈服的坚强的劳动妇女，她年轻丧夫，毅然挑起了全部生活重担，竭尽全力教养子女。回原籍后，她在青果巷贞和堂张绍曾家帮做家务，张太雷姐弟在南门外张家坟屋中栖身。

张太雷的家庭虽是十分清贫和历经坎坷，但他的父母重文崇礼，因而即使后来在父亲去世，靠母亲替人帮工度日的情况下，张太雷能读书到大学毕业，并未中途辍学，这在旧社会一般的家庭是很难做到的。张太雷的父亲去世后，留下一男一女两个孩子，男即张太雷，女即太雷的姐姐名叫泰临，泰临和泰来都取自“否极泰来”之意。可见他们的父母对自己的子女寄予莫大的希望。太雷的父母对他的早期影响不能说对他后来投身革命，不仅为自己的家庭而且为全中国、全世界被压迫人民的翻身解放而流血牺牲没有作用。同时清贫的家庭环境也从小练就了太雷坚毅的性格和百折不挠的坚强意志。回原籍后不久，张太雷就开始读书了，他先就读于贞和堂张家私塾，后进入常州西门外龙咀西部初等小学，免费求学。他在读小学时读过许多古典名著，并喜欢仿照《三国演义》《东周列国志》等书中的情节，组织打仗的游戏。他反对恃强凌弱，看到弱小同学受人欺侮时总是好打不平，挺身而出。他见到富商大贾，以奢侈的生活对比劳动人民生活的贫困，在幼小心灵中埋下了改革社会的种子。他深知读书的机会来之不易，因此他学习格外认真刻苦，加上他天资聪颖，终以优异成绩进入了常州府中学堂，开始了他的中学生活。

### （二）坎坷不平的中学生活

1911年，张太雷经亲友借钱资助在常州府中学堂读书。该校校长系日本留学生，孙中山领导的同盟会会员。在学生中进行民族革命教育，引起了张太雷、瞿秋白等进步青年对孙中山反清革命的关注。说来也巧，张太雷和瞿秋白既是同乡又是同窗。经常在瞿秋白家研讨功课，谈论政治。也是同伴、同游，每每在玉梅桥畔的小河划船，背诵万安和尚、曹孟德、尤其是苏东坡的名诗，借古喻今，以诗明志。瞿秋白诵之曰:“浩浩长江起沧海，纷纷过客似浮萍……”。张太雷诵之曰：“一年好景君须记，正是橙黄桔绿时……”偶尔也一起评论老庄哲学，针贬现实社会，抒发爱国之情，并从孙中山的民主思想中受到启迪，两人带头剪去辫子。一次，瞿秋白指着自己头上的辫子对张太雷说，这尾巴似的东西，我们非把它剪掉不可。张太雷听后很是赞同。不久他俩都把辫子剪掉了，以示对清政府统治的不满和对孙中山革命思想的支持。

1915 年 5 月 9 日，袁世凯为了当皇帝不惜出卖国家主权，接受了日本帝国主义者旨在灭亡中国的二十一条。全国人民得知，愤然声讨。张太雷更是义愤填膺，向同学们说：“日本帝国主义的野心是要独占中国，灭亡中国，而袁世凯为了要当皇帝，搞复辟，不惜出卖国家主权。”张太雷还参加了当时抵制日货的活动。张太雷在中学期间，除去对孙中山的革命思想表示钦佩以外，对章太炎、邹容、秋瑾等人的民主爱国思想和行为也十分景仰，对当时传播过新思想的报刊如饥似渴地阅读，从卢梭的《民约论》、孟德斯鸠的《法意》、严复翻译的《天演论》到梁启超的《饮冰室文集》《民权报》《民呼报》《新民丛报》无不悉心阅读。太雷对岳飞在常州一带抗金的故事，洪秀全太平天国的业绩、明代民族英雄唐荆川抗倭斗争十分感兴趣。但是好景不长。这一年，因为学校无理开除学生李裕基（李子宽）而牵涉到张太雷和瞿秋白，说张太雷等学生“素行不谨”，与李裕基相似，如不悔改，下期毋庸来校。并让太雷写悔过书，立保证。张太雷认为校方开除李裕基原属无理，又对自己进行刁难、拒绝写悔过书，毅然离开学校。

张太雷与瞿秋白同遭非难，共受牵连，不得不另谋出路。瞿秋白被迫去当小学教员，维持艰辛的生活；张太雷于 1915 年冬考取北洋大学。

### （三）风华正茂的大学时代

1915 年暑假，李子宽偕张太雷到上海投考大学时，在旅途车厢中，有一外国传教士向乘客说教，要大家信仰耶稣。太雷当即予以驳斥，说：“世上并没有上帝，不是上帝创造一切，而是劳动创造世界，不要轻信其胡言！”他那铿锵有力的声音，震得那个传教士不敢再讲下去。

张太雷本拟报考北京大学，因学制太长，经济负担不了，故改为报考北洋大学。

张太雷是怎样考入北洋大学的呢?

国立北洋大学创办于 1895 年，系近代中国建立的第一所新式国立大学，闻名中外。1915 年夏，年仅 17 岁的张太雷（当时叫张复）向往着考入北洋大学。当时北洋大学鉴于以往各地报考的学生落榜者多，遂进行变通办法，定于 1916 年 1 月始设立临时预备班，为期半年，为升入本科的学生补习各种科目，并规定凡学历在高等2年以上及大学预科2年以上者才有报考资格。太雷中学尚未毕业，但他自信确有把握，便匆匆由常州老家启程赴上海，于1915年12月27日（或28日）在上海青年会报考北洋大学法科预备班，改名曾让。按学校规定考试国文、英语、外国历史、地理，成绩合格。1916年1月8日取保入校，交纳学费15元，膳费自理。在预科期间所学科目或修国文，或借径英语，依学科性质之所近，以适其便。

光阴荏苒，半年很快过去，暑假张太雷按学校招考本科办法另行试验合格录取于法科法律学门已班。本科课程繁多，必须学中国法、英美法、德国法、法国法、罗马法、国际法、法理学。此外还有政治、经济、掌故……太雷经常出入法律图书馆，馆藏英美成案（案例）及中西名著甚多。太雷自幼深知业精于勤，刻苦精神为同学称道。

张太雷在北洋大学期间，正值北洋军阀反动统治时期。学校当局先后由赵天麟、冯熙运主持。他二人均系法科教授。当时北洋大学已取消官费，学费规定每年15元，书费免交但系借用，毕业前要退回，膳费每月3至7元，分南北两个食堂。南食堂以米饭为主，每月6元，北食堂以面食为主，每月4元。张太雷是南方人，自然在南食堂用饭。住宿按学生籍贯和贫富差别分等，住在一间六七平米的小屋，房内设一个床铺、一个小书桌。据瞿秋白回忆，张太雷“勉强在天津北洋大学法科毕业”。张太雷在学习期间曾为《华北明星报》当翻译，以此补贴个人一些开支，《华北明星报》主编是美国人福克斯，有时写些社论，颇有美国独立主义色彩。

北洋大学起先并不很重视体育，这固然是由于某些人的思想偏见所致。据说自一名美洲体育专家柯拉克道出津门，来到北洋大学后，体育才逐渐受到学生重视。柯氏来北洋大学曾受到校长赵天麟致词欢迎。柯氏大讲东亚大运动会的情形，备述奥林匹克之历史及东亚奥林匹克之起源及其与世界运动史之位置，配合幻灯、按图演述，学生们很感兴趣。认为“尤以发达体力为要义”。张太雷素来重视体育锻炼，在网球场、足球场上经常看到他那高大魁梧的身影。学校有一位体育教员伊丽斯，管课间操和球类活动。在网球场上张太雷结识谌小岑。

法律学门的学生毕业后出路不是当律师就是当法官，但要实现还必须自修大陆法。这对一般学生较难做到。因此有一些学生在法律学门毕业后，通过文官考试走读书做官之路，转入外交界，替北洋军阀效劳。张太雷受历史环境影响，也曾在思想上对个人未来的前途处于徘徊之中。

十月革命给中国送来了马克思列宁主义，激发了张太雷爱国主义、民族革命思想。1918年5月，他作为北洋大学代表之一，参加了北京学生反对段祺瑞政府与日寇秘密签订的陆海军《共同防敌军事协定》的示威、请愿活动。1919年2月，张太雷在天津发起组织进步团体——社会改造社。

1919 年五四爱国运动爆发，天津学生立即响应，包括张太雷在内的北洋大学全体学生曾通电北京政府，要求释放被捕人员。由于学校当局压制学生运动，张太雷和北洋大学学生掀起了罢课风潮。

张太雷一方面积极参加五四爱国运动，一方面主动深入到工农群众之中进行爱国演讲。北洋大学法科学生对演讲有着良好传统。1919 年 6 月 2 日，天津《益世报》曾以《北洋大学讲演团赴塘沽及郊区讲演》为题，报道了北洋大学张曾让（张太雷在北洋大学时叫曾让）等 4 人自罢课以来竭力进行讲演一事。当时北洋大学共组织了 44 个讲演团，先后到杨柳青、北仓、南仓、塘沽等地工厂、农村去讲演，揭露帝国主义宰割中国的罪行和卖国贼的卖国行径、走与工农相结合的道路。张太雷的讲演非常出众，他和林汝植、李则昂（此二人均系预科第五班毕业生。而李则昂又是临时学联文牍）、陈汝良（土木系的工科学生，1922 年毕业生）组成讲演第二团，特别受到听众欢迎。人们主动端茶倒水，对他们赞叹不已，说："先生们所讲的话真对，如果能一个月来一次，使大家永远不忘才好。"张太雷等还在火车站上宣传爱国、抵制日货的道理。当时报载说：听者塞途，点头称是，相聚不散，引领遥望，似恨时光短促，不能尽所欲闻……

1920 年 1 月 29 日孙中山发表《关于五四运动》，现抄录如下，以飨读者："自北京大学学生发生五四运动以来，一般爱国青年，无不以革新思想为将来革新事业之预备。于是蓬蓬勃勃，发抒言论。国内各界舆论，一致同倡。各种新出版物，为热心青年所举办者纷纷应时而出。扬葩吐艳，各极其致，社会遂蒙绝大之影响。虽以顽劣之伪政府，犹且不敢撄其锋。此种新文化运动，在我国今日，诚思想界空前之大变功。推其原始，不过由于出版界之一二觉悟者从事提倡，遂至舆论放大异彩。学潮弥漫全国、人皆激发天良，誓死为爱国之运动；倘能继长增高，其将来收效之伟大且久远者，可无疑也。吾党欲收革命之成功，必会有赖于思想之变化，兵法'攻心'，语曰'革心'皆此之故。故此种新文化运动，实为最有价值之事。"孙先生对五四运动的评价十分正确。

1919 年 6 月 7 日，张太雷和北洋大学全体学生突破武装巡警的监视，再次外出演讲，使天津反动当局极为恐慌。学校当局为了压制京津两地学生的爱国运动，竟和军阀政府勾结一起，进行限制。在张太雷毕业前不久，学校当局采取刚柔并济、软硬兼施的手段，特别是对法科己班学生，先拉后打，分化瓦解。冯熙运先将毕业班学生的伙食停止，接着便同当时的教育厅长王章祜密商、在河北黄纬路一家小旅馆给法科学生们订妥房间，在一家小饭馆包好伙食，在种植园（今北宁公园）内借好教室。实际上就是在校外吃、住、学习，进行考试，对另一批学生大批予以开除，致使法科己班学生仅有 22 人毕业（一说 23 人）。张太雷针对当时的形势，采取灵活

张太雷对同学说："我毕业后不到上海当律师了。天下兴亡，匹夫有责。只有走十月革命的道路，才能救中国。"

的斗争方式。他早已打消毕业后当律师的打算，也摒弃了做官发财的仕途。他在给妻子陆静华的信中说："我先前本也有做官发财的心念，所以我想等明年去考高等文官考试，但是我现在觉悟，富贵是一种害人的东西。做了官发了财难保我的道德不坏……"张太雷是经过观察比较，悟出一条规律：走做官发财这条路的人，难免陷入泥坑！因此他决然走上了革命的道路。张太雷和吴南如是同班要好的同学。他俩在五四运动、罢课风潮等问题上观点不一，经常展开辩论。吴南如毕业后在天津找了一个替俄国人鲍立维当翻译的职业，不久离开天津，便把张太雷介绍去继他工作，鲍立维对张太雷进一步接受十月革命思想有一定影响。在此期间，张太雷阅读了不少马克思主义著作，精读了列宁的《国家与革命》。还翻译了一些宣传社会主义的文献。

张太雷在北洋大学读书历时近5年。这时期是他短暂光辉一生的转机，是他探索革命真理、接受革命洗礼的标志。由于他积极参与革命活动，推动他由一个品学兼优、风华正茂的大学生，走上职业革命家的道路，成为我党最早的党员和社会主义青年团团员之一。嗣后，他以很大的精力协助李大钊、陈独秀在中国建立共产党和青年团。

### （四）青年团的创始人之一

张太雷在五四爱国运动期间结识了李大钊。1920年，上海、北京共产主义小组相继成立。我们知道在国际共产主义运动史上，各国党一般把第一次党代会以前成立的共产主义性质的名称很不相同的各种组织，统称"共产主义小组"。例如捷克、罗马尼亚、日本、朝鲜、印度等共产党对一大前的共产主义组织，通称为"共产主义小组"；俄国社会民主工党第一次代表大会前的共产主义组织，如"劳动解放社""工人阶级解放斗争协会"等，通称"马克思主义小组"。1921年7月中国共产党一大以前中国共产党的早期组织，有的叫"共产党"，有的叫"共产党小组"，有的叫"共产党支部"，说法不一。为了避免混乱，我们沿用了"共产主义小组"这一通称。

在共产主义小组成立以前，张太雷等就在李大钊领导下学习马克思主义，进行革命活动。成立后又和李大钊建立了经常联系，以后就参加北京共产主义小组。不久，陈独秀等考虑到要建立社会主义青年团作为党的后备军，开始在上海、北京建立青年团。张太雷是怎样在天津建立社会主义青年团的？据谌小岑回忆：（谌小岑是1917年秋考上北洋大学特别班的，学采矿冶金科，当时他叫谌伊勋）1920年10月，谌小岑到北京找到李大钊，提出要出国勤工俭学，李大钊即叫他去找张太雷，他找到张太雷后，经过酝酿终于在天津成立第一个社会主义青年团小组，成员包括张太雷、谌小岑、吴南如、胡维宪等7名成员。张太雷任团的书记，团小组每周开一次会，在一家裁缝店楼上一间小屋内。陈设很简单，由于屋子太小，经常站着开会。在张太雷指导下创办了天津第一个公开宣传马克思主义和十月革命经验的报纸，叫《劳报》。文章来源一是转载上海共产党小组出版的小册子上的文章；二是鲍立维送来的有关马克思主义的文章；三是报道从国内、国际报纸上剪下来的工运材料。团小组把报纸送到学校去宣传，并由北洋大学学生出通告号召学生买报纸。

据鲍里斯·舒米亚茨基《中国共青团和共产党历史片断》一文中谈到，张太雷所领导的天津青年团是比较彻底的中国青年组织的楷模。团章的宗旨是研究和实现社会主义。方法有几条：第一，帮助工人组织起来，并对工人进行教育工作；第二，调整工人的状况；第三，散发文件书籍；第四，基础的宣传鼓动；第五，组织讨论；第六，出版文献读物；第七，邀请名人演讲；第八，组织研究社会主义；第九，协助组织罢工，参加团的成员，一切人不分民族和身份，均可成为天津社会主义青年团团员，包括（1）学生；（2）工人和农民；（3）人力车夫；（4）铁路工人；（5）搬运工人；（6）店员，（7）士兵。（8）经大多数团员赞成的所有同情者，都可以被接受为团员。其他还有入团的手续，组织处分，经费来源，选举程序，会议时间，补充条款。尤其突出的是具有严整和定型的组织机构：第一，它设有书记处，它类似于委员会；第二，它有基层组织，即有特别的代表制的组织——小组；第三，还有类似于工人组织部的部门——“工人状况调查委员会”，并有一个类似于宣传部的部门——“社会主义研究部”。

天津社会主义青年团成员的第六次例会于1920年11月9日举行。出席会议的有19人。书记张太雷因公外出，由吴南如代理。会上，首先讨论了关于出版工人报纸的问题和办报方向问题。全体一致意见是：这些报纸优先注意的问题将是工人问题，并且是使工人阅读的，但对知识界也应同样产生影响。对报纸提出几个名称，最后确定为《来报》。其含义是：第一，推弃陈旧的过去，争取崭新的未来；第二《来报》亦为英文“劳动”（Labor）的谐音。栏目拟定如下：（1）国内外新闻；（2）工人状况；（3）杂感；（4）故事；（5）通讯。决定于1921年2月2日出创刊号。实际上创刊号在1921年的1月4日就出版了。以上可见张太雷在中国天津建立青年团起着突出的作用。在出版小报的同时，他们还把《共产党》月刊、《共产党宣言》、李大钊写的《我的马克思主义观》等印成单行本发送给工人。

1920年冬，北京共产主义小组决定在长辛店创办一所劳动补习学校，12月19日在长辛店正式召开了筹备会议，共产主义小组派邓中夏、张太雷等4人出席了会议。

1921年3月，张太雷到俄国工作，国内团的工作陷于停顿，主要原因是信仰不同，除了信仰马克思主义的以外，还有无政府主义、基尔特社会主义、工团主义、改良主义，致使团的组织涣散。

张太雷在共产国际“三大”上发表演说

1921 年 6 月 22 日至 7 月 12 日，张太雷出席共产国际三大时，针对当时国内团的思想状况，发表演说，介绍了中国反帝斗争中青年力量不可忽视，主张把青年力量引向马克思主义正确轨道，免受非马克思主义污染。不久，张太雷（当时用名椿年）从俄国回国，受了国际少年共产党的命令，要在中国组织少年共产党，拿这事情与一部分老团员商量，商量的结果，大家都以为不如将社会主义青年团恢复，并加以整顿，于是中国社会主义青年团就于 1921 年 11 月正式恢复。首先恢复的是上海，后来各地先后恢复了。于是他们决定社会主义青年团信奉马克思主义，不过表面上都说是研究马克思主义的团体。

这一年张太雷对团的工作抓得很紧。对团的情况有详细记录，报告中央，并与北京、上海、广州、武汉等地的青年团互通情况，交换经验。据 1953 年 9 月包惠僧《关于中共一大前后的回忆》中说：“我记得很清楚的是上海青年团的报告是署名‘秀松’（俞秀松），天津团的报告署名‘春木’（张太雷）。”

这一年，张太雷受党中央委托，与马林（共产国际驻中国代表）到桂林，为了促进国共合作会见孙中山。孙中山是张太雷早在中学就闻名的人物。会见后，张太雷和孙中山进行了长时间谈话，讨论了中国青年如何积极参加民族主义运动等问题。由于张太雷对团内情况非常熟悉，深受孙中山的赏识。

1922 年初，少共国际派代表达林来中国，在上海中共总部协助张太雷筹备召开青年团第一次代表大会。据达林回记：“我是在上海的一座公园里同社会主义青年团代表大会筹备处的成员会面的。我们就组织代表大会的基本问题进行协商，并商定一同到广东去。当时决定社会主义青年团的纲领和章程草案，由三人委员会起草。这三人中我是少共国际代表，张太雷是代表大会筹备处成员，瞿秋白是党代表。”原来瞿秋白与张太雷在中学分手后，去当小学教员，由于微薄的薪金不能维持全家生活，家中什物变卖殆尽，其母被迫自杀。适逢北京俄文专修班招生（该校免费），秋白考入以后参加五四运动，接受李大钊的指导，于 1920 年 10 月，搭乘十月革命后第一次通行的列车，到达莫斯科（以《晨报》记者身份），在对苏联的学习和研究中坚定了共产主义信仰。终于在 1922 年 2 月由张太雷介绍入党。瞿秋白和张太雷可谓志同道合。

达林、张太雷、瞿秋白在完成了青年团一大的团纲、团章草案之后，心情十分激动，为了表达胜利的喜悦，他们三人合唱了由瞿秋白第一个翻成中文的著名的《国际歌》。达林是用俄语唱、瞿秋白用汉语唱、张太雷则用英语唱。

1922年5月5日，团的一大在广州召开。出席的有张太雷、邓中夏、蔡和森、俞秀松、范鸿劼等25人，代表15处地方团组织五千多名团员。张太雷任大会主席，并致开幕词。大会通过了由他们三人起草的团章、团纲。指出：青年团为代表中国青年无产阶级的革命团体，团的生命在不停地实际活动之中，而不是坐以论道或空谈之流。张太雷被选为团中央执行委员会委员。张太雷在恢复团和筹备一大的活动中身负重任，首先抓住了马思主义信仰问题，从根本上解决了青年团的方向，为团的思想统一打下基础。

1923年8月由于革命形势的发展，在南京召开团的二大，张太雷被选进中央执委会。二大最突出的成就在于它接受了党的统一战线方针，并在行动上保证了党的统一战线方针的实施。二大以后革命运动出现了新高涨。1925年1月，在上海召开团的三大，接受了党关于青年运动的决议案。大会强调必须向劳动青年进行马列主义的宣传，并且规定每个团员都要进行这项工作。还提出4个具体口号："学习列宁主义""严守团体纪律""参加实际工作""获得青年群众"。决定改名为中国共产主义青年团。张太雷被选为团中央书记。

中共"三大"会议旧址广州新河浦24号

张太雷从事青年运动、创建社会主义青年团，总结了宝贵的经验，反映在他的作品中。1925年1月17日他在《中国革命运动和中国的学生》一文中明确指出："现今中国目前的政治运动就是反对帝国主义和军阀的运动。"中国的学生为什么会有革命性？"因为他们是殖民地上的青年学生，格外地趋向于革命。因为他们是小资产阶级家庭的子弟，受帝国主义的经济侵略已渐次贫困，以致青年学生在学校里读书常觉得经济压迫，而另一方面又因为本国的经济不发展，青年学生对于他们将来毕业后的社会地位不由得不起恐慌——有这些原因是使殖民地上的学生渐趋于革命的道路。"这一段话也正是张太雷自身的写照，是他走向革命的动因。如何教育青年呢？他在文中说："只有把青年的一切旧思想和迷信都打破了，才能把我们的革命主义灌输给他们，使他们到革命的旗子下面来。""只有以各种他们能见到的事实，来证明我们的主义，才能使他们明白我们的主义。"足见张太雷十分注重理论联系实际，用事实证明主义。这些经验是值得我们继承和发扬的。

### （五）活跃在共产国际的政治舞台上

十月革命以后，在中国出现了一大批具有初步共产主义思想的知识分子，从事着共产主义运动，他们以共产主义为最高理想，以共产主义事业为最高职责，不仅为中国的共产主义运动也为国际共产主义运动作出了重大贡献。

1921年初，经李大钊推荐，张太雷担任了共产国际远东局中国科的书记，成为活动于国际政治舞台上的第一个中国共产主义者。共产国际远东局设在伊尔库茨克，张太雷在那里工作了 3 个月，建立了中国共产党同共产国际远东书记处的联系。他在远东书记处的一次会议上，详细阐述了远东书记处中国科的任务。在此期间，他还代表中国共产党人参加了朝鲜共产党在伊尔库茨克举行的建党大会，并在会上发表了“日本的无产阶级和朝鲜贫民”的演说。出席大会的有朝鲜、中国、苏联共产党的代表共 85 人，施玛斯基作为共产国际执委会的代表出席了大会。张太雷在远东书记处中国科工作期间，还多次北赴苏联，东渡日本，从事着调查共产主义运动并调查远东各国的情况，联络远东的共产主义者，扩展远东各国革命运动的繁重的工作（所谓远东是一个地理概念，是欧洲人以欧洲为中心对亚洲较远各国所指，在当时包括中国、朝鲜、蒙古、日本、越南、印度，太平洋群岛等）。

1921 年 6 月 22 日至 7 月 12 日，共产国际第三次代表大会在莫斯科举行，张太雷代表中国共产党参加了这次大会。共产国际也称第三国际，是在列宁指导下于 1919 年 3 月 2 日在莫斯科成立的。他的主要任务是宣传马列主义，团结各国工人阶级和广大劳动人民为推翻帝国主义和资本主义统治，从而为建立无产阶级专政、消灭剥削制度而斗争。共产国际一大产生执委会，选举列宁、季诺维也夫、拉科夫斯基、托洛茨基、拍拉吞五人为执行局成员。季诺维也夫被选为执行委员会主席，大会制定了政治宣言和行动纲领，有 30 个国家的共产党参加，中国代表以观察员的身份参加了这次会议（代表为旅俄华侨工会负责人）。共产国际一大起了指导各国革命的作用。1920

*1921 年春，张太雷奉命来到苏俄伊尔库茨克任共产国际远东局中国科书记*

年7月19日至8月7日，共产国际召开二大，列宁在这次大会上提出了“民族殖民地问题提纲初稿”和关于这个问题的报告。这两次大会召开时，由于中俄交通还未打开或刚刚打开，共产国际还不可能邀请中国的共产主义者出席大会，直到三大召开时，张太雷同志才有可能代表中国共产党出席这次大会。参加这次大会的有48个国家的共产党以及左派社会党的代表，还有国际青年联盟的代表以及靠近共产国际的团体的代表。列宁被选为大会名誉主席领导大会的全部工作。大会基本任务是总结无产阶级最初几次革命斗争的经验，并在这个基础上制定新的战略和策略，以适应新的斗争形势。

张太雷在大会最后一天发表了激动人心的演说，他呼吁“共产国际和西欧各国共产党今后有必要对远东的运动更多加以注意，不惜一切给以支援”。就是对中国来讲，张太雷说：“各位对于中国的发展如能更进一步予以注意，那么中国的无产阶级和中国其他各种革命力量也会在这个伟大的事业中给各位以巨大的帮助。”他举例说明中国无产阶级在苏联红军的队伍中曾经参加对高尔察克、邓尼金的斗争，并以此证明他们已经成为优秀的无产阶级革命战士。事实确是如此，据苏联乌斯季洛夫《在苏维埃俄国的华人共产主义组织（1918—1920）》一文中称：“在俄国的华籍国际主义红军部队是由华工自己创建的，它们完全依靠自己的力量，由自己统率指挥，同时，只有华籍的革命战士参加，在协约国的默许下高尔察克、邓尼金和尤登尼奇部队干了许多勾当……，华籍战士说：‘我们华人为了被压迫人民的解放，将毫不吝惜地抛头颅，洒热血……。’”

张太雷回国后，主张中国共产党参加共产国际，可是陈独秀反对，张太雷对陈独秀说：“全世界的共产主义运动，都是在第三国际的统一领导下……中国也不能例外。”由于张太雷的努力，说服了陈独秀。1922年党的二大正式通过了中国共产党《加入第三国际的决议案》。张太雷还与李大钊一起参加了共产国际五大。

自1921年张太雷第一个参加共产国际的工作以后，共产国际的每次大会都有中国代表参加，并有中共的常任代表驻共产国际，而共产国际也有代表常驻中国。

### （六）远东被压迫人民的忠实朋友

共产国际三大以后，1921年8月，美国宣布召开华盛顿会议，其主要目的是想调和日美英之间的冲突，重新分配它们在远东的市场。为了对抗华盛顿会议，共产国际决定召开一次远东各国共产党及民族革命团体代表大会（即远东各国人民代表大会、远东劳动者大会、远东各国革命党大会）借以抵制华盛顿会议，显示远东各民族力量的强大。这次大会先在伊尔库

为联络、组织日本等亚洲国家参加远东各民族人民代表大会，张太雷秘密出使日本

茨克召开，后于1922年1月21日至24日在莫斯科召开，当时负责远东各国工作的是共产国际远东局，施玛斯基、维经斯基、马林、片山潜等都负责过远东局的工作。列宁、斯大林、片山潜等被推选为远东各国人民代表大会荣誉会长（主席），大会共开了12次，第一次大会发表了《远东各国共产党及民族革命团体宣言》，张太雷参加了这个宣言和《对东方国家劳动人民宣言》的起草工作。宣言指出："远东各国被奴役的人们啊！你们困厄于欧美和日本强盗们摧残与劫掠之下，已是好多年了"。"中国的苦力是世上最受富人们掠夺和压迫的奴隶"。"遍朝鲜全境，都被日本侵略者屠残的血淋湿了"。"从今天起我们将我们远东受压迫群众不可破分的联盟确立在共产国际的旗帜之下。我们定要得到解放。我们要战胜压迫我们的人们，来建设一个万年劳动制度；我们要将土地从不劳而获的人们手中收归。将权力扼在我们工人和农民自己手里。""反对资本主义和帝国主义""反对华盛顿匪党！""反对吸血者四国协定！"这里张太雷在为远东被压迫民族和人民呐喊，并指出了一条通往民族解放的光明道路。

在这次大会前后，张太雷曾协助片山潜作了大量工作。片山潜早在中国五四运动前即发表《日本和中国》等文章，对中国革命未来前途作出了正确的论断。他说："从最近发展情况来看，我认为中国大概不会发展成一个成熟的资本主义国家，中国即将到来的革命，将和邻邦的俄国一样，向着建立社会主义——共产主义的共和国发展，中国革命将比资本主义发达的日本更早地取得成功。"

共产国际三大时，片山潜和张太雷都参加了大会。在远东各国人民代表大会召开之前，张太雷奉命去日本会见德田球一、山川均、堺利彦等人，动员日本的各共产主义小组和团体派代表参加远东各国人民代表大会。并且支持他们在此基础上筹建日本共产党。果然，在远东各国人民代表大会以后不久，日本共产党于 1922 年 4 月 7 日秘密建立，堺利彦被选为第一任委员长。在日本的任务完成以后，张太雷同德田球一一起冒着极大的危险从长崎乘船回到上海。回国后他多方动员中国的共产主义者和其他方面的进步人士派代表参加远东大会，因此大会代表以中国代表团人数最多，而其中共产党的人数占首位。但太雷因有其他任务未能参加这次大会，而由张国焘代替。这次大会对远东人民的的革命斗争具有重要意义。大会以后，张太雷非常关注国际形势，特别是远东各国人民的反帝斗争。仅 1923 年他就多次发表了关于揭露帝国主义扩军备战妄图发动战争阴谋的文章，如《充满威吓的世界》《欧州各国的陆军竞赛》《太平洋上英日美的海军竞争》《为了太平洋大战之又一表征》《星加坡建筑军港——“给各国一个榜样”》等。张太雷在文章中提醒各国的无产阶级及东方民族应当起来打倒帝国主义政府，不迷信国际条约的签订，也不要相信帝国主义的示好政策。他指出：“帝国主义侵略弱小民族最初一步免不了要用一种武力征服的方式，”“第二步就是要用柔软的示好政策，对于弱小民族使丧失其国民性的宣传，使其自动地欢迎其统治。”他的观点与列宁号召一切共产党人“必须向一切国家，特别是落后国家的最广大的劳动群众不断地说明和揭露帝国主义列强一贯进行的欺骗”是完全一致的。

综观以上种种，表明张太雷确系被压迫民族和被压迫人民的忠实朋友。

### （七）国际青年共产主义运动的带头人

张太雷不仅是中国共产主义青年团（前身是社会主义青年团）的创始人和领路人，而且是国际青年共产主义运动的带头人。

1921 年他在共产国际三大的演说中指出：“中国青年学生们正在起来造反，他们反对中国旧社会结构。”“我们要把这些力量引向正确的道路，不能推给无政府主义和改良主义。”无政府主义和改良主义作为一种社会思潮不仅表现在中国，而且在远东一些国家中也有表现。

先驅
中月刊
創刊號
發刊詞
評論

1921 年，张太雷代表中国社会主义青年团参加了青年共产国际第二次代表大会。青年共产国际即少共国际，是根据列宁的建议于 1919 年 11 月在柏林秘密成立的，是在共产国际领导下的各国革命青年的国际联合组织，他以马列主义教育和团结青年为反对帝国主义发动战争，改善资本主义国家青年的劳动条件，为实现无产阶级专政而斗争。1922 年 4 月 1 日，《先驱》国际青年共产主义运动号载国际共产党执行委员会《敬告国际青年共产党，

1921 年，张太雷出席青年共产国际“二大”，当选为青年共产国际执行委员会委员

敬告世界无产阶级青年》一文中说：“一种新的青年战士之势力要加入我们行列了。国际共产党已包含有国际青年共产党在里面，这又给了我们一种胜利底担保。前进啊！朋友们！联合一致啊！组织共产联合啊！结合起来成为国际青年共产党的战争运动之中心啊！推翻资本家的堡垒，为人类自由、幸福而征服他们啊！”二大以后，张太雷受青年共产国际和中共的委托回国整顿社会主义青年团，同时青年共产国际派达林协助他的工作。经过张太雷等同志的努力，在 1922 年 5 月 5 日召开的团的一大上，通过了中国社会主义青年团参加青年共产国际的决定，从而把中国的青年运动和世界各国的青年运动汇合在一起，形成了一支不可忽视的国际青年革命力量。

1923 年 10 月，张太雷赴莫斯科准备参加青年共产国际第三次代表大会。这次大会于 12 月 4 日在莫斯科开幕，列宁致书大会庆祝青年共产国际的成功，并表示深信青年工人在全世界人类谋平等解放之战争中，永为奋斗之先驱者。（这次大会应为 1922 年 12 月 4 日开幕，张太雷没有参加，缺席当选为执行委员会委员——编者注）在这次大会上，张太雷被选为青年共产国际执行委员会委员，成为中国参加青年共产国际的第一个共产主义者。同时也受团中央委托留在莫斯科担任中国社会主义青年团驻青年共产国际的代表。

在此期间，张太雷十分关心亚非国家的青年共产主义运动。1924 年 1 月 20 日，他和达林一起共同完成了《亚非国家青年共产主义的状况和任务的札记》一书，而且在书中附有他们两人的亲笔签名。1 月 21 日，列宁逝世，张太雷在莫斯科瞻仰了列宁的遗容，参加了列宁的葬仪，并在苏联报刊上发表了《列宁与中国青年》一文，表达了中国青年对列宁的悼念。

1924年6月21日，青年共产国际四大在莫斯科召开，张太雷参加了这次大会，他在讨论发言中谈到共青团积极参加民族解放运动的必要性时，强调指出了在殖民地半殖民地国家中保存共青团这样一个独立组织的重要性。1925年，他在共青团广东区委定期举办的团员训练班课程中还讲授《少年国际》《第三国际》《Cy与Cp》等专题，不断向中国青年进行国际主义与共产主义教育。

张太雷善于把国内国际青年共产主义运动结合起来，把中国革命与世界被压迫民族的革命结合起来，把中国社会主义青年团组织和青年共产国际的组织结合起来。正如达林回忆张太雷时所说："无论从他的思想方法，还是从他的整个精神世界来看，他都是一位真正的国际共产主义者。"

### （八）国共合作的促进派

国共合作是中国共产党成立后遇到的新课题，是我党几经研究决定的，是共产国际所希望的，是中国革命之必须。国共合作是由于共产党人光明正大，身体力行和国民党中的左派分子们进行不懈努力而促成的。张太雷在促成国共合作建立的过程中，发挥了他的聪明才智，进行了多方面的工作和斗争，为国共两党统一战线的建立作出了重大贡献。

马林像

1921年8月，张太雷在参加了共产国际三大以后回到了上海，担任了共产国际驻中国的代表马林的助手和翻译。马林赴华使命重要之点就在于促成国共合作，在中国建立统一战线，张太雷十分得力地协助马林进行了这项工作。马林来到中国以后，与陈独秀在中国革命的许多问题上存在着分歧，1921年9月陈独秀等5人在法租界被捕，张太雷与马林四处奔走，不遗余力地进行营救，使陈独秀等得以出狱。并由于张太雷的努力逐渐消除了陈独秀与马林之间的分歧，开始商谈工作，首次提出了国共合作的问题，同时决定由张太雷和马林一起与孙中山先生进行初步商谈。1921年12月10日他陪同马林离开上海乘岳阳号轮船去汉口，然后转粤汉路乘火车南下途经湖南前往广西会见孙中山。他们途经长沙时还访问了文化书社，会见了毛泽东。12月23日他们到达桂林，下榻于广西银行。

孙中山会见马林、张太雷的桂王府

孙中山在桂林独秀峰山麓旧桂王府设立的北伐吴佩孚之大本营与马林、张太雷多次会见。孙中山先生十分赞同中国共产党的两点建议：一是要有一个能联络各阶层尤其是工农群众的政党；二是要有革命的武装核心，要办军官学校。马林和张太雷在桂林停留9天后于1月初到达广州，又和陈炯明进行了3次长时间的会谈。次年6月党召开二大，张太雷列席了这次大会，会上通过了《关于"民主的联合战线"的决议案》，为了讨论实行民主联合战线即统一战线的具体步骤，8月初党在西湖开了一次重要的中央会议，张太雷和马林、李大钊、陈独秀、蔡和森、张国焘等参加了这次会议，会议批评了张国焘反对国共合作的错误意见，决定共产党人以个人名义加入国民党实行国共合作。不久，张太雷和陈独秀、李大钊、蔡和森 4 人一起在上海由张继介绍，孙中山亲自主盟参加了国民党，成为我党最早加入国民党的党员，担负起了中国革命的重任，开始协助孙中山先生改组国民党。9 月 4 日，孙中山约集在上海的国民党人士 53 人座谈改进本党党务的意见，张太雷和马林、陈独秀都应邀参加了会议，1923 年 1 月孙中山发表国民党党部各项重要干部的任命，张太雷被任命为国民党中央宣传部干事。以后张太雷经常奔走于上海、广州之间，致力于国共合作的工作。他坚持真理，勇于实践，积极宣传，善于斗争，因而开拓了国共合作的具体道路，为党积累了统一战线工作的宝贵经验。1922 年 6 月在党的三大上正式通过了国共合作的方针。在大会上张太雷是反对张国焘关门主义最有力的一个，他积极揭发张国焘搞阴谋、搞分裂的小组织派别活动，坚决支持大会对张国焘的批判。9 月为了建立黄埔军校，国民党派出以蒋介石为团长，包括张太雷、沈定一、王登云为团员的“孙逸仙博士代表团”赴苏联考查军事、政治和党务，并洽商有关苏联援助问题。1924 年 1 月，国民党第一次全国代表大会在广州召开，国共合作的统一战线正式建立。

### （九）与国民党右派斗争的坚强战士

国共合作的统一战线建立前后，存在着分歧和斗争，尤其是统一战线建立之后，党内以陈独秀为代表的投降主义在发展，国民党中的新老右派也在猖狂地进行反共活动，阴谋篡夺统一战线的领导权，在这种情况下，张太雷挺身而出，坚决捍卫党的统一战线的正确原则和立场，和新老右派以及党内的投降主义进行了坚决斗争。他在整个大革命时期的光辉业绩，证明他不愧为我党杰出的政治活动家和主要领导人之一。

上海大学旧址

张太雷 1924 年从苏联回到上海以后，他除了负责团中央的工作以外，还担任上海《民国日报》的主笔，并在上海大学任教。在这时间，他写了大量的精湛文章，现在能找到的张太雷一百多篇文章，大部分是在这期间写下的，他的文章热情洋溢，尖锐泼辣，一方面于广大民众有着极大的号召力，另一方面他的文章又是同国民党右派进行斗争的锐利武器。对反击国民党右派的反共活动起了极为重要的作用。

马林在完成了共产国际在中国的战略决策——国共合作的任务以后，即离开中国，鲍罗廷等接替了马林的工作，1925 年春，张太雷到了当时大革命的中心广州，担任鲍罗廷的助手和翻译，鲍罗廷当时已被孙中山先生聘为广东国民政府的高级顾问，因此鲍罗廷在这段时间对国共统一战线的指导，张太雷差不多都参与了谋议。他终日和鲍罗廷在一起致力于统一战线的工作，他们每天要和国民党的军政首脑进行会谈，还要经常和鲍罗廷一起外出讲演给他担任翻译，并且要给他做好事前的准备和事后的整理工作。他还领导一个翻译室，翻译当日各地报纸的重要军政消息供鲍罗廷参考。同时他还担任中共广东区委宣传部部长，主编区党委机关刊物《人民周刊》，他经常在党员大会上作政治报告和时事报告，这为巩固统一战线，号召党员起来警惕反革命势力的活动起了积极的重要的作用。革命的实践把他锻炼成为一个机警、细致、勇敢、沉着的人。鲍罗廷没有警卫，他的安全是由张太雷负责的，那时广州虽说是革命根据地，但反动势力还很猖獗，1925 年 8 月，著名的国民党左派领袖廖仲恺先生被刺了，据凶手供认，其暗杀对象第一是鲍罗廷，第二是廖仲恺，可见当时广州反动势力的猖狂，从这里也可以看出张太雷的保卫工作是十分出色的。

张太雷日以继夜地工作，受到了同志们的称赞，他和广东区委书记陈延年同志、农讲所的毛泽东同志、黄埔军校的周恩来同志一起被广州的同志们誉为“四个特别忙的人”。

革命不是一帆风顺的，统一战线内部隐藏着危机，由于党内陈独秀右倾错误的妥协退让，蒋介石更加紧了他的反革命活动。1926 年 3 月 20 日，蒋介石制造了中山舰事件，张太雷听到消息后，就非常肯定地说：“李之龙决不会叛变，这里面有鬼！”同时他也在计划着如何进行斗争。不久，他就中山舰事件发表《三月二十日的戒严》一文（载《人民周刊》第七期）指出：“三月二十日事件证明本刊上一期所提出‘广东革命危机存在’的警告是正确的。此事件告诉我们，反革命势力仍是时刻预备乘隙而入”，“所以我们要严密我们的团结，我们的领袖要稳定而一致，才能防备敌人阴谋。”对于制造中山舰事件的蒋介石，党内虽有许多同志主张反击，但陈独秀却退让了，因而助长了蒋介石的反共气焰，他进一步地在国民党二届二中全会上提出了所谓整理党务案，张太雷对此异常愤慨，不久他在《人民周刊》第十四期上就整理党务案发表《到底要不要国民党？》一文，深刻指出，如果共产党员退出国民党，那么国民党就不是一个革命的结合而是一个古董店，或者是一个衙门而已。因为革命的结合是国民党势力之存在，失之则失去势力，……如果哪个革命同志不相信这话，历史事实自能强迫你相信这话。这篇文章在当时的具体历史条件下，对国民民党新老右派的反共阴谋活动作了揭露和批判。

但是陈独秀继续妥协退让，认为整理党务案是国民党内部事务，“他党无权赞否”。这样一来，蒋介石的反共阴谋活动就更加肆无忌惮了。1926 年冬蒋介石利用北伐的胜利收编了大量的军阀部队，迅速扩大了自己的反动武装，同时借北伐的名义在广东、江西等地镇压工农运动。随着北伐的胜利，国民革命的政治和军事中心逐渐由广州移到了武汉，这年冬天张太雷随鲍罗廷来到了武汉，在国民党武汉行营举行的欢迎会上，鲍罗廷讲了话，张太雷担任翻译，当时太雷为革命感情所激动，当说到蒋介石在广东、江西屠杀工人农民和共产党人时，声泪俱下，整个会场寂静无声，讲完话后，全场掌声雷动，在场听众无不为鲍罗廷和张太雷等讲话所感动。

张太雷到武汉后住在武昌湖上园，这时，他的工作异常繁忙，他经常白天到汉口南洋大楼开国共两党联席会议，而夜晚在湖上园召开中共中央负责同志会议，这样的紧张局面一直延续了几个月。

1927 年 4 月 12 日，蒋介石在上海发动了四一二反革命政变，武汉面临着严重的危机，虽然共产国际和党内许多同志提出避免革命失败的正确意见，但陈独秀坚持家族式统治，充当汪精卫假左派真右派的尾巴，特别是在 4 月 27 日召开的党的五大上，继续他的投降主义错误，大革命的失败终于不可避免了。7 月 15 日，汪精卫在“宁可错杀三千不使一人漏网”的反动口号下，大肆屠杀共产党人，轰轰烈烈的大革命失败了。

面对这些变化，张太雷并没有惊慌失措，也没有减低革命的锐气，他在党的五大以后已经调任湖北省委书记，他在武昌胭脂山啸楼巷二号省委所在地从容不迫地有条不紊地处理着各项工作。局势越紧张，他的态度越镇定，这时，他对叛徒们表示切齿痛恨，但对胜利仍然充满信心，他坚信最后胜利是我们的，他挺身而出，要继续为挽救中国革命而斗争。

### （十）无产阶级革命的宣传鼓动家

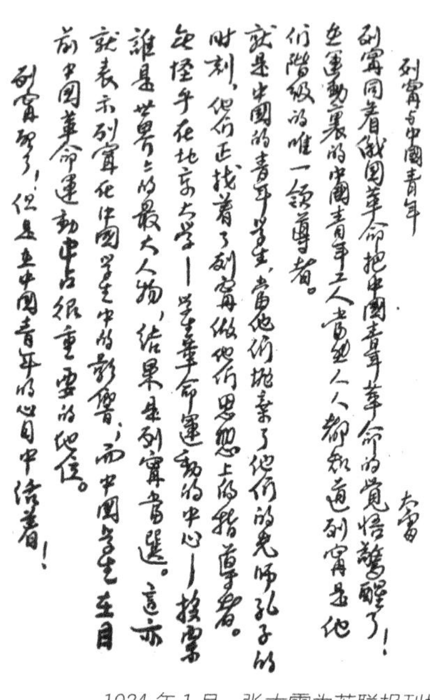

列宁与中国青年　太雷
列宁同着俄国革命把中国青年革命的觉悟警醒了！
在运动里的中国青年工人农人人人都知道列宁是他们阶级的唯一领导者。
就是中国的青年学生，当他们抛弃了他们的先师孔子的时刻，他们正找着了列宁做他们思想上的指导者。
无怪乎在北京大学——学生革命运动的中心——投票谁是世界上的最大人物，结果是列宁当选。这亦就表示列宁在中国学生中的影响，而中国学生在目前中国革命运动中占很重要的地位。
列宁死了！但是在中国青年的心目中活着！

*1924 年 1 月，张太雷为苏联报刊撰写悼念列宁文章的手迹*

张太雷短暂的一生给我们留下的遗作约有一百多篇。无疑是一份宝贵的精神财富。尤其是 1926 年文章最多，有时一天发表三四篇。边写作，边战斗，写作为了战斗，这是他的宗旨。文章内容极其广泛，包括反映国际和国内革命斗争的。在国际上有歌颂巴黎公社的，颂扬列宁的，记述共产国际和少共国际的文章。其中以写列宁的为主，如《列宁与义和团》《列宁与中国青年》《列宁底死》。他在文中说：“中国人民更须努力干革命的事业，以补偿他们领袖死了对革命的损失。”孙中山先生也发表《列宁逝世演说》《列宁逝世电文》颂扬列宁为中国人民的“国友人师”。此外还有反法西斯、反帝国主义，特别是反日、英帝国主义的文章。当时英帝对中国人民采取反革命两手政策，一方面用兵舰屠杀中国数以千计的同胞，一方面又阴谋搞外交谈判。张太雷给以无情揭露。在国内张太雷的文章主要是支持国民党和国民政府正确可行的主张，反对其错误、反动的政策，并对孙中山表示了极大的敬意。在《纪念孙中山先生》一文中指出孙先生革命的方法主要有三点：第一，中国国民革命的成功，要靠民众的势力；第二，中国国民革命的成功，要有一个有纪律的党；第三，中国国民革命的成功要与世界被压迫民众共同奋斗。”“此三种革命方法是中山先生主义的精髓。”张太雷对国民党左派领袖廖仲恺给以很高的评价。他说，廖先生的《革命派与反革命派》一文要算孙文主义的必要补充，此文与中国国民革命运动有极大的关系，应为左派经典之一。他还说："廖先生非但认识农工在国民革命中的重要，他并且自己实际领导广东的农工运动，并鼓励青年要做工农运动。张太雷还写了关于青年运动、工农运动的文章和反对军阀、反对反动派的文章。

1926 年 6 月 10 日，张太雷写了《到底要不要国民党？》一文，立场十分鲜明，他说："中山先生改组国民党的目的是要把国民党变成一个全国革命分子的结合；党要成为一个革命分子的结合方能成为真正能领导国民革命的党。中山先生毅然决定欢迎共产分子加入亦就是在于这个意思。"与此同时，他又毫不留情地批评了国民党内靠党或靠卖党以升官发财的人，党内反动派，反共分子。张太雷此文章发表以后，6 月 28 日，蒋介石在黄埔军校对学生之训词中针对张太雷写的那篇文章，扣上了"使两党生起恶感"的罪名。于是 8 月 12 日，张太雷再写《关于蒋介石同志对"要不要国民党"误会之解释》，文中一一驳斥了蒋介石的误解。从张太雷写作的动机、内容到态度说明都是正确的。张太雷的文章是发表在《人民周刊》第 18 期上的。他说："《人民周刊》从第一期至这期止，没有不是为民众说话，为革命说话，及对于与革命利益或民众利益有妨害的加以批评。在革命范围以内的批判与讨论，实在是成功的要素，因为革命的成功是过去革命运动错误中得来之教训之累积，而只有批判是能使我们知道错误，并从错误中得到教训。""如果一说话就加以挑拨感情之罪，那末只有大家不说话才是对的，吾恐此非正当之道也！"多么深刻而有力的回敬呀！张、蒋这一场笔舌之战很值得我们回味、深思！

論文

到底要不要國民黨

太雷

《人民周刊》第 14 期上刊登张太雷撰写的《到底要不要国民党》一文

1926 年 10 月 29 日，张太雷发表了《司法改革与中山大学改组运动》一文。我们前面提到张太雷是学法律的，但他并没有接受西方的法律，明确指出："司法或教育的根本改革，从反革命的司法与教育变成完全革命的教育与司法，不但要求革命党与革命政府极大的果断与勇气，更须在国民革命完成之后，因为司法或教育的革命是中国整个革命中的一部分。"张太雷从革命与反革命不同本质区分司法与教育，不仅在当时有现实意义，即使在今天改革的洪流中，也是值得借鉴的。

1927 年四一二政变前两天，张太雷为《广东各界追悼北伐阵亡将士大会特刊》撰写发刊词，他以高度的革命热情，深赞由先烈之血、沃出民族自由之花，先烈之身躯头颅，筑高了中华独立国际间之地位的北伐阵亡诸将士的伟大业绩。慷慨陈词说："我们后死的革命同志，将随湘、鄂、赣、闽、浙、苏、皖各地牺牲之先烈血迹而前，其数尚不知若干，我们追悼上举各地牺牲之先烈，不过表示我们之心愿，表示我们之志向，使死者先烈，得以瞑目于地下。望我们后死的同志，速速准备我们的工作，加紧努力去增厚此纪念册，此是发刊此册子的一点意思。”

张太雷是无产阶级革命的实干家，就在这一年年末，在领导广州起义的斗争中不幸以身殉职，不少将士随同张太雷的英名，谱写在这个纪念册上，加厚了这个纪念册。

### （十一）广州起义的总指挥

1927年7月中旬，党中央领导机关进行了改组，成立了由周恩来、张太雷、张国焘、李立三、李维汉组成的五人临时中央政治局，这时张太雷身上的担子更重了，为了挽救革命，临时政治局作出了南昌起义、秋收起义和召开党的中央紧急会议的决定。

8月7日党在汉口召开了紧急会议，即八七会议，张太雷参加了会议，在会上，他坚决反对陈独秀的右倾错误路线，被选为中央临时政治局候补委员，并担任了党的南方局书记和广东省委书记。

八七会议后，张太雷前往广州赴任，取道香港先到潮州汕头前线向南昌起义部队负责人周恩来、贺龙、叶挺等传达了八七会议精神，10月中旬，中共广东省委在香港成立，张太雷主持了南方局和广东省委联席会议，作了题为《“八一事件”之经过、失败原因及出路》的报告。报告总结了南昌起义和潮汕人民起义失利的经验教训，揭发批判了张国焘以“中共代表”身份竭力反对南昌起义的错误。会上，张太雷还主持通过了《最近工作纲领》。纲领指出：“广东革命运动仍是高涨”，“应当注意农工群众自动的革命运动

广州起义浮雕

之发展与扩大，要坚决勇敢地举起工农革命的大旗，集合一切武装势力以与土豪地主及一切反革命决死奋斗，建立工农政权”。会后再赴汕头处理南昌起义失败后的善后工作之后回到上海。11 月 18 日，在上海与瞿秋白一起主持召开中央临时政治局扩大会议，中央决定张太雷赴广州组织武装起义，工作决定以后，他立即告别妻子和刚刚出生的儿子，肩负党的重托和人民的希望，离开了上海前往广州。

张太雷到广州后立即开始了紧张的组织工作，几天后他写信给中央，报告已成立东江革命委员会，海丰也已成立苏维埃政府，彭湃根据中央决议已在海丰进行土地革命，信中还要求周恩来寄一些文件给广东省委。

11 月 26 日，张太雷主持召开了广东省委常委会议，传达中央关于在广州举行武装起义的指示以及起义的总计划，会上成立了起义的总指挥部——行动委员会，张太雷任总指挥（一说革命委员会由 3 人组成，张太雷任书记）。在准备起义的日子里，他在白色恐怖笼罩着的广州城，把个人安危置之度外。他秘密地到珠江白鹅潭江面上的一艘邮船上亲自召集了广州工会负责人会议，发动工人参加起义，他说：“我们忍受够了，国民党在上海杀得不够，又在广州开刀，难道我们就背着手等着倒霉吗？不！共产党不是泥巴捏的！……”他激动人心的讲活，给了同志们以巨大的力量。11 月 29 日，他给中央寄了准备广州暴动的报告，报告广东省委立即暴动。准备的办法是：筹备总同盟罢工，组织赤卫队，加紧对张发奎部队的工作，组织市郊农民暴动。12 月 4 日，他到黄花岗附近向叶剑英领导的第四军教导团全体党员和积极分子会议作动员报告，他传达了起义决定，讲解了工农民主政纲初稿，亲自主持了参加起义的各级干部的分组训练，12 月 7 日，张太雷主持召开了广州工农兵代表会议，通过了执委会名单，决定 12 月 13 日起义。但是这时情况发生了变化，已经前往上海的汪精卫，风闻广州工人准备起义的消息，派他的老婆陈璧君赶来广州向张发奎面授破坏起义的指令。接着又电告张发奎，要他立即解除教导团武装，驱逐赤卫队，搜查职工会，以及制造借口逮捕苏联领事。并且敌人又发现了掩藏起义武器的米店，准备参加起义的教导团内部也有反动军官告密。在这种紧急情况下，起义总指挥张太雷并没有惊慌失措，他于 12 月 6 日主持了行动委员会紧急会议，准备将起义提前到 12 月 11 日凌晨。10 日这一天，张太雷更加紧张地准备着起义的各项工作，他代表广东省委再一次向中央汇报，认为广州暴动时机已到，在工人群众中已召开过各种代表大会，组织总同盟罢工，作夺取政权的暴动。武装方面已有三千工人赤卫队，教导团差不多全数可以指挥，警卫团可指挥 200 余人，并已派得力干部去市郊组织农民暴动。还向中央汇报了准备在暴动中提出的口号和政纲。这一天，他还主持召开了各级党组织和工会干部出席的武装起义动员会，作了重要讲话，并宣读了起义的政纲、口号等。晚上张太雷主持召开了工人赤卫队指挥员，教导团、警卫团革命官兵代表参加的军事会议，宣布了起义的战斗部署。这时叶挺同志也受党的委派，在起义爆发前的几小时赶到了广州。起义前夕，参加广州起义的英雄们集中在“四标营”和龙藏街太邱书院等处，满怀革命激情，眼望漫长的夜空，等待着黎明前武装起义的信号。

1927 年 12 月 11 日凌晨 3 时 30 分，广州起义爆发了。起义先从叶剑英领导的教导团开始，凌晨 1 时半，张太雷和叶挺等到达教导团的驻地“四标营”，张太雷向全团革命官兵作了动员讲话，他说，在国民党反动派残酷统治之下，革命士兵除了和革命工人农民一道拿起武器进行反抗别无出路。他的起义动员受到了广大革命官兵的热烈拥护。在叶挺宣布起义的战斗部署以后，教导团革命官兵处决了张发奎派来的一批反动军官，在总指挥张太雷率领下，在热烈的欢呼声中，展开红旗，誓师出发。与此同时，在广州市各处集中待命的赤卫队，听到教导团发出的炮声信号后，也开始分头按预定计划向国民党反动派的军队、警察和政府机关进行袭击。两小时后就占领了全城大部分地区，白色恐怖的广州转瞬之间变成了红色的革命城市。上午 6 时，被起义军占领的敌人反动据点市公安局的屋顶上飘扬着一面镰刀铁锤的大红旗，起义总指挥部开始在这里办公。接着工农民主政府——广州苏维埃政府（即广州公社）成立了。张太雷在广州苏维埃政府办公室亲自主持了广州苏维埃政府的首次会议，会议选举了政府领导人，张太雷代理主席（主席苏兆征因病未到职）。恽代英担任政府秘书长，叶挺担任工农红军总司令，周文雍担任人民劳动委员，彭湃担任人民土地委员……他们都是为革命群众爱戴的工农运动的领导人或著名的革命活动家。这次会议还讨论和通过了一些重要决定。天亮以后，参加起义的人数已超过两万，并收缴了大批枪支弹药，指挥部根据秋收起义和海陆丰起义的经验，开始整编队伍建立正式的革命军队，并抓紧一切时间，由革命军官和士兵帮助许多不会作战的工人练习使用武器，这时又由于不断的政治宣传和鼓动，许多国民党官兵投诚加入红军，同时，工农民主政府还组织了各方人员担任运输、侦察、救护，还组织了伙房煮饭，以保证起义的顺利进行，从天亮到傍晚，起义队伍在张太雷指挥下继继攻占了车站、电报局、电灯局，中央银行等许多据点和广大地区。这天中午按原计划工农民主政府在第一公园前召集第一次群众大会，但由于敌薛岳部的进攻而未开成，不得已改开代表会议，当晚广州工人代表会召集干部会议讨论和决定了第二天召集群众大会的方法，并做了较充分的准备。12 日中午，庆祝广州工农民主政府成立的万人大会在西瓜园广场举行，广场上红旗招展，人声鼎沸，身着军装的张太雷宣布："广州工农民主政府正式成立了！"广场上顿时掌声雷动，一片欢腾，张太雷在会上发表演说，他那宏亮的声音，激动了每一个到会的人，千万人的欢呼声响彻云霄，真是一声霹雳惊破了敌人胆，广州公社的火花就这样熊熊燃烧起来了。会后，他乘汽车返回指挥部，这时敌人已从观音山攻到总部附近，张太雷立即上车赶往大北门指挥战斗，但在途径大北直街（今解放北路）时，遭敌伏击，张太雷身中三弹，壮烈牺牲了，时年 29 岁。张太雷瞑目的时候，广州起义还没有完全结束呢！其时是 1927 年 12 月 12 日下午 2 时！

张太雷在指挥广州起义战斗中壮烈牺牲

1928 年 1 月 2 日，瞿秋白在《悼张太雷同志》一文中说："张太雷同志死在万人暴动的广州工农兵群众与反革命军阀搏战之中，死在领导工农兵暴动的时候，他死时，觉着对于中国工农民众的努力和负责，他死时，还是希望自己的鲜血将要是中国苏维埃革命胜利之源泉！"张太雷烈士永远活在人民的心里，他和广州起义一起在中国革命的历史上永放光辉。

罗章龙有诗为证：

间气钟灵秀，太雷人中龙。　轩昂渡粤海，广暴作先锋。
镇海扬镰斧，珠江率工农。　红花岗上望，千载贯长虹。

原载《校友通讯》1985 年第 2 期

## 我党早期著名领导人张太雷

刘玉珊　王贵书　杨风和

翻开中国共产党的历史，张太雷的名字不难找到。他是我党早期的重要领导人之一，中国社会主义青年团的主要创建人，中国青年运动的著名领袖，广州起义的总指挥。他是为中华民族的解放事业英勇献身的老一辈无产阶级革命家。

### 就读北洋大学

张太雷 1898 年 6 月 17 日生于江苏省武进县一个贫穷困苦的小职员家庭。他从小同情劳动人民，立志救国救民。中学时，不仅学习成绩优秀，而且十分关心国家大事，他经常与同学瞿秋白一起阅读进步书刊，议论时政，积极参加爱国活动。1915 年因参加学潮被学校勒令退学。同年 12 月，他考入国立北洋大学（今天津大学）法科预备班。半年后经考试合格升入法科法律学门已班。张太雷深知业精于勤，学习刻苦努力。课余时间经常出入图书馆或与同学一起切磋学业，如饥似渴地学习当时最先进的科学知识。张太雷从小学到大学，他的家人和亲友一心盼望他升官发财，显亲扬名，这也是那个时代的许多读书人心目中的最佳价值取向和努力追求的道路。张太雷自己也说，进入大学以后，他还想毕业后到上海当律师或通过文官考试转入外交界。然而强烈的爱国热情却使他走上了另外一条人生之路。

1917 年俄国爆发了具有划时代意义的十月社会主义革命。张太雷开始用无产阶级的宇宙观作为观察国家命运的工具，重新考虑自己思索的问题。当时北洋大学图书馆订有 100 多种中西报刊，这成为张太雷了解中国和世界各种新思潮的窗口。人们在图书馆经常见到张太雷的高大身影。他除了刻苦阅读英美案例和中西名著外，尤其对李大钊在《新青年》杂志上发表的《庶民的胜利》和《布尔什维主义的胜利》等热情赞颂十月革命的文章深感兴趣，进行了深入的学习，使其思想发生了深刻的变化。张太雷曾不止一次地谈到，正是在北洋大学法科的这种生活，“最有力地从他的思想意识里清除了伪善的传教士们灌输给他的那一套经院哲学，同时也促使他开始去研究马克思主义的世界观”。（鲍里斯·舒米亚茨基:《中国共青团和共产党历史片断——悼念中国共青团和共产党的组织者之一张太雷同志》）以后，他以马克思主义为指导，积极投身于伟大的爱国革命斗争。这时，京、津地区广大青年学生如火如荼的反帝爱国运动给年轻的张大雷注入了新的活力，也为他提供了投身反帝爱国运动的政治舞台。1918 年 5 月，中国留日学生为反对段祺瑞与日本秘密签订陆军和海军的《共同防敌军事协定）而遭到日本政府镇压。京津学生发起示威请愿运动，并成立了“学生救国会”。张太雷作为天津学生代表之一，与北京“学生救国会’代表许德珩建立了联系，他们积极配合，共同筹商领导了京、津地区的学生爱国斗争。1918 年上半年，张太雷开始在《华北明星报》兼任编辑。这张报纸是北洋大学法科主任福克斯（Charles J. Fox）创办的。福克斯是一位有进步倾向的美国人，他邀请张太雷等 4 位同学参加该报编辑部的工作。这家报纸在五四运动中迅速准确地报道了学生革命斗争的消息，尤其是北洋大学的情况。1918 年下半年，苏俄友人鲍立维从海参崴来中国从事联络工作，从《华北明星报》找到张太雷作他的翻译。在此期间，张太雷常利用自修时间学习马克思主义著作，他曾精读过列宁的《国家与革命》，了解了十月革命的真谛。在十月革命和李大钊的影响下，张太雷的思想开始转向马克思主义。他坚定地表示：“做人要整个儿改，我以后不到上海当律师了。只有走十月革命的道路，才能救中国”。

1919 年 2 月，张太雷不顾反动当局的严密控制，在北洋大学成立了中国大学生最早的革命团体之一——“社会改造社”。其宗旨是变革黑暗的旧中国，建设一个民主自由的、有科学文化的新中国。

1919 年，五四运动首先在北京爆发，天津学生闻风而动。北洋大学全体学生致电北京大学，对北大及北京各校的爱国行动“极表赞同”，并表示“共同进行”。同时致电北京政府和巴黎和会中国专使团，要求释放被捕学生和拒签和约（天津《益世报》1919 年 5月6 日、7 日）。在五四运动中，北洋大学共组织了44 个讲演团，先后到杨柳青、北仓、南仓、塘沽等地工厂、农村进行讲演，揭露帝国主义宰割中国的罪行和卖国贼的卖国行径，坚持宣传工农，走与工农相结合的道路。据天津《益世报》报道，张太雷和同学们组成的第二讲演团于 6 月 1 日赴塘沽讲演。他们一天讲演 6 次，每次听众达数百人，“闻者无不点头称是”，张太雷等离开后，群众仍然“相聚不散，似恨时间短促，不能尽所欲闻”（天津《益世报》1919 年 6月2 日）。在五四运动中，张太雷多次作为天津学生代表参加京、津地区的示威、请愿、谈判和营救被捕同学等活动，英勇地站在斗争第一线，和周恩来、于方舟等一起成为天津学生爱国运动的重要骨干。在北洋大学学习期间，张太雷就参加了中国共产党的创建活动。1920 年 2 月，李大钊来到天津，和天津的先进分子研究了在中国建立无产阶级政党的组织形式和领导作用问题。此后张太雷协助李大钊为创立中国共产党作了大量的工作，并不断将秘密翻译的社会主义文献送往北京。3月，他和于方舟等一起率先参加了李大钊在北大创立的中国第一个马克思学说研究会。4 月，共产国际远东局派维经斯基来中国帮助建立中国共产党。维经斯基一行先在北京会见了李大钊，后由李大钊介绍到上海与陈独秀会见，建议由陈独秀发起建立中国共产党。这期间，张太雷担任维经斯基的英文翻译，并参加了维经斯基在北京与上

*1920 年冬，张太雷参与筹备长辛店劳动补习学校，和工人一起做工，到工人家里谈心*

海的活动。1920 年 6 月，张太雷从北洋大学毕业，就义无反顾地走上了无产阶级职业革命家的道路。

## 创建中国社会主义青年团

1920 年 10 月，张太雷参加了李大钊创建的北京共产主义小组，成为中国共产党最早的党员之一。与此同时，他受北京共产主义小组和李大钊的委派，于当月在天津建立了第一个社会主义青年团组织，张太雷任书记。在他起草的团章中特别强调团的目的是研究社会主义并实现社会的改造，团的基本任务是将马克思主义与工人运动相结合。天津青年团在张太雷指导下创办了天津第一个公开宣传马克思主义和十月革命经验的报纸《来报》（即英文“劳动”的谐音）。他们在出版小报的同时，还把《共产主义宣言》、李大钊的《我的马克思主义观》和《共产党月刊》上的文章印成单行本发送给工人。天津社会主义青年团被当时共产国际远东局书记处负责人称赞为是“比较彻底的中国青年组织的楷模”。

张太雷十分注重青年团组织的思想建设，注重用科学的无产阶级世界观教育广大青年。五四运动后，各种思潮传入中国。张太雷与无政府主义、基尔特社会主义、工团主义、改良主义等非马克思主义的思潮进行了坚决的斗争。1920 年，英国著名资产阶级唯心主义哲学家、基尔特社会主义创始人罗素来华讲学，许多人把罗素的思想当作新思潮大加渲染。然而在一次公开的辩论会上，张太雷面对众多的论敌，勇敢地登台批驳罗素的资产阶级改良主义观点。1921 年初，张太雷去共产国际工作以后，国内团的组织开始涣散，工作一度处于停顿状态。为此，张太雷指出，青年是中国革命的一支重要力量，“我们要把这些力量引向正确的道路，不能推给无政府主义和改良主义”（张太雷：《在共产国际第三次大会上的演说》）。1921 年 7 月中国共产党第一次代表大会研究了社会主义青年团的问题。8 月，中共中央委派刚从苏俄回国的张太雷负责恢复和整顿中国社会主义青年团。张太雷总结了 1920 年建团的经验教训和当时团的实际情况，明确规定了“社会主义青年团为信奉马克思主义的团体”，在张太雷主持制定的团的临时章程中，确定了社会主义青年团“以研究马克思主义，实行社会改造及拥护青年权利为宗旨”，从而纯洁了团的队伍。全国各地的团组织迅速恢复和发展，迫切要求建立全国的统一领导。中共中央决定召开中国社会主义青年团第一次代表大会，委派张太雷进行筹备。1922 年初，青年共产国际派达林来中国，协助张太雷筹备召开团的一大。据达林回忆：“我是在上海的一座公园里同社会主义青年团代表大会筹备处的成员会面的。我们就组织代表大会的基本问题进行协商，并商定一同到广东去。当时决定由三人委员会起草社会主义青年团的纲领和章程草案。这三人中我是青年共产国际代表，张太雷

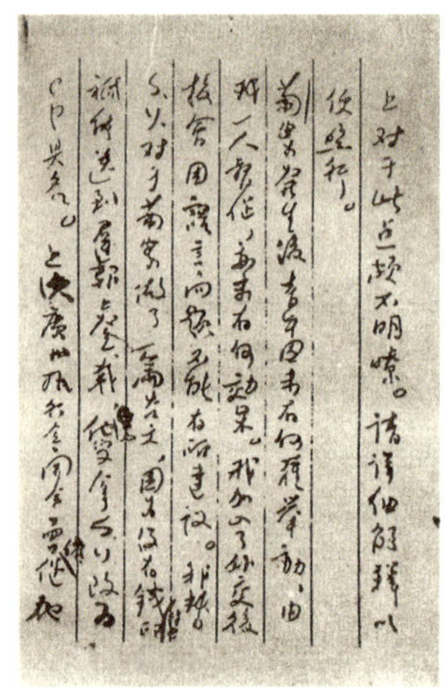

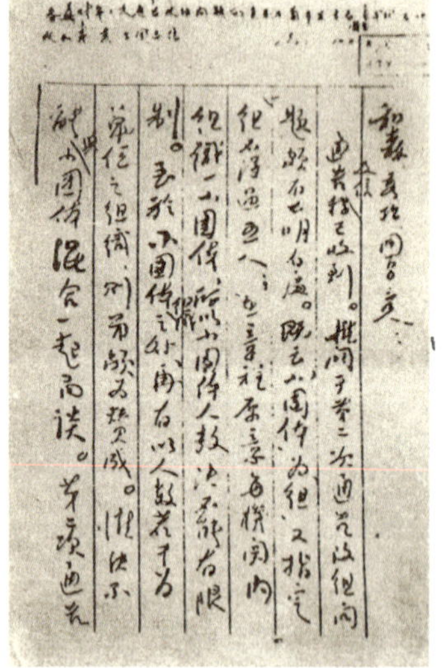

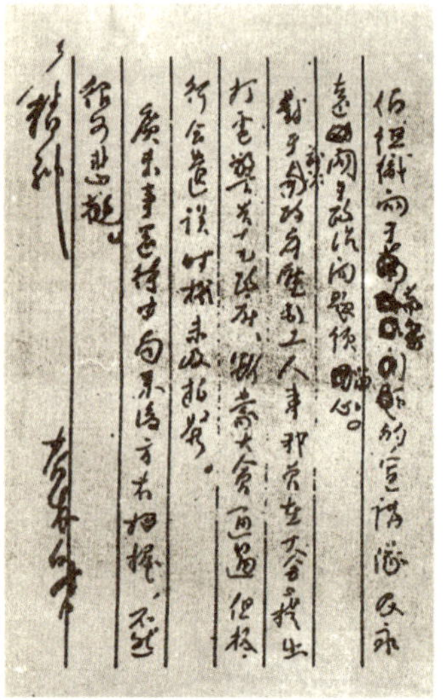

1922 年 6 月张太雷从事广州青年团的改组工作，图为信函手迹

是代表大会筹备处成员，瞿秋白是党的代表。”瞿秋白和张太雷在中学一起被除名，分手后瞿秋白考入了北京俄文专修班，他积极参加了五四运动。1920年10月他以《晨报》记者身份到达莫斯科，后由张太雷介绍加入中国共产党。1922年5月5日，中国社会主义青年团第一次代表大会在广州召开，出席大会的代表25人，代表全国各地15个团组织五千多名青年团员。张太雷主持会议并致开幕词。大会通过了张太雷等起草的团纲、团章和其他一些决议案。团纲指出，中国现阶段的革命对象是帝国主义和封建军阀，而不是资产阶级；革命的性质是民主主义，而不是社会主义。这个纲领不仅为团的建设和青年运动指明了方向，而且是我党民主革命纲领的先声，在中国革命史上具有重要意义。1925年1月，在党的第四次代表大会上，张太雷当选为中央候补委员，分工负责社会主义青年团的领导工作。同月中国社会主义青年团在上海举行第三次代表大会，团的名称改为中国共产主义青年团，张太雷当选为团中央书记。

## 活跃在国际政治舞台上

1920年底，张太雷在天津建立了共产党组织，并担任书记(《中国共产党天津市组织史资料》)。1921年1月，他被中国共产党早期组织派往共产国际工作，成为活跃在国际政治舞台上的第一个中国共产主义者。3月，张太雷只身秘密乔装越境抵达伊尔库茨克，担任共产国际远东局中国科书记。在伊尔库茨克工作期间，张太雷利用一切机会，宣传中国革命，宣传中国共产党和社会主义青年团在中国民族解放运动中的地位和作用。1921年7月，张太雷前往莫斯科参加共产国际第三次代表大会。他以列宁关于民族和殖民地问题的理论为指导，结合中国的实际情况，代表中国共产党起草了一个给共产国际三大的书面报告。报告全面分析了中国经济、政治和社会各阶级的情况，对于当时中国半殖民地半封建的社会性质、对于统一战线的思想都作了不同程度的阐述。这个报告是中国共产主义者第一次对中国国情的全面分析和对中国共产主义运动的全面总结。张太雷还参加了共产国际三大民族和殖民地问题委员会，起草了《关于殖民地问题致共产国际“三大”的提纲》。《提纲》指出东方主要被压迫国家中民族资产阶级的两面性，体现了中国共产党人最初的统一战线的思想。7月12日，张太雷在共产国际第三次代表大会上发表了热情洋溢的演说，代表中国共产党第一次在国际共产主义讲坛上介绍中国革命运动的情况，阐述了中国革命与世界无产阶级革命的关系以及中国革命的伟大意义。1924年6月，共产国际第五次代表大会在莫斯科举行，讨论殖民地国家建立统一战线问题。李大钊率中国代表团参加会议，张太雷任中国代表团的秘书和翻译，由于他出色的工作，李大钊称他为“才华出众”的年轻人。

张太雷不仅是第一个派往共产国际的中国共产党的使者，也是社会主义青年团最早派往青年共产国际的使者之一。共产国际三大结束后，张太雷出席了在莫斯科召开的青年共产国际第二次代表大会。张太雷在会上报告了中国社会主义青年团的建立、活动情况和发展前景。会上，张太雷当选为青年共产国际第二届执行委员会委员。1922 年 12 月，青年共产国际第三次代表大会于莫斯科召开，张太雷缺席当选为执行委员会委员。1924 年 7 月，张太雷作为中国社会主义青年团的代表和青年共产国际执委会委员参加了在莫斯科召开的青年共产国际第四次代表大会。张太雷在大会发言时谈到，青年团员必须积极参加民族革命运动，同时着重强调指出在殖民地和半殖民地国家保持独立的共青团组织的重要性。张太雷不但献身于中华民族的解放事业，而且以解放全人类为己任。他参与筹备了 1921 年 5 月 4 日召开的朝鲜共产党成立大会，张太雷被选进了大会主席团并代表中国共产党致祝词。7 日他又在大会上作了“日本无产阶级与朝鲜贫民”的专题报告。大会以张太雷的专题报告为基础，用日文发表了对日本工人的宣言书。宣言书号召朝鲜无产阶级与日本无产阶级联合起来，反对日本帝国主义者。在莫斯科期间，张太雷结识了片山潜、胡志明等日本和越南的革命者，与他们建立了战斗的友谊。为与美、日帝国主义操纵的华盛顿会议相抗衡，共产国际决定召开远东各国共产党和民族革命团体代表大会（即远东人民代表大会）。张太雷参加了大会的筹备工作，他代表共产国际远东书记处起草了召开这次大会的号召书。1921 年 9 月，他以中国留日学生名义秘密去日本动员日本的革命者参加远东人民代表大会并支持他们筹建日本共产党。最后张太雷与德田球一、高濑清等 6 位日本革命者冒着极大的风险从长崎转道上海赴伊尔库茨克参加大会。“张太雷的卓越才能和他那组织家和实干家的天才，在这一次又得到了施展和发挥”。（鲍里斯·舒米亚茨基：《中国共青团和共产党历史片断——悼念中国共青团和共产党组织者之一张太雷同志》）此后，他又多方动员中国的共产主义者和进步人士参加这次大会，使中国成为参加大会人数最多的代表团。

总结张太雷在共产国际和青年共产国际的工作，“无论从他的思想方法，还是从他的整个精神来看，他都是一位真正的国际共产主义者”（达林：《中国回忆录（1921—1927）》）。

## 积极推动第一次国共合作的建立和发展

国共合作是中国共产党成立后遇到的新问题，是中国革命之必须。国共合作是经共产党人积极工作和国民党左派分子不懈努力而促成的。张太雷在国共两党统一战线的建立过程中，发挥了他的聪明才智，进行了多方面的工作和斗争，为第一次国共合作的建立作出了重大贡献。

1921 年 8 月，张太雷在参加了共产国际三大后回到上海，担任了共产国际驻中国的代表马林的助手和翻译。马林赴华的重要使命就是帮助中国共产党与国民党建立革命统一战线。马林来到中国后，与陈独秀在中国革命的许多问题上存在着分歧，张太雷从中作了大量的工作。1921 年 9 月陈独秀等 5 人在法租界被捕，张太雷与马林四处奔波，不遗余力进行营救，使陈独秀等得以出狱并开始商谈国共合作的问题。同时决定由张太雷和马林一起前往广西会见孙中山先生。在会见中，孙中山先生十分赞同中国共产党两点建议：一是要建立一个能联络各阶层尤其是工农群众的党；二是要建立革命的武装。这次孙中山还与张太雷讨论了青年运动的问题。1922 年 7 月，中国共产党在上海召开二大，通过了具有伟大历史意义的宣言，在中国近代史上第一次明确提出了反帝反封建的民主革命纲领，通过了《关于"民主的联合战线"的决议案》。为了讨论实行民主联合战线即统一战线的具体步骤，8 月，党在西湖召开了一次重要的中央会议，会议决定在孙中山改组国民党的条件下，共产党员以个人名义加入国民党实行国共合作。9 月 1 日至 3 日，张太雷陪同马林、陈独秀等人会见孙中山，说明中国共产党的主张。9 月 4 日，孙中山约集在上海的国民党人士 53 人座谈讨论改组国民党问题，张太雷和马林、陈独秀等都应邀参加了会议。在此前后，张太雷与陈独秀、李大钊、蔡和森四人一起由孙中山主盟第一批以个人名义加入国民党，成为我党最早加入国民党的党员，担负起了中国革命的重任。1923 年 1 月，孙中山以总理名义任命国民党本部干部。张太雷被任命为国民党中央宣传部干事。以后，张太雷经常奔走于上海、广州之间，致力于国共合作的工作。他坚持真理，勇于实践，积极宣传，善于斗争，为党积累了国共合作的宝贵经验。

中共"二大"旧址
（上海成都路辅德里 625 号）

1923 年 6 月，中国共产党在广州召开了第三次代表大会，主要议程是讨论共产党员加入国民党的问题。大会通过了《关于国民运动及国民党问题的决议案》。正式决定共产党员以个人名义加入国民党，把国民党改造成为民主革命同盟的组织形式，保持共产党在政治上和组织上的独立性。张太雷作为大会的正式代表，参加了决议的起草工作和组织工作，对大会的成功起了重要作用。为了学习苏联的经验，1923 年 8 月，孙中山派出"孙逸仙博士代表团"赴苏考察军事、政治和党务，并洽谈有关苏联援助问题。张太雷是代表团成员之一。在苏联考察期间，他曾到东方大学向中共旅莫斯科支部传达中共三大精神，强调共产党员加入国民党的必要性。1924 年 1 月，国民党第一次全国代表大会在广州召开，国共合作统一战线正式建立。

统一战线建立后，党内以陈独秀为代表的投降主义在发展，国民党中的新老右派也在猖狂地进行反共活动，阴谋篡夺统一战线的领导权。在这种情况下，张太雷挺身而出，坚决捍卫统一战线的正确原则和立场，和国民党新老右派和党内的投降主义进行了坚决的斗争。

张太雷为在黄埔军校演讲的鲍罗廷做翻译

1925 年春，张太雷到了当时大革命的中心广州，任共产国际顾问鲍罗廷的助手和翻译。鲍罗廷在这段时间对国共统一战线的指导，张太雷差不多都参与了谋议。他当时还兼任中共广东区委常委和宣传部部长，主编区委机关刊物《人民周刊》，他经常在党员大会和群众大会上作政治报告和时事报告，这为巩固统一战线，号召党员和革命群众起来警惕反革命势力的活动起了重要的作用。1926 年 3 月 20 日，蒋介石制造了中山舰事件，张太雷坚决主张以武力反击，他受中共广东区委委托，起草了一封公开信，发表在广州《民国日报》上，揭露国民党右派的阴谋，阐明了中国共产党对当前革命的态度。5 月 15 日，蒋介石操纵国民党二届二中全会，通过《整理党务案》，排挤共产党员。为了维护统一战线，张太雷在《人民周刊》上发表《到底要不要国民党？》一文，呼吁一切革命分子起来防止反动派的阴谋活动。张太雷为坚持统一战线和推动轰轰烈烈的大革命日以继夜地工作着，他与毛泽东、周恩来、陈廷年一起被广州的同志们誉为“四个特别忙的人”。

随着北伐战争的胜利，革命中心逐渐由广州向武汉转移。1927 年 4 月 12 日，蒋介石在上海发动了反革命政变，武汉也处在风雨飘摇之中。在党的第五次代表大会上，张太雷严肃批评了陈独秀的投降主义错误，坚持了正确主张。他临危受命，在五届一中全会上当选为中央政治局候补委员，同时担任了中共湖北省委书记。当时，武汉地区的局势十分危急，帝国主义对武汉进行了经济封锁，加上军阀叛变，土匪横行，谣言四起，随时都有爆发重大事变的可能。张太雷在武昌胭脂山啸楼巷二号省委所在地从容不迫地处理着各项工作，使湖北地区的革命运动一度出现了全面高涨的局面。但是，由于陈独秀的右倾错误错误和帝国主义的干涉，汪精卫发动了七一五反革命政变，国共统一战线彻底破裂。在这种情况下，张太雷没有惊慌失措，也没有丧失丝毫的锐气，他挺身而出，为挽救革命而继续奋斗。

## 为革命而英勇献身

1927 年 7 月中旬，为了挽救革命，党中央领导机关进行了改组，成立了临时中央政治局常委会，张太雷担任了五人常委之一。常委会议根据当时的形势，作出了举行南昌起义、秋收起义和召集党的中央紧急会议的决定。8 月 7 日，党在汉口召开了紧急会议，即八七会议。张太雷被选为中央临时政治局候补委员，并担任了党的南方局书记和广东省委书记。会后，他冒着生命危险取道香港到潮、汕前线向南昌起义负责人传达了八七会议精神，解决了前线部队的许多实际问题。之后主持了中共南方局和广东省委联席会议，会上他总结了南昌起义失利的经验教训，批评了张国焘的错误，通过了《最近工作纲领》，提出了“要坚决勇敢地举起工农革命大旗，与土豪地主及一切反革命决死奋斗”的口号。1927 年 11 月 9 日，中共中央临时政治局在上海召开扩大会议，决定张太雷赴广州领导武装起义，他在党最困难的时候又一次挑起革命重担。工作决定以后，张太雷立即告别妻子和刚刚出生的儿子回到广州组织起义，担任起义总指挥。

在准备起义的日子里，白色恐怖笼罩着广州城。张太雷不顾个人安危，经常深入基层，宣传动员群众，组织武装力量。他秘密到珠江白鹅潭江面的一艘邮船上亲自召集了广州工会负责人会议，发动工人参加起义。他还到黄花岗七十二烈士墓旁向叶剑英领导的国民革命军第四军教导团以及警卫团和黄埔军校特务营等单位的骨干分子会议作动员报告。他亲自主持参加起义的各级干部的分组训练，落实起义的具体事宜。12月7日，张太雷主持召开了广州工农兵代表会议，通过了执行委员会委员名单。同日，主持召开中共广东省委会议，通过苏维埃政纲、宣言和行动纲领。会上，张太雷被推选为人民陆海军委员、代理广州苏维埃政府主席（主席苏兆征未到任）。

12月11日凌晨2时许，张太雷偕工农红军总指挥叶挺、秘书长恽代英等人来到教导团驻地，主持起义誓师会议。3时半，三声炮响和一阵信号排枪，宣告震惊中外的广州起义爆发。起义军经3小时英勇奋战就取得了胜利，成立了广州苏维埃政府。但由于部分敌军据点尚未攻下，苏维埃政府刚刚成立，许多问题亟待解决，张太雷彻夜不眠，忙个不停。12月12日晨，驻在珠江南岸的敌军在帝国主义军舰的掩护下，分两路渡河，向起义军反扑，张太雷和叶挺等指挥起义军顽强抵抗，打退了敌人多次进攻，并对珠江北岸的敌人继续进行扫荡。中午，张太雷在主持广东工农兵拥护苏维埃政府大会并作重要讲话后，乘车赶往大北门去指挥战斗，至大北直街附近，遭敌伏击，身中三弹，壮烈牺牲，年仅29岁。张太雷为中国人民的解放事业献出了年轻的生命。他永远活在中国人民的心里，他的崇高精神和丰功伟绩在中国革命和中国共产党的历史上永放光辉。

原载《天津党史》1998年第2期
另载《天津大学报》1998年5月30日

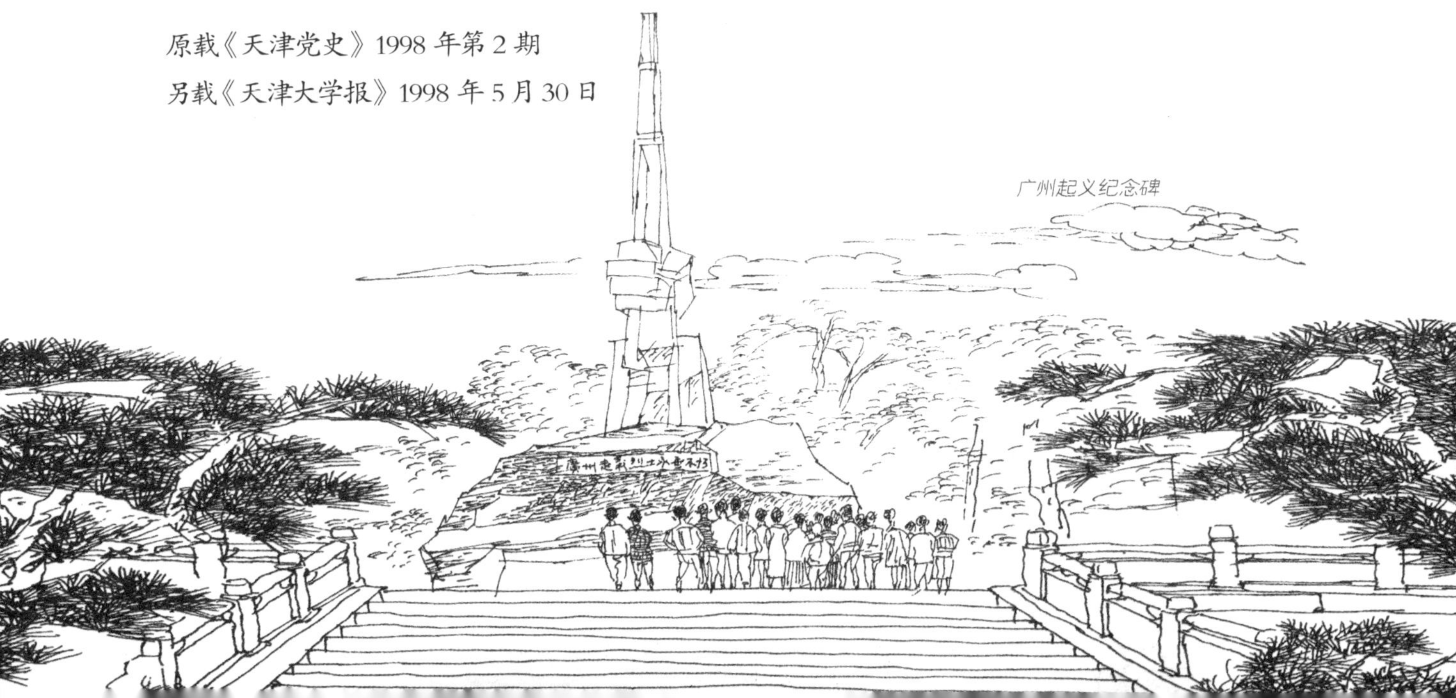
广州起义纪念碑

## 崇高精神　光辉业绩
## ——纪念张太雷诞辰一百周年

刘玉珊　王贵书　杨风和

张太雷是中国共产党早期著名领导人。他参与了中国共产党的创建工作，是中国社会主义青年团的主要创始人。他积极促成第一次国共合作的建立，并推动了轰轰烈烈的大革命。大革命失败后，他以大无畏的革命精神参与并领导了一系列挽救革命的斗争。1927 年 12 月，他作为广州起义总指挥，在指挥战斗中光荣牺牲。

### 中国共产党的创建者之一

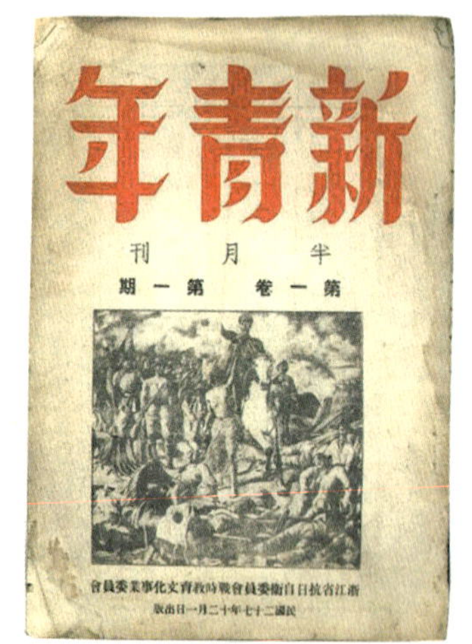

《新青年》杂志

1898 年 6 月 17 日，张太雷生于江苏省武进县（今常州市）一个贫穷的小职员家庭。1915 年 12 月，他考入国立北洋大学（今天津大学）法科预备班。半年后经考试合格升入法科本科。张太雷在北洋大学上学期间，遇到了两件国际国内划时代的大事，一件是 1917 年的"十月革命"，一件是 1919 年的五四运动。在这两大事变中，张太雷实现了自己的人生转折。十月革命后，他选择了马克思列宁主义。五四运动后，他积极参与建党建团工作，走上了职业革命家的道路。

1917 年俄国爆发了具有划时代意义的十月社会主义革命。正在北洋大学学习的张太雷对李大钊在《新青年》杂志上发表的《庶民的胜利》和《布尔什维克主义的胜利》等热情赞颂十月革命的文章深感兴趣，思想发生了深刻的变化。张太雷曾不止一次地谈到，正是在北洋大学法科的这种生活，"最有力地从他的思想意识里清除了伪善的传教士们灌输给他的那一套经院

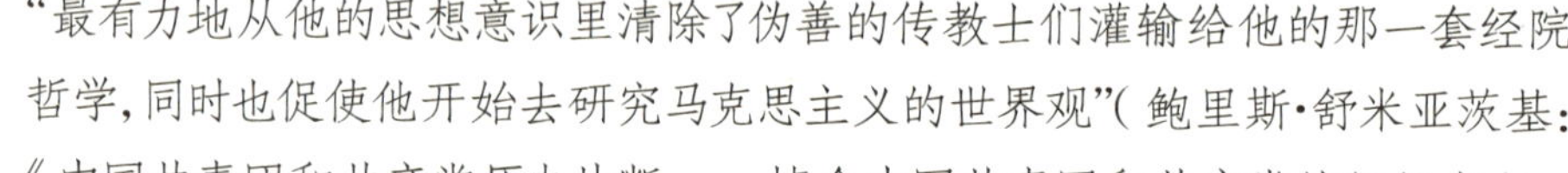
哲学，同时也促使他开始去研究马克思主义的世界观"（鲍里斯·舒米亚茨基：《中国共青团和共产党历史片断——悼念中国共青团和共产党的组织者之一张太雷同志》）。他常利用自修时间学习马克思、恩格斯著作，曾精读过列宁的《国家与革命》，了解了十月革命的真谛。在十月革命和李大钊的影响下，张太雷的思想开始转向马克思列宁主义。他坚定地表示："做人要整个儿改，我以后不到上海当律师了。只有走十月革命的道路，才能救中国。"（李子宽：《追忆学生时期之瞿秋白、张太雷两先烈》）

1919 年 2 月，张太雷在北洋大学成立了中国大学生最早的革命团体之一——"社会改造社"。

1920 年 6 月，张太雷在北洋大学毕业，因忙于革命活动，他的毕业证书迄今仍保留在母校

其宗旨是变革黑暗的旧中国，建设一个民主自由的、有科学文化的新中国。五四运动爆发后，天津学生闻风而动。北洋大学组织了44个讲演团，先后到杨柳青、北仓、南仓、塘沽等地工厂、农村进行讲演，揭露帝国主义宰割中国的罪行和卖国贼的可耻行径。五四运动后，张太雷努力把马克思主义与中国工人运动相结合，自觉走与工农相结合的道路，积极从事中国共产党的创建工作。1920年3月，张太雷参加了李大钊在北京大学组织的中国第一个马克思学说研究会。4月，共产国际远东局派维经斯基来中国帮助建立中国共产党。维经斯基一行先在北京会见了李大钊，后由李大钊介绍到上海与陈独秀会见，建议由陈独秀发起建立中国共产党。这期间，张太雷担任维经斯基的英文翻译，并参加了维经斯基在北京与上海的活动。10月，张太雷参加了李大钊创建的北京共产主义小组，成为中国共产党最早的党员之一。年底，他受李大钊委托在天津建立中国共产党组织并担任书记。此后，他参加了中共二大和三大，成为中国共产党的创建者之一。

### 中国社会主义青年团的主要创始人

1920年10月，张太雷受北京共产主义小组的委派，在天津建立了第一个社会主义青年团组织，并担任书记。中国共产党成立后，张太雷长期从事中国社会主义青年团的创建和领导工作，成为中国社会主义青年团的主要创始人。张太雷建团思想的突出特点是，着重从思想上建团，把团的思想建设放在首位。

团一大旧址广州东园红楼

首先，张太雷特别注意向青年团灌输马克思主义思想。在他为天津社会主义青年团起草的团章中特别强调：团的目的，是研究社会主义并实现社会的改造；团的基本任务，是将马克思主义与工人运动相结合。为此，天津青年团在张太雷指导下创办了天津第一个公开宣传马克思主义和十月革命经验的报纸《来报》(“来报”即英文“劳动”的谐音。)他们在出版《来报》的同时,还把《共产党宣言》、李大钊的《我的马克思主义观》和《共产党月刊》上的文章印成单行本发送给工人。天津社会主义青年团被当时共产国际远东局书记处负责人称为“比较彻底的中国青年组织的楷模”。

其次，张太雷特别注意抵制和清除非马克思主义对青年团的影响。五四运动以后，各种新思潮传入中国。泥沙俱下，鱼目混杂。张太雷明确指出，“社会主义青年团为信奉马克思主义的团体”。在张太雷主持制定的团的临时章程中，确定了社会主义青年团“以研究马克思主义，实行社会改造及拥护青年权利为宗旨”，从而纯洁了团的队伍。在思想整顿的基础上，1922年5月，中国社会主义青年团第一次代表大会在广州召开。张太雷主持会议并致开幕词。大会通过了张太雷等起草的团纲、团章和其他一些决议案。1925年1月，中国社会主义青年团在上海举行第三次代表大会，团的名称改为中国共产主义青年团，张太雷当选为团中央书记。

## 著名的国际共产主义战士

1921 年 1 月，张太雷被中国共产党早期组织派往共产国际工作，成为活跃在共产国际政治舞台上的第一个中国共产主义者。3 月，他只身秘密乔装越境抵达伊尔库茨克，担任共产国际远东局中国科书记。在伊尔库茨克工作期间，他利用一切机会，宣传中国革命，宣传中国共产党和社会主义青年团在中国民族解放运动中的地位和作用。7 月，张太雷前往莫斯科参加共产国际第三次代表大会，并代表中国共产党起草了一个给共产国际三大的书面报告，对中国国情作了全面分析，对中国共产主义运动作了全面总结。张太雷还参加了共产国际三大民族和殖民地问题委员会，起草了《关于殖民地问题致共产国际"三大"的提纲》。提纲指出，东方主要被压迫国家中民族资产阶级的两面性，体现了中国共产党人最初的统一战线的思想。7 月 12 日，张太雷在共产国际第三次代表大会上发表了热情洋溢的演说，介绍了中国革命运动的情况，阐述了中国革命与世界无产阶级革命的关系以及中国革命的伟大意义。1924 年 6 月，共产国际第五次代表大会在莫斯科举行。李大钊率中国代表团参加会议，张太雷任中国代表团的秘书和翻译，由于他的出色工作，被李大钊称为"才华出众"的年轻人。

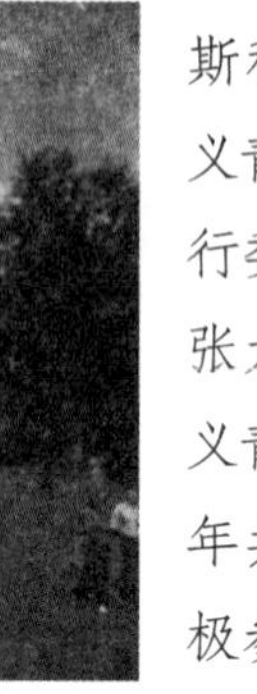
青共国际二大会址

张太雷不仅是第一个派往共产国际的中国共产党的使者，也是社会主义青年团最早派往青年共产国际的使者。1921 年 7 月，张太雷出席了在莫斯科召开的青年共产国际第二次代表大会。在会上，他报告了中国社会主义青年团的建立、活动情况和发展前景，并当选为青年共产国际第二届执行委员会委员。1922 年 12 月，青年共产国际第三次代表大会在莫斯科召开，张太雷再次当选为执行委员会委员。1924 年 7 月，张太雷作为中共社会主义青年团的代表和青年共产国际执行委员会委员参加了在莫斯科召开的青年共产国际第四次代表大会。张太雷在大会发言中强调，青年团员必须积极参加民族革命运动，同时强调指出在殖民地和半殖民地国家保持独立的青年团组织的重要性。

张太雷不但献身于中华民族的解放事业，而且也为东方被压迫民族和无产阶级的解放作出了贡献。他参与筹备了 1921 年 5 月 4 日召开的朝鲜共产党成立大会，被选为大会主席团成员并代表中国共产党致祝词。7 日，他又在大会上作了"日本无产阶级与朝鲜贫民"的专题报告。大会以张太雷的专题报告为基础，用日文发表了对日本工人的宣言书。宣言书号召朝鲜无产阶级与日本无产阶级联合起来，反对日本帝国主义。在莫斯科期间，张太雷还结识了片山潜、胡志明等日本和越南的革命者，与他们建立了战斗的友谊。

## 革命统一战线策略的坚定执行者

1921 年 8 月，张太雷担任了共产国际驻中国代表马林的助手和翻译。

马林来华的使命就是帮助中国共产党与国民党建立革命统一战线。张太雷和马林曾一同前往广西会见孙中山。孙中山十分赞同中国共产党的建议，还与张太雷讨论了青年运动的问题。1922年8月,中国共产党召开了西湖会议,决定在孙中山改组国民党的条件下，共产党员以个人名义加入国民党实行党内合作。9月1日至3日，张太雷陪同马林、陈独秀等人会见孙中山，说明中国共产党的主张。9月4日，孙中山约集在上海的国民党人士53人座谈讨论改组国民党问题，张太雷和马林、陈独秀等都应邀参加了会议。在此期间，张太雷与陈独秀、李大钊、蔡和森4人一起由孙中山主盟，第一批以个人名义加入国民党，成为我党最早加入国民党的党员。此后，张太雷经常奔走于上海、广州之间，致力于国共合作的工作。

1923年6月，中国共产党在广州召开了第三次代表大会，正式确定了建立以国共合作为基础的统一战线的方针。张太雷作为大会的正式代表，参加了决议的起草和组织工作。他批评张国焘的错误主张，支持李大钊的正确意见，对大会的成功起了重要作用。在孙中山“联俄、联共”思想的指导下,1923年8月,中国派出由国共两党成员组成的“孙逸仙博士代表团”赴苏考察军事、政治和党务，并洽谈有关苏联援助问题。张太雷是代表团成员之一。在苏联考察期间，他曾到东方大学向中共旅莫斯科支部传达中共三大精神，强调共产党员加入国民党的必要性。此次考察，对推动国共合作起了重要作用。1924年1月，国民党第一次全国代表大会在广州召开,国共合作统一战线正式建立。

统一战线建立后，针对国民党右派篡夺统一战线领导权的阴谋活动，张太雷挺身而出，坚决捍卫统一战线的原则和立场，与国民党新老右派进行了坚决斗争。1926年3月20日，蒋介石制造了中山舰事件，张太雷坚决主张以武力反击，他受中共广东区委委托，起草了一封公开信，揭露国民党右派的阴谋，阐明了中国共产党对当前革命的态度。5月15日，蒋介石操纵国民党二届二中全会，通过《整理党务案》，排挤共产党员。为了维护统一战线，张太雷在《人民周刊》上发表《到底要不要国民党?》一文，呼吁一切革命分子起来防止反动派的阴谋活动。张太雷为坚持统一战线和推动轰轰烈烈的大革命夜以继日地工作，与毛泽东、周恩来、陈延年一起被广州的同志们誉为“四个特别忙的人”。

**广州起义的总指挥**

大革命失败后，全国处于白色恐怖之中。在新的形势面前，党面临的紧急任务是挽救革命而斗争。这一时期，张太雷表现得异常沉着和干练，他的业绩更加辉煌。

1927年7月中旬，党中央领导机关进行改组。张太雷临危受命，出任五人常委之一。常委会议根据当时的形势，作出了举行南昌起义、秋收起义和召集党的中央紧急会议的决定。8月7日，党在汉口召开了紧急会议，张太雷被选为中共中央临时政治局候补委员，并担任了党的南方局书记和广东省委书记。会后，他冒着生命危险取道香港到潮、汕前线向南昌起义负责人传达了八七会议精神，解决了前线部队的许多实际问题。之后，他主持了中共南方局和广东省委联席会议，通过了《最近工作纲领》，提出了“要坚决勇敢地举起工农革命的大旗，与土豪地主及一切反革命决死奋斗”的口号。1927年11月9日，中共中央临时政治局在上海召开扩大会议，决定张太雷赴广州领导武装起义，并担任起义总指挥。

在白色恐怖笼罩的广州城，张太雷不顾个人安危，深入基层，宣传群众，组织武装力量，落实起义的具体事宜。12月7日，张太雷主持召开了广州工农兵代表会议，通过了执行委员会委员名单。同日，他主持召开中共广东省委会议，通过苏维埃政纲、宣言和行动纲领。会上，张太雷被推选为人民陆海军委员、代理广州苏维埃政府主席。

12月11日凌晨2时许，张太雷偕叶挺、恽代英等人来到国民革命军第四教导团驻地，主持起义誓师会议。3时半，3声炮响和一阵信号排枪，宣告震惊中外的广州起义爆发。经过3小时英勇奋战，起义军取得了胜利，成立了广州苏维埃政府。12月12日晨，驻在珠江南岸的敌军在帝国主义军舰的掩护下，分两路渡河，向起义军反扑，张太雷和叶挺等指挥起义军顽强抵抗，打退了敌人多次进攻。中午，张太雷在主持广东工农兵拥护苏维埃政府大会并作出重要讲话后，乘车赶往大北门去指挥战斗，至大北直街附近，遭敌伏击，身中3弹，壮烈牺牲，年仅29岁。

中国共产党早期领导人张太雷永远活在中国人民的心里，他的崇高精神和丰功伟绩永放光辉。

**原载《光明日报》1998年6月19日**

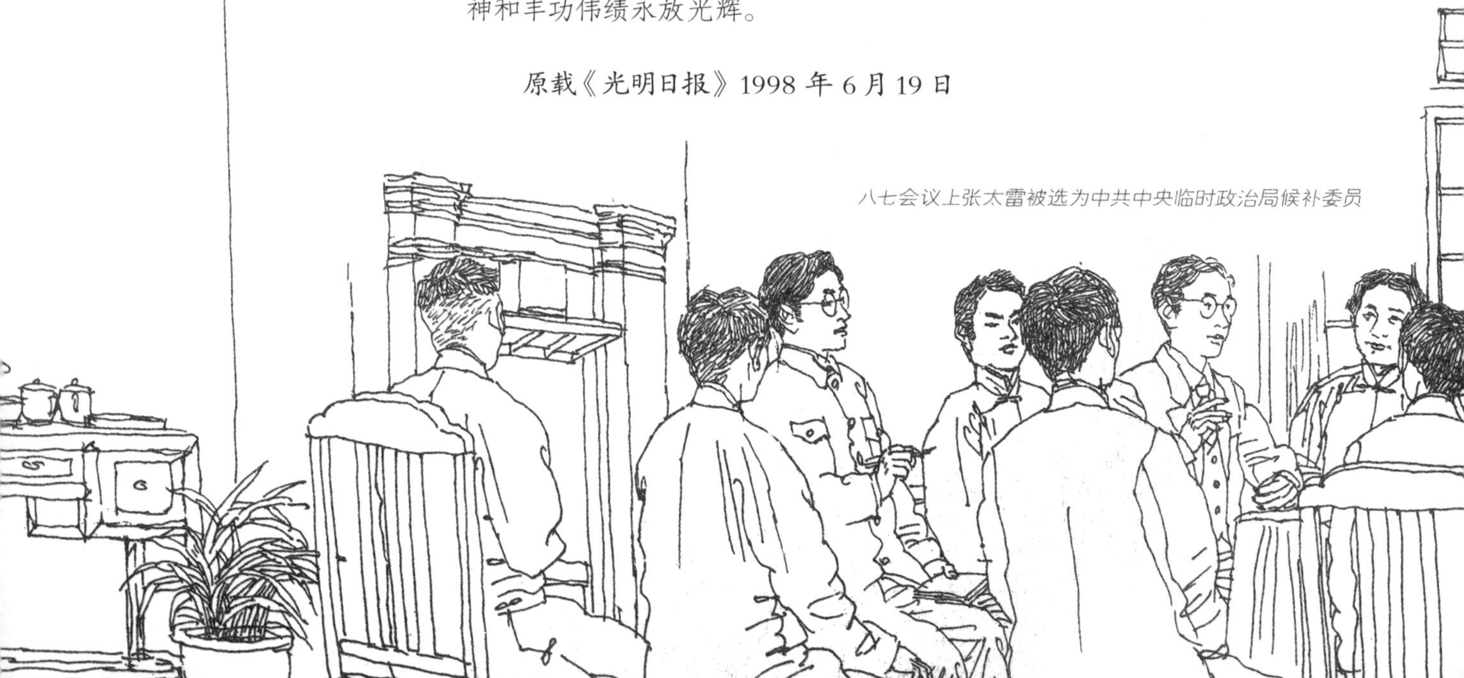

八七会议上张太雷被选为中共中央临时政治局候补委员

# 张太雷与共产国际

刘玉珊

张太雷是中国共产党早期重要领导人，中国社会主义青年团的主要创建者。他在建党、建团、推动国共合作等方面作出了卓越的贡献。大革命失败后，他临危受命，领导了震惊中外的广州起义，在战斗中英勇献身，时年29岁。在他短暂的一生中，有很大的一部分精力致力于国际共产主义运动，与共产国际结下了不解之缘。

## （一）活跃在共产国际政治舞台上的第一位中国共产主义者

1920年6月，张太雷从北洋大学毕业后，就义无反顾地投身于中国的革命事业。10月他在天津建立了社会主义青年团。年底，又在天津建立了共产党组织，并担任书记(《中国共产党天津市组织史资料》)。1921年1月，他被中国共产党早期组织派往共产国际工作。3月，他只身秘密乔装越境抵达伊尔库茨克，担任共产国际远东局中国科书记，成为活跃在共产国际政治舞台上的第一位中国共产主义者。1921年7月，张太雷前往莫斯科参加共产国际第三次代表大会。他以列宁关于民族和殖民地问题的理论为指导，结合中国的实际情况，代表中国共产党起草了致共产国际三大的书面报告。报告全面分析了中国经济、政治和社会各阶级的情况，对于当时中国半殖民地半封建的社会性质、对于中国的资产阶级以及统一战线等问题都进行了阐述，是中国共产主义者第一次对中国国情的全面分析。7月12日，张太雷在大会上发表了热情洋溢的演说，阐明了中国革命与世界革命的关系以及中国革命的伟大意义。1924年6月，共产国际第五次代表大会在莫斯科举行，讨论殖民地国家建立统一战线问题。李大钊率中共代表团参加会议，张太雷任中共代表团秘书和翻译，由于他出色的工作，李大钊称他为“才华出众”的年轻人。

张太雷不仅是第一个派往共产国际的中国共产党的使者，也是社会主义青年团最早派往青年共产国际的使者之一。共产国际三大结束后，张太雷出席了在莫斯科召开的青年共产国际第二次代表大会。张太雷在会上报告了中国社会主义青年团的建立、活动情况和发展前景。会上张太雷当选为青年共产国际第二届执行委员会委员。1922年12月，青年共产国际第三次代表大会于莫斯科召开，张太雷缺席当选为执行委员会委员。1924年7月，张太雷作为中国社会主义青年团的代表和青年共产国际执委会委员，参加了在莫斯科召开的青年共产国际第四次代表大会。张太雷在大会发言时谈到，青年团员必须积极参加民族革命运动。同时着重强调指出在殖民地半殖民地国家保持独立的青年团组织的重要性。总结张太雷在共产国际和青年共产国际的工作，“无论从他的思想方法，还是从他的整个精神来看，他都是一位真正的国际共产主义者”(达林:《中国回忆录(1921–1927)》)。

### （二）被压迫民族和被压迫人民的忠实朋友

张太雷不但献身于中华民族的解放事业，而且以解放全人类为己任。1921 年他刚刚到达伊尔库茨克，就参与筹备了 5 月 4 召开的朝鲜共产党成立大会并被选进大会主席团。在大会开幕式上，张太雷代表中国共产党致贺词。5 月 7 日他又在大会上作了“日本无产阶级与朝鲜贫民”的专题报告。大会以张太雷的专题报告为基础，用日文发表了对日本工人的宣言书。宣言书号召朝鲜的无产阶级与日本的无产阶级联合起来，反对日本帝国主义者。在莫斯科期间，张太雷结识了片山潜、胡志明等日本和越南的革命者，与他们建立了深厚的战斗友谊。1921 年 7 月，张太雷还参加了共产国际三大民族和殖民地问题委员会，起草了《关于殖民地问题致国际三大的提纲》。他认为东方各国国情不同，共产党人必须从各国的国情出发，实行不同的纲领和策略。共产国际也要有不同的战略计划和领导方法。《提纲》还指出东方主要被压迫国家中民族资产阶级的两面性，提出东方殖民地半殖民地各国共产主义者的任务是 :“不要丢掉自己的纲领和组织的独立性，要掌握住各国的民族革命运动，要把参加运动的广大群众从民族资产阶级的领导下争取到自己的一边来，并且要尽可能暂时迫使资产阶级跟着革命运动走，迫使他们在‘打倒帝国主义’和‘民族独立万岁’的口号下参加斗争。”体现了共产党人最初的统一战线思想。为与美、日等帝国主义操纵的华盛顿会议相抗衡，共产国际决定召开远东各国共产党和民族革命团体代表大会。张太雷参加了大会的筹备工作。他代表共产国际远东书记处起草了召开这次大会的号召书，号召各国革命组织积极派代表参加这次大会。1921 年 9 月，他以日本留学生名义秘密去日本动员日本的革命者参加远东大会并支持他们筹建日本共产党。最后张太雷与德田球一、高濑清等 6 位日本革命者冒着极大的风险从长崎转道上海赴伊尔库茨克参加大会。经过认真的准备，远东各国共产党及民族革命团体第一次代表大会终于在 1922 年 1 月于莫斯科胜利召开。“张太雷的卓越才能和他那组织家和实干家的天才，在这一次又得到了施展和发挥。”（鲍里斯·舒米亚茨基 :《中国共青团和共产党历史片断——悼念中国共青团和共产党组织者之一张太雷同志》）

### （三）共产国际驻中国代表的参谋和助手

张太雷最早接触的共产国际代表是维经斯基。1920 年 4 月，维经斯基与夫人库兹涅佐娃等人来到北京，首先访问了李大钊。张太雷当时以北洋大学学生的身份担任了翻译。在北大红楼图书馆讨论建党问题时，就只有维经斯基、李大钊、张太雷三人在场。维经斯基认为中国建立中国共产党的条件已经具备，中国革命的首要问题就是建党，加入共产国际，把中国革命纳入世界无产阶级革命的范畴。李大钊、张太雷赞同这一意见，实际上，他们已

陈独秀、张太雷和马林

经在为建党作准备了。随后，李大钊又派张太雷陪同维经斯基到上海会见陈独秀，讨论建党的具体事宜。张太雷协助维经斯基在上海作了大量工作，介绍十月革命和苏俄现状，积极进行创建共产主义小组的活动。1920 年 8 月，上海共产主义小组诞生。10 月又建立了中共北京支部。张太雷还受陈独秀委托和俞秀松一起建立了上海社会主义青年团。维经斯基于 1921 年 1 月回国，调远东书记处工作。不久，张太雷也去了伊尔库茨克，从此中国共产党与共产国际建立了正式的联系。张太雷是最早接触苏俄和共产国际的中共党员，为中国共产党参加共产国际，推动中国革命作出了贡献。

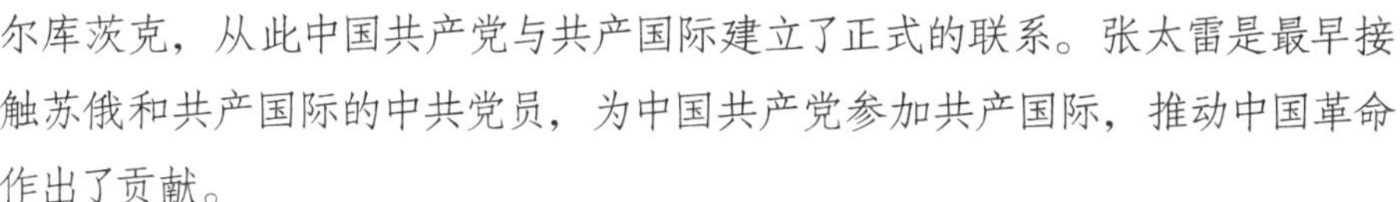

1921 年 8 月张太雷从莫斯科回国后，就担任了共产国际驻中国代表马林的助手和翻译。马林与陈独秀因共产国际的领导等问题关系紧张，张太雷作了大量的调解工作。陈独秀被捕后，张太雷和马林多方组织营救。陈独秀出狱后，经张太雷说服，终于同意中国共产党接受共产国际领导。对于新生的中国共产党来说，取得他们的指导和支持，具有十分重要的意义。

为了与国民党合作，建立统一战线，张太雷于 1921 年 12 月在桂林，1922 年 8 月、9 月在上海，1923 年 5 月在广州多次陪同马林与孙中山会谈。马林向孙中山提出了国民党应广泛联系工农大众，建立自己的革命武装，改组国民党，与中国共产党合作等意见。为了沟通双方的思想，张太雷奔走于广州和上海之间，作了大量的具体工作，并与李大钊、陈独秀、蔡和森等一起率先由孙中山亲自主盟加入国民党。他和马林一起为国共合作的建立，为推动中国革命向前发展作出了杰出的贡献。

张太雷与青年共产国际代表达林也在一起工作过。1922 年 3 月，马林为帮助召开中国社会主义青年团第一次代表大会来到上海，与张太雷（代表大会筹备处）、瞿秋白（代表中共中央）草拟团的纲领、章程，进行大会的各项筹备工作。在他们的努力下，中国社会主义青年团第一次代表大会于 1922 年 5 月在广州召开。张太雷致开幕词，作关于团纲、团章的报告，达林代表青年共产国际发言。会议通过了他们拟定的团纲、团章等 7 个决议案，选举张太雷、俞秀松等 5 人为团中央执委。与此同时，张太雷还积极促成达林作为苏联政府的全权代表与孙中山的会谈，在许多问题上达成了一致的意见。

1923 年 8 月，孙中山派出“孙逸仙博士代表团”赴苏考察军事、政治和党务。张太雷是代表团成员之一。考察结束后张太雷留在苏联和达林一起到青年共产国际执委会工作，同时兼任中国社会主义青年团驻青年共产国际的代表。1924 年 1 月，张太雷与达林共同签署了关于亚洲各国共产党青年团运动状况和任务的报告，准备由达林带往中国，代表青年共产国际出席团中央全会。正在这时，伟大革命导师列宁不幸逝世，张太雷和达林都参加了迎灵仪式，瞻仰了列宁的遗容并为他守灵。迎灵的当夜，张太雷就怀着悲痛的心情写下了悼念列宁的文章《列宁底死》以及《列宁与中国青年》，认为列宁与十月革命使中国青年觉悟，列宁是中国工人和学生的革命导师。

鲍罗廷在大会主席台上演说，张太雷任现场翻译

1925 年 5 月，张太雷到了当时大革命的中心广州，任共产国际代表鲍罗廷的助手兼翻译。鲍罗廷在这段时间对国共统一战线的指导，张太雷大都参与了谋议。他经常通宵达旦工作，废寝忘食。他和鲍罗廷每天既要和国民党军政首脑进行会谈，又要经常进行讲演。他还领导一个翻译室，翻译当日各地报纸的重要军政消息，供鲍罗廷参考。但是张太雷不同意鲍罗廷的右倾观点。中山舰事件后，鲍罗廷主张妥协退让，以期拉住蒋介石进行北伐。结果以蒋介石为首的新军阀，又在国民党二届二中全会上通过了反共的整理党务案，鲍罗廷和中共中央继续妥协退让，使大革命预伏了危机。这期间，张太雷连续发表文章，揭露蒋介石的反革命真面目，严肃批评陈独秀的右倾错误错误，坚持了正确的主张。北伐开始后，张太雷积极协助鲍罗廷解决了北伐军中的各种紧急事项。北伐军到达武汉后，协助鲍罗廷与国民党左派一起挫败了蒋介石迁都南昌、另立中央的阴谋。在长期的共同工作中，张太雷与共产国际代表维经斯基、马林、达林、鲍罗廷等都结下了深厚的友谊，但对他们的错误观点却不盲从，也不姑息。

张太雷在他短暂的一生中，与共产国际结下了不解之缘。他从共产国际那里吸取许多革命的养分，提高了作为革命家的理论水平，同时他也为共产国际作出了不可磨灭的贡献。张太雷是一位真正的国际共产主义者。

原载《道德与文明》1999 年增刊

## 催生第一次国共合作的共产党人——张太雷

刘玉珊

1924 年至 1927 年的第一次国共合作，掀起了轰轰烈烈的大革命高潮，极大地推进了中国革命的进程。在国共合作的建立过程中，中国共产党的早期领导人张太雷发挥了重要作用，作出了积极的贡献。

### （一）

张太雷 1898 年生于江苏省常州市。1916–1920 年就读于天津北洋大学（今天津大学）法律专业。大学期间，他积极参加五四运动，开始接受和传

1920 年，张太雷参加了李大钊领导的中国共产党北京早期组织

播马克思主义。1920 年 6 月,他从北洋大学毕业后走上了职业革命家的道路。同年 10 月，张太雷参加了李大钊领导的北京共产主义小组，成为中国共产党最早的党员之一。他是中国共产党第四届中央候补委员，第五届中央政治局候补委员，是大革命失败后中央临时政治局五人常委之一，党的八七会议上，他再次当选为中央临时政治局候补委员。他历任团中央书记、广东区委常委兼宣传部部长、中共湖北省委书记、中共广东省委书记和中共南方局书记。1927 年，他任广州起义总指挥，在指挥起义的战斗中，壮烈牺牲。

1921 年 3 月，张太雷受党组织的派遣，赴伊尔库茨克共产国际远东书记处任中国科书记。5 月他作为中国代表前往莫斯科进行参加共产国际三大的准备工作。在此期间，他认真学习和领会了列宁关于民族和殖民地问题的理论，结合中国的实际情况，代表中国共产党起草了《致共产国际第三次代表大会的书面报告》，在这个报告中，张太雷提出了“民族资产阶级”这一概念，并把中国的民族资产阶级与外国的资产阶级区别开来，指出在中国根本没有欧洲意义上的那种主导国家经济的民族资本。这一思想如今已经成为人们的常识,而在当时却是对中国国情认识上的一个飞跃。在报告中,张太雷还提出了与以国民党为代表的民族资产阶级结成联盟的思想。这一思想在他起草的《关于殖民地问题致共产国际三大的提纲(草案)》中表现得尤为突出。在共产国际三大上，张太雷参加了民族和殖民地问题委员会,他起草了《关于殖民地问题致共产国际三大的提纲(草案)》。提纲指出东方各主要被压迫国家中的民族资产阶级的两面性，提出“东方殖民地半殖民地各国共产主义者的任务是，不要丢掉自己的纲领和组织的独立性，要掌握住各国的民族革命运动，要把参加运动的群众从民族资产阶级领导下争取到自己一边来，并且要尽可能暂时迫使资产阶级跟随革命运动，迫使他们在打倒帝国主义和民族独立万岁的口号下参加斗争，并在必要的时候将他们从这个运动中驱逐出去”[①]。从中可以看出，这个提纲体现了张太雷

注释：

①姚维斗：《张太雷文集（续）》，33 页，南京，江苏人民出版社，1992。

早期革命统一战线的思想。共产国际三大以后，执委会为了对抗帝国主义国家宰割殖民地国家的华盛顿会议，决定召开远东各国共产党及民族革命团体第一次代表大会。张太雷积极参加了大会的筹备工作。他代表远东书记处起草了要求亚洲各民族革命组织选派代表出席这次大会的号召书，呼吁远东各国人民联合起来，与国际资本主义进行斗争。他坚持以列宁的民族和殖民地问题的理论为指导，主张远东各国所有革命组织乃至一切反帝的民族主义组织都派代表参加大会，使之成为团结反帝的具有统一战线性质的大会。为反对排斥民族主义组织参加大会的“左”倾主张，张太雷致函共产国际远东书记处，认为这是在“缩小了这场反帝斗争的规模”，并告知：“我们已经致函（中共）中央，让所有的无产阶级的及民族革命的组织，都选派出席大会的代表。其中，他们特别注意到了在中国南方的国民党的民族革命者。可以满有把握地相信和预计，中国肯定会派出自己全部的革命群众组织和民族革命组织的代表来出席大会，其数目不会少于 40 人。”[②]从上述情况可以看出，张太雷积极主张在东方殖民地半殖民地国家中，共产主义者应该采取民族统一战线的战略和策略，既与民族资产阶级结成暂时的联盟，又在民族革命进程中与资产阶级开展争夺革命领导权的斗争。可以说，张太雷是中国共产党内关于实行统一战线战略和策略的最早倡导者。

注释：
②（苏）鲍里斯·舒米亚斯基:《中国共青团和共产党历史片段——悼念中国共青团和共产党的组织者之一张太雷同志》，载人民出版社编辑部,《回忆张太雷》, 201 页，北京，人民出版社，1984。

（二）

张太雷不仅在理论上认识到了统一战线的重要性，而且身体力行，勇于实践，积极投身于在中国建立统一战线的实际工作。1921 年 8 月，张太雷从莫斯科回国后担任共产国际代表马林的助手和翻译，从此，他们携手合作，踏上了在中国建立革命统一战线的征程。马林出生于荷兰，青年时代就积极参加反对资本主义制度的社会主义运动。1913 年马林到荷兰的殖民地荷属东印度爪哇，积极投身于当地的民族解放运动。在他的帮助下成立了印尼共产党的前身——东印度社会民主联合会，并成功地将这个组织与伊斯兰教联合会联合起来，为争取民主和反对殖民主义而共同斗争。1920 年 6 月，马林到达他日夜向往的苏维埃俄国，参加了共产国际二大，学习了列宁关于民族和殖民地问题的理论，进一步明确了在经济比较落后的国家中共产党同资产阶级民主党派结成联盟的策略。在这次代表大会上，马林被选进了共产国际执行委员会。二大后，马林被派往中国进行革命活动。1921 年 6 月，马林来到上海，参与了中国共产党的筹建工作，参加了中国共产党第一次代表大会。会后，马林便为在中国建立统一战线出谋划策，并和张太雷一起为中国共产党确立统一战线的对象而万里奔波。

中国共产党要与谁建立统一战线，这个问题不是一开始就很明确的。苏维埃俄国外交人民委员会和远东书记处的负责人热衷于在北方接近军阀吴佩孚，在南方接近军阀陈炯明。由于吴佩孚曾在五四运动时期高唱保护劳工、支持学生运动，被当时一些人称为“进步将军”，加上他拥有强大的实力，因而他们把吴佩孚当成主要的同盟者。此外由于军阀陈炯明高唱拥护社会主义，他们也曾经对陈炯明抱有一定好感。同时中国共产党成立的时候，由于尚处幼年时期，不知道建立统一战线的重要性。因此在第一个党纲中出现了不与其他党派发生联系的提法。孙中山在十月革命后，虽然与苏俄保持了一定的联系，但他当时对内着力于建立与奉系张作霖、皖系段琪瑞结成反对直系的联盟，对外幻想得到帝国主义的帮助和支持，因而不愿与苏俄公开结盟，也没有想到与刚刚建立的中国共产党联合。这种情况表明，第一次国共合作的建立并非一帆风顺，而是经历了一个艰难探索的过程，经过大量的艰苦细致的工作，才使孙中山对中国共产党和共产国际有了进一步的了解，在相互需要的基础上，才实现了国共合作。在这个过程中，张太雷和马林起了重要的作用，作出了杰出的贡献。

1921 年 11 月 21 日，张太雷和马林在上海会见了孙中山的代表张继，商定国民党派张秋白出席远东各国共产党及民族革命团体第一次代表大会。国民党同时邀请马林去桂林访问孙中山。12 月 23 日，张太雷陪同马林来到了孙中山的驻地桂林。当时孙中山进行的民主主义革命活动，一再受到帝国主义和国内封建军阀势力的阻挠与破坏，屡遭失败，找不到挽救中国的出路，正处于彷徨和绝望之中。马林和张太雷的抵达，受到孙中山的热烈

1921 年 12 月下旬，张太雷陪同马林会见孙中山

欢迎。马林与孙中山进行了3次长时间的交谈，并向孙中山的军官们作了一次报告，都由张太雷担任翻译。马林向孙中山说明了苏俄已放弃了战时共产主义政策，改行新经济政策。马林还与孙中山讨论了群众运动和在工人阶级中开展宣传工作的必要性，并着重讲述了爪哇伊斯兰教联合会的发展和印尼社会民族联合会加入伊斯兰教联合会的经验[③]。马林和张太雷向孙中山提出3点建议，一是改组国民党，联合社会各阶层，尤其是工农大众；二是创办军官学校，以建立革命武装之基础；三是与中国共产党合作。张太雷还单独与孙中山作了一次长谈，讨论如何把中国青年，首先是南方青年发动并组织起来，参加到反帝反封建的革命斗争中去。这次会晤为孙中山日后实行联俄政策和与中国共产党合作打下了良好的基础。

1922年1月23日，张太雷又陪同马林到达广州。目睹了香港海员罢工的盛况和国民党对它的支持，马林由此认为国民党可能会“发展成一个士兵和工人的党”[④]。他们还会见了张继，提出共产党员可以加入国民党，但共产党作为一个独立的政党仍然存在。马林、张太雷与陈炯明长谈3次，在深入交谈中，他们发现陈炯明对社会主义的理解十分模糊，还发现他反对选孙中山为南方政府大总统，反对孙中山北伐吴佩孚，从而加深了对陈炯明本质的认识[⑤]。此后张太雷和马林还去了厦门、海丰、汕头等地，然后回到上海。他们所到之处，都不失时机地参加进步组织的集会，发表演讲，传播革命理论，为建立国共合作的统一战线作出了开拓性的贡献。

1922年春天，青年共产国际代表达林应张太雷之邀来到中国。张太雷当时正在筹备中国社会主义青年团第一次代表大会，请求青年共产国际派代表指导工作并参加大会。达林赴华的一个重要使命就是青年共产国际让他到广州与孙中山会谈，推进国民党与苏俄的联盟和国共合作。中共中央指派张太雷以翻译的名义陪同前往。4月26日，张太雷一行到达广州。从4月27日到6月中旬，达林在张太雷等陪同下，每周至少与孙中山会谈两次。在会谈中，双方不仅讨论了苏俄同孙中山的关系问题，而且也商谈了国共合作的问题，特别对国共合作的具体形式交换了意见。张太雷和达林在广州期间，还参加了广州的社会主义青年团的会议。会上，他们揭露了陈炯明反动军阀的真面目，号召青年们支持孙中山。

（三）

1922年初，张太雷和马林从广州回到上海。马林多次向中国共产党领导人建议放弃中共一大党纲中规定的对国民党采取的排斥态度，共产党员和社会主义青年团员都应加入国民党，在国民党内开展革命活动，同时保持共产党的独立性。马林的这一建议除得到张太雷的支持外，中国共产党的领导人都不能接受[⑥]。

注释：
③伊罗生：《与斯内夫利特谈话记录》，载中国社会科学院现代史研究室编，《马林在中国的有关资料》，23页，北京，人民出版社，1984。

注释：
④马林：《远东通讯》，载李玉贞，《马林与第一次国共合作》，375页，北京，光明日报出版社，1989。

注释：
⑤李玉贞：《斯内夫利特小传》，载李玉贞，《马林与第一次国共合作》，427-428页，北京，光明日报出版社，1989。

注释：
⑥马林：《向共产国际执委会的报告》，载中国社会科学院现代史研究室编，《马林在中国的有关资料》，21页，北京，人民出版社，1984。

这说明虽然张太雷在理论上认识到了中国革命要想取得胜利，无产阶级必须联合其他阶级特别是民族资产阶级建立革命的统一战线，而且和共产国际代表一起作了大量的卓有成效的工作，使孙中山对苏俄、共产国际和中国共产党都有了进一步的了解，为统一战线的建立奠定了坚实的基础。但是要促成国共合作的成立，在中国共产党方面也还存在着种种阻力，还须进行许多艰巨的工作。为此，张太雷又积极协调了各方面的关系，付出了极大的努力，对促成第一次国共合作的建立立下了汗马功劳。

马林刚到中国时，由于与陈独秀在中国共产党接受共产国际的领导和经济援助等问题上发生了很大的争执，关系很僵。陈独秀曾一度拒绝与马林见面。党中央的其他人都很着急，但毫无办法。这种状况非常不利于中国革命。张太雷积极调处了马林和陈独秀的关系，为国共合作的建立创造了必要的条件。张太雷奔走于马林和陈独秀之间传递信息。他曾到陈独秀住处进行劝说，陈独秀根本听不进去。张太雷还请当时在场的包惠僧再劝劝陈独秀。1921年10月4日，陈独秀等5人在上海法租界被捕，张太雷和马林大力进行营救，花钱将陈独秀和其他人先后保释出来，并请法国律师巴和为陈独秀辩护，使得此案得以了结。此后，陈独秀与马林的关系有了很大的改善。在张太雷的帮助下，经两人多次交换意见，陈独秀初步同意中国共产党接受共产国际的领导，初步赞成马林提出的中国共产党与孙中山领导的国民党建立联合战线的建议。张太雷在调处马林和陈独秀等纠纷中，“起了很好的作用”[⑦]。

注释：
⑦包惠僧：《包惠僧回忆录》，420页，北京，人民出版社，1983。

中国共产党作出与孙中山领导的国民党实行合作的决议并不是一帆风顺的，它经历了一个艰苦的斗争过程。在这个过程中，张太雷多次参与决策，积极促成中国共产党与孙中山领导的国民党合作的正确选择。1922年4月，中国共产党在杭州西湖召开中央全会（即第一次西湖会议）。马林建议中国共产党加入国民党，以便在国民党内开展活动，但不放弃共产党对工人运动的领导。张太雷支持马林的意见。但因大多数人对马林的建议表示异议，全会未予通过。马林返回莫斯科向共产国际汇报情况，寻求支持。陈独秀也写信给远东书记处负责人，表示不同意马林关于共产党加入国民党的主张。1922年5月1日，在马林的建议下，陈独秀、张国焘、张太雷等20余名共产党员在广州开会，着重讨论对孙中山和国民党的态度问题。马林再次提出中国共产党和国民党联合并加入国民党的建议。对此，张太雷和瞿秋白等人表示积极支持，认为，“在反帝的资产阶级民族革命阶段与小资产阶级结成广泛的统一战线是必要的，和国民党联合以及加入国民党都是必要的”[⑧]。张国焘坚决反对，陈独秀摇摆不定。虽然这次会议最后未能通过决议，但对中国共产党产生了重大影响，使共产党对国民党的政策开始转变。一个月后，中国共产党发表了《对于时局的主张》的声明，提

*西湖会议旧址*

注释：
⑧达林：《中国回忆录（1921–1927）》，91页，北京，中国社会科学出版社，1981。

出了建立民主主义革命联合战线的主张，表示愿意同所有的民主党派合作。1922年7月，张太雷参加了中国共产党第二次全国代表大会。这次大会通过了《关于"民主的联合战线"的决议案》，确定了中国共产党与孙中山领导的国民党以及其他革命党派建立联合战线，以共同完成反帝反封建的民主革命的具体途径。这次大会使中国共产党在与国民党合作的道路上迈出了一大步。1922年8月，中共中央在杭州西湖召开特别会议，讨论加入国民党的问题。张太雷与马林、陈独秀、李大钊、张国焘等出席了会议。会上，马林传达了共产国际要求中共加入国民党的指示。对此，张太雷积极赞成，大多数同志虽然想不通，但表示服从共产国际决议。这次会议决定，在孙中山改组国民党的条件下，共产党员以个人名义加入国民党，实行"党内合作"。9月1日至3日，张太雷陪同马林、陈独秀会见孙中山，说明了中国共产党的主张。9月4日，马林和张太雷与张继讨论了国共合作问题，并通知张继，中共中央决定由陈独秀、李大钊、张太雷参加国民党改组工作。同一天，孙中山约集在上海的国民党人士53人座谈讨论改组国民党的问题，张太雷和马林、陈独秀等都应邀参加了会议。在此期间，张太雷与李大钊、陈独秀、蔡和森等4人第一批以个人名义加入国民党，成为中共最早加入国民党的党员。11月5日，孙中山召集有各省国民党代表和共产党人参加的59人会议，设立了国民党本部，陈独秀担任国民党本部参议，张太雷担任宣传部干事。此后，张太雷经常奔走于上海和广州之间，致力于国共合作的工作。张太雷配合党的主张在《向导》周报上发表《羞见国民的国民党》一文，文章指出了国民党脱离民众的错误，促进了国民党的改组。1923年6月，中国共产党在广州召开三大，正式确立了建立以国共合作为基础的统一战线的方针。张太雷参加了决议的起草和大会的组织工作。在大会上，张太雷和马林、陈独秀、瞿秋白等积极主张全体共产党员加入国民党。张国焘等人则反对全体共产党员加入国民党，尤其反对在工人群众特别是产业工人中发展国民党员。经过激烈的讨论，大会正式确定全体共产党员以个人身份加入国民党。至此，中国共产党全面确定了与国民党实行"党内合作"

1923年8月，张太雷参加孙逸仙博士代表团赴苏联考察

的方针，极大地促成了第一次国共合作的建立。在孙中山联俄、联共思想指导下，1923 年 8 月，中国派出由国共两党成员组成的“孙逸仙博士代表团”赴苏联考察军事、政治和党务。张太雷是代表团成员之一。在苏联考察期间，张太雷曾到东方大学向中共旅莫斯科支部传达中共三大精神，强调共产党员加入国民党的必要性。此次考察对推动国共合作起了重要作用。

1924 年 1 月，国民党第一次全国代表大会在广州召开，国共合作的统一战线正式建立。

## （四）

由于张太雷较早地学习和掌握了列宁关于民族和殖民地问题的理论；由于他参加了共产国际三大，学习到了其他国家统一战线的经验；更由于他陪同马林、达林直接与孙中山会谈，了解孙中山的意图并在陪同马林、达林的长途跋涉中对中国的国情有了更深的了解，所以张太雷在建立第一次国共合作的过程中，始终能够坚持正确的主张，同各种错误思想进行了坚决的斗争，终于促成了国共合作的统一战线的建立。不论从张太雷关于统一战线的理论水平来看，还是从他在第一次国共合作建立过程中的实际工作来看，他都不愧是一位催生第一次国共合作的人物。

统一战线建立后，张太雷更是全力投入国共合作的工作，发挥着独特而重要的作用。1925 年 5 月，根据中共中央的决定，张太雷到国民党中央宣传部工作，任苏联顾问、共产国际代表鲍罗廷的助手和翻译，同时任中共广东区委常委兼宣传部部长。他坐镇广州，和鲍罗廷一起，处理所有的重大事件。在这一时期，鲍罗廷对中国共产党和国共统一战线的指导工作，张太雷差不多都参与了谋议。为了巩固和发展统一战线，张太雷与国民党新老右派和党内的右倾错误错误进行了坚决的斗争，在这一时期，他在各类刊物上发表文章百余篇，在各种场合发表演讲不计其数，为争取无产阶级的领导权，为巩固和发展统一战线进行了不懈的努力。统一战线破裂后，他又肩负重任，领导革命人民为挽救中国革命而进行了英勇斗争。1927 年 12 月 12 日，张太雷在指挥反对国民党反动派的广州起义的战斗中英勇献身。他为中国革命所作出的杰出贡献，将永载史册。

原载《社会科学战线》2001 年增刊

# 并肩战斗的周恩来与张太雷

刘玉珊

周恩来和张太雷都是杰出的无产阶级革命家。周恩来 1898 年 3 月 5 日生于江苏淮安，张太雷同年 6 月 17 日生于江苏常州。周恩来 9 岁之前嗣父母和生母先后去世，不得不靠伯父抚养。张太雷8岁丧父，由母亲含辛茹苦抚育成人。周恩来和张太雷同在天津求学，周恩来是南开校友，张太雷是北洋学生。他们共同在天津参加和领导了五四运动。此后，周恩来去了欧洲，张太雷去了俄国。4年以后，他们又同时回到广州，同在中共广东区委任常委，共同领导了广东轰轰烈烈的大革命运动。1927年革命失败以后，他们同是中央临时政治局五人常委之一，为挽救中国革命并肩战斗。周恩来领导了三大著名起义的南昌起义，张太雷领导了广州起义。他们带领人民用革命的武装回击了国民党反动派的血腥屠杀政策，挽救了中国革命。

## （一）在五四运动的号角下

周恩来1913年随伯父周贻赓来到天津。1917年6月以优异成绩从南开学校毕业后东渡日本留学。他在日本听到南开学校创办大学部的消息，便于1919年4月底返回天津。张太雷1915年12月考入北洋大学预备班，第二年暑假后进入北洋大学法科本科。1919年五四运动爆发，天津学生闻风而动。14日天津中等以上学生联合会成立。在学生的带动下，工人罢工、商人罢市，群众运动风起云涌。6月10日，北京政府罢免了曹汝霖、陆宗舆、章宗祥3个卖国贼的职务，6月28日，中国代表拒绝在和约上签字。这时不少人考虑到卖国贼已被免职，巴黎和会上也已拒绝签字，斗争情绪开始低落，鉴于这种情况，天津市学联决定创办《天津学生联合会报》。由于周恩来在南开中学曾先后主办《敬业》和《校风》，他的才能为多人所熟知。因此学联正、副主席谌志笃、马骏邀请周恩来出来办这张报纸。周恩来以办报为契机，把学生运动重新组织起来，他也逐渐成为天津学生运动的骨干和领袖。8月初，山东戒严司令、济南镇守使马良残酷镇压当地的爱国运动，天津学生两次到北京请愿，要求惩办马良，以平民愤，但很多学生被打伤，一些代表遭逮捕。29日周恩来带队再次赶往北京请愿，要求释放被捕代表，反动当局被迫释放了被捕的学生。通过这次斗争，周恩来提议，组成一个比学联更严密的团体，并出版一种刊物。这便是后来的觉悟社和《觉悟》杂志。爱国运动的浪潮继续向前推进。11月，日本帝国主义制造了枪杀中国人民的福州惨案，天津学生举行示威游行，持续一个多月。1920年1月23日，3个日本浪人毒打在魁发成洋货庄检查日货的学联调查员，接着反动当局逮捕各界代表20余人，并查封学联等群众团体的办事机构。1月29日各校学生数千人集会，以周恩来为总指挥到直隶省公署请愿，反动军警逮捕了周恩来、郭隆真等人并重伤学生50余人，造成流血惨案。周恩来被拘5个多月。他利用这段时间，重新思考了许多问题。出狱一年多后，他在一封讲到自己的共产主义信念的信中说：“思想是颤动于狱中。”入狱前，他是一个关心国家命运和社会改造，积极参加进步活动的学生，出狱后，他就逐步走上了职业革命家的道路。

张太雷早在1918年5月就参加了天津的爱国运动，即反对段祺瑞政府与日本签定的《中日共同防敌军事协定》的斗争。北京学生发动了向反动当局示威请愿运动，张太雷是北洋大学的学生代表之一。五四运动前后，张太雷参加了几乎所有的学生运动。据参加过天津学联领导工作的谌小岑回忆：“1919年6月5日天津学生抗议北洋政府拘捕北京学生，在南开操场誓师后出发讲演；6月10日在河北公园召开群众大会；8月下旬天津学生到北京天安门请愿，10月10日因警察干涉学生集会游行，学生包围警察厅通宵达旦等，我都记得有张太雷参加。”五四运动爆发后，学生纷纷组织起来深入工厂农村进行演讲。北洋大学组织了44个演讲团。据天津《益世报》1919年6月2日报道，张太雷与林汝植等4名同学组成的演讲第二团赴塘沽演讲，宣传抵制日货，深受群众欢迎。

从以上可以看出，在五四运动中，周恩来和张太雷都是运动的骨干。周恩来投入运动较张太雷晚一些，但一投入，便成了天津的学生领袖。张太雷投入运动较早，但后期，他的主要工作是协助李大钊建党建团，秘密翻译一些马克思列宁主义的文献送到北京。1920年10月，他加入北京共产主义小组，并在天津建立了第一个团组织。周恩来与张太雷在天津时是否相识，到目前为止，没有发现文字记载。但是从他们所从事的活动来看，不管他们当时是否相识，他们都是为了一个共同的目标并肩战斗的战友。

### （二）在大革命的洪流中

周恩来1920年底到法国勤工俭学，1921年加入中国共产党。1924年9月奉命调回广州，在黄埔军校政治部任政治教官。11月起任政治部主任。张太雷1921年初到共产国际远东书记处任中国科书记，成为中国共产党派到共产国际的第一位使者。他参加了共产国际三大和青年共产国际二大，当选为执委。同年8月他回国整顿团组织，筹备召开团的一大。同时，他促成了共产国际代表马林与孙中山建立了联系，参加了党的西湖会议及党的三大，成为国共合作的早期倡导者之一。1923年8月参加“孙逸仙博士代表团”赴苏联考察访问，留在青年共产国际工作。参加了共产国际五大和青年共产国际四大。1924年8月奉调回国。

周恩来

1925年1月，周恩来和张太雷都参加了在上海召开的中共四大。会后，周恩来回到广州，参加第一次东征。张太雷当选为中央执行委员会候补委员，在上海召开团的三大，当选为总书记。5月，张太雷到达广州。这样从1925年5月到1926年冬这一年半的时间里，周恩来与张太雷在当时全国革命中心广州并肩战斗。在党内他们都是中共广东区委常委，周恩来是军事部长，任东征军总政治部主任、国民革命军第一军政治部主任兼第一师党代表，后来又兼任了第一军的副党代表，大部分时间在前线。张太雷任宣传部部长，坐镇广州，主编《人民周刊》，并担任鲍罗廷的助手和翻译。这一时期鲍罗廷担任中国共产党和国共两党统一战线的指导工作。张太雷差不多都参与了谋议。

由于统一战线内部左、中、右三种势力的存在和尖锐的斗争，使得苏联和共产国际、中共中央与广东区委在许多问题的处理上也产生了错综复杂的矛盾。在这些斗争中，特别是在如何对待蒋介石的问题上，周恩来和张太雷的态度和认识都是一致的。具体表现在：第一，在筹备召开国民党二大时如何对待国民党右派问题上，共产国际代表维经斯基与陈独秀、张国焘等主张实行退让政策，鲍罗廷和广东区委的同志则主张坚决反击。张太雷当时就主张在国民党二大上要首先来一个示威性的反击。周恩来在第二次东征时已感到蒋介石表面与共产党合作，实际却想限制共产党。周恩来计划给蒋介石以回击，把共产党员完全从蒋介石部下撤出。但上海的中共中央和陈独秀不同意。这样，蒋介石就在国民党二大上第一次被选进国民党中央执行委员会，一中全会上又被选为常委。第二，在对待中山舰事件上，周恩来与张太雷的看法更是一致。1926 年 3 月 17 日，周恩来从汕头回到广州，与蒋介石见面后发现他与右派来往密切，周恩来立即通过张太雷，把这一情况向苏联顾问季山嘉汇报。但季山嘉认为周恩来、张太雷是小题大做。3 月 20 日，蒋介石发动中山舰事件，包围苏联领事馆，逮捕李之龙等共产党员。周恩来得到消息后，立即向蒋介石提出质问，结果被软禁了一天。张太雷代表广东区委起草《给国民党中央、国民政府、国民革命军及两广人民的一封公开信》，指出这是一起阴谋。他还在《人民周刊》上登了一篇述评《3 月 20 日的戒严》。文中指出：广州 3 月 20 日戒严牵连及俄国顾问住宅与罢工委员会，惹起广东一般人民的怀疑，使许多革命党人发生消极的观念，并使帝国主义者及一帮反革命党欣悦异常。但陈独秀主张对蒋介石让步，从而助长了国民党右派的气焰。周恩来、张太雷并没有放弃自己的主张，周恩来将退出第一军的共产党员集中在广州大佛寺举办一个特别政治训练班，准备派往其他各军作政治思想工作。张太雷曾应周恩来之邀到该班作形势报告。第三，由于陈独秀的一再妥协退让，1926 年 5 月 15 日国民党二届二中全会通过了《整理党务案》，蒋介石进一步篡夺了党权。周恩来和张太雷都扭转不了大局，但周恩来仍指示在黄埔军校内部未公开的党员名单不要交出。张太雷于 6 月 10 日也写了《到底要不要国民党》一文揭露蒋介石。年底，张太雷在他主编的《人民周刊》上发表了周恩来撰写的三篇文章：《国民革命及国民革命势力的团结》《现实政治斗争中的我们》《现实广东的政治斗争》，痛斥了国民党右派破坏国共合作，打击工农运动的行径。之后，随着北伐战争向北推进，周恩来和张太雷先后离粤北上，投入新的斗争。

### （三）在挽救革命的日子里

1927 年春，蒋介石的右派面目日益暴露。他自 3 月 6 日杀害江西赣州

1927年9月，张太雷在汕头会晤南昌起义领导人，传达八七会议精神，改组南方局，张太雷任书记。

工会领袖陈赞贤开始，从九江、安庆一直杀到上海。周恩来这时正在领导上海工人第三次武装起义，准备配合北伐军攻克上海。他感到气氛不对，3月30日，他在起义领导机构特委会上说："将来他们（指蒋）对付武汉及解决上海只有凭武力，同时，对付民众只有如江西雇佣流氓。"但陈独秀听不进，4月5日还发表了《汪陈联合宣言》，说国民党决无"驱逐友党，摧残工会之事"。结果宣言墨迹未干，蒋介石就发动了四一二反革命政变，大肆屠杀共产党人和革命人民。下令通缉陈独秀、周恩来、张太雷等197人。周恩来处理了善后工作，于5月下旬到达武汉，与先期到达这里的张太雷会合。张太雷这时已调任中共湖北省委书记。在中共五大上，周恩来和张太雷均被选为中央政治局候补委员。五大后发生了马日事变等一系列事件，表明武汉国民党的分共已迫在眉睫。周恩来来到武汉后即参加了政治局常委工作。为了挽救革命，他与蔡和森一起提出在湖北、湖南发动工农群众，反对武汉国民党当局的建议，张太雷领导的湖北省委积极支持，但不久就被共产国际的代表罗易否定。陈独秀的右倾机会主义错误遭到了包括周恩来、张太雷在内的中央政治局许多成员的反对。从7月5日开始，陈独秀就不再参加常委会。根据共产国际的指示，中共中央进行改组。由张国焘、李维汉、周恩来、李立三、张太雷组成的临时政治局常委会代行政治局职权。周恩来和张太雷在这个中国革命的最高指挥部又并肩战斗了。

7月15日，汪精卫"分共"，大肆屠杀共产党人和革命人民。中国共产党决心用武装斗争来还击国民党反动派。8月1日，周恩来等领导了震惊全国的南昌起义，打响了武装反抗国民党反动派的第一枪。8月7日中共中央紧急会议也在汉口召开，决定了土地革命和武装反抗国民党反动派的总方针。周恩来和张太雷都被选为中央临时政治局候补委员。8月9日，政治局任命张太雷为中共广东省委书记。同时决定，在周恩来等未到广州之前，由张太雷、杨殷、黄平组成临时南方局，管理两广、闽南等地党的工作，并负责传达八七会议精神。8月19日，张太雷到达香港，召开广东省委会议，决定在广州、潮汕等地发动武装起义，迎接周恩来率领的南昌起义军入粤。周恩来率领的南下部队经长汀、上杭沿汀江进入广东。9月19日占领三河坝之后他与贺龙、叶挺、刘伯承等率主力直下潮汕。当时没有电台，周恩来、张太雷与中央均靠密写后派人送信联系。张太雷9月20日向中央报告：前方一直无消息，直到15日方见到前方派来同志，带有恩来一信，又因路上受湿，一字显不出，只得其口头报告。张太雷得到周恩来的消息后，冒着生命危险从香港来到潮汕接应起义军。9月23日起义军攻克潮州，张太雷指示潮汕地委发动工人抢修潮汕铁路，用火车将起义军从潮州运到汕头。24日汕头光复。张太雷与周恩来在汕头相会。张太雷立即向周恩来传达了八七会议精神。26日，南方局在汕头召开第一次会议，决定由张太雷任南方局书记。随后起义军撤出汕头转移到普宁流沙，周恩来主持召开指挥部成员会议，张太雷代表中央临时政治局传达八七会议精神。会议还决定起义军余部到海陆丰树起苏维埃的旗帜。不料，起义军遭到强敌伏击，部队被打散。患重病的周恩来在叶挺、聂荣臻的护送下转移到香港。张太雷在混乱中与周恩来失散，10月13日才辗转回到香港，与周恩来重见。张太雷主持召开了南方局和广东省委联席会议，做了《八一事件之经过、失败原因及其出路》的报告。10月23日，中共中央写信给南方局并广东省委，通知周恩来回上海开会。张太雷在赴汕头处理南昌起义军的善后工作后，也抵达上海。11月8日，周恩来和张太雷都出席了中共中央政治局扩大会议。周恩来赞成张太雷代表广东省提出的建议，发动广州起义。当时粤桂战争爆发，张发奎部主力调到肇庆、梧州对付李济深，广州市内空虚。我方力量有叶剑英控制的第四军教导团和新成立的警卫团，还有工人赤卫队。不久，成立了以张太雷为总指挥的暴动总指挥部，进行起义的各项准备工作。

在广州起义准备过程中，张太雷多次向中央提出，希望派周恩来前来领导起义。起义爆发前夕，张太雷紧急报告中央，向中央提出3点要求，其中之一就是派周恩来同志来指导工作。虽然周恩来当时无法来粤与张太雷一起领导广州起义，但他代表中央起草了多份指导起义的文件，始终关注起义的筹备和发动。

1927年12月11日，广州起义爆发，起义军很快攻占了大半个广州城，建立了广州苏维埃政权。12月12日下午，张太雷出席广州市民庆祝广州苏维埃政权成立大会后在大北直街遭敌伏击，英勇牺牲，年仅29岁。周恩来对广州起义给予了充分的肯定。1928年1月25日，由他起草的中央致广东省委的信中写道：南昌暴动是结束了国共合作的最后一幕，广州暴动则开创城市苏维埃政权在中国第一次实现。6月，在周恩来起草的中共六大《政治决议案》

中指出：中国共产党第六次代表大会认为南昌起义、秋收起义——尤其是广州武装起义，在政策上决非盲动主义政策。广州武装起义是必要的英勇尝试，是为保持革命胜利的斗争，赞扬了张太雷领导的广州起义的伟大意义。

张太雷牺牲后，周恩来十分关心他的遗属，曾多次前往看望，并送去生活费。1939 年初，周恩来到新四军视察，当听说张太雷的女儿张西蕾就在军部教导总队时，马上接见张西蕾。并嘱咐陈毅等人去常州，把张太雷的全家接到部队，特别嘱咐要把张太雷的儿子张一阳送往延安。但张一阳坚持要在前线锻炼，后来在皖南事变中英勇牺牲。

在中国革命的不同时期，周恩来和张太雷都能根据实际情况，抓住机遇，大胆尝试，英勇顽强，不怕牺牲，为争取中国革命的胜利竭尽全力，建立了不朽的功勋。同时，他们在中国革命历史上建立的战斗友谊也将永载史册。

原载《面向 21 世纪人文科学若干问题研究》天津大学出版社 2001 年 9 月版

## 张太雷关于中国革命理论的贡献

### 试论张太雷新民主主义革命基本思想的形成

李关鸿　刘玉珊

张太雷 1898 年生，江苏常州人。早在中学时代就具有爱国反帝的思想，是一个活跃分子。1916 年至 1920 年在北洋大学法科学习，是时民族危急，国难深重。在十月革命的影响下积极参加了五四爱国运动，引起思想上的飞跃，接受了马列主义，放弃了原本想在毕业后当律师的打算，投身于革命。在共产党成立以前，于 1921 年六七月间被派往莫斯科出席了共产国际第三次代表大会，以共产主义者的身份参照列宁为共产国际二大制定的《民族和殖民地问题提纲》（初稿）起草了一份关于民族和殖民地问题方面的提纲。7 月 12 日在大会上就远东的共产主义运动的意义发表了热情洋溢的演说，指出："中国的工人已开始觉醒"，"罢工在中国不断发生"，"青年学生们正在起来造反，他们反对旧的社会结构"，"但是我们要把这些力量引向正确的道路"。他呼吁共产国际和西欧各国的共产党要对远东的运动更多地支援，而"中国的无产阶级和中国的其他各种革命力量"也会在这个伟大的事业中，给以巨大的援助。大会结束以后他又参加了远东各民族人民代表大会筹备委员会的工作，起草了要求亚洲各民族革命组织选派代表出席会议的呼吁书。从这两件事表明他开始把中国的革命、远东的革命与世界无产阶级革命的命运联系在一起。

1926 年 11 月，张太雷随广州国民政府北上，赴南昌途中留影。

1924 年当时以国共合作为核心的革命统一战线已经建立，历史进入了第一次国内革命战争时期，全国革命形势高涨。广州沙面数千名工人反对英法帝国主义的政治大罢工取得了完全胜利。就在这种形势下，张太雷根据自己几年来的革命实践于9月3日在《向导》周刊第81期发表了《列宁与义和团》一文，一方面联系八国联军践踏中国的历史教训，特别是沙俄侵华的罪恶，激发中国人民反帝的信心和勇气；另一方面从理论的高度指出"列宁主义中最重要的成分之一，就是对于民族问题的主张"。一语道破中国革命必须以马列主义为指导，与马列主义相结合。

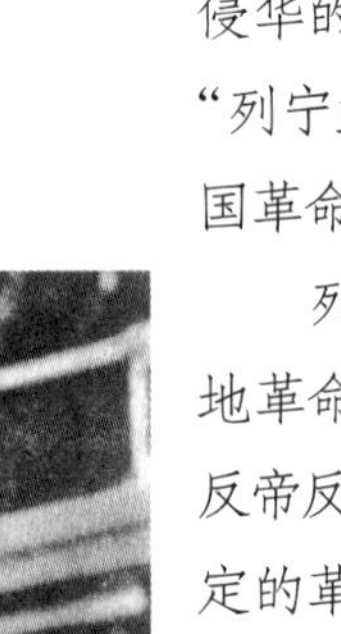
革命导师列宁

列宁对于民族问题的主张概括起来有以下四点：(一)殖民地半殖民地革命第一步是反对帝国主义；(二)在反帝同时必须反对封建主义；(三)反帝反封的革命要取得胜利必须由无产阶级领导；(四)民族资产阶级有一定的革命性，无产阶级必须对民族资产阶级有正确的政策，即应当同殖民地和落后国家的资产阶级民主派结成联盟，但不要同它们混为一体，甚至当无产阶级运动还处于萌芽状态时也要对资产阶级保持这一运动的独立性。

张太雷从参加共产国际三大回国后即逐渐把列宁的主张运用到中国的革命实践中去。他认为中共成立后领导中国人民所进行的革命斗争不是"马上实现劳农政府"，"他们运动的对象就是在推翻帝国主义，进行国民革命，中国的国民革命就是中国民众对于外国帝国主义之经济的政治的剥削之反抗运动，其目的在推翻帝国主义在华的一切势力和其走狗——本国的军阀——而建立一个合于民众利益的独立政府"。关于中国革命的性质，他指出："中国的国民革命已不是如十八九世纪中欧洲各国的国民革命，是本国资产阶级对于本国封建阶级之一种革命运动，而是中国的一般被压迫的民众反对外国帝国主义的运动。"他还说："如果中国一般群众能懂得外国帝国主义所反对的就是中国的利益，所主张的就是中国的祸害。我们就应当依照共产党对于救中国的意见，集中在国民革命的旗子之下，无妥协地反对帝国主义和其走狗中国军阀之定期战乱与屠杀。"强调了国民革命要由共产党领导。与此同时他还批驳了那种"要先建设强大的中国，然后再对付外国帝国主义"的论调，指出："其实，你要建设强大中国之第一步就要遇见外国帝国主义的阻碍"，并列举在辛亥革命时英国公使朱尔典和银行团大借款给袁世凯推倒南方政府及当时英国政府之阴谋倾倒广州革命政府等外国帝国主义援助中国反对势力的例子。因此得出结论："你要先理内政，再行对外完全是一种梦想。"

他的这些观点发表在党的四大以前，是十分可贵的。

那么他又是怎样坚持和本国的资产阶级民主派结成联盟并保持独立性这一马列主义原则呢？自党创建以来至第一次国内革命战争时期张太雷不仅始终坚持了这一原则，而且身体力行，勇于实践，早在1921年底张太雷受党的委托陪同马林去南方会见孙中山，经过商谈使孙中山同意要有一个能联合各阶级尤其是联合工农群众的党；要有一个革命的武装核心——军官学校。通过这次会谈孙中山对苏联和中共有了进一步了解。就在这次会见中张太雷还同孙中山长时间讨论了中国青年如何更积极地参加民族主义运动的问题。

1922 年中共中央发表了对于时局的主张，具体说明了建立联合战线的办法，在肯定国民党的同时，指出了它的错误。1923 年 6 月，张太雷配合党的主张在《向导》上发表《羞见国民的国民党》，指出国民党脱离群众的错误，促进了国民党以后的改组。1922 年 7 月中共召开二大，张太雷列席大会，大会通过了《关于民主联合战线的议决案》，同年 8 月党又在西湖会议进一步研究实施民主联合战线的具体办法，即共产党人以个人身份加入国民党。以上反映了统一战线发展的过程。在这个过程中张国焘持反对态度，张太雷和他进行了坚决斗争，并带头和李大钊、陈独秀、蔡和森等人参加了国民党。张太雷参加国民党后曾担任国民党中央宣传部干事，经常奔走于广州、上海之间，致力于国共合作。1923 年党召开三大，张太雷是主张国共合作最有力的一个，也是反对张国焘关门主义最有力的一个。1923 年 8 月为了建立黄埔军校，他随代表团至苏联考察军事，不久他参加了少共国际四大，当选为少共国际执行委员并任中国社会主义青年团驻少共国际代表。

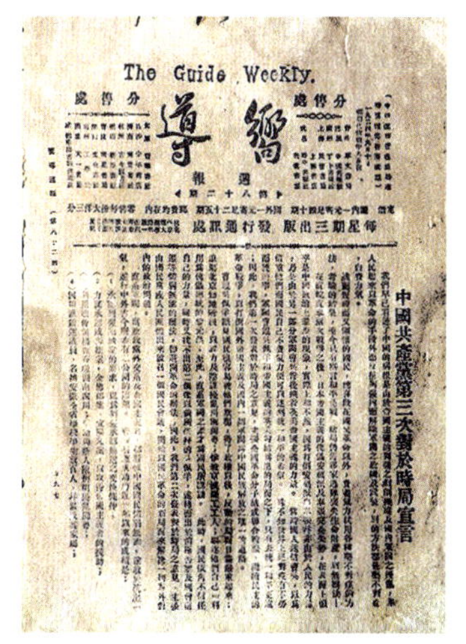


中共机关刊物《向导》刊登的“中国共产党三大对于时局宣言”

1924 年列宁逝世后，他在苏联报刊和国内刊物上发表很多文章，介绍中国革命运动情况，还担任了上海《民国日报》主笔，并在上海大学任教，兼任社会学教授。这一年他在革命理论上颇有建树，撰写了大量文章。

他的文章好像春雷唤起民众进行反帝反封建的斗争；犹如利刃对统一战线中国民党右派进行了坚决的斗争。1924 年国民党右派谢持、邹鲁、邓泽如以中央监委名义向国民党中央执行委员会和孙中山先生提出所谓“弹劾共产党书”，实际上是公开反对国共合作，反对共产党。虽没有得逞，却助长了右派的气焰。9 月，张太雷发表文章指出他们的背景是受了帝国主义的暗示。他说：“自从国民党改组以来，反对帝国主义的空气在中国日甚一日，外国帝国主义之不寒而栗，于是在报上大骂过激派的主张，帝国主义的报纸所以如此责备凡反对帝国主义的都是过激派，就是要恐吓这班本来胆小而革命软弱的先生们和鼓吹他们的政府来干涉中国。这次国民党右派的反共可以说完全是受了这个暗示”。国民党老右派的反共活动被挫败之后加快了革

1924 年，张太雷在从事党的宣传工作和青年团工作的同时，参加中共中央机关刊物《向导》的编辑工作

*1926 年 3 月，蒋介石制造“中山舰”事件，张太雷果断地说：“这里面一定有鬼！”*

命步伐，张太雷担任鲍罗廷的助手和翻译，中共广东区委常委、宣传部部长，经常作报告、演讲，且是广东区委机关刊物《人民周刊》的主要撰稿人。张太雷在《人民周刊》上发表文章约有 70 多篇，在繁重的工作中他警惕着“同盟者”的可能背叛。隐藏在革命阵营中以蒋介石为代表的国民党新右派利用陈独秀的妥协退让加紧了篡夺革命领导权的步伐，制造了三二零事件（中山舰事件）。张太雷得知后“怀疑这里有鬼”。3 月 30 日他以“三月二十日的戒严”为题发表文章指出：“三月二十日事件证明本刊上一期所提出的广东革命危机存在的警告是正确的。此事件告诉我们反革命势力仍是时刻预备乘隙而入。”后来他还向广东区委书记陈延年指出：“我党应组织红军 10 万以革命的武装反对反革命的武装。”5 月 15 日蒋介石又抛出整理党务案。5 月下旬张太雷对陈延年说：“我们除了目前的联合战线以外，总应该有自己的打算，蒋介石和国民党迟早要和我们分家的。”1927 年 4 月 12 日蒋介石叛变，接着夏斗寅、许克祥叛变，假左派汪精卫感到反共时机已到，便借国民党权在武汉地区发出一连串限制工农运动的禁令：5 月 19 日武汉国民党中央发训令，污蔑长江流域的工农运动“幼稚”；5 月 23 日为了打击以武汉为中心的工运，国民党中央又发出对湖北省总工会的训令，强迫总工会来“制裁”违反“纪律”的工人。在农民运动方面，5 月 20 日武汉国民党中央发出保护地主富农利益的训令，声称：“乡里公正及丰裕之户，不反对国民革命者，皆在国民政府保护之列”，肆意污蔑农民运动，说什么“破坏公共秩序以快意者”“无异反革命”。5 月 24 日当许克祥的反革命军队在长沙疯狂地屠杀革命人民的时候，武汉国民党中央却发出了一道保护军人田产镇压土地革命的命令，其中说“土地革命施之良民，已属忍心害理，为国法所不容，施之军人则更无异骚扰后方，摇动军心，实可痛恨”。命令各级政府严禁土地革命，“如再有此等举动，应即将该团体解散，并拘捕负责人员，依法惩治”，并于 5 月底解散了湖北省两个最大的农民协会——黄冈和黄陂县的农民协会。

与此同时，汪精卫还实行了亲帝反苏的政策，6月5日，他丧心病狂地解除了国民政府聘请苏联高等顾问的合同。

在这中国革命的危急关头，5月，共产国际发出了两个关于中国革命的紧急指示，共产国际指出："没有土地革命，就不可能胜利"，"不应该脱离工农运动，而应该用一切办法去协助它"。要"组织一支可靠的军队"，要组织"革命的军事法庭，惩办和蒋介石保持联系或唆使士兵残害人民，残害工农的军官"。共产国际的这些指示指出了挽救中国革命的唯一出路，但这些指示却被陈独秀所拒绝，他违反全党意志，强迫共产党员充当国民党假左派的尾巴，他下令要在国民党和报馆工作的共产党员，听从国民党的命令，服从国民党的指导，不得有任何独立的主张，他完全接受国民党所颁布的镇压工农运动的训令。不仅如此，他还利用党的总书记地位，出来直接支持反动派，他命令新闻记者党团员作文章批评农民"幼稚"，命令中宣部出宣传大纲，纠正农民的"过火"行为等等。

五大开幕地点——武昌高等师范第一附属小学

（二）政治形勢與黨的任務議決案

1，從上次本黨大會以來，革命發展得很快，黨的長大也同樣的快。 從第四次全國大會到現在，黨員自九百餘人增至五萬餘。 黨的政治影響比數量的增加更快。 本黨無疑的成為全國工農的領袖；領導無產階級經過兩年的不斷的鬥爭，鬥爭中包含好幾次反對帝國主義與軍閥的武裝暴動。 在黨的領導之下，四年短期之內，二百八十餘萬工人與九百餘萬農民，已經組織起來。

本黨已成為羣衆的黨了。

自五卅起，上海無產階級的鬥爭，香港罷工，漢口無產階級的反帝國主義鬪爭……都是中國革命史中重要的事件。 在過

这说明当时的中国革命已经面临着最危急的关头。张太雷在1927年4月党的五大上继续当选为中央委员，并从五大以后担任了中共湖北省委书记。在这关键时刻，张太雷同志并没有张皇失措，他既没有被蒋介石的疯狂屠杀所吓倒，也没有被汪精卫的假左派所迷惑，更没有对陈独秀的家长式统治言听计从，而是以坚定的革命信念，以马列主义作指导，领导革命人民为挽救中国革命的失败而斗争。1927年6月6日，他在党中央机关刊物《向导》上发表了"武汉革命基础之紧迫问题"的重要文章，揭露了汪精卫假左派真右派的反革命面目，批判了党内以陈独秀为首的机会主义的投降行径，并明确指出了斗争的方针。

（1）针对汪精卫及党内陈独秀等污蔑工农运动"幼稚"与"过火"，把反动军队的叛变及武汉政府由于帝国主义封锁禁运和民族资产阶级动摇所造成的困难嫁祸于工农运动的流言蜚语，张太雷在文章中指出，革命所以发生危机，那是因为"帝国主义勾结了中国大资产阶级"所造成的，不是"革命的基本势力——工农运动"所造成的。文章指出："以前，我们听见反革命说我们的工农运动是地痞流氓运动，我们反驳他攻击他，但是我们现在自己亦承认目前两湖的厄运是因为地痞流氓运动！蒋介石脱离革命，据说是因为工农运动的幼稚病及革命运动的进展太快了，现在我们自己亦口口声声骂工农的幼稚与过火，把现在武汉政府一切困难都推在工农运动身上，几乎大家认为：假使没有工农运动，许克祥和夏斗寅是不会反的，政府的财政是不会困难的，甚至以为国民革命就可以安安稳稳成功的。"这里张太雷用"几乎大家认为"是指不但国民党的汪精卫这样看，共产党的陈独秀也这样看。鉴于汪精卫即将公开叛变革命，陈独秀继续妥协退让的形势，张太雷大声疾呼："敌人向我们进攻，我们是不怕的，我们最怕的是：我们把

应该对着敌人的枪口来对着我们自己的基本势力示威，这是在目前敌人压迫我们的时候最值得我们考虑的一件事。”他深刻地指出，如果不认真地考虑这个问题革命就会失败。

（2）我们应如何正确对待工农群众运动呢？张太雷指出，群众运动的初期“不免有一种缺乏组织的状态”，因为“工农群众一旦感觉到帝国主义军阀及封建势力的压迫一松，他们马上就如怒潮汹涌地谋自己的解放……群众这种初期的猛烈谋解放的一种欠缺组织的运动之阶段，是无论哪一个革命中所不可免的，自法国大革命到俄国十月革命都是如此，就是中国以前各朝代更换的时候，所谓真命天子出世，亦不免有一个时期的混乱，何况是一个革命——一件砖头瓦片大翻身的事件呢？”但是这种缺乏组织的状态“苟能有大批的干部人才及上面的正确领导，亦能有很多的补助，但在事实上这两种主观的条件是缺乏了的”。这就是说群众运动需要党领导他们走上正确的轨道，但我们并没有这样做，对于正在兴起的农村大革命即农民反对土豪劣绅的斗争，张太雷说：“除非我们改变不革命，不然我们一定要帮助农民来铲除此种封建势力，所以继续打倒土豪劣绅的运动是必须的”。当武汉政府一些人看到农民在革命中处死了几个土豪劣绅就大骂农民运动过火的时候，张太雷说：“我们不能单注意到几个土豪劣绅被农民枪杀的事实，而痛骂农民该杀，我们更应打听一打听农民被屠杀之事实，全省农民被反革命所屠杀者总有数千，这总不能说他们是该杀的罢！所以在此乡村反革命势力进攻中，政府应该派军队剿匪并帮助农民武装起来自卫。”

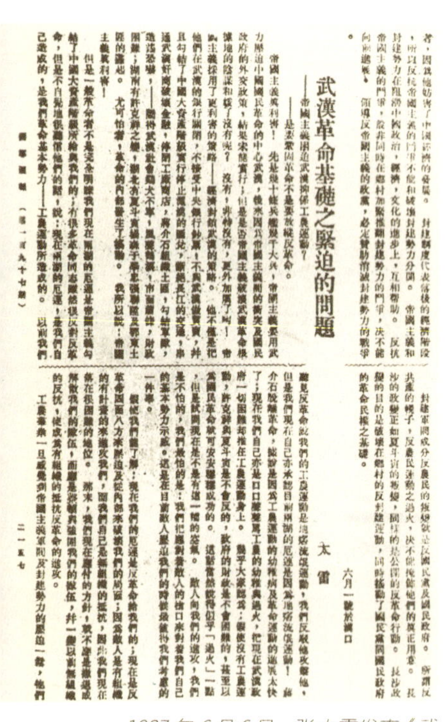
武漢革命基礎之緊迫的問題

——帝國主義困迫武漢抑係工農運動？

——是要棄國革命不是要放縱反革命。

太雷

六月一號於漢口

1927年6月6日，张太雷发表《武汉革命基础之紧迫的问题》

（3）我们的方针是什么呢？张太雷指出：“初期的解放运动，把反革命打了一下，反革命因为没有准备而暂时溃退，但是反革命不是那样容易扑灭的，他受了一次挫折后，必然卷土重来，这时的反革命不是以前那样无组织的，无准备的。是有计划有组织的反攻。”“我们现在应付的方针就不应是撤退或解散我们的队伍，而应是整顿与强固我们的队伍，并一变以前无组织的反抗，使成为有组织的抵抗反革命的进攻”。张太雷总结了经验教训以后指出，“这次在反革命有组织进攻时，我们很不能制胜，因此要稍退却，就是因为我们没有准备，没有及早以政府力量巩固革命的胜利，没有使民众运动更进一步而有组织，庶几反革命进攻时，能有充分的抵抗力或者使反革命力量虽欲反攻而不能。所以显示我们在反革命有准备的进攻而我们没有准备的抵抗时，我们要退却一步，以便整顿我们的队伍，使有纪律有组织以谋最后的胜利。同时国民政府赞助民众而镇压反动之职任，格外严重了。假使我们现实看见反革命势力浩大及革命势力无组织，我们就忘记了抵抗反革命或竟转而撤散自己的队伍，长反动派之气焰，在客观上便是满足敌人的欲望，这更是革命的危机。”

此外，在这篇文章中张太雷针对汪精卫对所谓违反“纪律”的工人进行“制裁”的训令，张太雷指出：“革命纪律是巩固民众运动而不是压制民众的……对革命的民众固然要有革命的纪律，但对反革命尤其要有严格的镇压反革命的纪律，如对奸商操纵金融粮食，贪官污吏勒索行贿及劣绅土豪的屠杀良民，必须加以更严重之处罚，至于许克祥等类之叛变，更须以革命的军纪处治。”

张太雷在这篇文章中所反映的思想和斯大林在 1926 年 11 月对中国革命的意见是一致的，斯大林指出：“我知道在国民党人中间，甚至在中国共产党人中间，有些人认为不能在农村掀起革命，他们害怕把农民卷入革命以后会破坏反帝国主义的统一战线，同志们，这是极端荒谬的，把中国的农民卷入革命愈迅速，愈彻底，中国反帝国主义的战线愈有力，愈强大。”

第一次国内革命战争虽然失败了，但是张太雷新民主主义革命的基本思想已经形成了。这一思想与党的四大有关决议中反映的思想是一致的，这与四大前后邓中夏、李大钊、周恩来、瞿秋白、毛泽东、蔡和森等同志一样为探索中国民主革命的基本理论作出了贡献。

*原载《天津大学 85 周年校庆科学报告会论文册》1980 年 10 月*

## 略论张太雷关于中国革命的基本思想

刘玉珊

“新民主主义革命，不是任何别的革命，它只能是和必须是无产阶级领导的，人民大众的，反对帝国主义、封建主义和官僚资本主义的革命。”这是 1948 年 4 月毛泽东在总结了中国新民主主义革命经验的基础上所概括的中国新民主主义革命的总路线[①]。虽然关于这条总路线的完整表述是在革命即将胜利的时候才总结出来的，但从革命开始的时候，中共早期领导人就对中国革命的基本问题进行了艰难的探索，在国民革命期间已逐步形成关于中国革命的基本构想。在这一时期的探索中，张太雷作出了重要的贡献。

注释：
①中共中央文献编辑委员会编：《毛泽东选集》第四卷，1313 页，北京，人民出版社，1991。

中国革命与世界革命的关系问题，是认识和领导中国革命的重要问题。第一次世界大战和俄国十月革命改变了世界格局。在那个时代，任何殖民地半殖民地国家，如果发生了反对帝国主义的革命，它就不再是属于旧的世界资产阶级民主主义革命的范畴，而是新的世界无产阶级社会主义革命的一部分了。在中国共产党早期领导人当中，张太雷对这一问题认识较早。1921 年六七月间，张太雷前往莫斯科参加共产国际第三次代表大会，他以列宁关于民族和殖民地问题的理论为指导，结合中国的实际情况，代表中国共产党起草了《致共产国际第三次代表大会的书面报告》，对中国国情作了全面分析，对中国共产主义运动作了全面总结。7 月 12 日，张太雷在大会上发表了热情洋溢的演说，代表中国共产党第一次在国际共产主义讲坛上介绍中国革命运动的情况，阐述了中国革命与世界革命的关系及中国革命的伟大意义。他说："第一次世界大战以来，日本和英美一样，已经成为强大的帝国主义国家。……一旦中国全境都为帝国主义所统治，那么，日本政府就不仅可以随意掠夺和使用中国最丰富的资源和最好的劳动力，而且还会利用这些资源和劳动力对无产阶级进行斗争。这对世界革命将会成为严重的障碍！因此，共产国际和西欧各国的共产党今后有必要对远东的运动更多地加以注视，不惜一切给予支援。日本帝国主义的崩溃，就是世界三个资本主义支柱之一的倒塌。到那时，我们才能打倒世界资本主义；到那时，世界革命才能完成他的事业！""在这个伟大的事业中，各位对于中国的发展如能更进一步予以注意，那么，中国的无产阶级和中国的其他各种革命力量，也会在这个伟大的事业中给各位以巨大的援助。"[②]说明了中国革命已经是世界无产阶级革命的一部分。共产国际三大结束以后，他又积极参与筹备远东各国共产党和民族革命团体代表大会，起草了要求亚洲各民族革命组织选派代表出席会议的号召书。从此，他把中国的革命、远东各国的革命与世界无产阶级革命的命运紧密地联系在一起。张太雷为了动员更多的力量参加革命运动，他反复强调中国革命和世界革命的关系。张太雷在纪念列宁的文章中说："如果中国人民懂得他们民族底救援只有靠中国的革命，中国底革命是与世界革命有连带的关系，而世界革命的成功必定是世界无产阶级和被压迫民族的合力，那么，中国人民对于列宁的死亦应是无限的悲哀。"[③]纪念五卅运动时，张太雷进一步指出："五卅运动给与欧洲无产阶级及东方被压迫民族决斗的勇气与胜利的希望不少。在五卅运动中各国无产阶级及被压迫民族对中国民众表示同情与实际援助，添了中国民众

注释：
②人民出版社编辑部：《张太雷文集》，1-2页，北京，人民出版社，1981。

注释：
③人民出版社编辑部：《张太雷文集》，44页，北京，人民出版社，1981。

1924年1月，列宁逝世后，张太雷撰写了多篇悼念文章，表达哀思

极大的希望并使他们了解与世界无产阶级与被压迫民族携手之必要。五卅运动已实际表示中国的革命是世界革命中的重要部分。”[④]从理论与实践的结合上说明了中国革命与世界革命的关系。

注释：
④人民出版社编辑部：《张太雷文集》，157 页，北京，人民出版社，1981。

关于中国革命性质的问题，张太雷在探索中明确中国革命是反对帝国主义和封建主义的革命。与旧式的资产阶级民主革命不同，也与欧美日本各国的资产阶级革命不同。革命的目的不是建立资产阶级专政，而是建立一个合于民众利益的独立政府。

鸦片战争后，中国沦为半殖民地半封建国家，社会的主要矛盾是帝国主义和中华民族的矛盾，封建主义和人民大众的矛盾，反对帝国主义和封建主义便成为中国革命的两大基本任务。张太雷最早在共产国际和青年共产国际工作，对列宁关于民族和殖民地问题的理论理解最深。列宁指出，殖民地半殖民地革命的第一步是反对帝国主义；在反对帝国主义的同时，必须反对封建主义。1921 年 8 月张太雷回国后，便逐渐把列宁的主张运用到中国革命的实践中去。他认为，中国共产党成立后，领导中国人民所进行的革命斗争不是马上实现劳农政府，他们运动的对象就是推翻帝国主义，进行国民革命，“中国的国民革命就是中国民众对于外国帝国主义之经济和政治的剥削之反抗运动，其目的在推倒帝国主义在华的一切势力和其走狗——本国的军阀，而建设一个合于民众利益的独立政府”[⑤]。

注释：
⑤人民出版社编辑部：《张太雷文集》，77 页，北京，人民出版社，1981。

关于中国革命的性质，他指出，“中国的国民革命已不是如十八九世纪中欧洲各国的国民革命，是本国资产阶级对于本国封建阶级之一种革命运动，而是中国的一般被压迫的民众反对外国帝国主义的运动”[⑥]。他还说：“如果中国的一般群众能懂得外国帝国主义所反对的就是中国的利益，所主张的就是中国的祸害，我们就应当依照共产党对于救中国的意见，集中在国民革命的旗子之下,无妥协的反对帝国主义和其走狗中国军阀之定期战乱与屠杀。”[⑦]强调了国民革命要由无产阶级及其政党中国共产党来领导。在列举了辛亥革命时英国公使朱尔典和银行团大借款给袁世凯推倒南方政府及当时英国政府之阴谋倾倒广州革命政府等外国帝国主义援助中国反动势力的例子后，得出“你要先理内政再行对外，完全是一种梦想”[⑧]的结论。张太雷的这些观点发表在党的四大以前，是十分可贵的。对于中国的国情及由此决定的中国革命的性质，张太雷有清醒的认识，“现今中国目前的政治运动还是反对帝国主义和军阀的运动”[⑨]，指出了中国革命在现阶段是民主主义性质的革命。

注释：
⑥人民出版社编辑部：《张太雷文集》，77 页，北京，人民出版社，1981。

注释：
⑦人民出版社编辑部：《张太雷文集》，73 页，北京，人民出版社，1981。

注释：
⑧人民出版社编辑部：《张太雷文集》，79 页，北京，人民出版社，1981。

注释：
⑨人民出版社编辑部：《张太雷文集》，52 页，北京，人民出版社，1981。

无产阶级领导权问题，是革命的根本问题。坚持领导权革命就胜利，放弃领导权革命就会失败。张太雷认为，1919 年五四运动中工人阶级登上政治舞台，1923 年“二七” 罢工运动中工人阶级最先表示其领导地位，在五卅运动中则完全确立其领导地位。张太雷指出，中国工人阶级被五四运动唤醒以后,便接连发生了一系列的罢工斗争,如 1922 年的香港海员大罢工、上海浦东纱厂大罢工、唐山煤矿与洋灰工人大罢工、京汉铁路工人的大罢工，不但使在中国的外国资本家直接发生恐慌，并且使外国帝国主义在中国的政治与经济势力发生动摇。同时，这些罢工也一改过去“人民完全屈服于军阀淫威之下而不敢与军阀争斗”的状况，间接、直接地与军阀斗争，“更有各地及各铁路工会之发展成为反抗军阀统治之潜势力。工人运动因此成为当时动摇军阀统治之唯一势力”。“殖民地上的工人运动天然是一个反帝国主义的运动。是工人阶级国民革命中的一个有组织的势力；他是殖民地的封建制度坟墓上生长出来的一株新树。中国工人阶级非特危害及帝国主义并危害及其工具军阀。”因此，张太雷指出：“二七运动最先表示中国民族运动中无产阶级的领导地位。”⑩在二七运动中“可看出工人阶级的牺牲精神。工人都有至死不屈的精神。自二七运动以来工人阶级此种牺牲精神特别地表现，辛亥以前智识阶级的牺牲精神已遗传于中国工人阶级了，这是因为工人阶级已担负了中国国民革命的主要责任之故”⑪。而无产阶级在中国国民革命中领导地位的完全确定则是五卅运动⑫。

注释：
⑩人民出版社编辑部：《张太雷文集》，96页，北京，人民出版社，1981。

注释：
⑪人民出版社编辑部：《张太雷文集》，96页，北京，人民出版社，1981。

注释：
⑫人民出版社编辑部：《张太雷文集》，155页，北京，人民出版社，1981。

在中国革命中，怎样认识和对待民族资产阶级，是一个复杂和重要的问题。在中国共产党领导中国革命的历史上，什么时候对资产阶级的认识和政策正确了，革命就前进，就发展；什么时候对资产阶级的认识和政策错误了，革命就要受挫折。张太雷一贯坚持和本国的资产阶级民主派结成联盟并保持中共独立性这一马列主义原则。自中国共产党建立到国民革命时期，他始终坚持这一原则，而且身体力行，勇于实践。1921年6月，张太雷在《致共产国际第三次代表大会的书面报告》中就提出了“民族资产阶级”这个概念，并把中国的民族资产阶级与外国的资产阶级区别开来，指出“在中国根本没有欧洲词义中的那种主导国家经济的民族资本”，这一思想如今已成为人们的常识，而在当时却是对中国国情认识上的一个飞跃。在《报告》中张太雷还提出了与以国民党为代表的民族资产阶级结成联盟的思想。这一思想在他起草的《关于殖民地问题致共产国际三大的提纲（草案）》中表现得尤为突出。在《提纲》中他深刻指出：“对于民族国民运动来说，在其开始阶段，在同帝国主义的斗争中依靠‘民族统一战线’的力量，在策略和战略上都是有利的。”⑬同时，他还对民族资产阶级进行了深刻的分析，并提出了革命者的斗争任务。他指出：“资产阶级在所谓‘民族统一战线’的形式下参加这场斗争，可能只是暂时性的。”年轻民族资产阶级“总是既‘害怕’布尔什维主义革命及其‘极端性’，又‘害怕’更强有力的帝国主义资本的压迫和竞争”。⑭因此，他提出既与资产阶级结成“暂时性”的联盟，又要在民族革命的进程中与民族资产阶级争夺领导权的思想。1921年8月，张太雷回国后担任了共产国际驻中国代表马林的助手和翻译。马林赴华的重要使命就是促成国共统一战线的建立。年底，张太雷受党的委托，

注释：
⑬姚维斗：《张太雷文集（续）》，33页，南京，江苏人民出版社，1992。

注释：
⑭姚维斗：《张太雷文集（续）》，32页，南京，江苏人民出版社，1992。

陪同马林去南方会见孙中山，经过商谈使孙中山同意要有一个能联合各阶层尤其是联合工农群众的党；要有一个革命武装核心——军官学校。通过这次会谈，孙中山对苏联和中国共产党有了进一步了解。1922 年中共中央发表了对于时局的主张，具体说明了建立联合战线的办法，在肯定国民党的同时，也指出了它的错误。1922 年 8 月，党召开了西湖会议，决定在孙中山改组国民党的条件下，共产党员以个人名义加入国民党，实行“党内合作”。9 月 1 至 3 日，张太雷陪同马林、陈独秀等人会见孙中山，说明中国共产党的主张。9 月 4 日，孙中山约集在上海的国民党人士 53 人座谈讨论改组国民党问题，张太雷和马林、陈独秀等都应邀参加了会议。在此期间，张太雷和李大钊、陈独秀、蔡和森一起由孙中山主盟第一批以个人名义加入国民党，成为中共最早加入国民党的党员。此后，他经常奔走于上海、广州之间，致力于国共合作的工作。张太雷配合党的主张在《向导》上发表《羞见国民的国民党》一文，文章指出了国民党脱离民众的错误，促进了国民党的改组。1923 年 6 月，中国共产党在广州召开三大，正式确定了建立以国共合作为基础的统一战线的方针。张太雷参加了决议的起草和大会的组织工作。在大会上，他批评张国焘的错误主张，支持李大钊的正确意见，对大会的成功起了重要的作用。在孙中山联俄、联共思想的指导下，1923 年 8 月，中国派出由国共两党成员组成的“孙逸仙博士代表团”赴苏考察军事、政治和党务。张太雷是代表团成员之一。在苏联考察期间，他曾到东方大学向中共旅莫斯科支部传达中共三大精神，强调共产党员加入国民党的必要性。此次考察，对推动国共合作起了重要作用。1924 年 1 月，国民党第一次全国代表大会在广州召开，国共合作统一战线正式建立。

张太雷

统一战线建立后，张太雷在报刊上发表了大量的文章，他一方面唤起民众进行反帝反封建的斗争，一方面针对国民党右派篡夺统一战线的领导权的阴谋活动，和国民党新老右派进行了坚决的斗争。1924 年国民党老右派谢持、邹鲁等以中央监委名义向国民党中央执行委员会和孙中山提出“弹劾共产党书”，实际上是反对国共合作，反对共产党。虽然他们没有得逞，却助长了右派的气焰。9 月，张太雷发表文章指出他们的背景是受了帝国主义的暗示。他说：“自从国民党改组以来，反对帝国主义的空气在中国日甚一日，外国帝国主义闻之不寒而栗。于是在报上大骂为过激派的主张。帝国主义的报纸所以如此责备凡反对帝国主义的都是过激派，就是要恐吓这班本来胆小而革命性软弱的先生们，和鼓吹他们的政府来干涉中国。这次国民党右派的反对共产党，可以说完全是受了这个暗示。”[15]国民党老右派的反共活动被挫败之后，加快了革命的步伐。张大雷当时公务繁忙，他担任鲍罗廷的助手和翻译，还担任中共广东区委常委兼宣传部部长。但他在繁忙的工作中时刻警惕着“同盟者”的背叛。1926 年 3 月 20 日，蒋介石

注释：

⑮人民出版社编辑部：《张太雷文集》，73 页，北京，人民出版社，1981。

中山舰

制造了中山舰事件，5月15日，蒋介石操纵国民党二届二中全会，通过《整理党务决议案》，排挤共产党员，张太雷针锋相对，大声疾呼一切革命分子起来防止反动派的阴谋活动，努力争取掌握国民革命的领导权。

农民问题是中国革命的另一基本问题。张太雷认为，中国革命的领导力量是工人阶级，而主力军是农民。1926年5月26日，张太雷为纪念五卅运动一周年所撰写的一篇文章中明确指出："农民所受的痛苦与压迫，使他们有彻底的革命性，能为工人阶级的永久同盟。只有大数量的农民参加，才能使国民革命运动成为一伟大的势力以抵抗强有力的敌人。"1926年8月，他在《廖仲恺——国民党的左派模范》一文中强调："中国国民革命要成功一定是一个农民革命，认识了这个，左派才有正确的基础，左派才能有正确的策略，国民革命才能上正轨。"⑯张太雷主张发动农民参加革命，最主要的要把他们组织起来，武装起来，不但在口头上，而且要有决心去实行。他针对国民党对农民问题只作了一些决议并不真正实行的情况，指出"决议虽好，实行更要紧"⑰。

注释：
⑯人民出版社编辑部：《张太雷文集》，213页，北京，人民出版社，1981。

注释：
⑰人民出版社编辑部：《张太雷文集》，259页，北京，人民出版社，1981。

1927年4月，张太雷在党的五大上当选为中央委员，随后在五届一中全会上当选为中央政治局候补委员，并调任中共湖北省委书记。在这关键时刻，鉴于蒋介石已经叛变革命，汪精卫即将公开叛变革命，陈独秀继续妥协退让的形势，张太雷一面大声疾呼："敌人向我们的进攻，我们是不怕的，我们最怕的是：我们把应对着敌人的枪口来对着我们自己的基本势力示威。这是目前敌人压迫我们的时候最值得我们考虑的一件事。"一面批驳有人关于革命危机是由于农民运动"过火"的谬论，说："除非我们改变不革命，不然我们一定要帮助农民来铲除此种封建势力。所以继续进行打倒劣绅土豪的运动，是必需的。""我们不能单单注意到几个土豪劣绅被农民枪杀的事实，而痛骂农民该杀，我们更应打听一打听农民被屠杀之事实，全省农民被反革命所屠杀者总有数千，这总不能说他们是该杀的罢！所以在此种乡村反革命势力进攻中政府应派军队剿匪并帮助农民武装起来自卫。"⑱"中国国民革命是一个农民革命（土地革命）；中国国民革命一定要铲除了帝国主义，军阀，及一切反革命的基础——农民所受的残酷的剥削，方能真正成功。"⑲要想发动全国绝大多数的农民起来参加斗争，就必须解决他们最关心的问题——土地问题。张太雷的思想与斯大林1926年11月对中国革命的意见是一致的。斯大林指出，在国民党人中间，甚至在中国共产党人中间，有些人认为不能在农村掀起革命，他们害怕把农民卷入革命以后会破坏反帝国主义的统一战线，这是极端荒谬的，把中国的农民卷入革命愈迅速，愈彻底，中国反帝国主义的战线就愈有力，愈强大。

注释：
⑱人民出版社编辑部：《张太雷文集》，319页，北京，人民出版社，1981。

注释：
⑲姚维斗：《张太雷文集（续）》，81页，南京，江苏人民出版社，1992。

此外，由于张太雷长期从事青年运动，他对青年学生等小资产阶级知识分子在中国革命中的作用和地位以及如何引导他们参加革命有比别人更多的论述和正确认识。

从以上分析可以看出，张太雷关于中国革命的基本思想是：无产阶级领导农民和其他小资产阶级，争取民族资产阶级，进行反对帝国主义、反对封建主义的民主革命斗争，推翻军阀政权，建立各革命阶级的联合统治；在中国革命所处国际国内的历史条件下，民族资产阶级企图领导这个革命达到胜利，建立资产阶级专政，是行不通的；中国革命是世界无产阶级革命的一部分，必将走向光明的前途。这与四大前后毛泽东、李大钊、邓中夏、瞿秋白、蔡和森等的探索一样，对于后来新民主主义革命理论的形成具有重大的意义。

原载《醒世惊雷》，中央文献出版社 1998 年 12 月版

中共“五大”上，张太雷当选中央委员和政治局候补委员，并任湖北省委书记

## “张太雷精神”研究

### 一代青年的楷模
### ——纪念张太雷同志诞辰100周年

刘玉珊　王贵书　杨风和

在天津大学校园的北洋广场上，矗立着张太雷的半身铜像。这位中国共产党的早期领导人、中国社会主义青年团的主要创建者、中国青年运动的著名领袖就毕业于这所大学的前身北洋大学。斗转星移，时代变迁，然而张太雷的精神却在一代又一代青年学子身上发扬光大。

今年6月17日是张太雷诞辰100周年纪念日。深刻缅怀张太雷光辉而伟大的一生以及他为中国革命所做出的不朽贡献，对于激励广大青年高举邓小平理论伟大旗帜，更加紧密地团结在以江泽民为核心的党中央周围，沿着建设有中国特色的社会主义道路奋勇前进，具有重要的现实意义。

张太雷1915年考入北洋大学法科预备班。大学期间，他积极参加五四运动，主动接受和传播马克思主义，坚持走知识分子与工农相结合的道路。1920年6月，他从北洋大学毕业后，就义无反顾地投身于无产阶级的革命事业。张太雷长期在共产国际和青年共产国际担任联络和领导工作，是活跃在国际政治舞台上的第一位中国共产主义者。他积极推进第一次国共合作的建立和发展，参与领导了轰轰烈烈的大革命和大革命失败后党为挽救革命而进行的一系列斗争。他是第四届中央候补委员，第五届中央政治局候补委员，是大革命失败后中央临时政治局五常委之一，八七会议上他再次当选为中央临时局候补委员。他历任团中央书记、中共广东区委常委兼宣传部部长、中共湖北省委书记、中共广东省委书记和南方局书记。1927年，他任广州起义总指挥，在指挥起义的战斗中壮烈牺牲，年仅29岁。

张太雷短暂而伟大的一生，为青年一代树立了光辉的榜样，成为一代青年学习的楷模。

#### 爱国——伟大人生的基石

列宁曾经指出，爱国主义是“千百年来巩固起来的对自己的祖国的一种深厚的感情。”张太雷之所以成为一名伟大的马克思主义者和无产阶级革命家，是因为他在青少年时期就打下了爱国主义的思想根基，培养并树立了高尚的爱国情操。

张太雷出生在江苏常州一个贫穷困苦的小职员家庭。3岁时，随父亲背井离乡到江西安源煤矿谋生。8岁时，父亲患病去世，母亲带着他和姐姐又回到常州靠为人帮佣度日。安源煤矿工人的悲惨生活以及上小学时经常见到的运河两岸衣衫褴褛的农民的痛苦遭遇，在张太雷幼小的心灵里埋下了爱国爱民的种子。他痛恨黑暗的旧社会，同情受苦受难的劳动人民。在

劳苦大众的痛苦遭遇，在张太雷幼小的心灵里埋下了爱国爱民的种子

中学时，张太雷与好友瞿秋白经常利用假日一起切磋学问，议论国事，阅读描写英雄人物的历史读物。

1911 年辛亥革命爆发时，张太雷正在常州中学读书，他对孙中山宣传的“三民主义”和“天下为公”的思想极为赞同。1915 年，袁世凯与日本帝国主义签订旨在灭亡中国的“二十一条”不平等条约，激起了全国人民的无比愤慨。张太雷积极参加了声讨袁世凯卖国罪行的斗争和抵制日货的爱国运动。

强烈的爱国主义思想激励着张太雷对科学知识的追求。在中学时，他考试成绩总是名列前茅，为同学所仰慕。考入北洋大学后，他深知业精于勤，如饥似渴地学习当时最先进的科学知识。同时，他还酷爱体育运动，是一位身体强壮、精力旺盛、充满着青春活力的全面发展的大学生。

本来，张太雷的家人和亲友一心盼望他升官发财，显亲扬名。这也是那个时代许多读书人的选择。进入大学以后，张太雷曾一度想毕业后通过文官考试到上海当律师，然而，强烈的爱国热情却使他走上了另外一条人生道路。在北洋大学上学期间，京、津地区广大青年学生如火如荼的反帝爱国运动给年轻的张太雷注入了一种新的活力，也为他提供了投身反帝爱国运动的政治舞台。1918 年 5 月，中国留日学生为反对段祺瑞政府与日本秘密签订陆军和海军的所谓《共同防敌军事协定》而遭到日本政府镇压。京、津学生发起示威请愿运动，并成立了“学生救国会”。张太雷作为天津学生代表之一，与北京“学生救国会”代表许德珩等加强联系，积极配合，开展斗争。1919 年年 2 月，张太雷不顾反动当局的严密控制，在北洋大学成立了中国大学生最早的革命团体之一——“社会改造社”，其宗旨是变革黑暗的旧中国，建设一个民主自由的、有科学文化的新中国。1919 年，五四运动首先在北京爆发，天津学生闻风而动。在五四运动中，张太雷多次作为天津学生代表参加京、津地区的示威、讲演、请愿谈判和营救被捕同学等活动，英勇地站在斗争第一线，和周恩来、于方舟等一起成为天津学生爱国运动的骨干。

爱国主义始终是动员和鼓舞人民团结奋斗的旗帜，是推动社会历史前进的巨大动力，也是张太雷在十月革命后成为伟大共产主义者的起点。

**走历史必由之路**

1917 年，俄国爆发了伟大的十月社会主义革命，世界从此进入了一个新时代。当时正在北洋大学读书的张太雷，充分利用北洋大学图书馆所订的 100 多种中西报刊，如饥似渴地搜寻、了解中国和世界的各种新思潮。他曾认真研读过李大钊发表在《新青年》上的《庶民的胜利》《布尔什维主义的胜利》等文章。他精读过列宁的《国家与革命》，并初步了解了俄国革命的真谛。在十月革命和李大钊的影响下，张太雷的思想开始转向马克思主义。他坚定地表示："做人要整个儿改，我以后不到上海当律师了。国家兴亡，匹夫有责。只有走十月革命的道路，才能救中国。"从思想上倾向马克思主义和社会主义，到成为一名马克思主义者，需要确立无产阶级的科学世界观，对于知识分子来说，第一必须自觉清除自己头脑中的旧思想、旧观念和非马克思主义的意识；第二必须走与工农相结合的道路，把立场移到工农大众方面来。这是青年知识分子成为共产主义者的历史必由之路。张太雷早期曾信过耶稣，也曾接受过西方传教士灌输的经院哲学。当他接受马克思主义以后，便发觉自己原来接受的那些东西的欺骗性，毅然抛弃。

在接受了马克思主义之后，特别是五四运动以后，张太雷认识到了工人阶级的伟大力量，认识到了工农大众是中国革命的力量源泉。他自觉地深入工农，走与工农相结合的道路。1920 年 6 月，张太雷从北洋大学毕业后，便走上了职业革命家的道路。在李大钊领导下，他积极从事建党建团工作，努力把马克思主义与中国工人运动相结合，自觉走知识分子与工农结合之路。他往返于京、津、唐之间，调查工人状况，启发工人觉悟，创建党团组织。他创建了天津社会主义青年团并担任书记，在他起草的团章中特别强调团的基本任务是将马克思主义与工人运动结合，因此被当时共产国际远东书记处负责人称赞为"比较彻底的中国青年组织的楷模"。他专门创办了面向工人的报纸《来报》(《来报》即英文"劳动"的谐音)。通过这张报纸，向工农宣传十月革命，宣传马克

张太雷为各类培训班授课，为党培养青年干部

思主义，并刊登反映长辛店、南口、唐山等地工人生活状况的文章，深受工农欢迎。1920 年 12 月，张太雷、邓中夏等人受李大钊委派，创办长辛店劳动补习学校，他脱下学生装，穿上粗布衣，到工厂劳动，与工人交朋友，在斗争中与工农站一起。他曾参与领导了 1924 年 7 月的广州沙面大罢工、1925 年 6 月的省港大罢工和 1927 年 12 月伟大的广州工人起义。

张太雷在马克思主义的学习、宣传过程中，在与旧思想、旧观念、非马克思主义思潮的斗争中，在与工农相结合以及在参加和领导中国革命斗争的实践中，确立了科学的无产阶级世界观，成为中国早期的著名无产阶级革命家。1924 年 7 月他发表了著名论文《中国社会主义青年团和中国的学生》，揭示了中国青年走上革命道路的正确途径，其要点是：

第一，要扫除学生的旧观念。“凡成为一个革命党，必是能脱离一切旧的因袭的旧社会观念”。要在清除旧思想的前提下，“给青年学生一种世界的科学的人生观，使他们知道世界是整个的进步的”。

第二，要扫除学生的个人主义思想。一些青年虽然能脱离旧观念，“但是因为他们没有能扫除他们固有的个人主义的劣根性，仍旧不能走到革命的一方面来，虽然他们有革命的热忱，然事与愿违。应当让青年学生懂得，社会改革和人类的进步，光靠个人是不行的，需要依靠集体力量”。

第三，要给青年学生灌输社会主义思想。在帮助青年扫除旧观念和个人主义以后，就要逐步给他们灌输社会主义思想，使他们知道什么是社会主义。张太雷还特别强调，要“以各种他们能见得到的事实，来证明我们的主义，才能使他们明白我们的主义”。

第四，要引导青年学生走与工农结合的道路。“我们领导他们做国民运动，要使他们知道，没有农民工人的参加，国民运动是没有希望的。因此我们有指给他们怎样到农民和工人中间去宣传和组织的责任”。

上述四条途径，是张太雷和当时的一代中国青年所走过的历史必由之路。同时也将给予今天跨世纪的一代大学生以深刻启迪。

### 为革命而英勇献身

在张太雷的革命生涯中，处处闪烁出他为中华民族和中国人民的解放，为全世界无产阶级和被压迫人民的解放而献身的伟大精神。在他短暂的一生中，曾从事过建党建团、国际活动、青年运动、统一战线、党的宣传以及军事等方方面面的工作。无论党需要他从事哪项工作，他都坚决服从，全身心地投入，表现出极大的革命热情和奋不顾身的奉献精神。1921 年初，正当他为建立中国共产党而积极奔忙的时候，李大钊派他前往伊尔库茨克任共产国际远东局中国科书记。临行前他致函妻子陆静华说：“我先前本也有做官发财的心念，所以我想等明年去考高等文官考试，但是我现在觉悟，富贵是一种害人的东西,做了官,发了财,难保我的道德不坏……。”他回国后,根据党的指示,不管是从事青年团的整顿工作还是促进第一次国共合作以及其他方面的工作,他都坚决服从并出色完成。

张太雷不但立志于中华民族的解放,而且以解放全人类为己任,为世界被压迫民族和人民贡献自己的聪明才智。他在共产国际工作期间,参加了共产国三大并发表了热情洋溢的演说,宣传中国共产党和中国革命,争取世界各国对中国革命的支持。他还用较多的精力从事远东被压迫民族和人民的解放运动。他参与筹备了朝鲜共产党的成立大会,被选进了大会主席团并在大会上致祝词。为与美、日帝国主义操纵的“华盛顿会议”相抗衡,他参与筹备了远东各国共产党和民族革命团体代表大会,亲自为大会起草了宣言。

张太雷具有高度的事业心和责任感,工作起来有一种革命加拼命的精神。1925 年春,张太雷到了当时的革命中心广州,担任广东国民政府高级顾问鲍罗廷的助手和翻译,兼任中共广东区委常委和宣传部部长。他的工作经常通宵达旦,废寝忘食。他和鲍罗廷每天既要和国民党军政首脑进行会谈,又要经常外出讲演,是大家公认的“不知疲倦的宣传鼓动家”。他和广东区委书记陈延年,农讲所的毛泽东、黄埔军校的周恩来被广州的同志们誉为“四个特别忙的人”。

在革命的危急关头,张太雷总是置个人的安危于不顾,多次受命于危难之中,为挽救中国革命而英勇斗争。1927 年 4 月 12 日,蒋介石在上海发动了反革命政变,大肆屠杀共产党人,武汉地区的局势也十分危急,在这种情况下,张太雷临危受命,调任中共湖北省委书记。局势越紧张,他的态度越镇静。他在武昌胭脂山啸楼巷 2 号省委所在地从容不迫地处理着各项工作,同时严厉批评所谓“工农运动过火”等各种错误观点,主张组织起来反抗反革命的进攻。大革命失败以后,党中央领导机关进行了改组,成立了五人临时中央政治局。张太雷再次临危受命,担任了临时中央政治局常委。面对大革命失败后严重的白色恐怖,张太雷没有惊慌失措,也没有丧失丝毫的锐气,他对叛徒切齿痛恨,对革命仍是满怀信心。在八七会议上,张太雷被选为中央临时政治局候补委员,并担任了党的南方局书记和广东省委书记。1927 年 11 月 9 日,中共中央临时政治局在上海召开扩大会议,当决定张太雷赴广州领导武装起义后,他立即告别妻子和刚刚出生的儿子,离开上海前往广州,领导了广州起义,成立了广州苏维埃政府,后在战斗中遭敌人伏击,壮烈牺牲。张太雷同志为中华民族和中国人民的解放事业献出了宝贵的青春年华,为我们树立了永远学习的光辉榜样。

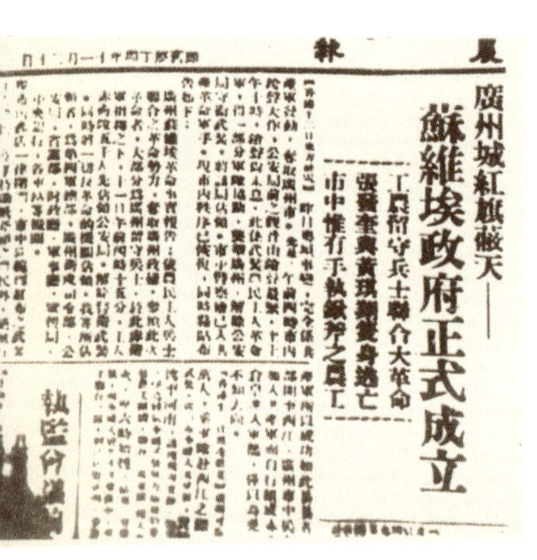

廣州城紅旗蔽天

蘇維埃政府正式成立

市中惟有手執鎌斧之農工

媒体报道广州起义

原载《中国高等教育》1998 年第 6 期

另载《醒世惊雷》中央文献出版社 1998 年 12 月版

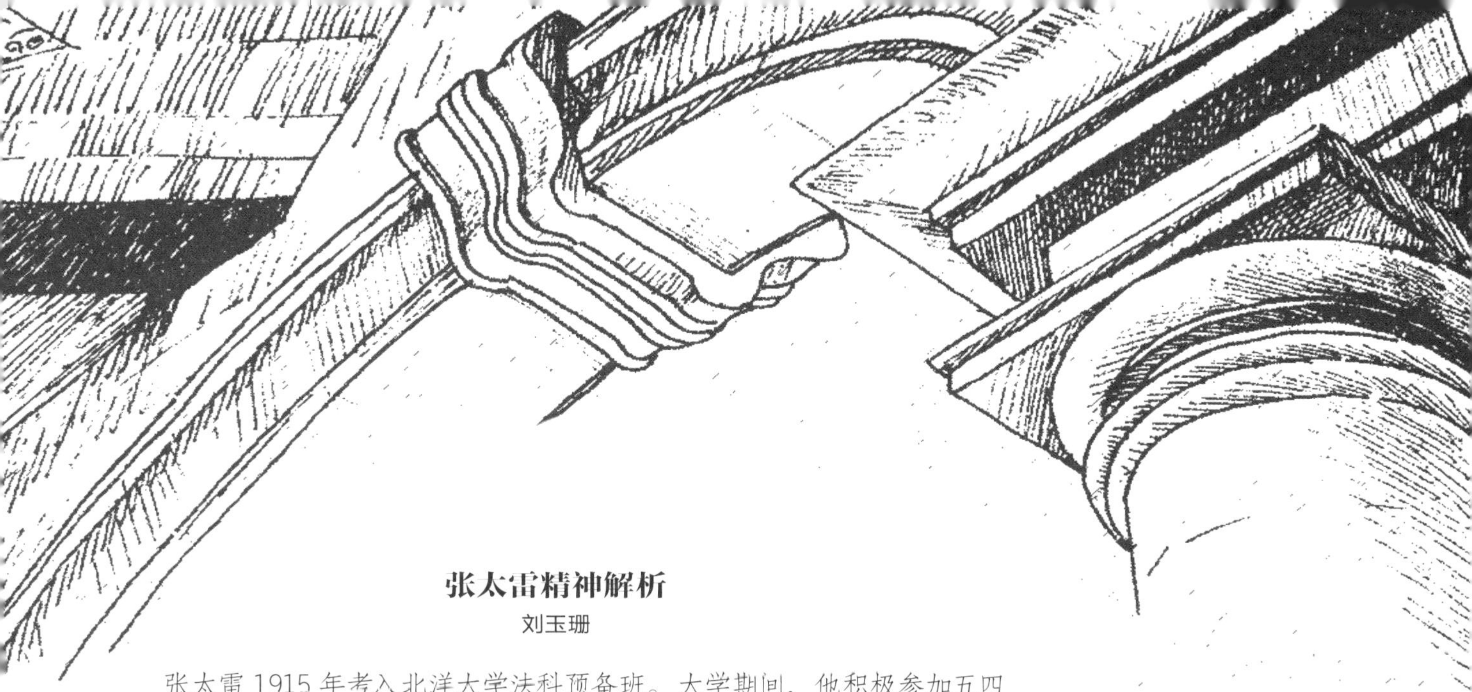

# 张太雷精神解析

刘玉珊

张太雷1915年考入北洋大学法科预备班。大学期间，他积极参加五四运动，主动接受和传播马克思主义，坚持走知识分子与工农相结合的道路。1920年6月，张太雷从北洋大学毕业后，就义无反顾地投身于无产阶级革命事业。1927年，他任广州起义总指挥，在指挥起义的战斗中壮烈牺牲。

张太雷是中国共产党的早期领导人、中国社会主义青年团的主要创建者、中国青年运动的著名领袖。缅怀张太雷的光辉业绩，探索他身上所代表的北洋精神对于培养新时期的一代新人具有重要的现实意义。

学太雷精神，育时代新人，是全社会义不容辞的责任，他的精神主要体现在以下几个方面。

## （一）爱国主义精神

张太雷出生于江苏省常州市一个贫穷困苦的小职员家庭。工人的悲惨生活以及农民的痛苦遭遇，在张太雷幼小的心灵里埋下了爱国爱民的种子。他痛恨黑暗的旧社会，同情受苦受难的劳动人民。他对孙中山宣传的“三民主义”和“天下为公”的思想极为赞同。1915年，张太雷积极参加了声讨袁世凯卖国罪行的斗争和抵制日货的爱国运动。强烈的爱国主义思想激励着张太雷对科学知识的追求。在中学时，他学习成绩总是名列前茅。考入北洋大学法科后，他深知业精于勤，如饥似渴地学习当时最先进的科学知识。

张太雷曾一度有毕业后到上海当律师的打算，但强烈的爱国热情却使他走上了另外一条人生道路。在北洋大学读书期间，京、津地区广大青年学生如火如荼的反帝爱国运动给年轻的张太雷注入了一种新的活力，也为他提供了投身反帝爱国运动的政治舞台。1918年5月，张太雷作为天津学生代表之一，与北京“学生救国会”代表许德珩等加强联系，积极配合，开展斗争。1919年2月，张太雷在北洋大学成立了中国学生最早的革命团体之一——“社会改造社”。其宗旨是变革黑暗的旧中国，建设一个民主自由的、有科学文化的新中国。1919年五四运动中，张太雷多次作为天津学生代表参加各项活动成为天津学生爱国运动的骨干。

### （二）善于探索的精神

1917年，俄国的十月社会主义革命后，张太雷进行了艰难的探索。他充分利用北洋大学图书馆所订的100多种中西报刊，如饥似渴地搜寻、了解中国和世界，在李大钊的影响下，张太雷的思想开始转向马克思主义。他坚定地表示，国家兴亡，匹夫有责；只有走十月革命的道路，才能救中国。

五四运动以后，张太雷认识到了工农大众是中国革命的力量源泉。1920年6月，张太雷从北洋大学毕业后，便走上了职业革命家的道路。他创建了天津社会主义青年团并担任书记。他还专门创办了面向工人的报纸《来报》，这张报纸向工农宣传十月革命，宣传马克思主义，他曾参与领导了1924年7月的广州沙面大罢工、1925年6月的省港大罢工和1927年12月伟大的广州起义。

张太雷在马克思主义的学习、宣传过程中，在与旧思想、旧观念、非马克思主义思潮的斗争中，在与工农相结合以及在参加和领导中国革命斗争的实践与探索中，确立了科学的无产阶级世界观，成为中国早期的著名无产阶级革命家。

1924年7月，张太雷发表了著名的《中国社会主义青年团和中国学生》一文，反映了他积极探索革命道路的成果，揭示了中国青年走上革命道路的正确途径。他指出，其一，要扫除学生的旧观念；其二，要扫除学生的个人主义思想；其三，要给青年学生灌输社会主义思想；其四，要引导青年学生走与工农结合的道路。充分体现了张太雷善于探索的精神。

### （三）勇于献身的精神

在张太雷的革命生涯中，处处闪烁出他为中华民族和中国人民的解放、为全世界无产阶级和被压迫人民的解放而献身的伟大精神。无论党需要他从事哪项工作，他都坚决服从，全身心地投入，表现出极大的革命热情和奋不顾身的奉献精神。

张太雷具有高度的事业心和责任感。他的工作经常通宵达旦，废寝忘食。

在革命的危机关头，张太雷总是置个人安危于不顾，多次受命于危难之中。在党的八七会议上，张太雷被选为中央临时政治局候补委员，并担任了党的南方局书记和广东省委书记。1927年11月9日，张太雷担任广州起义总指挥，12月12日，张太雷发表演说，宣布广州苏维埃政府成立。但就在会后返回总指挥部的路上，张太雷遭敌伏击，壮烈牺牲。

张太雷同志为中华民族和中国人民的解放事业献出了宝贵的青春年华，他是北洋大学爱国学生的代表和楷模。他的精神在人民心中树立了永远的丰碑，也为新时代大学生树立了光辉的榜样。

国际政治舞台上的张太雷

原载《城市快报》“天津大学（北洋大学）110周年纪念特刊”2005年10月2日

# 母校的骄傲

刘玉珊

在天津大学校园的北洋广场上，矗立着张太雷的半身铜像。在他的左右两边分别是天津大学的“敬业道”和“北洋道”，而他面对的前方正是天津大学为纪念这位著名校友特意命名的“太雷路”。斗转星移，时代变迁。今天距离张太雷在天津大学的前身北洋大学读书的年代已经过去了将近一个世纪，他虽然远离我们而去了，但他的精神却在一代又一代的母校师生中发扬光大。他留给我们的是宝贵的精神财富和不尽的思念。

## （一）考入北洋大学

天津大学的前身是北洋大学。这所大学以其淳朴无华、实事求是的校风，严谨治学、严格要求的教风，勤奋刻苦的学风享誉海内外。这片沃土为中华民族培养了大批品学兼优的有用之才。张太雷是其中的优秀代表。

在我党早期领导人中，张太雷在领导才能和学识水平方面都是佼佼者。如果说在他们中曾就读于国内外名牌大学的人屈指可数的话，那么像张太雷这样能完成学业坚持到毕业的更是极为少见。张太雷家境贫寒，他所以能坚持到大学毕业，有家庭和个人努力的因素，也与北洋大学淳朴校风关系极大。

张太雷 1898 年 6 月 17 日出生于江苏省常州市一个贫穷困苦的家庭。1915 年夏，张太雷参加北京大学预科的招生考试，被录取。但他考虑到北京大学的学制较长，估计自己的经济条件难以支持，因而又于同年年底报考了北洋大学临时预备班。

母校学子向张太雷塑像敬献花篮

北洋大学创办于1895年10月2日，是中国近代史上第一所新式的国立大学，驰名中外。随着声誉日高，报考者增多，但北洋大学一如既往，对所招学生始终重质不重量。例如，有一年招考本科学生时，在天津、上海、广州等地报纸上刊登广告，花掉一大笔广告费，结果各科考生中仅有一名（法科）被认为合格，这一年除预科生转本科生外，在社会上就只录取了一名新生。鉴于报考的学生多数落榜，学生来源主要靠预科的情况，以及考虑当时北洋大学的预科学制也较长（开始四年，后来三年），一些家境贫寒而成绩优秀的学生一般不敢报考的实际情况，因此学校采取变通办法，决定从1916年1月起设立临时预备班，为期半年，补习报考本科的各种科目。期满经考试合格者升入本科，不合格者即遭淘汰。1915年12月27日，张太雷在上海青年会报名后，按照学校招生简章的要求考国文、英语、外国历史、地理等课程，考试成绩合格被正式录取①。

注释：
①《北洋大学校招生》，载北洋大学校季刊社，《北洋大学校季刊》，1915（1），4。

1916年1月，张太雷由常州来到天津，进入北洋大学法科预备班学习。在校用名张曾让。张太雷进校时，北洋大学建校已有20年历史，培养学生的各项制度日臻完善。该班共录取26名新生，半年后淘汰了10名。张太雷虽然中学没有毕业，但他深知业精于勤，经半年刻苦攻读，终于在1916年9月升入北洋大学法科法律学门己班。

北洋大学招收的学生集中在江浙、两广、河北及天津等地，多数学生家境并不富裕。北洋大学因为是国立大学，初创时，因为生源较少，为了吸引学生报考，学生的待遇优于同类学校。学生一切学习费用、食宿均由学校供给，每月还要发些零用钱。张太雷在北洋大学学习期间，正值北洋军阀统治时期，学校虽然已经取消官费，但学生所交费用仍比其他同类学校低廉。学生每年只交学费15元，书费免交，但系借用，毕业时还回学校，下届再用。北洋大学当时学生食宿也很有特色。宿舍既简朴又实用。别的学校一般是几个人住一间房，北洋大学的学生宿舍是由武库的军械库改建而成，所以是几十个人共一大间又是一人住一小间。在大间房内用木板隔成六、七平米的一间间小屋，中间挂一蓝布帘，每人一间，一床一桌。拉上布帘可以自修、睡觉，拉开布帘又可谈天或娱乐。学生膳食由学生自办，组成几个膳团，伙食费一般每人每月2–6元，可满足

不同经济条件的学生需要[②]。

北洋大学素以朴实无华、刻苦节约著称。学生一般衣着朴素，蓝布长衫为多数学生常服。因之北洋大学学生有“蓝衫队”之称。学生生活简朴，但学业勤奋。因课程紧，作业多，星期日多半还要读书，很少进市游逛。这样一种学习环境和校风对张太雷产生了多方面的影响。其一，学校费用较少，才使他能坚持读到毕业，而未因家庭经济困难而中途辍学，使他成为我党早期为数不多的受过正规高等教育的领导人之一。其二，这样的校风使张太雷保持了劳动人民的本色。据他女儿张西蕾回忆说，张太雷假期从天津回家，没有一点大学生的架子，穿着短衣短裤，光着脚，参加各种笨重劳动[③]。其三，进一步培养了他朴实无华的思想作风和工作作风。在这种校风影响下，北洋大学的工科毕业生一般在事业上颇有建树，与反动统治同流合污者甚少。因张太雷学的是法律，研究的是社会科学，这个专业当时的出路不是当律师、法官，就是转到外交界。张太雷开始是因为“怕道德变坏”而摒弃这一道路的，当他接受了马克思主义以后，就更加坚定了自己的革命立场和政治方向，加上他在北洋大学培养的朴素的工作作风，更加坚定了他为改造社会，为工人阶级和劳苦大众谋求解放的革命立场和政治方向。

张太雷从 1916 年 1 月至 1920 年 6 月就读于北洋大学。在近 5 年中，他系统学习了当时最先进的科学文化知识；深刻了解了中国乃至世界各国的社会状况、政治制度及其发展趋势；精通了外语；积极参加了反对北洋军阀反动统治的政治斗争，经历了五四运动的战斗洗礼；开始接触并接受马克思主义，协助李大钊进行了大量的建党活动。所有这一切为他后来成为一名杰出的共产主义者和伟大的无产阶级革命家奠定了政治、思想、理论和科学文化方面的基础。他在北洋大学学习期间就摒弃了做官发财的思想，决心投身革命事业。北洋大学是张太雷革命生涯的摇篮，也是他革命征程的起点。

当然，北洋大学的创办者和主持者的目的和愿望并不是要培养张太雷这样的无产阶级革命家，而是为了兴学救国，培养通晓西语、懂得科学技术的新式人才。然而，旧教育制度培养出来的这些掌握丰富科学文化知识的知识分子一旦接受了马克思主义，把科学文化知识与马克思主义结合起来，他们就会走向统治者愿望的反面，成为无产阶级的先进分子，有的还会成为伟大的无产阶级革命家，张太雷便是其中的典型代表。他的思想发展、成长道路固然与当时中国所处时代密切相关，但不可忽视他所就读的北洋大学对他的人生道路的影响。

### （二）五四运动的重要骨干

在张太雷报考北洋大学的前一年，即 1914 年，校长赵天麟总结了北洋大学过去的治学传统，提出以“实事求是”训导学生，遂成为校训。它

注释：
②校史编辑室：《天津大学—北洋大学校史：卷一》，57-58 页，天津，天津大学出版社。1990。

注释：
③人民出版社编辑部：《回忆张太雷》，92 页，北京，人民出版社，1984。

的基本思想是办事求学必须根据实证，求索真相，踏踏实实，知之为知之，不知为不知。毛泽东1941年赋予了这四个字新的马克思主义的科学含义："实事"是指客观存在的一切事物，"是"是指客观事物的内部联系，即规律性，"求"就是我们去研究。其中心思想是一切从实际出发，理论联系实际。北洋大学的校训虽然没有达到这个高度，但在注重实际，培养学生实际能力等方面却是积极的、进步的。

北洋大学遵循"实事求是"的校训，十分注重学生实际能力的培养。如学生自己管理食堂，这在当时同类学校中并不多见。初创时，学生膳食由学校办理，学生屡闹膳潮，于是学校规定由学生自己组膳团，参加哪一个退出哪一个由学生自由选择。张太雷上学时，有南北两个食堂。南食堂主要是南方学生，北食堂主要是北方学生，南食堂贵些，北食堂便宜些。张太雷先在南食堂用餐，因为这里以米饭为主，后为节约开支，转到北食堂用餐，这里以面食为主。这样一来，学生们对伙食都比较满意，学生自己管理食堂也得到了能力上的锻炼。

由于北洋大学招生时学生质量较高，入学后又强调实际能力的培养，如下厂实习、组织参观、自管膳食、开展社会活动等。所以北洋大学的学生能力较强，水平也较高。这一点在五四运动和其他各项爱国运动中充分体现出来。五四运动对北洋大学所有在校学生来说是一个实际锻炼，张太雷表现得尤为突出，在各项活动中都表现了他的出众的才能。

1918年上半年，张太雷开始在《华北明星报》兼任编辑。这张报纸是北洋大学法科主任福克斯创办的。福克斯是一位有进步倾向的美国人。他邀请张太雷等4位同学参加该报编辑部的工作。这家报纸在五四运动中迅速准确地报道了学生革命斗争的消息，尤其是北洋大学的情况[④]。张太雷在这里工作，一方面可以补贴一些经济上的开支，更重要的是为他提供了接触社会、锻炼能力的机会。1918年下半年，苏俄友人鲍立维来中国从事联络工作，从《华北明星报》找到张太雷做他的翻译。鲍立维（又译柏烈伟）在北京大学任教，是一位同情俄国十月革命，积极宣传社会主义思想的俄籍汉学家。他与李大钊常有往来，并参加过北京、武汉等地共产党小组的有关活动[⑤]。这期间，张太雷常利用自修时间学习马列著作，开始翻译社会主义文献。他曾精读过列宁的《国家与革命》，了解了十月革命的真谛。在十月革命和李大钊的影响下，张太雷的思想开始转向马克思主义。他对好友李子宽说："做人要整个儿改，我以后不到上海当律师了。只有走十月革命的道路，才能救中国。"[⑥]

1919年，五四运动在北京爆发，天津学生立即响应。5月5日，包括张太雷在内的北洋大学全体学生致电北京大学。电文为："北京大学转各学校钧鉴：惩贼有勇，极表赞同，以后共同进行。"同时致电北京政府，要求

注释：
④人民出版社编辑部：《回忆张太雷》，57页，北京，人民出版社，1984。

注释：
⑤人民出版社编辑部：《回忆张太雷》，57页，北京，人民出版社，1984。

注释：
⑥李子宽：《追忆学生时期瞿秋白、张太雷两先烈》，载上海市政协文史资料委员会编，《上海文史资料选辑》第1辑，上海，上海人民出版社，1959。

释放被捕学生。电文为："北京大总统、国务院钧鉴：北京学生举动情殷爱国，所拘十九人恳请释放。"[⑦]5月6日，北洋大学全体学生致电巴黎和会中国专使团。电文为："为谋世界悠久之和平，贯彻公理战胜之精神，青岛、胶济应直接返还我国，二十一条条约亦当然废除，务请诸公力持到底，不获所愿，不签和约。全国人民实同此意。"[⑧]当时天津只有北洋大学一所大学，这所学校的行动很有影响力和号召力。五四运动爆发后，北洋大学与各校联络，成立了"天津中等以上学校学生联合会"（以下简称天津学联）。张太雷积极参加了北洋大学学生会、天津学联以及天津各界联合会组织的爱国运动。如1919年6月5日天津学生抗议北洋政府拘捕北京学生，在南开操场誓师后出发讲演；6月9日在河北公园召开大会；8月下旬天津学生到北京天安门请愿要求惩办济南镇守使马良；10月10日因警察干涉学生集会游行，学生包围警察厅通宵达旦等，都有张太雷参加[⑨]。在五四运动中，张太雷多次作为天津学生代表参加京津地区的示威、请愿、谈判和营救被捕同学等活动，英勇地站在斗争的第一线，和周恩来、于方舟等一起成为天津学生爱国运动的重要骨干。

注释：
⑦天津《益世报》，1919年5月6日。

注释：
⑧天津《益世报》，1919年7日。

注释：
⑨人民出版社编辑部：《回忆张太雷》，56页，北京，人民出版社，1984。

更为突出的是，张太雷一方面积极参加五四运动，一方面深入工农进行爱国演讲。北洋大学法科有良好的演讲传统，他们经常召开演讲会，锻炼学生的演讲水平和能力。张太雷的演讲才能非常出众，他在后来的革命活动中多次在国际国内各种场合发表激动人心的演说，是与他在北洋大学的锻炼分不开的。1919年6月2日，天津《益世报》曾报道了张太雷等4人自罢课以来竭力进行讲演一事。当时北洋大学罢课后组织了44个演讲团。先后到杨柳青、北仓、南仓、塘沽等地工厂、农村进行讲演，揭露帝国主义宰割中国的罪行和卖国贼的卖国行径。走与工农相结合的道路。张太雷和陈汝良、林汝植、李则昂四人组成的讲演第二团到塘沽等地进行讲演，特别受到广大人民群众的欢迎。很多人说："先生们所讲的话真对，如能一

个月来一次，使大家永远不忘才好。”他们在两等小学演讲时，“该校学生异常感动”。后到东大沽、西大沽等处先后演讲 6 次，每次听者达数百人，闻者无不点头称是。他们在返回天津时，又在塘沽车站宣传爱国和抵制日货的道理，“听者塞途”。张太雷等上了火车以后，“听者犹相聚不散，引领遥望，似恨时间短促，不能尽所欲闻也”[⑩]。

人民群众所欢迎的，就是反动派所害怕的。自 6 月 6 日起，武装巡警包围了北洋大学，严禁学生外出讲演。学生行动完全失去自由。这时张太雷已经有了丰富的斗争经验。他针对当时的形势采取了灵活的斗争策略。他虽然打消了毕业后当律师的念头，也摒弃了做官发财的仕途，但为了中国人民的革命事业，他一直与反动当局进行周旋，坚持到了毕业，成为一名名副其实的北洋大学毕业生。

张太雷在北洋大学的 5 年，认真地实践着“实事求是”的校训，脚踏实地地磨炼着自己。他坚持到实际中去，到工农中去，到火热的革命斗争中去，锻炼能力，增长才干。他有着非凡的才能，可以说这很大程度上是在北洋大学打下的功底。

### （三）积极从事建党建团活动

北洋大学自初创时起，就以严谨治学而著称。所开课程除汉语课由中国教师担任外，其余所有课程均聘外籍教师担任。教科书使用外文原版，用外语授课。学校的各种设施在当时国内同类学校中是最先进的。图书馆藏有中西书籍 5 万余种，中西报刊 100 余种，另设法律图书馆，内藏英美案例及中西名著，专供法科学生之用。在法律图书馆，同学们经常看到张太雷的身影。北洋大学从课程设置、教学内容、教科书的选用、教学方法等都是引进西方先进的教学理念和教学模式。加上课程繁重、纪律严明，学生学习基础牢固，质量较高。从开创时起学生水平就与美国哈佛、耶鲁大学不相上下。学生毕业后可直接进入美国各著名大学的研究院继续深造。国内许多有志青年也常以能考入北洋大学为

北洋大学采用先进的教学理念和教学模式，学生水平与美国哈佛、耶鲁大学不相上下

注释：
⑩天津《益世报》，1919 年 6 月 2 日。

荣。“北洋大学是当时最进步的教西学的学校、学校所用的教学方法也是比较进步的，毕业生在社会上的地位也是比较高的。”[11]这是当时中外教育界人士的共识。张太雷在这样一所大学学习5年，奠定了坚实的牢固的科学文化知识基础，精通了外语，使他在投身革命事业以后成为一位杰出的革命家。张太雷深得李大钊赞许，说他“学贯中西，才华出众”，这一评价丝毫也不为过。正因为张太雷在北洋大学这座人类知识的宝库中汲取了丰富的营养，才使他较早地接触到了马克思主义这一人类有史以来最先进的革命理论；正因为他掌握和精通了外语这一人类语言交流的工具，才使他有机会接触到了苏俄共产党人和共产国际的代表以及通过他们与中国共产党的创始人发生了密切联系，成为一名国际共产主义者和我党的创始人之一。当然不是说知识渊博、精通外语的人都会成为像张太雷这样的马克思主义者，但是对张太雷来说，这些条件都对他投身革命运动起了极其重要的作用，而且也是他进行革命斗争的最有力的武器。

注释：
⑪《中国政府学校》，载《教育季刊》，1909年6月。

五四运动后，张太雷的思想发生了飞跃，一方面他阅读了不少马克思主义著作，精读了列宁的《国家与革命》，开始向马克思主义者转变；另一方面他与李大钊建立了联系。1920年1月，李大钊和陈独秀在北京开始探讨成立中国共产党的问题。同年2月，李大钊送陈独秀到天津并帮助他转乘轮船赴上海后，在天津会见了鲍立维等苏俄友人，并和天津的先进分子研究了在中国建立无产阶级政党的组织形式和领导作用问题。从此张太雷协助李大钊为建立中国共产党东奔西走，作了大量工作，并不断将秘密翻译的社会主义文献送往北京。在北洋大学期间，张太雷就参加了中国共产党的创建活动。这年3月，他和天津同学于方舟、韩麟符、安幸生等一起率先参加了李大钊在北大创立的马克思学说研究会。4月，俄共（布）远东局派维经斯基和秘书马迈耶夫、翻译杨明斋来到中国，了解中国国内情况，帮助中国建立共产党。维经斯基一行先在北京会见了李大钊，后由李大钊介绍到上海与陈独秀会见，建议由陈独秀发起建立中国共产党。这期间，张太雷担任维经斯基的英文翻译，并参与了维经斯基在北京和上海的活动。当时，张太雷的身份是北洋大学的学生。1920年6月，张太雷从北洋大学毕业，义无反顾地走上了无产阶级职业革命家的道路。此后，他继续在天津从事建党建团活动。他多次往返津京之间，调查工人状况，启发工人觉悟，为建立党的组织呕心沥血。1920年，他在国际刊物《工人世界》上发表介绍中国无产阶级状况的文章，以其“有条理而又完整的画面”和鲜明的观点给人留下了深刻的印象。文章首先介绍了中国工人阶级的概况，接着论述了中国工人劳动条件和生活条件恶劣的情况，还叙述了1920年开始的席卷全中国的罢工浪潮，并以很大篇幅评述了正在发展中的工人运动，呼吁“应

李大钊

陈独秀

当组织起新型的、没有资本家走狗参加的、纯洁的工人联合会”[12]。同年10月，北京共产主义小组正式命名为共产党北京支部，李大钊为书记。张太雷加入了北京支部，成为中国共产党最早的党员之一。随后，他受北京支部和李大钊委派在天津创建社会主义青年团。

注释：
⑫人民出版社编辑部：《回忆张太雷》，179页，北京，人民出版社，1984。

1920年10月，天津社会主义青年团成立会议在天津特别二区大马路(河北区建国道91号)一家裁缝店楼上召开。出席者有7人。其中张太雷、谌小岑、吴南如3人为北洋大学学生。会议由张太雷主持，他首先报告了天津社会主义青年团的创建经过，然后宣读了由他起草的《天津社会主义青年团章程》。与会者就天津社会主义青年团的宗旨及实现宗旨的方法和规则进行了热烈的讨论，最后选举张太雷为书记，并一致通过了团章。会后不久出版了天津社会主义青年团机关报《来报》(取英文Labor的谐音)。当时国际国内的共产主义者公认，张太雷领导的社会主义青年团是“比较彻底的中国青年组织的楷模”[13]。

注释：
⑬人民出版社编辑部：《回忆张太雷》，186页，北京，人民出版社，1984。

其后，张太雷又致力于在天津建立党组织的工作。他十分重视党的阶级基础和思想基础的建设，不但经常深入工人群众，而且不断用马克思主义批驳形形色色的错误谬论。1920年下半年，英国资产阶级哲学家罗素来华讲学，散布资产阶级改良主义观点。张太雷登台批驳，他运用《共产党宣言》的基本原理，说明了无产阶级是旧社会的掘墓人和新社会的创造者。他的发言很有说服力，使一部分听众态度鲜明地站到了张太雷一边。张太雷自己说，这时他才真正“确立了对于马克思主义的信念”[14]。与此同时，他还发表文章，用马克思主义观点对工人参与利润分占的主张进行分析和

注释：
⑭人民出版社编辑部：《回忆张太雷》，173页，北京，人民出版社，1984。

1920年10月，张太雷在天津建立了社会主义青年团组织

研究，向工人明确指出：组织这种工人参与利润分占的私有制工厂的办法对于消灭资本主义剥削制度来说是完全无济于事的。没有彻底的无产阶级革命，工人不可能得到幸福⑮。

张太雷在进行了大量的工作的基础上，1920 年 12 月底在天津建立了共产党组织，他亲自担任书记⑯。同时，还建立了唐山站分部。

1921 年 6 月，张太雷在《致共产国际第三次代表大会的书面报告》中说："该分部的成员是津奉铁路上这个最大车站的各铁路修配厂的工人。党特别重视唐山地区，因为它是中国最大的工业中心。"⑰

天津党组织建立后不久，1921 年 1 月，张太雷与邓中夏等筹备建立了长辛店劳动补习学校后，受中国共产党早期组织的派遣，赴伊尔库茨克代表中国共产党参加共产国际执行委员会远东书记处工作。同年 3 月，他到达伊尔库茨克，任中国科书记。张太雷从此离开天津成为活跃在国际政治舞台上的第一位中国共产主义者。

（四）张太雷精神永远鼓舞我们前进

作为张太雷母校的后人，我们为他感到骄傲。他的精神是我们心中永远的丰碑。我们应该学习他什么呢?

首先是他的爱国主义精神。

强烈的爱国主义思想激励着张太雷对科学知识的追求。在中学时，他学习成绩总是名列前茅，为同学所仰慕。考入北洋大学后，他深知业精于勤，如饥似渴地学习当时最先进的科学知识。在图书馆里人们总能见到他那孜孜不倦地学习的身影。同时他还酷爱体育运动，是一位身体健壮、精力旺盛、充满青春活力的全面发展的大学生。

本来，张太雷的家人和亲友一心盼望他学成后能升官发财，显亲扬名。这也是那个时代许多读书人的最佳价值取向。进入大学以后，张太雷曾一度想毕业后通过文官考试到上海当律师。然而强烈的爱国热情却使他走上了另外一条人生道路。在北洋大学读书期间，京、津地区广大青年学生如火如荼的反帝爱国运动给年轻的张太雷注入了一种新的活力，也为他提供了投身反帝爱国运动的政治舞台。1918 年 5 月，中国留日学生为反对段祺瑞政府与日本秘密签订陆军和海军的所谓《共同防敌军事协定》而遭到日本政府镇压。京津学生发起示威请愿运动，并成立了学生救国会，张太雷作为天津学生代表之一，与北京学生救国会代表许德珩等加强联系，积极配合，开展斗争。1919 年 2 月，张太雷不顾反动当局的严密控制，在北洋大学成立了中国大学生最早的革命团体之一——"社会改造社"⑱，其宗旨是变革黑暗的旧中国，建设一个民主自由的、有科学文化的新中国。在五四运动中，张太雷多次作为天津学生代表参加京、津地区的示威、讲演、请愿、谈判

注释：
⑮人民出版社编辑部：《回忆张太雷》，175 页，北京，人民出版社，1984。

注释：
⑯中共天津市委组织部编：《中国共产党天津市组织史资料》（内部发行），12-13 页，北京，中国城市出版社，1991。

注释：
⑰姚维斗：《张太雷文集（续）》，26 页，南京，江苏人民出版社，1992。

注释：
⑱人民出版社编辑部：《回忆张太雷》，172 页，北京，人民出版社，1984。

和营救被捕同学等活动，英勇地站在斗争第一线。

爱国主义始终是动员和鼓舞人民团结奋斗的旗帜，是推动社会历史前进的巨大动力，也是张太雷在十月革命后成为伟大共产主义者的起点。今天，我们仍然要高举爱国主义的伟大旗帜，在建设中国特色的社会主义事业中建功立业。

第二是他善于探索的精神。

1917 年，俄国爆发了伟大的十月社会主义革命，世界从此进入了一个新时代。在复杂的政治形势面前，作为一个热血青年究竟应该走什么道路？张太雷进行了艰难的探索。他充分利用北洋大学图书馆所订的 100 多种中西报刊，如饥似渴地搜寻、了解中国和世界的各种新思潮。他曾认真研读过李大钊发表在《新青年》上的《庶民的胜利》《布尔什维主义的胜利》等文章。他精读过列宁的《国家与革命》，初步了解了俄国革命的真谛。在十月革命和李大钊的影响下，张太雷的思想开始转向马克思主义。但是从思想倾向马克思主义和社会主义，到成为一名马克思主义者，需要确立无产阶级的科学世界观，对于知识分子来说，其一必须彻底清除自己头脑中的旧思想、旧观念和非马克思主义的意识；其二必须走与工农相结合的道路。这是青年知识分子成为马克思主义者的必由之路。张太雷在这条道路上积极探索，当他接受马克思主义之后，便将自己早期曾信仰过的耶稣和西方传教士灌输的经院哲学，毅然抛弃⑲，并坚定地走上了与工农相结合的道路。

注释：
⑲人民出版社编辑部：《回忆张太雷》，172 页，北京，人民出版社，1984。

五四运动以后，张太雷认识到了工人阶级的伟大力量，认识到了工农大众是中国革命的力量源泉。1920 年 6 月，张太雷从北洋大学毕业后，经常往返于京、津、唐之间，调查工人状况，启发工人觉悟，创建党团组织。他创建了天津社会主义青年团和天津共产党组织，并担任书记，在他起草的团章中特别强调团的基本任务是将马克思主义与工人运动结合。他创办的《来报》就是“抛弃陈旧的过去，争取崭新的未来”。通过这张报纸，向工农宣传十月革命，宣传马克思主义，并刊登反映长辛店、南口、唐山等地工人生活状况的文章，深受工农欢迎。1920 年 12 月，张太雷、邓中夏等人受李大钊委派，创办长辛店劳动补习学校，他脱下学生装，穿上粗布衣，到工厂劳动，与工人交朋友，在斗争中与工人站在一起。张太雷在马克思主义的学习、宣传过程中，在与旧思想、旧观念、非马克思主义思潮的斗争中，在与工农相结合以及在参加和领导中国革命斗争实践的探索中，确立了科学的无产阶级世界观，成为中国早期的著名无产阶级革命家。今天，我们生活的时代与当年张太雷所处的环境已经发生了翻天覆地的变化，但他对客观世界和主观世界的改造那种勇于探索的精神是他留给我们的宝贵财富。

第三是他勇于献身的精神。

在张太雷的革命生涯中，处处闪烁出他为中华民族和中国人民的解放，为全世界无产阶级和被压迫人民的解放而献身的伟大精神。

毕业于著名大学的张太雷，抛弃了升官发财的道路，走上了无产阶级革命家的人生征程，这本身就体现了一种伟大的革命献身精神。

张太雷在任何时候都把国家、民族和党的利益置于个人利益之上，个人利益服从革命利益。在他短暂的一生中，曾从事过建党建团、国际活动、青年运动、统一战线、党的宣传以及军事等方方面面的工作。无论党需要他从事哪项工作，他都坚决地服从，全身心地投入，表现出极大的革命热情和奋不顾身的奉献精神。1921 年初，正当他为建立中国共产党而积极奔忙的时候，李大钊派他前往伊尔库茨克任共产国际执行委员会远东书记处中国科书记。他出国前未办护照手续，冒着生命危险只身秘密巧装通过边境。他回国后，根据党的指示，不管是从事青年团的整顿工作还是促进第一次国共合作以及其他方面的工作，他都出色完成。

张太雷不仅立志于中华民族的解放，而且以解放全人类为己任，为世界被压迫民族和人民贡献自己的聪明才智。在共产国际执行委员会远东书记处工作期间，他参加了共产国际三大并发表演说；他参与筹备了朝鲜共产党成立大会并被选进了主席团；他参与筹备了远东各国共产党和民族革命团体代表大会，亲自为大会起草了宣言等工作受到了广泛的好评。共产国际执行委员会远东书记处负责人舒米亚茨基在回忆张太雷筹备远东各国共产党和民族革命团体代表大会的工作时说："张太雷同志的卓越才能和他那组织家实干家的天才，在这一次又得到了施展和发挥。"[20]

注释：
[20]人民出版社编辑部：《回忆张太雷》，202 页，北京，人民出版社，1984。

张太雷具有高度的事业心和责任感。1925 年春，他到了当时的革命中心广州，担任广东国民政府高级顾问鲍罗廷的助手和翻译，兼任中共广东区委常委和宣传部部长。他的工作经常通宵达旦，废寝忘食。他还主编区委机关刊物《人民周刊》，他经常在党员大会和群众大会上作政治报告和时事报告，撰写

*1924 年 7 月，张太雷在青年共产国际四大上发言*

文章反击蒋介石等新老右派的篡党夺权活动。他是大家公认的“宣传鼓动家”。

在革命的危急关头，张太雷总是置个人安危于不顾，多次受命于危难之中。1927年4月12日，蒋介石在上海发动了反革命政变，大肆屠杀共产党人，武汉地区的局势也十分危急。在这种情况下，张太雷临危受命，调任湖北省委书记。他从容不迫地处理着各项工作，同时严厉批评所谓“工农运动过火”等各种错误观点，主张组织起来反抗反革命的进攻。

大革命失败以后，党中央领导机关进行改组，成立了五人临时中央政治局主持工作。张太雷再次临危受命，担任了临时政治局常委。面对大革命失败后严重的白色恐怖，张太雷没有惊慌失措，也没有丧失丝毫的锐气，他对革命仍是满怀信心，不知疲倦地工作。在党的八七会议上，张太雷被选为中央临时政治局候补委员，并担任了党的南方局书记和广东省委书记。会后，他冒着生命危险取道香港到潮汕前线向南昌起义负责人传达了八七会议精神，解决了前线部队的许多实际问题。1927年11月9日，中共中央临时政治局在上海召开扩大会议，决定张太雷担任广州起义总指挥，他立即离开上海前往广州领导起义。12月11日，轰轰烈烈的广州起义爆发。第二天，12月12日，在广州西瓜园广场举行群众大会，在暴风雨般的掌声和欢呼声中，张太雷发表了演说，宣布广州苏维埃政府成立。但是就在会后返回总指挥部的路上，张太雷遭敌伏击，在指挥战斗中壮烈牺牲。

张太雷为中华民族和中国人民的解放事业献出了宝贵的青春年华。为我们树立了永远学习的光辉榜样。他是母校的骄傲。

**原载《张太雷诞辰110周年纪念研讨会论文集》中央文献出版社2008年12月版**

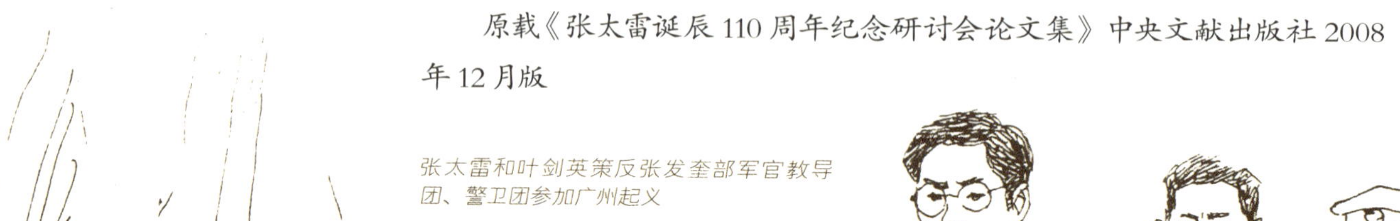

张太雷和叶剑英策反张发奎部军官教导团、警卫团参加广州起义

## 著作

### 1992 年天津大学出版社出版
### 由刘玉珊、左森、丁则勤主编的《张太雷年谱》

为落实中共中央关于为我党早期领导人编年谱、写回忆录和传记等方面的指示，尽快编写一部《张太雷年谱》是张太雷的女儿张西蕾的夙愿，也是“张太雷研究会”成立后的首要工作。为将全国张太雷研究人员组织起来，研究《张太雷年谱》编写工作的具体问题，尽快完成《张太雷年谱》的编写和出版工作，1991 年 11 月 15 日至 17 日，在天津大学举行了《张太雷年谱》编纂工作会议。张西蕾出席会议并作了重要讲话。

根据张西蕾提议，“张太雷研究会”决定，《张太雷年谱》由天津大学刘玉珊等主编，北京大学丁则勤主审，张太雷曾经生活和战斗过的常州、广州、武汉以及北京等地的张太雷研究专家参加编写。丁则勤、叶孟魁，姚维斗、钱听涛、石火、周斌、林鸿暖、戴博元、张浩典、卢联珍、左庆生、刘玉珊参加了这次会议。

这次会议就《张太雷年谱》所包括的内容、编写原则以及编写形式等问题进行了认真讨论和交流。根据各位作者对张太雷研究的重点进行了编写分工。与会代表还对《张太雷年谱》的各个部分的初稿进行了科学论证和认真研讨，以使完成的《张太雷年谱》更加真实可靠。张西蕾特别强调编写要根据实事求是的原则，要尊重历史、尊重事实，在现有史料的基础上力求使《张太雷年谱》成为一本科学严谨的历史著作。

《张太雷年谱》1992 年 4 月由天津大学出版社出版。全书 10 万余字，插图 8 页，编者力求收集当时所能掌握的张太雷研究全部资料和信息，这部年谱反映了当时全国张太雷研究的实际水平。

### 2013 年人民出版社出版
### 由天津大学张太雷研究中心主持、蔡文杰等编选的《张太雷文集》

2011 年，人民出版社组织出版大型丛书《中国共产党先驱领袖文库》。作为 2010 年国家出版基金项目和“十二五”国家重点图书出版规划项目，该文库将收录数十位中国共产党早期重要领导人的著作。鉴于天津大学具有相关的研究专家和较强的科研实力，人民出版社特委托天津大学张太雷研究中心蔡文杰教授主持该文库之一的《张太雷文集》的编纂工作。2011 年 12 月，双方正式签署图书出版合同。

在天津大学张太雷研究中心主任、学校党委副书记李义丹，研究中心副主任、英烈外孙冯海龙的直接领导下，由蔡文杰、刘玉珊、张畅、李攀和常州张太雷纪念馆黄明彦组成的编选团队，经过一年的工作，圆满完成新版《张太雷文集》的编纂工作，2013 年 4 月，该文集正式出版。

文集搜集和整理的文稿，包括文章、书信、讲话、报告、签署文件、译文等，共计172篇。在现有《张太雷文集》（王树棣、丁则勤、梁大为、袁钟秀编，人民出版社1981年版）102篇、《张太雷文集（续）》（姚维斗主编，江苏人民出版社1992年版）39篇基础上，补充增加31篇，悉数校订并作简要的注释。

本文集的编选过程中，学校宣传部、档案馆、社科处等部门通力合作，中央档案馆、国家图书馆、常州张太雷纪念馆、常州市委党史工作委员会等相关单位给予大力支持，业内专家钱听涛、姚维斗、丁言模、张浩典、叶孟魁、俞敏、花建锋、秦立海、虞建安、杨琪等提出多方面的建议和修订意见，人民出版社编辑从图书出版技术环节严格把关，这些都保证了本文集较高的学术质量和水准。该文集的出版不仅从史料方面为学界提供了更高的研究平台，而且同时提升了天津大学张太雷研究中心在学术界的地位，扩大了社会影响力。

## 专访和其他

### 我的外公张太雷
### ——访原中国武警学院副政委冯海龙少将

靳莹

伟大的五四运动距今已经90年了，当年，北洋大学（今天津大学）中的一批又一批优秀学子投身到这场“爱国、进步、民主、科学”的运动中来，为国家和民族的振兴而奋斗，甚至不惜奉献出生命。中国共产党早期创始人张太雷就是其中突出的代表。日前，张太雷的外孙，原中国人民武装警察部队学院副政委冯海龙少将来到我校寻访外公的足迹。本报学生记者们与冯海龙将军共同畅谈了张太雷的成长历程，缅怀英雄事迹，传承五四精神。

**我的外公高大、英俊，是个热血男儿**

冯海龙

提到外公，冯海龙说：“听母亲说，我的外公身体很好，高大英俊，是个热血男儿。”他回忆了少年张太雷的一些小故事。张太雷小时候父亲便去世了，母亲一个人拉扯着他和姐姐，很是辛苦，根本拿不出钱来供孩子上学。母亲再三跟小学校长央求，学校才答应只要张太雷每次考试拿到前3名，学校便免除他的学费。张太雷学习非常刻苦努力，每次考试时都稳坐前三名的宝座，终于顺利地考入了常州中学。在常州中学就读期间，为了反对“二十一条”，该学校师生掀起了“反袁”斗争高潮，张太雷积极参加了这些爱国运动。临近暑假，学生李子宽因顶撞反动教师被学校当局除名，其同班学生罢课抵制，张太雷也积极响应。学校发出布告，谓“张复（太雷）、瞿爽（秋白）素行不谨，与李某相似，如不悔改，将被除名”。张太雷一怒之下离开了学校，用自己的方式坚持着信仰和理想。

**北洋是张太雷思想升华的地方**

当年张太雷以优异的成绩考入了北京大学法律预科，但由于北京大学学制长，估计自己的经济条件难以支持，他就未入北大就读。期间打听到北洋大学学费便宜，且预科班为期半年，他便兴冲冲地携好友一起报考北洋大学的法律预科。凭借优异的成绩，张太雷与北洋结了缘，一呆就是5年。冯海龙说，张太雷是在北洋大学培养下，思想得到了升华，从爱国青年成长为共产主义者。五四前夕，在北洋大学求学的张太雷接触到了马列主义思想。五四运动更是唤醒了中国的热血青年。积极参加革命运动，不断探索革命理论的张太雷逐渐成长为中国共产党的创始人之一。据《益世报》记载，五四运动期间，为抗议当局镇压学生运动，北洋大学学生纷纷罢课，并组织44个演讲团。张太雷等4人组成的演讲第二团赴塘沽演讲。此时，张太雷彻底摒弃了传统中的读书是为了仕途和过安稳生活的观念，为了信仰、为了国家和人民而抛家舍业，义无反顾。

**与外公未领走的毕业证书合影**

冯海龙曾在1985年8月我校张太雷铜像揭幕时来过天大。他这次来校是带着任务的。去年，在江苏省常州市举办的纪念张太雷同志研讨会上，常州市政府决定拨款聘请作家为张太雷立传。此次他便是随同作者一道来到外公的母校寻找资料的。冯海龙说，在学校的历史档案馆中，他惊喜地发现了当初张太雷的学籍登记册以及张太雷因参加革命没有来得及取走的毕业证书。毕业证书上记载的发证时间为“民国九年6月15日”，即1920年6月15日。他激动地捧起外公的毕业证，坚持要与这张外公未来得及取走的毕业证合影。用冯海龙的话说，就是替外公完成自己没有完成的遗愿，帮外公与自己的毕业证合个影。

如今，走在外公的母校——天津大学（北洋大学）的校园中，感受着百年老校特有的韵味与风情，冯海龙感慨万分。他希望年轻的天大学子们能向张太雷等优秀校友学习，为中华民族的振兴而努力奋斗。

原载《天津大学报》2009年5月20日

## 北洋之光——张太雷

刘暄

### （上）

1927年12月11日，一声惊雷划破长空，党领导的著名三大起义之一广州起义爆发了。这次起义的领导者和总指挥便是北洋大学法科1920年毕业生，当时的广东省委书记张太雷。

张太雷 1898 年 6 月 17 日生于江苏省武进县（今常州市），原名张复，大学用名张曾让，参加革命后改名张太雷。自中学时代起他就积极参加爱国运动，在同学中享有威望。1915 年他在常州中学读书时，因反对学校无理开除学生又拒绝“悔改”，与瞿爽（即瞿秋白）一起被学校除名。秋天他前往上海参加北京大学预科招生考试，被录取。但因此大学学制较长，他的经济条件难以支持，未入北大就读，又于同年 12 月报考了北洋大学法科预备班，经考试合格于 1916 年 1 月进入北洋大学。张太雷虽然中学没有毕业，但他深知业精于勤，经半年刻苦攻读，终于在 1916 年 9 月升入北洋大学法科法律学门己班。

张太雷在北洋大学期间，不但学习成绩优秀，而且重视体育锻炼，也喜欢体育运动。他和矿冶系学生后来成为觉悟社成员并和他一起创立天津青年团组织的谌小岑的友谊就是在网球场上结下的。

大学期间，张太雷一边读书，一边从事革命活动。从 1918 年上半年起他就在《华北明星报》兼任编辑。这家英文报纸是一位有进步倾向的美国人创办的。它在五四运动中及运动以后都迅速准确地报道了学生革命斗争的消息，这年秋天张太雷开始任苏俄友人鲍立维的翻译。此间他翻译了大量的社会主义文献，精读了许多马克思主义著作，还秘密翻译一些介绍俄国十月革命和苏俄新貌的文章，他开始向马克思主义者转变。张太雷对朋友说：“做人要整个改，我以后不到上海当律师了，国家兴亡，匹夫有责。只有走十月革命的道路，才能救中国。”于是他在 1919 年 2 月就发起组织了中国大学生最早的进步团体之一——“社会改造社”，旨在变革黑暗的旧中国，建设一个民主自由的、有科学文化的新中国。

五四运动爆发后，张太雷积极投身运动。他参加了“北洋大学学生会”“天津中等以上学生联合会”以及“天津各界联合会”组织的爱国运动，他英勇地站在斗争第一线，多次作为学生代表参加抵制日货、营救被捕同学、向反动当局请愿示威、深入工农进行宣传等重大活动，成为天津市学生爱国运动的主要骨干之一。

从 1920 年起，张太雷开始参与中国共产党的创建工作，2 月，李大钊来天津与天津的先进分子研究了在中国建立无产阶级政党的组织形式和领导作用问题。从此张太雷便开始协助李大钊进行建党活动。4 月，共产国际远东局海参崴处领导人派遣维经斯基来华，了解中国国内情况，同中国革命组织建立联系，同时考察是否有可能在上海建立共产国际东亚书记处的问题。维经斯基一行先到北京会见了李大钊，而后李大钊又介绍他们到上海与陈独秀会见，建议由陈独秀发起建立中国共产党。这期间，张太雷担任维经斯基的英文翻译，并参加了维经斯基在北京和上海的活动。这年

6月，张太雷于北洋大学法科毕业，结束了他的大学生活，从此走上了职业革命家的道路。

原载《天津大学报》1993年10月30日

（下）

1920年8月，张太雷到上海参加中国共产党发起组织社会主义青年团的创建工作。10月他加入了北京共产主义小组，成为中国共产党最早的党员之一。与此同时他受北京共产主义小组和李大钊委派在天津创建了社会主义青年团，任书记。年底他先与邓中夏等前往长辛店筹备劳动补习学校，后回天津创建共产党组织并担任书记。

1921年1月，张太雷受共产主义小组派遣前往伊尔库茨克代表中共参加共产国际远东书记处工作，任中国科书记，成为活跃在国际政治舞台上的第一个中国共产主义者。六七月间，他作为中共正式代表参加了在莫斯科召开的共产国际第三次代表大会。他代表中国共产党起草了在共产国际三大上的书面报告，并在大会最后一天发表了热情洋溢的演说，引起了与会者的极大兴趣。同时，他还出席了青年共产国际二大，并向大会提出报告，会上他当选为执行委员，接受委托回国主持青年团的整顿工作。在莫斯科期间他还参加了远东各国共产党及民族革命团体第一次代表大会的筹备工作，起草了大会号召书，负责联络与组织中国、日本等亚洲国家参加大会事宜。

1921年8月，张太雷从莫斯科回国后，一方面致力于统一战线工作，经常奔走于上海、广州之间。他坚持真理、善于斗争，开拓了国共合作的具体道路；另一方面着手整顿青年团，1922年5月，他在广州主持召开了中国社会主义青年团第一次代表大会，当选为团中央执行委员。1925年1月，又在上海主持召开了团的三大，大会决定中国社会主义青年团改称为中国共产主义青年团，张太雷在会上作政治报告并当选为总书记。在整个大革命期间，他先后担任共产国际代表马林和苏联顾问鲍罗廷的助手和翻译，马林、鲍罗廷对国共合作统一战线的指导，他差不多都参与了谋议。他经常外出讲演和作报告，还写下了大量的精湛文章，现在能找到他的近150篇遗作大部分是这个期间写下的。这些文章涉及工人运动、青年运动、党的建设、统一战线工作、武装斗争等各个方面，都有精辟独到的见解，表明他是我党最有才华的领导人之一。在广州时他日以继夜地工作，受到了同志们的称赞，他和广东区委书记陈延年、农讲所的毛泽东、黄埔军校的周恩来一起被大家誉为“四个特别忙的人”。

1927年大革命失败后，面对国民党反对派的疯狂屠杀，张太雷没有惊慌失措，党的五大后，他已调任湖北省委书记，他在武昌胭脂山啸楼巷2号省委所在地从容不迫地处理着各项工作，他对叛徒切齿痛恨，对革

1927 年 11 月 17 日，中共中央决定发动广州起义，张太雷任总指挥

命胜利充满信心。他挺身而出，为挽救中国革命而斗争。在党的八七会议上，他当选为中央临时政治局候补委员并任党的南方局书记和广东省委书记。1927 年 12 月 11 日，张太雷领导了广州起义，他担任革命军事委员会书记和起义总指挥。几个小时以后，起义军即占领了大部分城区，接着成立了广州苏维埃政府，张太雷任代理主席兼人民海陆军委员。起义的第二天，张太雷在指挥战斗中不幸遭敌伏击，身中三弹，光荣牺牲，时年 29 岁。

1928 年 1 月 2 日，瞿秋白在《悼念张太雷同志》一文中说："张太雷同志死在几万暴动的广州工农兵群众与反革命军阀搏战之中，死在领导工农兵暴动的时候，他死时，觉着对于中国工农民众的努力和负责，他死时，还是希望自己的鲜血将要是中国苏维埃革命胜利之源泉！"

张太雷光辉而短暂的一生是与我党的历史联系在一起的，他是北洋大学的骄傲和光荣，我们要永远缅怀他的革命业绩，学习他的革命精神，沿着他开创的革命事业不断前进。

原载《天津大学报》1993 年 11 月 10 日

编者注：1993 年为迎接天津大学建校 100 周年，《天津大学报》开辟了"讲校史爱天大"专栏。由刘暄负责撰写北洋大学部分的校史。"北洋之光——张太雷"在这一栏目中分上、下两期刊登。

# 青年的楷模　时代的先锋
## ——纪念伟大的马克思主义者张太雷殉难 80 周年

刘玉珊

1927 年 12 月 12 日，张太雷在领导广州起义时壮烈牺牲，迄今已经整整 80 年了。斗转星移，时代变迁，然而张太雷的精神却在一代又一代青年学子的身上不断发扬光大。缅怀张太雷光辉而伟大的一生以及他为中国革命所作出的不朽贡献，对于激励广大青年继承和发扬党的优良传统和作风，培养全面发展的时代新人具有重要现实意义。

张太雷在北洋大学学习期间，积极参加五四运动，主动接受和传播马克思主义，坚持走知识分子与工农相结合的道路。1920 年 6 月，他从北洋大学毕业后，义无反顾地投身到无产阶级的革命事业中。张太雷长期在共产国际和青年共产国际担任联络和领导工作，是活跃在国际政治舞台上的第一位中国共产主义者。他积极推进第一次国共合作的建立和发展，参与领导了轰轰烈烈的大革命和大革命失败后党为挽救革命而进行的一系列斗争。

张太雷之所以成为一名伟大的马克思主义者和无产阶级革命家，是因为他在青少年时期就打下了爱国主义的根基，培养并树立了高尚的爱国精神。张太雷出生于江苏省武进县（今常州市）一个贫穷困苦的小职员家庭，3 岁时，随父亲背井离乡到江西安源煤矿谋生。8 岁时，父亲患病去世，母亲又带着他和姐姐回到家乡靠为人帮佣度日。安源煤矿工人的悲惨生活和他经常见到的运河两岸衣衫褴褛的农民的痛苦遭遇，在张太雷幼小的心灵里埋下了爱国爱民的种子。1911 年辛亥革命爆发时，张太雷正在常州中学读书，他对孙中山宣传的“三民主义”和“天下为公”极为赞同。1915 年，袁世凯与日本帝国主义签订了旨在灭亡中国的“二十一条”不平等条约，激起了全国人民的无比愤慨。张太雷积极参加了声讨袁世凯卖国罪行的斗争和抵制日货的爱国运动。考入北洋大学后，张太雷曾一度想毕业后通过文官考试到上海当律师，但是，强烈的爱国热情却使他走上了另外一条人生道路。1918 年 5 月，中国留日学生为反对段祺瑞政府与日本秘密签订陆军和海军的所谓《共同防敌军事协定》而遭到日本政府镇压，京、津学生发起示威请愿运动。张太雷作为天津“学生救国会”代表与北京“学生救国会”代表许德珩等积极配合，开展斗争。五四运动爆发后，张太雷多次作为天津学生代表参加京、津地区的示威、请愿、讲演、谈判和营救被捕同学等活动，英勇地站在斗争第一线。

张太雷之所以成为一名马克思主义和无产阶级革命家，还因为他坚持走与工农相结合的道路。十月革命以后，张太雷的思想开始向马克思主义转变。他坚定地表示:“做人要整个儿改，我以后不到上海当律师了。国家兴亡，匹夫有责。只有走十月革命的道路，才能救中国。”从思想上倾向马克思主义到成为一名马克思主义者，需要确立无产阶级的科学世界观。对于知识分子来说，第一必须自觉清除自己头脑中的旧思想、旧观念和非马克思主义的意识；第二必须走与工农相结合的道路，把立场移到工农大众方面来。这是青年知识分子成为共产主义者的历史必由之路。张太雷早期曾信过耶稣，也曾接受过西方传教士灌输的经院哲学。当他接受马克思主义后，便发现那些东西的欺骗性，毅然抛弃。张太雷从北洋大学毕业后，便走上了职业革命家的道路。他积极从事建党建团工作，努力把马克思主义与工农运动相结合，自觉走知识分子与工农相结合之路。他往返于京、津、唐之间，调查工人状况，启发工人觉悟，建立党团组织。1920 年 12 月，他受李大钊委派，创办长辛店劳动补习学校，他脱下学生装，穿上粗布衣，到工厂劳动，与工人交朋友，在斗争中与工农站在一起。他曾参与领导了 1924 年 7 月的广州沙面大罢工、1925 年 6 月的省港大罢工和 1927 年 12 月的广州起义。

在张太雷的革命生涯中，处处闪烁出他为中华民族和中国人民的解放而献身的伟大精神。在他短暂的一生中，曾从事过建党建团、国际活动、青年运动、统一战线、党的宣传以及军事等方方面面的工作，无论党需要他从事哪项工作，他都坚决服从，全身心投入，表现出极大的革命热情和奋不顾身的奉献精神。张太雷不但立志于中华民族的解放，而且以解放全人类为己任，为世界被压迫民族和人民贡献自己的聪明才智。在共产国际工作期间，他大力宣传中国共产党和中国革命，争取世界各国对中国革命的支持。他参与筹备了朝鲜共产党的成立大会，被选进大会主席团，并在大会上致祝词。他冒着生命危险以中国留日学生名义去日本动员日本的革命者参加远东各国共产党及民族革命团体代表大会并支持他们筹建日本共产党。他还多方动员中国的共产主义者和进步人士参加大会，使中国成为参加大会人数最多的代表团。

张太雷具有高度的事业心和责任感。1925 年春，他到了当时的革命中心广州，担任共产国际派往广东革命政府高级顾问鲍罗廷的助手、翻译和警卫，兼任中共广东区委常委和宣传部部长。他的工作经常通宵达旦，废寝忘食，是大家公认的“不知疲倦的宣传鼓动家”。他和广东区委书记陈延年、农讲所的毛泽东、黄埔军校的周恩来被广州的同志们誉为“四个特别忙的人”。在革命危急关头，张太雷总是置个人安危于不顾，多次受命于危难之中。蒋介石在上海发动四一二政变后，大肆屠杀共产党人，武汉地区的局势也十分危急。在这种情况下，张太雷临危受命，调任中共湖北省委书记。局势越紧张，他的态度越镇静。他从容不迫地处理着各项工作，严厉批判“工农运动过火”等各种错误观点，主张组织起来反抗反革命的进攻。大革命失败后，党中央领导机关进行改组，张太雷再次临危受命，担任了中央临时政治局常委。面对大革命失败后严重的白色恐怖，他没有惊慌失措，也没有丧失丝毫的锐气，他对叛徒切齿痛恨，对革命仍是满怀信心。在八七会议上张太雷当选为中央临时政治局候补委员，并担任了党的南方局书记和广东省委书记。1927 年 11 月 9 日，中央临时政治局在上海召开扩大会议，当会议决定张太雷赴广州领导武装起义后，他立即告别妻子和刚刚出生 2 个月的小儿子，离开上海前往广州。12 月 11 日，震惊中外的广州起义爆发并很快取得了胜利，成立了广州苏维埃政府。但敌人在帝国主义的支持下疯狂进行反扑。12 日中午，张太雷在主持广东工农兵拥护苏维埃政府大会并做重要讲话后，在前往指挥战斗途中，遭敌伏击，身中三弹，壮烈牺牲，年仅 29 岁。

张太雷为中华民族和中国人民的解放事业献出了宝贵的青春和生命，是青年的楷模，时代的先锋，为我们树立了永远学习的榜样。

原载《天津大学报》2007 年 12 月 20 日

# 革命精神永驻
## ——张太雷烈士铜像

随文　宝志

在天津大学的校园中，庄严肃穆的革命英雄张太雷烈士的铜像竖立在北洋广场正前方，历经 25 年的风雨依旧熠熠生辉，历久弥新，给历届天大学子以不竭的精神动力。

这尊铜像高 1.7 米，神态逼真如烈士亲临，深沉凝重、严峻刚毅，显示了无产阶级革命家的意志和胸怀。铜像下面为 2 米高的基座，正面是原中共中央总书记胡耀邦亲笔题词“张太雷烈士”，两侧分别镌刻着开国元帅聂荣臻和徐向前的题词“北洋之光”和“革命先驱”。

革命精神永驻

——张太雷烈士铜像

在天津大学的校园中，庄严肃穆的革命英雄张太雷烈士铜像竖立在北洋广场正前方，历经 25 年的风雨依旧熠熠生辉、历久弥新，给历届天大学子以不竭的精神动力。

这尊铜像高 1.7 米，神态逼真如烈士亲临，深沉凝重、严峻刚毅，显示了无产阶级革命家的意志和胸怀。铜像下面为 2 米高的花岗岩基座，正面是原中共中央总书记胡耀邦亲笔题词“张太雷烈士”，两侧分别镌刻着开国元帅聂荣臻和徐向前的题词“革命先驱”和“北洋之光”。

它的历史可追溯到上世纪 70 年代。中共中央为了使后代铭记中国革命的历史，决定在全国建立 10 位革命领导人的塑像，我校前身北洋大学优秀毕业生张太雷就是其中之一。

它的铸造过程颇费周折，因其体积较大，当时在国内只有上海汽轮机总厂能够完成。在时任该厂总工程师、北洋大学 1938 届校友田庚锡和我校上海校友会鼎力支持下，经过该厂的精心施工，铜像才得以顺利铸就。

它落成时的情景尤使人难忘。1985 年 8 月 1 日，张太雷塑像落成仪式在北洋广场举行。早晨 8 时，典礼会场刚刚布置好，天空突然乌云密布、雷电交加，倾盆大雨不期而至。正当人们担心典礼能否正常举行时，天空又突然雨过风停、晴朗如洗。在一片崭新的气象中，典礼最终如期举行。当时国家教委、天津市有关领导和张太雷的女儿张西蕾及各届校友应邀参加了典礼。天公作美、铜像生辉，一时被人们传为佳话。

张太雷烈士是中国共产党早期的创始人之一和中国共青团的奠基人之一，1927 年 12 月 21 日他在领导广州起义指挥战斗时不幸牺牲，年仅 29 岁。在新中国 60 年开展的“双百”评选中，他被评为 100 位为新中国成立作出突出贡献的英雄模范。张太雷曾于 1915 年入北洋大学补习班，次年 12 月入北洋法科学习，1920 年毕业。他是北洋大学、天津大学的骄傲与光荣，我校档案馆至今还保留着他的毕业证书。

如今，这尊雕像已化作一种精神、一种信念，凝聚在天津大学的校园文化血脉之中。它激励着历代天大人继承革命先烈遗志、秉承“实事求是”的校训，为国家和民族作出更大的贡献。

烈士逝去时已远，
铜像生辉日益新。
惟留精神昭后世，
励我代代天大人。

（随文 宝志）



2010 年 4 月 30 日《天津大学报》

它的历史可追溯到 20 世纪 70 年代，中共中央为了使后代铭记中国革命的历史，决定在全国建立 10 位革命领导人的塑像，我校前身北洋大学优秀毕业生张太雷就是其中之一。它的铸造过程颇费周折，因其体积较大，当时在国内只有上海汽轮机总厂能够完成。当时任该厂总工程师、北洋大学 1938 届校友田庚锡和我校上海校友会鼎力支持下，经过该厂的精心施工，铜像才得以顺利铸就。

它落成时的情景尤使人难忘。1985 年 8 月 1 日，张太雷塑像落成仪式在北洋广场举行。早晨 8 时，典礼会场刚刚布置好，天空突然乌云密布、雷电交加，倾盆大雨不期而至。正当人们担心典礼能否正常举行时，天空突然雨过风停、晴朗如洗。在一片崭新的气象中，典礼最终如期举行。当时国家教委、天津市有关领导和张太雷的女儿张西蕾及各届校友应邀参加了典礼。天公作美、铜像生辉，一时被人们传为佳话。

张太雷烈士是中国共产党早期的创始人之一和中国共青团的奠基人之一，1927 年 12 月 12 日他在领导广州起义指挥战斗时不幸牺牲，年仅 29 岁。在新中国成立 60 年周年开展的“双百”评选中，他被评为 100 位为新中国成立作出突出贡献的英雄模范人物。张太雷于 1915 年考入北洋大学法科预备班，次年 9 月经考试进入北洋大学法科学习，1920 年毕业。他是天津大学（北洋大学）的骄傲与光荣，我校档案馆至今还保留着他的毕业证书。

如今，这尊铜像已化作一种精神、一种信念，凝聚在天津大学的校园文化血脉之中。它激励着历代天大人继承革命先烈遗志，秉承“实事求是”的校训，为国家和民族作出更大的贡献。

烈士逝去时已远，铜像生辉日益新。

惟留精神昭后世，励我代代天大人。

原载《天津大学报》2010 年 4 月 30 日

# 革命英烈张太雷

亮丹

张太雷（1898—1927）为江苏省常州人，中国共产党早期重要领导人，中国共产主义青年团创始人。他 1915 年 12 月考入北洋大学法科预备班，1916 年 9 月升入法科法律学门己班学习；1919 年在天津发起组织了中国大学生最早的进步团体之一——“社会改造社”；1920 年以优异的成绩从北洋大学毕业；同年在北京参加了由李大钊建立和领导的共产主义小组，成为中国共产党最早的党员之一；同年参加筹建了社会主义青年团，并负责起草了中国第一部社会主义青年团章程；1921 年赴苏俄任共产国际远东局中国科书记；1922 年在广州主持召开中国社会主义青年团第一次全国代表大会，当选为团中央执行委员会委员；1925 年参加了团中央第三次代表大会，当选为团中央总书记。

张太雷分别于 1923、1925、1927 年参加了党的第三、第四、第五次代表大会，在第五次代表大会上当选为中央委员，并在八七会议上当选为中央临时政治局候补委员。他还历任中共广东区委常委兼宣传部部长、中共湖北省委书记、中共广东省委书记、中共中央南方局书记。

1927 年 12 月 11 日，张太雷领导了广州起义，担任革命军事委员会书记、起义总指挥、广州苏维埃政府代理主席兼人民海陆军委员。12 日，他在指挥战斗中壮烈牺牲，年仅 29 岁。2009 年，张太雷入选全国“100 位为新中国成立作出突出贡献的英雄模范人物和 100 位新中国成立以来感动中国人物”。

为纪念这位杰出校友，我校开设了“太雷班”；张太雷的女儿张西蕾及其亲属出资 10 万元在我校设立了“张太雷奖学金”。在我校敬业湖旁的北洋广场上，矗立着张太雷的半身铜像，前方就是为纪念这位杰出校友而命名的“太雷路”。

为迎接中国共产党成立 90 周年，中国邮政 2011 年初发售了第三组《中国共产党早期领导人》纪念邮票。张太雷名列 5 位被表现的人物之中。日前，天津市老作家谢存礼创作完成了五幕七场话剧《张太雷》，表达了对他的敬仰和怀念之情。

原载《天津大学报》2011 年 3 月 20 日

2011 年 3 月 20 日《天津大学报》

催化剂填充床的机械引
一等奖。
如今，采用氢为燃

## 革命英烈 张太雷

张太雷（1898~1927 年）为江苏省常州人，中国共产党早期重要领导人，中国共产主义青年团创始人。他 1915 年 12 月考入北洋大学法科预备班，1916 年 9 月升入法科法律学门己班学习；1919 年在天津发起组织了中国大学生最早的进步团体之———“社会改造社”；1920 年以优异的成绩从北洋大学毕业；同年在北京参加了由李大钊建立和领导的共产主义小组，成为中国共产党最早的党员之一；同年参加筹建了社会主义青年团，并负责起草了中国第一部社会主义青年团章程；1921 年赴苏俄任共产国际远东局中国科书记；1922 年在广州主持召开中国社会主义青年团第一次全国代表大会，当选为团中央执行委员会委员；1925 年参加了团中央第三次代表大会，当选为团中央总书记。

张太雷分别于 1923、1925、1927 年参加了党的第三、第四、第五次代表大会，在第五次代表大会上当选为中央委员，并在“八七”会议上当选为中央临时政治局候补委员。他还历任中共广东区委常委兼宣传部部长、中共湖北省委书记、中共广东省委书记、中共中央南方局书记。

1927 年 12 月 11 日，张太雷领导了广州起义，担任革命军事委员会书记、起义总指挥、广州苏维埃政府代理主席兼人民海陆军委员。12 日，他在指挥战斗中壮烈牺牲，年仅 29 岁。2009 年，张太雷入选全国“100 位为新中国成立作出突出贡献的英雄模范人物和 100 位新中国成立以来感动中国人物”。

为纪念这位杰出校友，我校开设了“太雷班”；张太雷的女儿张西蕾及其亲属出资 10 万元在我校设立了“张太雷奖学金”。在我校敬业湖旁的北洋广场上，矗立着张太雷的半身铜像，前方就是为纪念这位杰出校友而命名的“太雷路”。

为迎接中国共产党成立 90 周年，中国邮政 2011 年初发售了第三组《中国共产党早期领导人》纪念邮票。张太雷名列 5 位被表现的人物之中。日前，天津市老作家谢存礼创作完成了五幕七场话剧《张太雷》，表达了对他的敬仰和怀念之情。（亮丹）

天津大学(北洋大学) 光耀中华 群星谱(21)

主编：李丹　本期责任编辑：一版 孙亮　二版 彭莉　三版 靳莹　四版 李丹

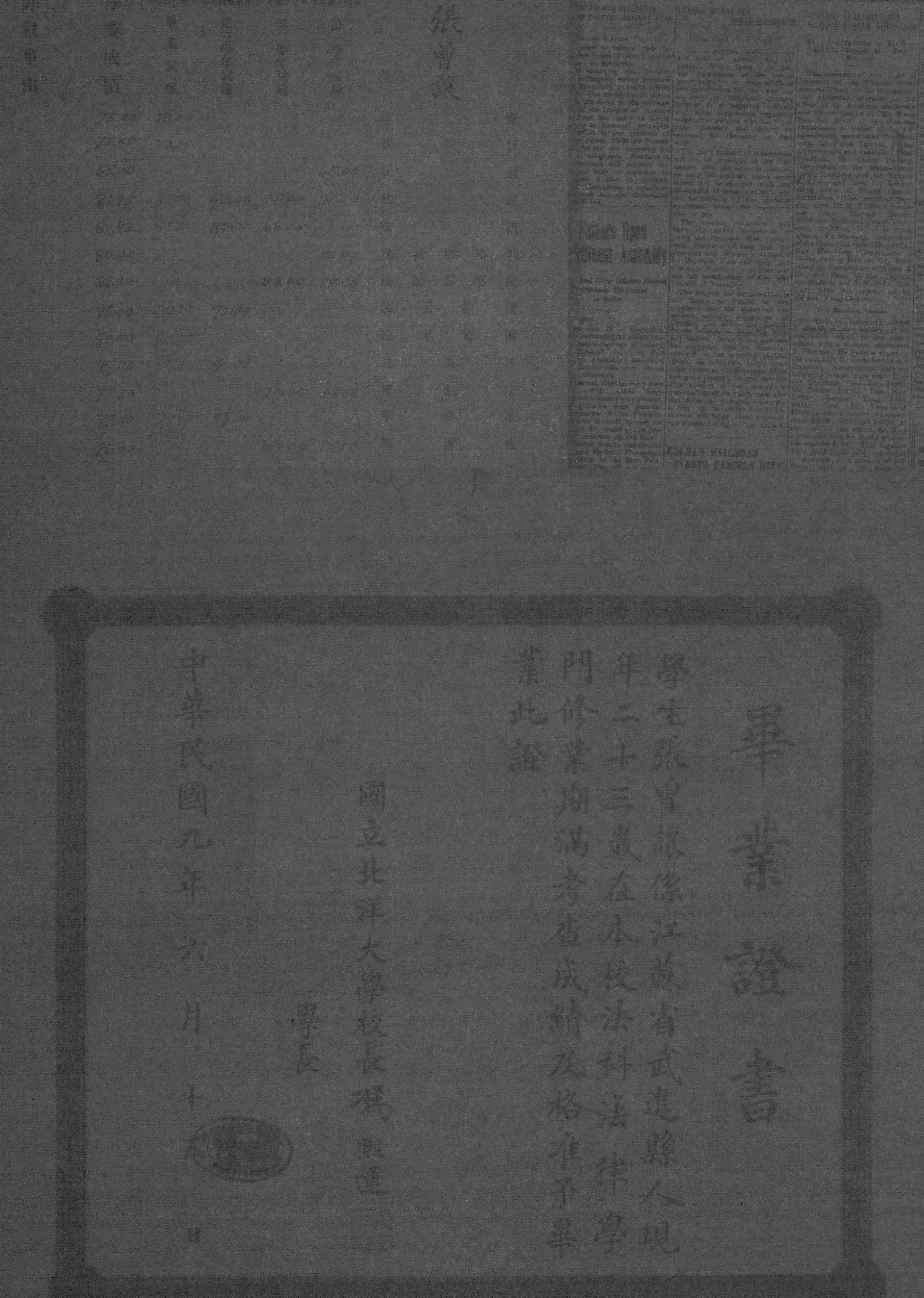

張曾訥

畢業證書

學生張曾訥係江蘇省武進縣人現年二十三歲在本校法科法律學門修業期滿考查成績及格准予畢業此證

國立北洋大學校校長馮熙運

學長

中華民國九年六月十　日

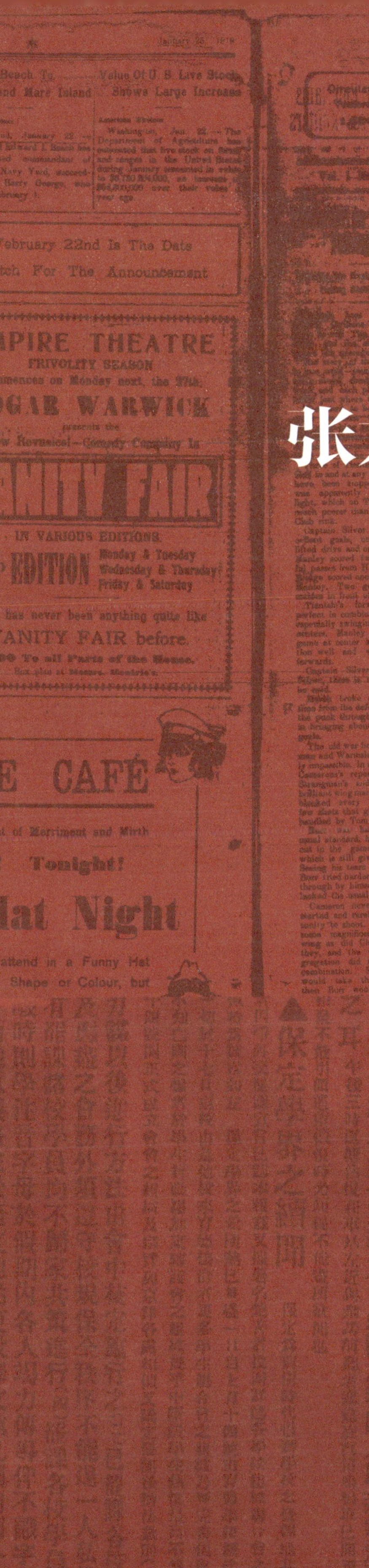

# 3 张太雷在北洋大学的重要史料选编

## 1915 年《北洋大学校季刊》上刊登的北洋大学招收临时预备班的招生简章

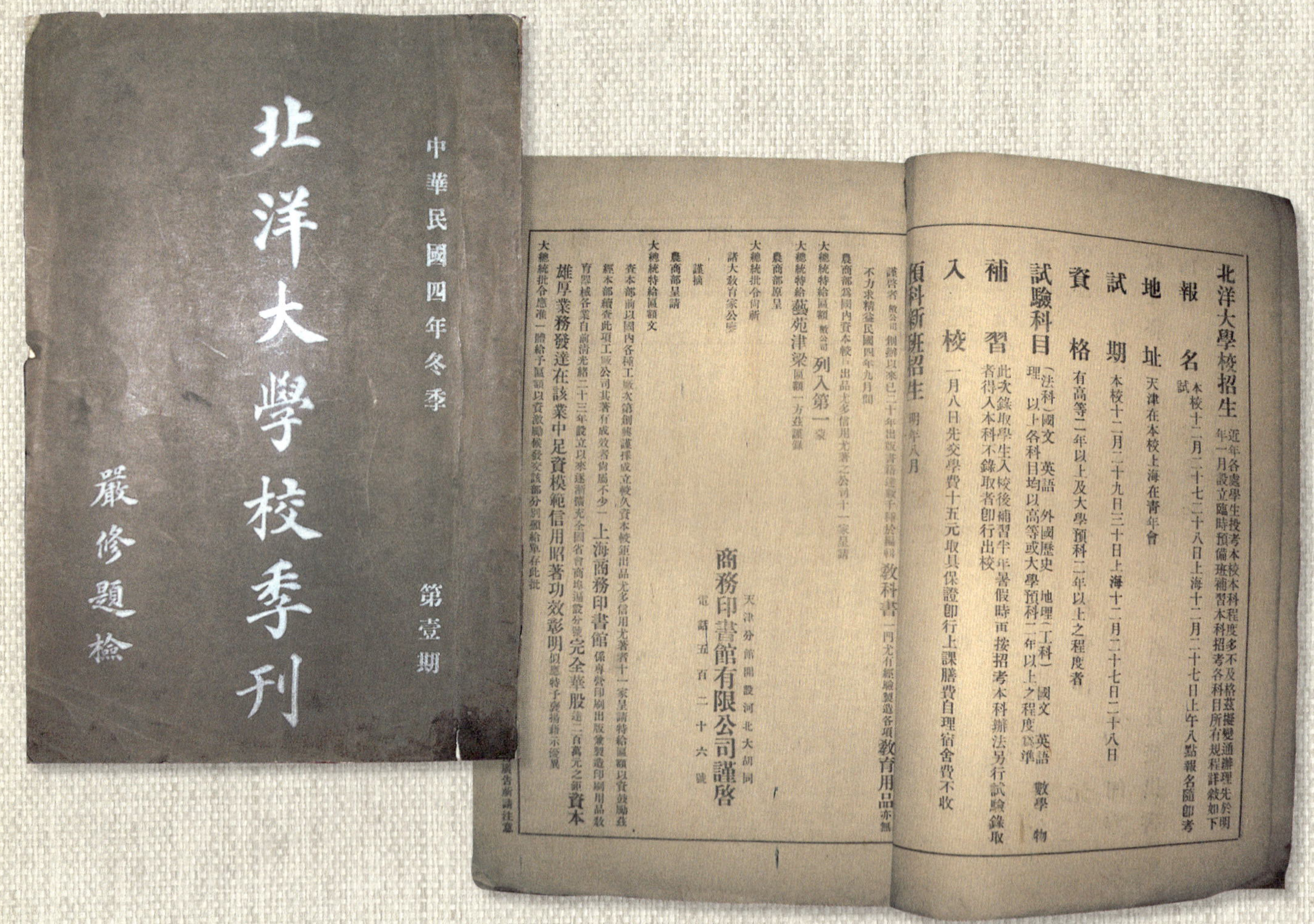


**北洋大学校招生**

近年来各处学生投考本校本科，程度多不及格，兹拟变通办理，先于明年 1 月设立临时预备班，补习本科招考各科目所有规程。详叙如下：

报名：本校 12 月 27、28 日，上海 12 月 27 日上午 8 点报名随即考试。

地址：天津在本校，上海在青年会。

试期：本校 12 月 29 日、30 日，上海 12 月 27 日、28 日。

资格：有高等 2 年以上及大学预科 2 年以上之程度者。

试验科目:（法科）国文、英语、外国历史、地理。（工科）国文、英语、数学、物理。以上各科目均以高等或大学预科 2 年以上之程度者。

补习：此次录取学生入校后补习半年，暑假时再按招考本科办法另行试验，录取者得入本科，不录取者即行出校。

入校：1 月 8 日先交学费 15 元，取具保证即行上课。膳费自理，宿舍费不收。

## 北洋大学法科法律学门己班花名册，张太雷（在校用名张曾让）名列其中

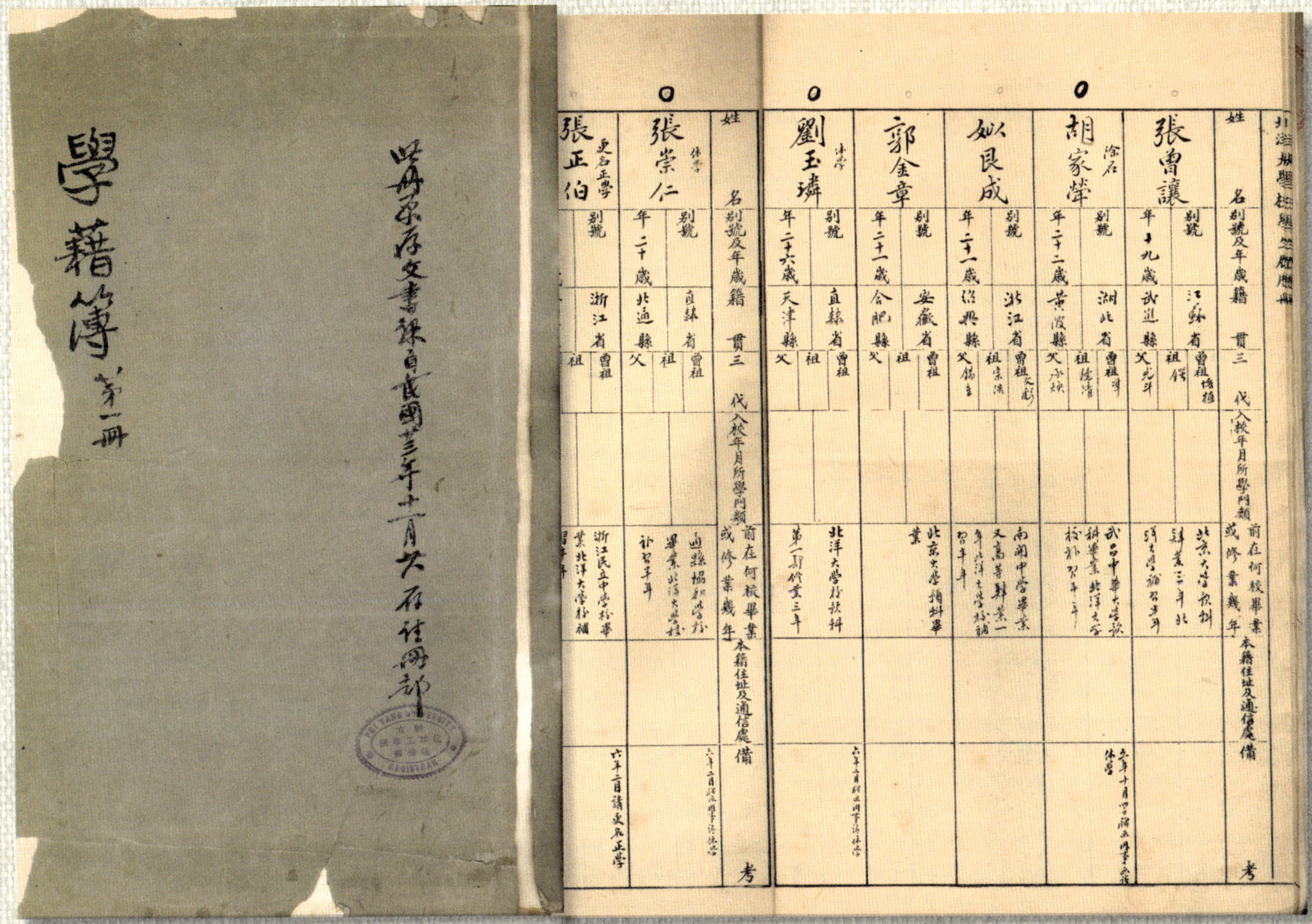
學籍簿 第一冊

姓名：张曾让。

别号及年岁：年十九岁。

籍贯：江苏省武进县。

三代：曾祖培植，祖锷，父光斗。

入校年月所学门类：

前在何校毕业或修业几年：北京大学预科肄业三年，北洋大学补习半年。

本籍住址及通讯处：

备考：

## 张太雷（张曾让）在北洋大学的成绩单

| | 第一学年试验 | 第二学年试验 | 第三学年试验 | 毕业试验 | 毕业成绩 |
|---|---|---|---|---|---|
| 宪法 | | | | 75.00 | 75.00 |
| 行政法 | | | | 72.00 | 72.00 |
| 刑法 | 65.00 | | | | 65.00 |
| 民法 | 75.00 | 75.00 | 90.00 | 87.00 | 81.75 |
| 商法 | | 66.25 | 80.00 | 95.00 | 80.42 |
| 刑事诉讼法 | 80.00 | | | | 80.00 |
| 民事诉讼法 | 88.00 | 88.00 | | | 88.00 |
| 国际私法 | | | | 80.00 | 80.00 |
| 国际公法 | | | 72.00 | 80.00 | 76.00 |
| 罗马法 | | | 90.00 | 84.00 | 87.00 |
| 法制史 | 75.00 | 70.00 | | | 72.50 |
| 法理学 | | | 74.00 | 84.00 | 79.00 |
| 经济学 | 85.00 | 87.00 | | | 86.00 |
| 英吉利法 | 74.00 | 78.00 | 64.50 | | 72.17 |
| 比较法制史 | 73.00 | 84.00 | | | 78.50 |
| 财政学 | | | 65.00 | | 65.00 |
| 总计分数 | 615.00 | 548.25 | 635.50 | | 1238.34 |
| 总平均分数 | 76.87 | 78.32 | 76.50 | | 77.40 |
| 缺席应减分数 | 0.00 | 0.00 | 1.50 | | 0.37 |
| 实得总平均分数 | 76.87 | 78.32 | 75.00 | | |
| 毕业总平均分数 | | | | | 77.03 |

## 张太雷曾任编辑的《华北明星报》及部分翻译文稿

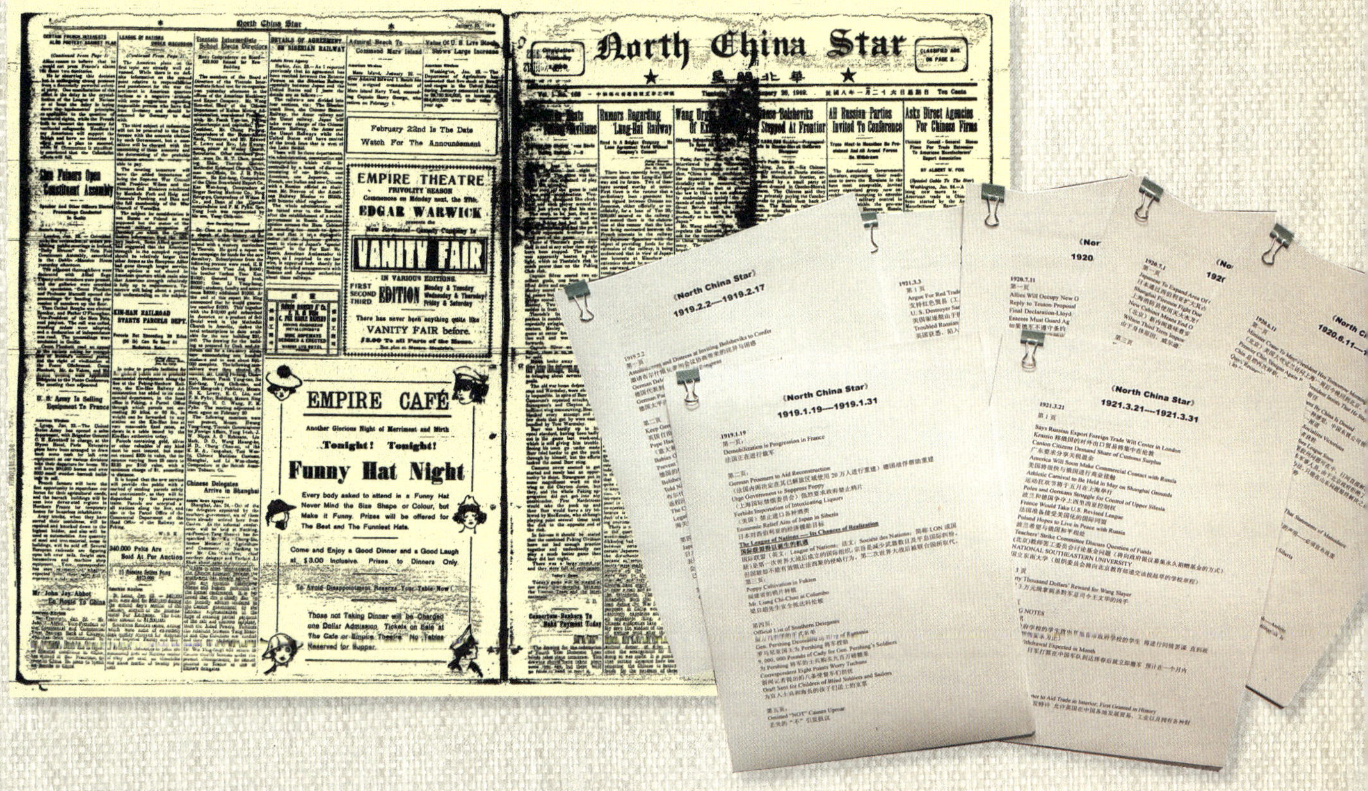
North China Star

February 22nd Is The Date
Watch For The Announcement

EMPIRE THEATRE
FRIVOLITY SEASON
EDGAR WARWICK
VANITY FAIR
There has never been anything quite like
VANITY FAIR before.

EMPIRE CAFE
Another Glorious Night of Merriment and Mirth
Tonight! Tonight!
Funny Hat Night

(North China Star)
1919.2.2—1919.2.17

(North China Star)
1919.1.19—1919.1.31

(North China Star)
1921.3.21—1921.3.31

《华北明星报》(*North China Star*)，是由外国人在天津创办并经营的大型综合类英文日报，1918 年 8 月 12 日创刊。发起人和总编辑福克斯博士（Charles J. Fox）此前在美国的纽约和华盛顿有十年的报社工作经历，1913 年至 1919 年在天津北洋大学任法学教授。早期的《华北明星报》版面一般为四开八版，版面篇幅几同于现在的日报。该报的特点之一是大量报道国内外新闻，特别是通过其在美国、苏俄、欧洲等地的通讯记者，大量报告包括苏俄在内的国际新闻，信息量很大。

张太雷以北洋大学在校学生身份就职《华北明星报》，任翻译及兼职编辑，一方面可以资助自己以完成学业，另一方面为他提供了接触和了解社会、锻炼自身能力的平台和机会，对他由民主主义者转变为共产主义者产生了一定的作用和影响。期间，张太雷能够更方便地了解国内外发生的大事，包括十月革命后的苏俄情况，有更多的机会得到并阅读有关马克思主义的书籍，更大范围地了解社会民情，能够在学生阶段走出校园接触到真实的社会及其运行。特别是他以报纸为平台结识在天津的俄共（布）秘密党员鲍立维，并经其介绍担任来华的俄共（布）代表维经斯基的翻译，翻译社会主义文献，参与了在华俄共（布）代表与中国早期马克思主义者的一些联系活动。

## 1919 年 6 月 2 日，天津《益世报》报道张太雷（张曾让）等赴塘沽及郊区讲演

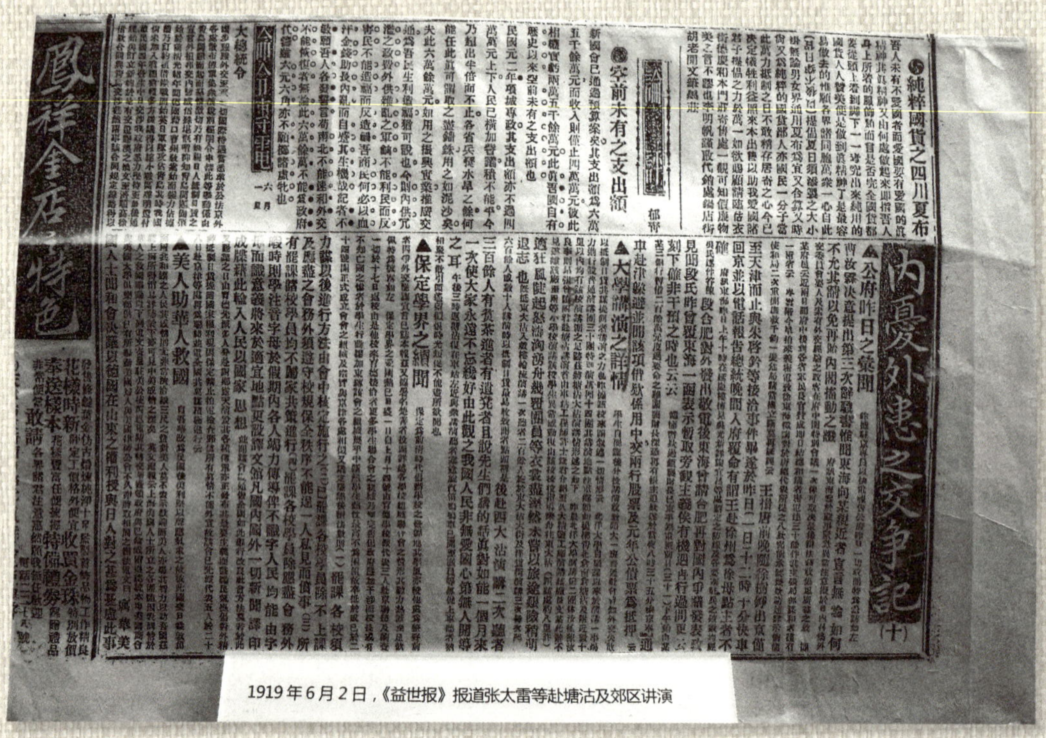
鳳祥金店特色

純粹國貨之四川夏布

空前未有之支出額

內憂外患之交爭記（十）

大學講演之詳情

保定學界之續聞

美人助華人救國

1919 年 6 月 2 日，《益世报》报道张太雷等赴塘沽及郊区讲演

大学讲演之详情

学生自罢课后，分投讲演，收效颇大，一般普通社会，皆知外交失败，以抵制日货共谋挽回者，讲演之力也。昨据该校来函，叙述一切情形云：北洋大学自罢课以来，于演讲一事竭力进行，设普通演讲团三十团，特别演讲团十四团。其演讲地点注重乡间，如杨柳青、北仓、南仓、塘沽及附近数十里以内，均有该校演讲团之足迹。兹将塘沽、大沽演讲情形述之如下：昨晨北洋大学演讲第二团林汝植、陈汝良、李则昂、张曾让四君赴塘沽讲演，首由车站工程师许士箴君介绍至久大精盐工厂演讲。该厂长文某托辞不见，遂离该厂。至两等小学校演讲，该校学生异常感动。复由该校校役指导乘舟往东大沽（距该处约八里许）。适狂风陡起，怒涛汹涌，舟几覆。团员等衣裳尽湿，然未尝以旅途艰险稍萌退志也。既抵东大沽入戏楼轮流演讲，一次听者二百余人。旋于东大沽大街及洋货街演讲三次，每次听者六百余人或数十人。讲演时以抵制日货最易收效，闻者点头称是。后赴西大沽演讲二次，听者三百余人。有煮茶进者，有遗凳者，且说：“先生们讲的话真对，如能一个月来一次，使大家永远不忘才好。”由此观之，我国人民非无爱国心，第无人开导之耳。午后三时返塘沽，复在车站左近与众讲演，听者塞途。旋汽笛呜呜，车已开至，团员等匆促上车，听者犹相聚不散，引领遥望，似恨时光短促，不能尽所欲闻也。

## 张太雷（张曾让）的毕业证书

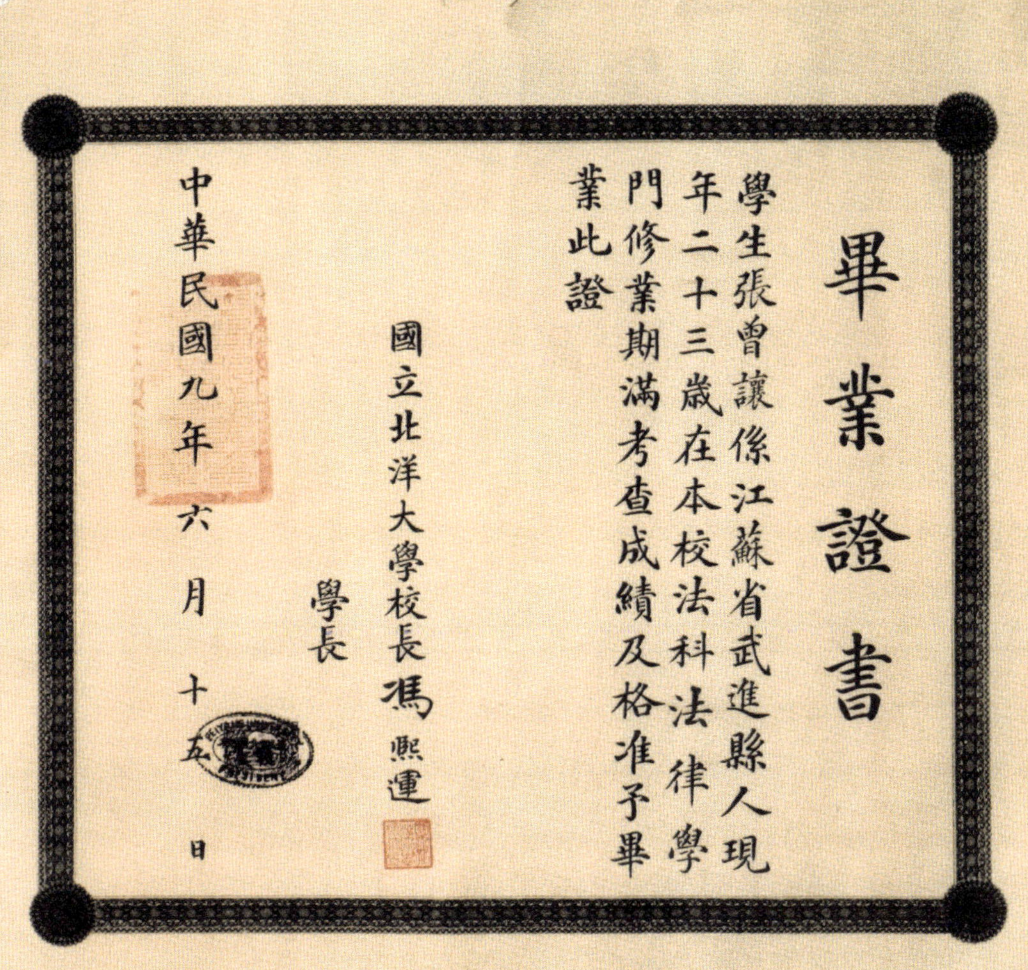

畢業證書

學生張曾讓係江蘇省武進縣人現年二十三歲在本校法科法律學門修業期滿考查成績及格准予畢業此證

國立北洋大學校長馮熙運

學長

中華民國九年六月十五日

1990 年 3 月 15 日《天津日报》以“张太雷毕业证书在天大发现”为题进行了报道。

【本报讯】天津大学校史有关编辑人员透漏：张太雷烈士的大学毕业证书，最近在天津大学被发现，从而纠正了张太雷大学未毕业的传闻。

张太雷 1916 年至 1920 年在北洋大学（天津大学前身）法科学习，在校时名张曾让。张太雷毕业证书上写有：学生张曾让系江苏省武进县人，现年二十三岁，在本校法科法律学门修业期满考查成绩合格，准予毕业。

张太雷学生时代就从事民主革命活动，1919 年在天津组织“社会改造社”，同年参加伟大的五四运动；1920 年参加李大钊在北京建立的共产主义小组，是中国共产党最早的党员之一。1927 年 12 月 12 日，张太雷是广州起义的领导者之一，在指挥广州起义战斗中不幸牺牲。（于克建　李永明）

## 张太雷从苏联回国时带给母亲的毛毯

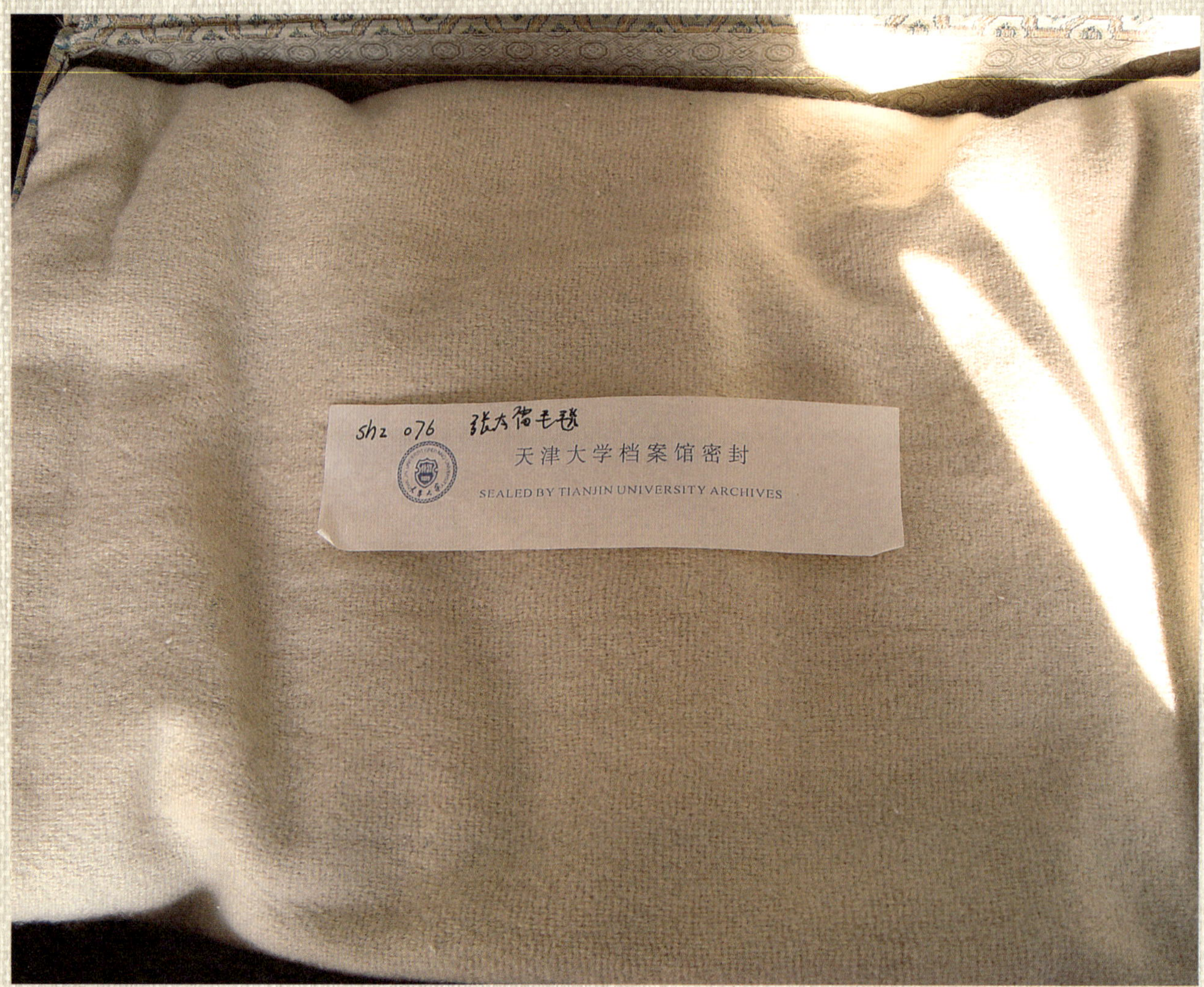


这是复制件，原件存中国人民革命军事博物馆

## 天津大学太雷路

1995 年天津大学建校 100 周年前夕，学校将北洋广场张太雷塑像所面对的通往北校门的主干道命名为“太雷路”。1998 年“太雷路”与“张太雷纪念室”“张太雷塑像”一起被中共天津市委、市政府命名为市级爱国主义教育基地。

图为张太雷的女儿张西蕾与天津大学法科学生合影。

# 天津大学张太雷宣传和研究工作述评

张太雷是中国共产党早期重要领导人，是中国共产主义青年团的主要创建人和青年运动的著名领袖，是震惊中外的广州起义总指挥，是天津大学（原北洋大学）的著名校友。张太雷把自己年轻的生命无私地贡献给了中华民族的解放事业，永远值得学习和纪念。

天津大学张太雷宣传和研究工作是从1979年开始的，至今已经坚持了34年。30多年来，天津大学始终怀着强烈的自豪感、使命感、责任感和紧迫感从事着这一光荣的事业，认认真真地完成着这一任务，兢兢业业地开展着这项工作，宣传张太雷的崇高精神，研究张太雷的革命思想、革命业绩和传奇人生。天津大学张太雷宣传和研究工作30多年来所取得的丰硕成果，真实地反映了天大人对伟大的无产阶级革命家张太雷的崇敬和怀念之情。

为了总结经验、吸取教训、发扬长处、克服不足，对天津大学张太雷宣传和研究工作作一述评，以便为今后提供借鉴和思考，是非常必要的。

天津大学张太雷宣传和研究工作大体分为4个阶段：第一阶段是1979年至1990年，第二阶段是1991年至1998年，第三阶段是1999年至2007年，第四阶段是2008年至今。

## 自豪感激发动力（1979—1990）

这一阶段从1979年3月天津大学与广东革命历史博物馆建立联系开始，至1990年10月张太雷的革命思想和革命事迹在校史展览中专题展出。这是天津大学张太雷宣传和研究的起步阶段。

1979年3月，天津大学马列主义教研室几位年轻教师前往广东革命历史博物馆参观学习，受到了张太雷研究专家、《广州起义》一书的作者林鸿暖先生的热情接待。临别时林鸿暖委托他们帮助查找张太雷在天津北洋大学的学习情况和在天津从事革命活动的资料。于是，马列主义教研室的老师们便开始了这项非常有意义的工作。不久，北京大学长期从事张太雷研究的丁则勤教授也来到天津大学，寻求帮助，教研室的老师也毫无保留地给予了支持。他们认为，作为张太雷的母校协助各地学者进行张太雷研究是义不容辞的责任。但同时也感到，既然张太雷是天津大学的著名校友，我校为什么自己不做研究，只为别人提供帮助呢？就从这时起，马列主义教研室的李关鸿、刘玉珊便开始了对张太雷的独立研究工作，1980年后，陆续发表了几篇研究论文。这样便形成了天津大学最初的张太雷研究队伍和研究成果。在张太雷宣传方面，学校也开展了一些活动。1985 年 8 月，被天津市委、市政府批准命名为天津市爱国主义教育基地的张太雷塑像在天津大学北洋广场落成。为做好这件事，天津大学各部门和广大校友进行了卓有成效的准备工作，受到了各方面的好评，取得了非常好的效果；1988 年 6 月，学校举行了纪念张太雷诞辰 90 周年系列活动，校领导带领全校师生员工表示，一定要继承烈士遗志，做好各项工作，以告慰烈士英灵。

当时激发天津大学进行张太雷宣传和研究的最大动力，就是因为张太雷是天津大学的校友。当得知张太雷毕业于天津大学的前身北洋大学时，广大师生那种自豪的心情是无法用语言来形容的。正是这种自豪感激发了天津大学张太雷宣传和研究的无穷动力。

这一阶段天津大学开始与全国一些张太雷研究单位和有关专家建立了联系，也与天津市委党史资料征集委员会建立了联系，并接受他们的指导，得到了他们的帮助。李关鸿和刘玉珊二人积极开展了调研工作。他们首先看到的是纪华先生写的《北洋大学事略》，其中明确记载着张太雷毕业于北洋大学法科；后来他们又前往天津图书馆（当时天津图书馆专设内部资料馆，馆藏建国前很多珍贵资料）等单位查找新中国成立前天津《益世报》等报刊，翻阅了《北洋周报》《北洋大学校季刊》等北洋大学几乎所有保存下来的资料；他们还到北京图书馆查找《华北明星报》中的线索；走访张太雷的同班同学孙瑞芹先生等，颇有收获。例如找到了张太雷所在班的名册、1915 年北洋大学校预备班招生简章、1919 年 6 月 2 日《益世报》上刊登的张太雷等 4 名同学赴塘沽等地演讲的报道等珍贵资料。1979 年到 1980 年上半年，李关鸿和刘玉珊成了天津大学图书馆的常客。在这里他们翻阅了馆藏的所有中国共产党早期刊物《向导》《先驱》《前锋》《布尔什维克》等，查找到张太雷所撰写的以“太雷”“大雷”“春木”等署名的文章数十篇。看到了瞿秋白发表在 1928 年 1 月出版的《布尔什维克》第 12 期上的《悼张太雷同志》的文章。同一时期，他们还到南开大学图书馆翻阅了新中国成立前出版的《中国青年》，找到了张太雷在《中国青年》上发表的一些文章。在《张太雷文集》出版之前，获得张太雷亲笔写就的这些文章是十分珍贵的。据此，李关鸿和刘玉珊两人在 1980 年天津大学建校 85 周年的科学报告会上发表了天津大学张太雷研究的第一篇论文《试论张太雷新民主主义革命思想的形成》。

这一阶段张太雷宣传和研究工作具有如下特点。

（一）张太雷宣传活动和研究工作是分头进行的。

宣传活动主要由校机关相关部门负责，研究工作主要由马列主义教研室（后来是人文与社会科学系）承担。宣传活动起点很高，力度也大。当时中共中央为了使后代铭记中国革命的历史，决定在全国建立 10 位革命领导人的塑像，张太雷名列其中。经过学校和上海校友的努力，张太雷塑像终于成功铸就并决定坐落在天津大学北洋广场。张太雷塑像落成时就有中共中央总书记胡耀邦和中央军委副主席聂荣臻、徐向前等中央领导的题字，还有中央领导和有关部门的贺信贺电。中共中央政治局委员、天津市委书记倪志福等参加落成仪式并为塑像揭幕。张太雷的女儿张西蕾不但参加了落成仪式并讲话，而且在多场合赞扬这是全国最好的张太雷塑像。但这个时期研究力量却很弱，一般情况下也就李关鸿和刘玉珊两个人参加研究和调查。在李关鸿退休后，很长一段时间只剩下刘玉珊一个人，即便如此，她也一直坚守这块阵地，在承担繁重的管理工作和教学工作的同时，自豪感激发的动力促使她坚持从事着张太雷研究工作。

（二）对张太雷的宣传和研究是与校史的宣传和研究紧密结合的。

因为刘玉珊等人在从事张太雷研究的同时也正在研究校史。1985 年 8 月 1 日天津大学在举行张太雷烈士塑像落成典礼之后，首次召开了校史研讨会。朱磊副校长、武善谋教务长和部分省市校友会的代表参加了会议。会议的主题是由刘玉珊和李关鸿分别作了“天津大学（北洋大学）是中国第一所大学”“张太雷烈士生平研究”的报告。与会代表对校史研究和张太雷研究提出了宝贵的意见和建议。

1990 年为迎接天津大学 95 周年校庆，学校决定在新落成的科学图书馆内设立校史馆举办校史展览。在北洋大学部分的北洋初创、巍巍学府、科系调整、艰难维系和津沽复校等板块之后特意设置“北洋之光”板块，展出内容包括张太雷的生平、他的北洋大学毕业证书、革命活动照片以及中央领导同志为张太雷烈士的题字等。展示了几年来天津大学张太雷研究方面的成果，宣传了张太雷的革命精神和革命事迹，也为后来建立“张太雷纪念室”打下了初步基础。

### 使命感催人奋进（1991—1998）

这一阶段开始于 1991 年 11 月在天津大学召开的“《张太雷年谱》编纂工作会议”，结束于 1998 年 6 月张太雷诞辰 100 周年系列纪念活动。

天津大学校景

张太雷的宣传和研究工作在这一阶段取得了较大的发展，成果显著。这一时期，天津大学深深感到使命在身，催人奋进。这种使命感一方面来自全国理论界和党史界对中共早期领导人研究和宣传工作的高度重视和发展，另一方面天津大学对张太雷的宣传和研究得到了张太雷的亲属特别是他的女儿张西蕾的亲切关怀和悉心指导，他们对张太雷母校的厚望增强了学校的使命感。感到作为烈士的母校应该积极奋进，勇于承担起这一神圣使命，做好张太雷的宣传和研究工作。

在这一时期主要做了以下工作。

（一）1991 年 11 月在天津大学成功召开了有全国张太雷研究专家参加的“《张太雷年谱》编纂工作会议”，1992 年 4 月天津大学出版社出版了由刘玉珊等主编的《张太雷年谱》。

（二）1992 年 5 月以纪念共青团建立 70 周年为契机在常州举行了“张太雷研究学术讨论会”，天津大学派代表参加并在大会上宣读论文《张太雷与北洋大学》，论述了北洋大学的校风、校训、学风对张太雷的学业、才能和学识等方面的影响，得到了与会者的普遍认同。

（三）1995 年天津大学百年校庆前夕为天津大学的道路命名，将张太雷塑像所面对的直通北校门的主干道命名为“太雷路”,她与“张太雷纪念室”和“张太雷铜像”一起被天津市委、市政府命名为市级爱国主义教育基地。

（四）1998 年为纪念张太雷诞辰 100 周年，天津大学在张太雷宣传和研究方面取得了前所未有的成绩，主要体现在以下方面。

（1）从 1997 年开始筹备建立“张太雷纪念室”，1998 年 6 月在张太雷诞辰 100 周年之际建成，为方便大学生参观学习，将“张太雷纪念室”设在大学生活动中心。纪念展览共分童年时代、就读北洋、建党建团、国际舞台、国共合作、参加大革命、领导广州起义、永久纪念等 8 个部分 20 块版面，全面展示了张太雷短暂的却又辉煌壮丽的一生，是对当代大学生进行革命传统教育和人生观、价值观、世界观教育的市级爱国主义教育基地。

（2）筹备召开了纪念张太雷诞辰 100 周年大会。在大会上党委书记杨渝钦首先讲话。接着市委常委、宣传部部长罗保铭宣读《关于确立“天津大学张太雷烈士纪念室”为市级爱国主义教育基地的批复》；市委常委、市教委主任邢元敏为爱国主义教育基地授牌；党委副书记张宏伟宣布命名“张太雷班”及表彰“张太雷奖学金”获得者的决定并颁奖；最后学生代表、张西蕾和市委副书记刘峰岩先后讲话。

（3）参加了在北京人民大会堂由中央党史研究室、团中央和江苏省委召开的张太雷诞辰 100 周年座谈会。党委书记杨渝钦和社外学院院长刘玉珊、宣传部副部长王贵书以及张太雷班的同学们参加了座谈会。会后中共中央政治局常委、国家副主席胡锦涛和共青团中央书记处第一书记李克强接见了天津大学的领导和张太雷班的同学们，与他们亲切交谈并为他们签名留念。

4. 党委副书记李全生和刘玉珊、王贵书等人参加了在常州召开的“张太雷同志诞辰 100 周年学术研讨会和纪念会”。

5. 在《光明日报》《中国高等教育》等报刊上发表多篇研究论文。在《天津大学报》上用整版的篇幅刊登了张西蕾撰写的《红花岗上忆百年》、刘玉珊等撰写的《北洋学子革命先驱——纪念中国共产党早期领导人张太雷》等长篇纪念文章。

这个阶段的主要特点如下。

（一）宣传有力度，研究有深度。宣传工作主要是以张太雷百年诞辰为契机，广泛宣传张太雷的革命事迹和革命思想；宣传促进了研究的开展，研究队伍有所壮大，宣传部的工作人员在宣传张太雷的同时也参与了张太雷的研究，例如王贵书、杨风和等与刘玉珊一起发表了一批研究论文。

（二）这一阶段研究的重点主要是挖掘张太雷与北洋大学的关系。既有北洋大学对张太雷多方面的影响，也有张太雷在五四运动和其他革命活动中对学校的影响。从这个阶段看，天津大学对张太雷的研究开始有了自己的特点。

（三）在深入研究张太雷思想和实践的基础上，总结出了张太雷革命思想的核心——张太雷精神，即爱国主义精神、善于探索的精神和勇于献身的精神。

### 责任感鞭策育人（1999—2007）

1999 年以“张太雷纪念室”为教育基地，广泛开展了对大学生进行张太雷革命思想和革命事迹的教育，到 2007 年 12 月以纪念张太雷牺牲 80 周年为契机，号召青年大学生以张太雷为榜样，学习张太雷精神，在天津大学形成了学习张太雷的热潮。

学校的中心任务是育人，培养的学生不但要掌握现代科学文化知识，更重要的是要使他们成为具有爱国奉献精神，善于探索和创新的精神，为了国家和人民勇于牺牲一切的优秀人才。张太雷就是光辉的榜样。用张太雷精神教育青年学生是学校义不容辞的责任。这种责任感鞭策着天津大学采取了多种形式用张太雷精神育人，培养更多的高素质人才。

这一阶段张太雷的宣传工作以育人为中心，采取了多种多样的形式，开展了丰富多彩的活动。

（一）天津大学对用张太雷精神育人十分重视，根据形势的发展和培养学生的需要，张太雷班的含义也有了新的变化。张太雷班不再是某一个自然班，而是从全校优秀的本科生、硕士生和博士生中选拔，把他们作为精英人才来培养。2006 年 10 月为进一步适应青年学生成长成才的需求，发挥共青团组织服务青年成长成才的作用，发掘和培养一批既有过硬专业知识，又有卓越领导才能的学生，校团委积极探索团员干部培养的新途径与新形式，决定从 2006 年 10 月开始在我校团员青年中正式推行“天津大学学生领导力培育计划”。与此相适应，成立了天津大学“太雷班”，2006 年 10 月 24 日，经过层层选拔，天津大学第一期“太雷班”30 名学员脱颖而出，10 月 31 日举行了开班仪式。“太雷班”现在已经办到第七期。学校希望“太雷班”起到培养学生潜能和进取精神的作用，要求他们在“太雷班”中锻炼性格、提升修养、树立自信、培养悟性、善于自省、学会约束、注重计划、接受磨炼。每期开班和结业，校领导都到会讲话，提出要求和进行勉励。校长龚克、党委副书记于立军、李义丹和各部门负责人都多次参加过他们的活动。刘玉珊也和他们座谈过，给他们开过讲座。

（二）利用马克思主义理论课的实践教学环节，开辟第二课堂，进行张太雷革命思想和革命事迹的专题讲座，宣传张太雷精神。刘玉珊等同志在几年之内，就在一年级大学生中利用《毛泽东思想概论》课的实践课时进行了数十场讲座，学生反映良好，认为很有收获，对张太雷十分敬佩，为有这样伟大的校友而自豪。听过讲座的人直到现在还记忆犹新，要求多举行一些这样的活动。

（三）在张太雷诞辰或牺牲的纪念日，学校都要举行纪念活动。例如，2007 年 12 月在张太雷牺牲 80 周年的时候，学校组织了系列纪念活动，组织学生到张太雷塑像前献花、宣誓、召开纪念会、座谈会，党委书记刘建平亲自到会并讲话，鼓励学生以张太雷为榜样，做社会主义事业合格的接班人。同时各学院、各单位也纷纷举行各种活动，在全校形成学习张太雷精神的新高潮。例如 12 月 11 日至 12 日，学工部、档案馆、邓研会“缅怀校友，弘扬张太雷精神；肩负使命，争做杰出青年——纪念张太雷烈士牺牲 80 周年”主题图片展在六里台广场和张太雷塑像前展出；12 月 12 日，精仪学院等单位在张太雷塑像前举行党员宣誓仪式，学院领导号召学生们要树立崇高理想和远大志向，学习张太雷的爱国奉献精神，刻苦学习科学知识，为祖国和人民奉献终生；12 月 9 日，社外学院、机械学院部分邓研会的成员齐聚张太雷塑像前，表达对烈士的思念之情，决心发扬张太雷的爱国奉献精神，肩负起历史使命，为国家和民族贡献自己的力量。

（四）张太雷塑像是天津市爱国主义教育基地，天津大学又是广大中学生向往的名牌大学，所以经常有学校组织学生前来参观，在张太雷塑像前进行一些参观纪念活动，这种情况也是宣传学校、宣传张太雷的好时机，刘玉珊等都曾为来校的中学生介绍过张太雷的事迹和他的革命精神。

这一阶段的研究工作也没有中断，虽然只有刘玉珊一个人，但研究的重点也有了侧重，那就是重点研究张太雷对中国革命各个方面的贡献。例如在党的统一战线方面、在与共产国际的关系方面、对中国革命的理论贡献方面都有一些成果。对张太雷在天津的革命活动也同时进行着调查和研究。

为了宣传张太雷精神，刘玉珊先后在《城市快报》和《天津大学报》上发表文章，解析张太雷精神，号召青年学生向张太雷学习。张太雷为中华民族和中国人民的解放事业献出了宝贵的青春和生命，是青年的楷模，时代的先锋，为广大青年树立了永远学习的榜样。

这一阶段的特点是没有轰轰烈烈的大活动，只是认认真真地做好用张太雷精神育人的工作，达到了润物细无声的效果。这一阶段虽然参加研究工作的人比较少，但在育人方面学校还是非常重视的。不但有“太雷班”这样经常性的培养精英学生的组织，而且还经常组织一些活动。在这些活动中，不但学校领导积极参加，学校关工委的老同志也经常参加，在用张太雷精神育人方面发挥了积极的不可替代的作用。

## 紧迫感催生创新（2008—）

这一阶段开始于 2008 年 6 月纪念张太雷诞辰 110 周年的系列活动。

2008 年以后，作为张太雷的母校在宣传和研究张太雷方面感到压力很大，人人都有一种紧迫感。这种紧迫感来自于形势紧迫、任务紧迫、时间紧迫、人员紧迫。形势紧迫是说国家在发展，学校在发展，党史研究也有新的发展和突破，党和国家对这方面的工作也是极为重视和支持的，我们没有任何理由强调困难、不思进取；任务紧迫是指 30 多年来天津大学虽然做了大量的工作，但任务远远没有完成，或者说完成得不够好，还有许多需要搞清楚的问题尚无头绪或有争论，例如张太雷是否在天津建立了共产党早期组织？张太雷与周恩来在天津是否有过合作？张太雷在《华北明星报》具体做了哪些工作等等都需要我们去调查、去研究、去挖掘；时间紧迫这是大家都清楚的，张太雷在天津的年代已经过去了将近一个世纪，一些资料应该尽快去抢救，时间拖得越久，研究就越困难，我们应该以只争朝夕的精神状态去做这项工作。人员紧迫是长期存在的问题，研究张太雷是宣传张太雷的基础，但长期以来我校从事张太雷研究的人员极少，没有形成一个团队，基本就是刘玉珊一个人，且现在已经退休，身体多病，不宜再承担过多任务。面对这些问题如何解决？唯一的出路就是要创新。创新由紧迫感而生，紧迫感催生创新。

因此从 2008 年 6 月纪念张太雷诞辰 110 周年开始，学校加大了张太雷宣传和研究的力度，建立了新的领导机构，提出了新的工作思路，采取了新的发展措施，增加了经费投入。主要有以下方面。

（一）建立了天津大学张太雷研究中心。中心由张太雷的女儿张西蕾任名誉主任，党委副书记李义丹任主任，张太雷亲属、马克思主义学院、宣传部、档案馆、社科处负责人任副主任。同时还聘请了全国的张太雷研究专家担任顾问。在 2013 年 6 月 17 日天津大学张太雷研究中心工作会议上，决定成立张太雷研究中心第一研究室和第二研究室，由蔡文杰和刘玉珊分任两个研究室的主任。这样天津大学的张太雷宣传和研究工作就有了强有力的领导机构，各项工作可以有组织有计划地进行，也有效地整合了天津大学的张太雷宣传和研究队伍，密切了与全国张太雷研究人员的联系和有效合作。

（二）逐步形成了一支年轻化、高学历、研究能力强的张太雷研究团队。马克思主义学院的蔡文杰、秦立海、渠占辉、张畅、王岚，档案馆的张振兴等都积极参加了张太雷的研究。新老研究人员密切合作，争取和完成了一些国家级和天津市的研究课题，例如新编《张太雷文集》的出版、天津市纪念建党 90 周年的立项和结项，同时也发表了一些高质量的论文。马克思主义学院的中共党史专业的研究生也作了大量的工作。其中，2009 届学生翁莹香以“共产国际背景下的张太雷革命实践与思想研究”为题完成了硕士学位毕业论文。2011 届学生李攀参与了《张太雷文集》的编纂工作。这样一支高素质的研究团队的形成，把天津大学的张太雷研究工作推向了一个新阶段。

（三）在校史馆重建了“张太雷纪念室”。2011 年 6 月 11 日，中共天津市委常委、教育工委书记苟利军、天津大学党委书记刘建平与张太雷外孙女冯海晴、常州张太雷纪念馆馆长黄明彦共同为我校重建的张太雷纪念室揭幕。之后举行了主题为“传承太雷精神，庆祝建党 90 周年”的纪念张太雷诞辰 113 周年座谈会。会上首先传达了中共中央政治局委员、天津市委书记张高丽对张太雷研究和宣传的重要批示，他指出，张太雷烈士是老一辈无产阶级革命家，在天津的革命活动，应加大力度认真研究和宣传。苟利军在座谈会上讲话，他代表天津市委、市政府对张太雷的光辉业绩和崇高风范给予了高度评价。他说，我们纪念和缅怀太雷同志，就要学习他矢志不移追求革命真理、为共产主义理想奋斗终生的坚定信念。“张太雷纪念室”的重建为弘扬太雷精神、教育青年学生必将发挥重大作用。

（四）设立张太雷奖，并将其作为天津大学党员的最高奖励。2011 年 6 月，首批获得张太雷奖的苏万华、王静康、郁道银、赵黎明都是天津大学作出突出贡献的院士和专家教授。

（五）2008 年 6 月，天津大学举行了纪念张太雷诞辰 110 周年系列活动。6 月 17 日天津大学党委书记刘建平和党委宣传部部长花建锋等参加了由江苏省委宣传部、江苏省党史工作办公室和常州市委在常州联合举办的张太雷诞辰 110 周年纪念大会。会后，刘建平书记前往张太雷的母校江苏省常州高级中学，张太雷的两所母校天津大学和常州高级中学签署了两校“太雷班”共建协议，旨在进一步弘扬太雷精神，教育广大团员青年以他为榜样，立志为国发奋成才。刘玉珊则参加了纪念张太雷诞辰 110 周年学术研讨会，并提交了研究论文《母校的骄傲》。同一天，还在天津大学大学生活动中心举行了第二期“太雷班”结业仪式。党委副书记于立军参加了仪式并讲话。根据与江苏省高级中学签署的“太雷班”共建协议，第二期“太雷班”学员将在暑假前往常州开展以“探寻太雷精神”为主题的社会实践活动。校团委负责人为社会实践队授旗。

（六）张太雷研究开始在学校及省部级成功立项，获得项目基金资助。2008 年由天津大学档案馆主持，天津大学开展系列校史项目研究。由蔡文杰负责的研究项目“张太雷与北洋大学”作为重点培育项目成功立项，并于

2008 年 11 月正式启动。该项目重点研究张太雷在北洋大学读书期间的学习生活情况、政治思想以及在天津、北京的革命活动，包括学生运动，党团创建活动。经过近一年时间的研究，项目组发表论文《张太雷在京津地区的革命活动》(《科学创新发展》，天津大学出版社 2009 年 6 月出版）并完成结项。2011 年，为纪念中国共产党成立 90 周年，由天津市哲学社会科学规划领导小组设立了一批理论文章重点委托项目，蔡文杰、刘玉珊撰写的《张太雷在天津（1916-1921)》一文，纳入 2011 年度天津市纪念中国共产党成立 90 周年理论文章重点委托项目（编号：TJ11-WTJND08)，并顺利结项。该论文作为天津大学重点论文参加天津市社会科学界建党 90 周年纪念活动。同年，天津大学为配合建党 90 周年纪念活动，通过学校自主创新基金，继续资助由蔡文杰负责的“张太雷与北洋大学”专项研究项目。同年 11 月，项目组发表论文《张太雷在天津的革命思想与实践探析》(《天津大学学报》2011 年第 6 期)，成为这一课题的阶段性成果。

（七）2013 年 6 月 17 日，天津大学隆重举行张太雷诞辰 115 周年纪念大会暨《张太雷文集》首发式。中共天津市委常委、市委宣传部部长成其圣，中共天津市委常委、市委教育工委书记朱丽萍，人民出版社有关领导，北京、上海、常州、天津等地的张太雷研究专家，张太雷亲属等参加了会议。这次会议标志着天津大学张太雷宣传和研究工作达到了一个新的高度和水平。

这一阶段，开创了天津大学在张太雷宣传和研究方面的新局面。第一次有了专门的领导机构；第一次对张太雷研究有了充足的经费支持；第一次把张太雷奖设为天津大学党员最高奖项；天津大学第一次有了一支高水平的张太雷研究队伍等等。在这种大好形势下，天津大学的张太雷的宣传和研究工作未来可期。

总结 30 多年来我们在张太雷宣传和研究方面取得了一些成绩，积累了一些经验和研究成果。这些成绩的取得是与各级领导和方方面面的重视和关心分不开的。

首先，30 多年来张太雷宣传和研究工作得到了中共天津市委、市政府的大力支持和亲切关怀。市委书记张高丽同志曾两次为张太雷宣传和研究作了重要批示，为我们的工作指明了方向。市委书记倪志福、谭绍文，市委副书记、市长聂璧初，市委副书记刘峰岩，市委常委何国模，市委常委、市教卫工委书记、市教委主任邢元敏，市委常委、宣传部部长罗保铭和成其圣，市委常委、市教育工委书记苟利军和朱丽萍等市领导都曾亲临天津大学参加宣传和纪念张太雷的活动并发表重要讲话，极大地鼓舞了全校的师生员工，促进了天津大学张太雷宣传和研究工作的开展；1998 年 6 月，在张太雷百年诞辰之际，天津市委、市政府批准天津大学张太雷烈士纪念室，张太雷烈士铜像、太雷路等为市级爱国主义教育基地。这是对天津大学师生员工的极大鼓舞和鞭策。

其次，30 多年来，天津大学党委和学校行政高度重视张太雷宣传和研究工作。各项重大活动都是在党委直接领导下进行的；党委书记杨辉、杨渝钦、刘建平，校长史绍熙、吴咏诗、李光泉、单平、龚克、李家俊，副校长朱磊、陈关裔、王玉林，党委副书记田海亭、李锦坤、李全生、张宏伟、杨贤金、于立军、李义丹等党政领导都曾参加过有关张太雷的各项宣传和研究活动，有的校领导还多次参加，并发表重要讲话；学校曾拨经费建立张太雷塑像、张太雷纪念室，组织各种宣传纪念活动；在进行张太雷研究方面，学校在财力上也给予了支持；2012 年 5 月天津大学成立了众望所归的"天津大学张太雷研究中心"，由党委副书记李义丹任中心主任，这样天津大学张太雷的宣传和研究工作就有了可靠的组织保证。

同时，天津大学张太雷宣传和研究工作成绩的取得与张太雷亲属的支持是分不开的。原全国政协委员、化工部科技局副局长、张太雷的女儿张西蕾对天津大学张太雷宣传和研究工作倾注了大量的心血。她多次往返于京津之间，对天津大学张太雷宣传和研究工作进行了具体指导和无私帮助。在她的倡导和支持下,天津大学牵头编写和出版了《张太雷年谱》、建立了"张太雷纪念室"、命名了"张太雷班"；她和她的 11 位亲属捐资在天津大学设立了"张太雷奖学金"；她不顾年迈多病几乎参加了天津大学有关张太雷的所有宣传和纪念活动并多次发表热情洋溢的讲话。张太雷的外孙女、原长城计算机通用集成技术公司冯海晴总经理，张太雷的外孙、原中国武警学院副政委冯海龙少将，张太雷的外孙女、原常州市税务局副局长张子娟等亲属也对天津大学张太雷宣传和研究工作给予了悉心指导和帮助，冯海龙还亲任天津大学张太雷研究中心副主任，做了大量不可替代的工作。对此，天津大学全体师生员工对他们表示深深的敬意和感谢。

天津大学的张太雷宣传和研究工作虽然取得了很大的成绩，但今后需要做的工作还很多，也很紧迫。例如张太雷在北洋大学和在天津的革命活动还有很多问题没有搞清楚，有的还没有找到原始的资料，这些还需要进行抢救和挖掘。任重而道远，但天津大学经过 30 多年在张太雷宣传和研究方面的锻炼和积累，一定能再创佳绩。

天津大学校门

# 后　记

"望前驱之英华卓荦，应后起之努力追踪"，校歌中这句歌词，准确地表达了天大人坚持张太雷宣传和研究的心路历程。学习革命先驱张太雷的英雄事迹，牢记他的丰功伟绩，传承他的革命精神，培养出一代又一代的后起之秀和国家栋梁之才，是我们这代人的责任和担当。

本书由天津大学张太雷研究中心主持编写。为了再现30多年来天津大学张太雷宣传和研究的历史，编者认真收集资料，走访相关人员，严谨构思、慎重取舍，书稿几经修改，《永恒的纪念——天津大学张太雷宣传和研究三十年》终于与广大读者见面了。

本书的编写完成，得到了张太雷亲属及其家乡人民的支持和帮助。冯海龙将军等张太雷亲属审阅了书稿，提出了许多指导意见和修改意见，并帮助我们解决了诸多具体困难。常州张太雷纪念馆一直以来支持天津大学张太雷宣传和研究工作，原馆长黄明彦同志虽然已经调任常州市文化馆党委副书记，但她对本书的编写依然给予了热情帮助。

本书的编写完成离不开业内专家的关心和帮助。著名张太雷研究专家钱听涛先生十分关心本书的编写和出版，他不仅多次了解本书的编写构思和具体内容，而且帮助我们解决了在编写和出版过程中的疑难问题。

本书的编写完成，凝聚了学校领导和各单位各部门许多同志的心血。

天津大学党委书记刘建平审阅了书稿后，欣然为本书作序，体现了学校领导对本书编写的支持和肯定。

本书的编写得到了天津大学党委宣传部的极大支持和热情帮助。雷鸣部长刚刚上任便投入了张太雷的宣传和研究工作，对本书的编写极为关心，多次过问。韩宝志副部长为我们提供了许多宝贵的资料、图片和多方面的帮助。宋雪峰副部长以及王青、刘思思、张华等不仅为我们及时提供了大量的重要资料，而且本书还多次引用了他们以及曾在宣传部

工作过的孟兆熙、袁源等采写的消息和报道。《天津大学报》编辑部的李丹、靳莹、王涛、彭莉等热情地帮助我们查找本书所需要的历史资料。他们以及曾在校报工作过的熊原、吴建秀等所采写的消息和报道也多次在本书中被引用。

本书的编写同样得到了天津大学档案馆的热情支持和无私帮助。在本书的酝酿阶段，常辽华馆长就多次表示全力支持我们，我们曾多次列出所需要的档案资料目录交她帮助查找，她都“有求必应”。馆长助理张振兴更是令我们感动，他按我们需要的资料目录认真细致地查找、拍照、扫描、复印，最后将全部资料制成光盘交给我们使用。有的资料十分珍贵，而且是第一次公开面世。例如张太雷在北洋大学的成绩单，过去从未公开发表过。它的发现就使张太雷作为北洋大学学生的档案更为完整：从招生简章、学籍证明、学习成绩单到毕业证书。经过将近一个世纪的时光，学校几经战乱和搬迁，这些珍贵资料还能在我校档案馆中完好保存，不能不令人敬佩。

感谢天津大学出版社对本书出版的支持和付出的辛勤努力。天津大学出版社编辑人员全程参与本书的编辑出版工作，主动协调各方关系，保证了本书的按时、保质保量出版。

本书的编写完成，还得到了渠占辉、管虹、田丽娜、吕静、焦璇、王荃、周露芳、张纲等的支持和帮助，他们或为我们提供必要的资料，或在本书中采用了他们相关的报道。在本书编写过程中还得到了许多同志的帮助，恕不一一列举姓名，在此一并表示感谢。

感谢天津大学所有曾经从事过或正在从事张太雷宣传和研究的师生们。

由于历史跨度较长，资料保存不太完整，加上编者水平有限，疏漏和不妥之处在所难免，敬请广大读者批评指正。

谨以本书献给张太雷诞辰 116 周年！

编者

2014 年 3 月

图书在版编目（CIP）数据

永恒的纪念：天津大学张太雷宣传和研究三十年/李义丹，刘玉珊主编；天津大学张太雷研究中心主持.—天津：天津大学出版社，2014.5
ISBN 978-7-5618-5076-3

Ⅰ.①永… Ⅱ.①李… ②刘… ③天… Ⅲ.①张太雷（1899~1927）—人物研究 Ⅳ.①K827=6

中国版本图书馆CIP数据核字(2014)第106477号

出版发行 天津大学出版社
出 版 人 杨欢
地　　址 天津市卫津路92号天津大学内（邮编：300072）
电　　话 发行部：022—27403647
网　　址 publish.tju.edu.cn
印　　刷 北京华联印刷有限公司
经　　销 全国各地新华书店
开　　本 210mm × 275mm
印　　张 20
字　　数 500千
版　　次 2014年6月第1版
印　　次 2014年6月第1次
定　　价 120.00元